商品学概论

第3版

Shangpinxue Gailun

主　编　陈天荣

副主编　田永新　谢文德

重庆大学出版社

内容提要

本书主要包括商品学总论、商品质量与商品标准、商品品种与商品分类、商品检验与质量监督、商品包装与商标、商品储运与养护、商品开发与环境保护、农产品商品、工业品商品以及资源、生态与商品再生等方面的内容。

本书可作为高等院校市场营销专业和商品学专业的教材,也可作为经济管理类专业的教学参考书,还可作为工商企业相关人员的业务培训用书。

图书在版编目(CIP)数据

商品学概论／陈天荣主编 . -- 3 版 . -- 重庆 : 重庆大学出版社,2021.1

21 世纪高等学校经济管理类专业精选教材

ISBN 978-7-5624-2890-9

Ⅰ.①商… Ⅱ.①陈… Ⅲ.①商品学—高等学校—教材 Ⅳ.①F76

中国版本图书馆 CIP 数据核字(2021)第 008906 号

21 世纪高等学校经济管理类专业精选教材

商品学概论

(第 3 版)

主 编　陈天荣

副主编　田永新　谢文德

策划编辑:马　宁

责任编辑:史　骥　版式设计:史　骥
责任校对:陈　力　责任印制:张　策

*

重庆大学出版社出版发行

出版人:饶帮华

社址:重庆市沙坪坝区大学城西路 21 号

邮编:401331

电话:(023) 88617190　88617185(中小学)

传真:(023) 88617186　88617166

网址:http://www.cqup.com.cn

邮箱:fxk@ cqup.com.cn(营销中心)

全国新华书店经销

重庆市正前方彩色印刷有限公司印刷

*

开本:787mm×1092mm　1/16　印张:19.5　字数:477 千
2003 年 10 月第 1 版　2021 年 1 月第 3 版　2021 年 1 月第 8 次印刷
印数:23 001—25 000
ISBN 978-7-5624-2890-9　定价:49.00 元

第 3 版前言

商品学作为一门建立在自然科学与社会科学理论基础上的综合应用科学,从技术、经济两个角度,研究和评价商品质量与商品的使用价值。在市场经济快速发展及国际贸易竞争更加激烈的新时代,商品学引起了高等教育相关专业的高度重视,并被纳入相应的教学计划。因而,由陈天荣主编、重庆大学出版社出版的《商品学概论》,自 2003 年出版以来,承蒙商品学研究和教学方面的专家学者的广泛关注和厚爱,被众多高校选用作为学生教材;2007 年本书进行了第 2 版修订。为满足教学与研究者的需求,并顺应科学技术快速发展带来的商品质量技术参数的不断升级、内外贸易中商品品种的结构优化,以及快速涌现的新型商品、换代商品,在重庆大学出版社的支持和关心下,我们决定修订《商品学概论》并出版第 3 版。

因为原有参编人员工作单位变动或联系方式更改,难以召集大家共同研讨,所以就由主编拟订相应的修订方案,在征求本课程部分主讲教师的意见和建议,并调查相应专业的学生(已经开过此课程和即将开设此课程者)的基础上,确定了修订方案,再由主编亲自对本书全部内容进行斟酌,完成全书第 3 版的修订。

本书第 3 版的修订,依然坚持再版教材"充实、提高、与时俱进"的修改原则,在保持第 1版"新、奇、特"、第 2 版强调以"资源利用与环境保护"为特色的基础上,继续对涉及的国家标准、国际标准进行全面、准确的更新;对不够准确的语句进行修改使其恰当;对有关章节进行整合与提升。具体而言,本书第 3 版具有以下 3 种特色。

一是主编在参阅《商品学概论》较新版本的同时,以第 2 版为蓝本,进行了逐字逐句的阅读思考、修改语句、充实内容;根据自己 30 多年的教学经验,对相关概念做了更加通俗易懂的解释,并结合时代特色来补充与完善,如对同一条目,尽量补充全面内容;因而,第 3 版新增补的内容达 2 万多字,分布在全书的各个"角落"。

二是对书中所采用的国家标准与国际标准,根据最新标准版本一一核对,修订了部分语句与国标编号。因此,第 3 版所用标准均是最新版本,并增加了如二维码技术、国家环保标志等商品生产与交换的新型技术等。

三是在分析"商品学概论"课程不同专业的教学计划的基础上,根据教学要求与学时状况,整合了第 2 版中原第 8 章与第 9 章的内容,使整个章节体系更加流畅、更加规范。与此同时,还增补了很多新内容,进行了一些趋势性的思考与分析,以便与同行商榷。

总之,本书第 3 版修订需实现的目标是:基本概念更加规范、语言表述更加准确、主要内容更加充实、章节结构更加合理、涉及标准更加新颖,期望能够满足商品学教学与研究的需要。当然,出于著作权的考虑,整体框架并没有"推倒重来",而是在做"修改与充实"的工作。因而,编者仍然会觉得,本次修订创新的力度仍然不够,在全新性方面有所不足,谨向广大读者表示歉意。

最后,向本书出版和再版的新老参编者、提出意见与建议的师生表示感谢;向为本书各版次出版的重庆大学出版社表示感谢;向使用本书各版次的全体师生表示感谢。我们依然欢迎来自各个方面的专家、学者,以及关心本书建设的师生,给予我们更多的批评与建议,在此,先说一声:谢谢!

编　者
2020 年 6 月于红船之畔

第 2 版前言

《商品学概论》(第1版)自2003年出版以来,受到商品学研究与教学方面众多人士的广泛关注和厚爱,两次印刷均已发行完毕。顺应教学与研究者的需求,在重庆大学出版社的支持和关心下,我们召集原有参编者共同商讨,并征求部分任课教师的意见与建议,明确本次修订的原则是:"充实、提高、与时俱进",即在仍然保持第1版"新""奇""特"的基础上,对涉及的有关国家和国际标准进行更新,充实原有内容较弱的章节,对不够准确的地方进行修订或重写。

尤其增加了作为"三江"之源的西部地区,如何在自然资源开发利用、维持生态平衡、建设环境友好型社会等方面的相关内容,这一章节的补充理由有二:其一是满足落实科学发展观的要求,树立"全面、协调与可持续发展"的理念,从而更好地把握商品生产、营销与处置的过程;其二是胡锦涛总书记在2003年中央人口资源环境座谈会上强调"要加快转变经济增长方式,将循环经济的发展理念贯穿到区域经济发展、城乡建设和产品生产中,使资源得到有效的利用",循环经济不仅作为一种理念,更作为一种实际运作模式而得到全面推行,在沿海经济发达地区形成了多个"无中生有"的资源再生产业,促进了区域特色经济发展。面向西部,我们如何在资源利用与再生方面发挥现有优势,需要有更好的理念和相关知识基础。这就是增加第11章"资源、生态与循环再生"的目的所在。

当然,由于时间仓促,加之第1版的部分参编者工作调整、研究方向改变,我们对原内容的修改力不从心或精力不足,但出于著作权的考虑,少量章节我们仍然保持原有内容或者说改动不大,在此向读者表示歉意,并希望在下次修订中一并解决这些问题。

本次修订工作,得到重庆大学出版社、参编者所在单位、使用过本书的师生的关心和支持,在此表示感谢;并对工作在商品学相关领域的研究者和教师表示崇高的敬意。

我们仍然欢迎来自各方的批评和建议。

编　者

2007年2月于南湖之畔

第1版前言

商品学作为研究商品使用价值的独立学科,其理论体系正在不断完善,研究内容也在不断拓宽,应用领域更在不断扩大,对商品经济的发展做出了重要贡献。但21世纪的今天,科学技术的突飞猛进,国际竞争日趋激烈,知识经济扑面而来,尤其是"环境保护与可持续发展"浪潮席卷全球,并且面对我国加入WTO和西部大开发战略,现代商品学必须围绕"商品——人——环境"系统,从技术、经济、社会等多个方面系统地、综合地、动态地研究商品的使用价值和商品的质量及营销管理活动,既要分析商品对人和环境需要的适应性(包括商品对消费需求、市场流通、自然和社会环境的影响),又要从微观和宏观角度对商品质量的效用性、经济性和社会性进行综合评价,并运用经济学和社会科学来分析商品对人及环境的协调关系。

正是为了适应我国市场经济发展的需要,顺应高等教育模式的转变,满足人才培养的要求,我们与部分高校合作编写了《商品学概论》。本书在编写定位上,不仅对商品学的基本内容进行深入研究,还利用相关学科的新理论、新方法、新成果赋予其新内容;又结合西部资源优势的特点,研究特色商品的开发及产业化问题。因此,在编写策划上,除保证概论内容体系外,还附加部分具有西部特色的资源型商品(如茶叶、中药材、鲜果等),以及一些涉及面广、有代表性的农业产品(如粮食、蔬菜等)和工业产品(如日用工业品、家用电器和纺织品等)。我们力争以"新"(体系新颖、内容新颖)、"奇"(充实概论、拓展实务)、"特"(时代特色、西部特色)编写本书,若能对我国商品学理论体系建设起到一定的促进作用,并对西部大开发战略的有效实施做出应有的贡献,将是我们的期望所在。

本书可作为高等院校市场营销专业和商品学专业的教材,也可作为经济管理类专业的教学参考书,并可作为工商企业的相关人员业务培训用书,还可作为电大、函大以及中等学校的经济管理类专业的教材。由于各自教学课时和专业需要的差异,可根据实际情况对有关章节进行取舍。

本书由陈天荣担任主编,田永新、谢文德担任副主编。全书共分10章,其中第1、4、7章由陈天荣编写,第2、3章由谢文德编写,第5、6章由何开伦编写,第8章由田永新编写,第9、

10 章由毛禹忠编写。全书由陈天荣教授总纂,并由青年教师牛艳梅对全部书稿进行校对。本书的编写得到有关高校的大力支持与重庆大学出版社的通力协助,谨此致谢。

由于编者水平有限,书中难免有不妥之处,敬请读者批评指正。

编　者

2003 年 8 月

目　录

第 10 章　资源、生态与商品再生

附录　伪劣商品的界定与消费者权益的保护

参考文献

第 *1* 章　商品学总论

以研究商品使用价值为主要内容的商品学,是随着商品经济与对外贸易的发展而逐步发展起来的,并受到世界各国普遍重视的一门独立科学。两个世纪以来,人们对商品学始终进行着重要的专门化的教学与研究活动。因此,正确界定商品学的研究范畴,充分认识商品的本质属性,全面了解商品学的发展概况,系统分析商品学在国民经济中的地位与作用,是本章要阐述的主要内容。

1.1　商品的本质与属性

马克思说:"商品的使用价值为商品学这门学科提供材料。"众所周知,商品具有价值和使用价值两个范畴,商品的价值范畴由有关经济学科来研究;而商品的使用价值范畴是商品学研究的目标。所以正确认识商品的本质与属性,是商品学研究的基础。

1.1.1　商品的概念

商品是一个重要的经济范畴。它是社会生产发展到一定历史阶段的产物,是为交换来满足社会需要而生产的劳动产品。人们有目的的具体劳动形成了商品使用价值,抽象劳动形成了商品价值。商品使用价值构成社会财富的物质内容,同时,它又是商品交换价值的物质承担者,反映了人与自然的关系;商品价值是商品的社会属性,人们按照价值交换商品,即交换各自的"劳动"。因此,商品的二重性在市场交换中得到高度统一。

1) 马克思对"商品"的经典释义

马克思在《资本论》中对"商品"做了深刻而精辟的分析:"商品首先是一个外界的对象,一个靠本身属性来满足人的某种需要的物。""每一种这样的物,都是许多属性的总和,因此,可以在不同方面(物质需要或精神需要)有用。""物的有用性使物成为使用价值。但这种有用性不是悬在空中的。它取决于商品体的属性,离开了商品体就不存在。因此,商品体本身,如铁、小麦等,就是使用价值或财物。""一个物可以有用,而且是人类的劳动产品,但不是商品,谁用自己的产品来满足自己的需要,生产的就只是使用价值,而不是商品。""要生产商品,他不仅要生产使用价值,而且要为别人生产使用价值,即生产社会使用价值。"①

2)《辞海》对"商品"的全面解释

"为交换而生产的产品,具有使用价值和价值二因素。只为自己消费不为交换而生产的劳动产品不是商品,为他人生产,但不经过交换的劳动产品也不是商品。商品是在一定经济条件下产生和存在的历史范畴。"

由此可见,商品有别于物品和产品。其特征是:

①商品是具有使用价值的劳动产品。

②商品不是供生产者自己消费,而是供他人和社会消费。

③商品是通过交换,使其使用价值和价值得以实现的劳动产品。

④商品是要满足人和社会需要的劳动产品。

随着现代社会高度商品化的创新与驱动,商品的发展更加呈现知识化、软件化、服务化等趋势与特点。商品已经不再局限于"需要"与"经济"相结合的形式,开始向"技术"与"文化"相结合的方向拓展。它既包括物质商品,如生活资料商品和生产资料商品,也包括知识商品,如科学技术商品、文化艺术商品、信息科技商品等。所以,商品可以是有形的实物,也可以是无形的知识、服务或利益关系。

1.1.2　商品的本质

根据经典著作对"商品"的精辟论断,商品必须具有"满足需要"和"通过交换"两种属性,劳动产品才是商品。

1)商品必须满足需要

尽管消费需要被划分为物质和精神需要两个方面,但在经济现实中,物质需要与精神需要是密不可分的整体,这个需要整体的指向就是"商品"。商品需要的触发机制可能引起各种需要,甚至需要之间相互交织、不断循环。一方面,物质需要的满足可能引发精神需要或新的物质需要,也可能引起新的物质需要与精神需要的同时出现。正如马克思所说:"已经得到满足的第一个需要,其满足需要的活动过程及其为满足需要所用工具又引起新的需要。"由此可见,从消费过程看,往往都是物质交换过程与精神享受过程的统一,单纯作为物质交换过程的消费行为或单纯作为精神享受过程的消费行为,在当代消费实践活动中几乎是找不到的;从消费行为的结果看,也常常是物质需要与精神需要的同时满足,只是在不同程度的消费行为中有所差异。正因如此,简单的营销实践现象就是很好的例证:活蹦乱跳的鲜鱼很畅销,死鱼烂虾也能卖掉。另一方面,需要的差异性使具有相同使用价值的商品,因商品的式样或色调不同,有的畅销,有的滞销;有的能够转化为货币,实现其价值;有的则长期积压、变质腐烂,丧失其

---

① 中共中央马克思恩格斯列宁斯大林著作编译局.马克思恩格斯全集:第23卷[M].北京:人民出版社,2006.

使用价值,变得一文不值。这说明仅仅依靠商品的有用性是无法完整实现商品的价值与使用价值的高度统一。相反,商品的物质需要与精神需要的满足共同构成了商品效用的总和。

2) 商品必须进行交换

人们购买商品,并不是为了购买商品本身,即商品体,而是购买商品的使用价值;而企业之所以生产各种各样的产品,其前提是这些商品有使用价值。需求"使用价值"与生产"使用价值"能否统一,前提是交换必须发生。交换使产品转化为商品,产品的使用价值与商品的价值得以实现。在交换之前尽管产品是为了交换而生产,但它只是"可能性"的商品,而不是现实的真正意义上的商品;如果不问交换能否实现,仅以生产的主观愿望代替客观交换过程,表面看是商品生产,事实上并没有转化为商品。所以说,只有在交换过程中产品才能转化为商品;在交换过程完成之后,产品也不再是商品,而只是具备单纯的使用价值。如服装,它由服装厂制作,结果是"产品",消费者购买服装与商家发生交换时,服装是"商品",而穿在身上的服装,只发挥着服装应有的使用价值。这表明商品不是单纯的物,也不是单纯的劳动产品,一旦脱离交换过程,商品就无法成为商品,它所具备的使用价值也就不能体现出社会交换的使用价值。

1.1.3 商品的属性

商品是使用价值与价值二重性的统一体。但作为政治经济学研究范畴的商品价值,是指商品所包含的一定数量的社会劳动,即商品的生产成本等属性;作为商品学研究范畴的商品的使用价值本身是指商品的有用性或效用,一方面商品具有能满足人们某种需要的自然属性,另一方面商品的有用性包含着它的社会有用性,即在一定条件下为社会所需要的属性。

1) 商品的自然属性

商品的有用性是商品使用价值的基础。商品的自然属性包括成分、结构、理化性质和生化性质等,又是构成商品有用性的物质基础。因此,商品的使用价值,在于它为人存在,对人有用,为人所把握和占有;同时,商品应该是实实在在的具体东西,是交换价值的承担者,表现出以商品使用价值的物质基础而存在。这充分说明商品始终具有物质属性。

商品作为物的有用性,随着人类生活水平的不断提高,商品在满足物质需要的同时,其某些属性满足着人们的精神需要。例如,服装在满足物质的服装功能的同时,满足人们精神需要的功能也与日俱增,越来越受到极大的重视,如人们开始对服装的面料、款式、色彩有更多的要求;而且很多商品是以满足人们的精神需要而存在的,例如电视机这一客观实在的商品,在很大程度上是对人的精神需要的满足。又如作为商品出售的盆景,室内装饰物等。这类商品正随着人类生活水平的提高而越来越多。

2) 商品的社会属性

商品的社会属性是由商品自然属性派生的,主要包括社会、经济、文化和艺术等多方面的内容。商品使用价值取决于物的属性,但并不等于说物的属性就是商品的使用价值。物的使用价值也不是指物的本身及属性,而是物与人之间相互作用的能力、过程和结果。正因如此,商品尽管是"物",但不是一般的物,而是通过交换满足他人、满足社会而产生的社会使用价值。实践证明,不顾社会总体在质与量方面不断变化的需要而盲目生产产品,尽管其物质有用性存在,但缺少社会有用性,如品种、花色、规格等,就不能完成交换,商品的使用价值就不可能实现,社会效益与经济效益无法取得,以致造成巨大的产品积压和浪费。

商品使用价值具有的物质性和社会性,也正是商品使用价值与价值二重性的反映。从商品功能与人的需要之间的满足关系看,商品使用价值更多地体现了物质性。它是人的需要的"物化"结果,是根据人的需要和物的本质可能性创造出来的;但对生产经营者来说,商品使用价值更多地体现了社会性。它是物品"人化"与"社会化"的结果,商品的客体功能要得到人和社会主体的承认,才能实现使用价值的转移与让渡。

3) 商品的整体属性

用以交换的产品就是商品,是由生产、交换的相关因素构成的总和,一般包含 3 个层次的整体概念,也包括外层的相关因素(见图 1.1)。

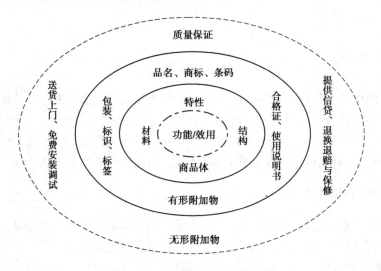

图 1.1　整体产品概念层次

(1)核心商品

从商品消费角度看,核心商品是指顾客购买某种商品时所追求的利益;从商品体角度看,核心商品是商品所具有的满足需要的功能或效用。如人们购买钻头,并非是购买钻头本身,而是购买钻头能"打孔"的功能;人们购买空调,并非需要空调的形式结构与造型,而是需要"微环境"的改善。商品对人的有用性是以商品的功能为基础的,商品的功能是商品达到用途要求所必须具备的能力。商品功能或商品效用是商品整体属性中最基本、最核心的部分。

(2)形式商品

它是指核心产品借以实现的形式或目标市场对某一需求的特定满足形式,是实物商品体本身。它是商品在市场上与消费者接触、使消费者产生印象的因素总和。一般是由品质、式样、结构,商标及包装等特征所构成的有机整体。

（3）附加商品

它是指购买者在购买有形商品时所得到的与商品密切相关的附加利益与服务条件。市场竞争越激烈,商品体的性能和质量差异性越小,消费者对服务的体验就越敏感。因此,企业提供服务的个性化程度就显得越加重要,而服务会延长商品的使用效能。正是由于核心商品层的存在,消费者实质上购买的并不是商品的形式,而是商品的功能或效用。而功能发挥的正确与充分程度,需要服务提供担保。比如,消费者购买电视机,所面临的选择是:一台电视机质量不错,价格便宜,但出了故障没地方修理,或元件很难买到;另一台电视机质量也不错,价格稍贵,但出了毛病随时有人上门服务。比较理智的购买者肯定是选择后者。这说明附加商品对消费者也是极为重要的。

4) 商品的主客观性

商品是按照人和社会的需要创造出来的。这种需要包括个人和社会的、个体和群体的、物质和精神的需要。人的需要是商品的出发点与商品生产的动因,满足人的需要是商品的归宿与目的。所以商品体本身只是商品功能和消费者追求利益的客观载体,商品体(客观性)与人的需要(主观性)相互作用的过程使商品使用价值得到实现。商品功能寓于商品体之中,并由商品体本身属性所决定。商品属性有自然属性和社会属性,这些属性是客观存在的,不以人的意志为转移,但可以为人所利用。所以说,商品体是主观需要与客观可能的统一体。

在商品与人的关系中,商品离不开市场,市场是商品经济的产物,是以商品交换为内容的经济联系形式;人离不开环境,环境是人类赖以生存的外部因素的总和。所以说,商品学实际上是研究人和商品相互关系以及市场与环境因素对商品的影响程度的一门科学。人、商品、市场与环境的关系如图1.2所示。

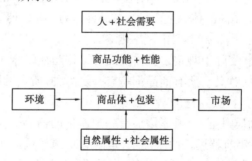

图1.2　人、商品、市场与环境的关系

1.2　商品学的研究对象与内容

1.2.1　商品学的研究对象

商品学是研究商品使用价值的物质构成及其实现规律的科学,是一门包括自然科学和社会科学在内的多学科交叉的综合应用型的技术经济科学,是为企业经营者、物流服务者、市场消费者及经济管理者服务的边缘性科学。

1) 商品的使用价值是商品学研究对象

商品学研究商品使用价值及其实现时,必须考虑:

①研究商品使用价值及其实现,体现了商品使用价值与交换的关系。商品只有通过交换才能到达消费者手里,才能实现商品的使用价值。

②研究商品使用价值及其实现,是以动态的观点来考察与评价商品。如在研究商品质量构成和性质以及消费者需要时,一是要用历史观点来分析商品质量水平;二是要以现实的客观条件分析商品需要状况;三是要以预测商品未来的变化趋势设计新产品。

③研究商品使用价值及其实现,使商品使用价值处于社会联系之中。商品与生产、分配、交换、消费都有关联。商品学成为连接工业技术与商业经济的桥梁,是工业生产与商品销售的纽带。所以,商品学的研究对象,不能离开物、人、环境和市场。人在环境中生存,需要"物"(商品),满足需要的"物"是在市场交换过程中获取的"物"(商品)。正是由于环境因素和市场条件,物被人创造,人又占有或使用物,不断循环,这对扩大商品流通与扩大再生产起着积极的推动作用。

2) 商品的质量品种是商品学研究核心

商品质量与品种的研究是贯穿商品学研究内容的主线,是商品学的研究核心,其他内容都是其核心内容的展开与延伸。商品质量与品种作为商品学的研究核心,是由商品使用价值本身的特点决定的。商品使用价值的高低,不仅要用商品质量的好坏,还包括商品的品种、花色、规格、式样等综合指标来评价。适合市场需要的商品使用价值,是生产、经营与消费三者客体对象的统一,这个"客体对象"就是商品体。把商品质量品种作为商品学研究中心,其作用在于:

(1)商品质量品种是人类生产实践的基本内容

人们生产有用的产品,实际上规定了具体的品种结构与质量水平,离开一定品种、质量的商品,也就失去了其本来的意义。所有商品都是有一定品种、质量的商品。

(2)商品质量与品种是社会财富的基本源泉

人类通过劳动增加物质财富,一是靠增加有一定质量的商品数量,二是靠发展产品品种。如中国丝绸早在 2 000 多年前就远销西欧国家,是因为我国丝绸质量好、品种多,从而竞争力强,盛誉全球。市场竞争激烈的今天,商品销售额的增加,企业利润的增长,国家财政收入无不依赖于适销对路的适合需要的商品质量。从消费者来说,适合市场需要的商品使用价值,才是真正的使用价值;从生产经营者来看,商品使用价值只有满足市场需要,商品的价值才能得以实现;将生产与经营两方面把握的商品使用价值让渡给消费者,商品使用价值才能得以真正发挥,才能促进生产发展、搞活流通,获得好的经济效益。

1.2.2 商品学的研究内容

商品学的研究内容是由商品学的研究对象所决定的,并从商品质量与品种这个核心内容展开。商品学研究商品使用价值、商品质量品种,既有宏观研究的内容,又有微观研究的内容。宏观研究主要是对各种商品所共同具有的横向共性问题的研究分析,其主要内容有商品学对象与任务;商品质量与标准化;商品品种与分类;商品检验与分析;商品包装与品牌;商品储运与养护;商品与环境的关系等方面。这些问题的研究为研究具体商品奠定了理论基础。商品学微观研究主要是对各种具体商品所具有的特殊问题的研究。其具体商品可分类为:食品类、纺织品类、工业品类、家用电器类、医药商品类、土特产类、旅游制品及工艺品类等。研究这些商品的成分、结构、性质及原理;功能、用途与使用条件;生产、制造和加工工艺;质量要求与品种特点;影响因素分析及检验方法确定;包装、储运、使用、维护等内容。这些研究是分析、评价具体商品的准则和依据。

　　正因如此,才有了以研究商品使用价值为对象、以商品质量品种为核心的商品学内容体系(见图 1.3)。

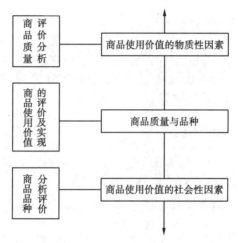

图 1.3　商品学内容体系

　　对商品学研究对象及内容的不同理解,使商品学形成两大学派——技术商品学学派和经济商品学学派。它们分别是从商品的自然属性和社会属性的角度研究商品使用价值。随着科学技术突飞猛进和商品经济的高度发展,人们日益感到:真正的商品学应该是以研究"品"为主的技术型商品学与以研究"商"为主的经济型商品学融合而成的。从 20 世纪 80 年代开始,世界范围的商品学步入技术型与经济型交融的现代商品学时代。

1.2.3　商品学的研究任务

　　商品学是为商品流通和商品消费服务的一门学科。其研究的总任务是:反馈商品信息,促进商品生产适销对路;维护和实现流通领域的商品使用价值;促进和指导商品消费;推动市场经济良性循环。为此,围绕商品使用价值的商品学研究任务主要有以下几项。

1)指导商品使用价值的形成

　　为了商品使用价值的实现,就必须关心商品使用价值的形成,这是商品使用价值实现的基础。可通过市场调查、研究商品信息、进行市场预测等手段,为生产部门反馈市场需求情况,提出对商品品种、规格、花色、质量、装潢、包装、价格等的具体要求,以达到按需生产、按需收购、物美价廉、适销对路。

2) 监督商品使用价值的效用

为了商品使用价值的实现,就必须保证进入流通领域的商品具有符合社会需要的某种使用价值,这是商品使用价值实现的前提。可通过理化检验、感官检验、实用检验等手段,保证进入流通领域的商品符合社会需要规范,以维护消费者权益。特别是对商品卫生性能、生态性能、美学性能的评价,是实现商品使用价值不可忽视的任务。并且全面阐述商品的有用性,分析商品体的特征和特性,开展对商品使用方法与条件的研究,提高商品质量水平与扩大商品品种花色,为商品开发与更新换代进行理论研究与实践指导。

3) 维护商品使用价值的安全

为了商品使用价值的实现,就必须保证进入流通领域的商品安全性,这是商品使用价值实现的关键。可通过合理包装、防止污染、安全运输、妥善保管与科学养护等手段,确保商品使用价值不受损失,保证商品安全地转移到消费领域。

4) 促进商品使用价值的实现

为了商品使用价值的实现,就必须保证进入流通领域的商品及时转移到消费领域,这是商品使用价值实现的标志。可通过对流通领域的有效组织,凭借商品宣传、商品信息、使用指导等手段,不仅可以使商品价值及时转移到消费领域,而且可以使商品使用价值得到很好的利用。

5) 评价商品使用价值的优劣

为了商品使用价值的实现,就必须对进入流通领域的商品的优劣程度进行客观评价,这是商品使用价值实现的保证。可通过商品检验与鉴定、技术监督与管理、品质分析与评价,杜绝假冒伪劣商品进入流通领域,创造公平、平等的市场竞争机制,使社会主义市场经济繁荣昌盛。

6) 提高商品使用价值的功能

为了商品使用价值的实现,就必须保证进入流通领域的商品功能随消费水平而提升,这是商品使用价值实现的延伸。可通过对商品品种和质量的研究,寻求增加品种、提高质量的途径,为提高商品使用价值的功能创造条件,为流通领域开拓市场、扩大销售,为消费领域需要的满足增加适应能力,使商品的功能与市场的需求得到最大限度的吻合,促进使用价值动态循环,为人类生活创造新的使用价值。

7) 研究商品使用价值的再生

通过对商品废弃物及包装物的处置、回收和再生政策、法规、运行机制、低成本技术等问题的研究来推动资源节约与环境保护。

8)研究商品的科学分类方法

对种类繁多的商品分类进行科学的研究与管理,以适应市场经济发展与国际贸易的需要。

从商品学的任务可知,商品学的研究既需要自然科学与技术科学的相关知识,又需要经济科学和管理科学的综合知识。所以,每一个经营管理者和市场营销人员都必须学习经营管理知识,掌握专业技术知识,从而使所学商品学的基本理论、基本知识和基本技能能够灵活运用于经营实践,促使商品经营与市场营销活动持续发展。

1.3　商品学的发展概况

商品学是随着商品经济的发展、商品交换的扩大、商品贸易与流通的需要,逐渐产生和发展起来的一门独立学科。商品学的历史与生产力、商品生产、商品经济及职业教育的发展紧密相关。研究商品学的起源、形成、发展和演变,不仅可以了解和掌握商品学的体系结构以及它在各历史阶段的作用,而且有助于推动商品学的健康发展。

1.3.1　商品学的产生与发展

商品学是随着商品生产与交换的出现,适应商品经济与经营贸易的需要而逐渐形成的一门独立学科,它在欧洲已有 200 余年的历史,在我国也有百年历程。

1)商品学的萌芽

在商品学诞生之前,商品的研究是商学的重要组成部分。在早期的商学书籍中包括大量的商品知识内容,以便商人在经商过程中认识商品的品种、产地,鉴别商品质量的优劣和真伪。此时,商品学处于一种萌芽状态。

世界上第一本包含有商品学内容的商学书籍,是阿拉伯人阿里·阿德·迪米斯基编著的《商业之美》(1175 年出版,全书名称为《商业之美与识别优劣和真伪商品指南》)。之后,作为欧洲商业中心的意大利,也出版了许多包括商品知识的商学书籍。如佩戈罗弟编著的《商品贸易指南》,书中详细论述了从意大利出口中国的商品及其性质、质量、品种规格、贸易方法等;后来在法国百科全书学者的影响下,萨瓦里于 1675 年编著了在欧洲负有盛名,并先后被译成德文、英文、意大利文、西班牙文的名著——《商业大全》,书中详细论述了纤维制品、染料等商品的产地、性能、包装、保管、销路方面的知识。这些商品知识为商品学的诞生奠定了基础。

2)商品学的诞生

18 世纪初,德国手工业迅速发展,利用进口原材料加工成工业品,又把工业品出口外国,从而扩大了工业原材料和商品贸易,这就要求商人们必须具有系统的商品知识,才能胜任贸易工作。因此,对商业教育、商人培养,提出了系统讲授商品知识的要求,以提高商人的业务素质,在贸易活动中保证商品和原材料质量,杜绝伪劣商品流通。在当时德国出版的许多商学书籍和专著中,都包括有系统的商品学知识。

最有代表性的是,德国自然史学家和经济学家约翰·贝克曼教授,于1772年和1774年先后在阿根廷大学首次开设了"技术学"和"商品学"课程。他在教学与科研的基础上,于1777年编著出版了《技术商品学》,并在1793—1800年编著出版了《商品学导论》,从此创立了商品学的科学体系,使商品学成为一门独立学科。因此,贝克曼教授被誉为商品学的创始人,他所创立的商品学体系被称为"贝克曼商品学"。为研究贝克曼教授对商品学和技术学的贡献,1987年德国成立了"国际贝克曼学会",并每年举行一届学术研讨会。

自19世纪以来,德国古典商品学相继传入意大利、西欧各国、俄国、东欧各国、日本、中国等国家,各国结合自身的特色,使商品学得到迅速发展,商品学教育和研究也得到不断深入。

3) 商品学的发展

商品学诞生之后,在其发展过程中产生了两个研究方向:一个是从自然科学和技术科学的观点研究商品使用价值,研究的中心内容是商品质量,称为自然科学的商品学或技术论的商品学;另一个是从社会科学和经济科学的观点,特别是从市场营销和消费需求方面,研究与商品和品种相关的问题,称为社会科学的商品学或经济商品学。

自然科学的商品学起源于意大利波那费德教授的生物学,18世纪中叶由约翰·贝克曼创立,至19世纪初为技术论的商品学时代;工业革命之后,商品经济活动重点从商业流通转向工业生产,这就需要对原料、半成品和成品进行严格的鉴定和检验,以保证原材料、商品的质量。因此,对原材料、商品的鉴定和检验就成为当时急需解决的问题。这种形势迫使自然科学的商品学进入材料学的商品学、鉴定论的商品学或品质论的商品学时代;进入20世纪,自然科学的商品学有了进一步的发展,其理论体系更趋完善,其内容更适合贸易实践的需要,主要包括商品分类、商品标准、商品质量、商品鉴定与检验、商品包装、商品养护等。

第二次世界大战之后,为适应商品经济的新发展,自然科学的商品学进入综合科学、集合科学、边缘科学或交叉科学的商品学时代,称为复合型商品学、现代商品学或商品科学。它是从自然科学和技术科学以及社会科学和经济学方面,综合研究商品使用价值和全面评价商品质量。社会科学商品学或经济商品学的概念,首先由德国科隆大学商业经济教授索费特提出,随后受到该大学几位教授的响应,于1961年创建了商品研究所,进行经济商品学的教学和研究工作。他们认为,经济商品学是以自然科学为基础,从经济的观点,特别是从消费者和市场需求的观点研究商品质量和品种,也称为企业经济商品学。由此而发展成为产品市场营销学,即以市场和消费需求为基础进行产品预测、研究产品开发与产品营销等,为产品适销对路提供科学依据。

自然科学的商品学发展历史较长,其理论体系不断完善,内容不断更新和拓宽,在国际上占主导地位,世界各国的商品学基本上都是按照自然科学的商品学体系发展而来的。从自然科学的商品学派生出商品分类学、商品检验学、商品养护学、商品包装学、商品品种学等分支,作为商品学的专门研究领域和重要组成部分;社会科学的商品学或经济商品学,是经济科学的一个分支,在国际商品学界占次要地位,目前只在德国、日本等少数国家中进行教育与研究,它的学科体系还包括经营商品学、企业商品学、市场商品学、社会商品学、消费者商品学等。由此可见,商品学作为集合学科,在不同发展阶段涉及不同学科,构成一个完整的知识体系(见图1.4)。

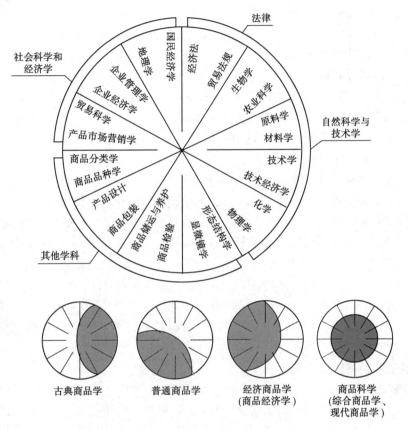

图 1.4　商品学所涉及的学科体系图

1.3.2　我国商品学发展概况

我国商品学的发展,历史悠久,内容丰富。明朝李时珍编著的药学经典《本草纲目》,包含大量的商品知识;公元 780 年唐代陆羽著的《茶经》,内容相当丰富,对茶叶的种植、加工、品质、评审、饮用和保管等都做了精辟的论述,这些知识对茶叶的生产经营起到很好的作用。各类商学书籍汇集大量的商品知识,对经商人员起到了指导作用;1905 年废除科举制之后,我国开始实行"学校式"商业教育,当时把商品学列为一门必修课,并相继出版了很多商品学教科书,如 1908 年出版的《新译商品学》(李漱译自日本《商品学》);1934 年,刘冠英在北平中国学院讲授商品学课程,并编著和出版了体系较为完善、内容较为全面的《现代商品学》;1936 年后,广州暨南大学、天津津沽大学、上海沪江大学等高等院校相继开设商品学课程,重点培养商品检验技术人才。

中华人民共和国成立后,我国商品学教育与研究发展迅速。1950 年开始,高等财经、商业院校先后设立了商品学教研室,贸易、经济、供销等专业开设了商品学课程;接着,中国人民大学开始招收商品学研究生班,邀请有关专家来校讲学,为我国高等财经院校培养了一批商品学专业教师。正因如此,1956 年后,黑龙江商学院和上海财经学院创建了商品学系,分别设立了食品商品学、日用工业品商品学、纺织品商品学、五金机械商品学等专业;大连商学院创办了化工商品、日工商品、生产资料等商品学专业,为商业部门培养了一大批商品学专门人才。

到了 20 世纪 60 年代,商品学学术研究氛围开始形成。1963 年,我国召开了第一届商品学学术讨论会。这些都对推动我国商品学的发展起到了很大的促进作用。

改革开放以后,随着我国经济建设中心地位的加强,我国商品学又恢复了勃勃生机,国内有 40 多所高等财经与商业院校,200 多所中等商业学校、供销学校和商业技校都开设了商品学课程。1991 年教育部调整全国高等院校专业后,仍然保留商品学专业,其他有关专业均属于商品学专业的方向。现有 8 所高等院校设有商品学专业,其中中国人民大学是全国唯一的拥有商品学专业硕士学位授予点的大学。

我国商品学专家、教授广泛开展商品学理论研究和应用研究,取得了很多成果,编著出版了大量的商品学教材和专著。与此同时,有组织的学术研究十分活跃。20 世纪 80 年代,各省市商品学会相继成立并逐年召开学术研讨会及商品学联合年会;1992 年 8 月,中国人民大学举办"商品学教学与理论发展研讨班"暨第五届全国商品学学术讨论会,中国商品学会筹备组由此成立,并宣布此后每两年举办一届全国性商品学学术讨论会;改革开放后,我国还加强了同国外商品学学术组织、教学科研机构和商品学学者的学术交流,中国人民大学商品学系于 1992 年正式加入国际商品学会,并于 1995 年 8 月在北京举办了第十届国际商品学学术讨论会,同时成立了中国商品学会;2013 年 7 月,中国商品学会主办了第十五届商品学学术研讨会,与会者进行了商品发展与市场经济的热点问题探讨。所有这些活动促进了我国商品学教学与研究的繁荣昌盛。

今天,我国市场经济进一步发展以及我国已经加入世界贸易组织,这将形成对国际贸易型人才与市场经营型人才的迫切需求,从而使商品学课程在相关专业中得到普及。为此,我们应该从我国实际出发,系统总结我国商品学发展历史经验,广泛吸收国外商品学研究成果和相关学科的成果,深入开展商品学研究与学术交流,不断完善商品学的理论体系,更新和拓宽商品学的内容,创立符合实际需要、具有中国特色的商品学是我们从事商品学教学与研究的崇高责任。

1.4　商品学的地位与作用

放眼世界,国际经济环境已经是:科学技术突飞猛进,知识经济已见端倪,国际竞争日趋激烈。纵观国内,我国社会主义市场经济逐步成熟,世界贸易组织成功加入。这种商品贸易全球化与市场营销多元化趋势,使商品学的教学与研究更加受到重视,商品学的地位和作用将更加引人注目。商品学产生于商品生产与交换,服务于经济管理与经营贸易实践。并在不同时期对商品经济的发展起到了促进作用,在消费经济、储存经济、营销经济和国民经济中发挥着重要作用。

1.4.1　商品学对商品质量形成的作用

正是由于技术论的商品学为生产经营者提供了系统的商品学知识,鉴定论的商品学为商品检验和质量评价提供了重要的研究方法,现代商品学不仅为流通领域的商品购、销、调、存等经营管理服务,而且被广泛应用于新商品开发和包装设计、质量管理与质量保证,消费者利益与环境保护等方面,对商品质量的全面评价也起着重要作用。

1.4.2　商品学对商品交换过程的作用

随着市场经济的发展,商品的社会化程度要求越来越高,因此,在商品交换过程中,维护和保证商品质量,尽可能地发挥商品应有的质量水平和实现商品的使用价值,是商品学研究工作不可忽视的作用。若只重视设计和制造过程的商品质量的形成,而忽视商品交换过程的商品质量保证,就会使已形成的商品质量在交换过程中降低水平,或使商品大量损失,无法顺利实现商品使用价值,造成资源、人力、财力的浪费。商品学通过分析研究商品在储运和交换过程中的质量变化及其影响因素,掌握质量变化规律,确定最适宜的包装、运输和储运条件,制定合理的养护标准与规范,对保证商品质量,防止和降低商品损失损耗,提高经济效益都起着重要的作用。

商品从生产领域向流通领域,或从流通领域向消费领域转换,首先要经过商品检验与验收环节,以保证商品符合应有的质量要求和实际需要。商品学积累了全面分析与评价商品优劣的一系列科学的检验方法,用于商品验收与质量监督的检验,对于防止不合格商品以及遏制假冒伪劣商品进入流通领域,保护消费者利益都起着重要的作用。

商品学无论是在个体商品的研究,还是在群体商品的研究中,在运用商品信息的反馈、消费者评价、商品消费需求趋势、商品消费结构的变化、消费者审美观等方面的资料,经过整理分析,对创新新产品与改进新包装都将发挥着重要作用。

商品学从生态保护与“绿色”消费的角度,评价商品质量与品种花色以及生产加工工艺,对生态环境的保护与建设、合理开发与利用自然资源、促进经济可持续发展与保证消费者身心健康方面都具有重要作用。

商品学通过研究商品分类,编制科学合理的、符合国际规范的商品分类体系,对参与国际市场竞争,适应世界经济大循环,规范贸易程序与手段,提高经济管理效率与水平都起着重要作用。

1.4.3　市场营销专业学习商品学意义

市场营销专业开设商品学概论课程是非常有必要的,就商品学在市场经济发展中所起到的作用而言,学习商品学对市场营销专业具有重要意义。

首先,学习商品学可以扩大知识范围,拓宽知识面,这有助于科学研究工作,为深入探索更高层次的现代科技知识、实现科技创新提供条件。

其次,学习商品学可以从中获得较多的与专业课程相关的专业知识,能为学好其他专业课程奠定基础、开辟捷径。

再次,学习商品学可以获得较多的理工科知识,这对市场营销专业的学生来说,有助于补齐"短板",实现文理知识相互渗透。

最后,学习商品学可以熟悉商品的质量要求、质量标准,掌握常见的商品检验和商品分类的方法,可以熟悉商品的性能特点、养护措施、使用方法等,更能合理地使用商品,充分发挥商品的使用性能,延长商品的使用寿命。同时能够正确辨别商品的优劣程度,较为专业评价、宣传和解释商品的特性,起到促进生产、指导流通与引导消费的作用。

总之,学习商品学对从事商品经营、市场营销、企业管理、物流管理、国际贸易等经济管理类工作都具有一定的指导意义,有利于提高综合分析问题与解决问题的能力,而且掌握一定的商品学知识,有助于提高自身的素质,做好相应的工作。

当然,国内外经济环境的变化,对商品学教学与研究提出了新的课题与新的要求,我们只有遵循市场经济发展规律,按照 WTO 的规则要求和国际惯例,结合我国西部大开发战略实施要求,利用现代科学技术的最新成果,不断开拓商品学的研究领域与应用领域,才能使商品学在国民经济中发挥更大的作用。

第 2 章 商品质量与商品标准

质量是商品的基本内容。商品学研究商品使用价值及其实现,是紧紧围绕着商品质量这个核心问题展开的,商品质量是商品学研究的中心内容。商品标准是商品生产、质量评价、监督检验、贸易洽谈的依据和准则,商品标准化是沟通国际经济技术合作的纽带,是促进国际贸易发展的前提。

2.1 商品质量及现代质量理念

2.1.1 商品质量的概念

1) 质量的概念

质量是商品的一个普遍性要求,质量的概念及内涵是随着时间的变化而不断更新的。

(1) 质量的内涵

理论上一般分为三大类:

第一类是国际标准化组织(ISO)以文件标准的形式对质量概念所作的统一规定。国际标准《质量管理体系基础和术语》(ISO 9000:2015)对质量的定义是:"一组固有特性满足要求的程度。"定义中"固有特性"是指某事或某物(如产品)本来就有的特性(如产品的质量特性),而不是人们所赋予的特性(如产品的价格,产品的所有者)。所谓"特性"是指"可区分的特征",它们可以是定性的,也可以是定量的,包括物质的、功能的、感官的、人体工程学的以及其他的类别特性。定义中的"要求"是指"明示的、通常隐含的或必须履行的需求或期望。"我国国家标准《质量管理体系基础和术语》(GB/T 19000—2015)也采用了国际标准化组织的质量定义。

第二类是一些质量专家的定义(这是研究质量方面的专家们的研究成果)。美国著名的质量管理专家朱兰(J.Juran)博士提出:产品的一个重要特点,是其能够满足那些使用它们的社会成员的需要。美国质量管理专家戴明博士认为:"质量是以一种最有效率的手段,制造出市场上最需要的产品。"而日本质量管理研究的知名教授石川馨认为:"质量意味着工作质量、服务质量、信息质量、过程质量、部门质量、人员(包括工人、工程师、经理、行政管理人员等)质量、体系质量、目标质量等。我们的做法是控制第一个层次的质量。"虽然专家在研究领域存在着局限性,且往往带有一定的片面性,但对揭示质量的一些深层次的问题是有益的。

第三类是理论工作者综合研究得出的较全面的定义。商品相对于质量的定义就属于此类,并保持与第一类定义的同步性。从历史来看,商品学教科书对于质量的定义分为广义和狭义两种:狭义的质量定义是特定使用目的所要求的商品各种特性的总和,即商品的自然属性的综合。广义的质量定义是商品能适合一定用途要求,满足社会一定需要的各种属性的综合,即商品的符合性和社会适用性相结合。适用性是从用户出发的,但是适用性过了头,质量就无法控制。符合性是从厂家出发的,但符合性不能不适应商品的革新和市场变化的需求。所以要将适用性与符合性两者结合起来。

由以上质量的内涵可以看出,商品的质量要求不是绝对的,而适用性是消费者的质量要求,企业应追求"最适合顾客要求"的质量,以提高符合性。

(2)质量类别

在质量管理的实际工作中,质量也有两种释义,即狭义的质量和广义的质量。狭义的质量是指产品质量;广义的质量既指产品质量,还包括工作质量和工序质量。

①产品质量。产品质量是指产品适合一定用途,能够满足用途需要所具备的质量特性。

②工作质量。工作质量是指企业的政治工作、经济工作、管理工作、技术工作和组织工作等全部活动,对产品质量达到标准的保证程度。

工作质量往往受人的思想意识和情绪所支配,不像产品质量那样直观、具体,极易受周围环境的影响而出现较大波动,一般难以直接定量地表现出来。但工作质量却客观地存在于企业的各项工作中,体现在生产、技术、经营活动中,最终通过企业的产品质量和经济效益等各项成果集中地表现出来。

③工序质量(工程质量)。"工序"是指企业为保证生产、经营用户满意的产品而具备的全部手段和条件的统称。工序质量是指这些手段和条件实际达到的质量水平。工序质量的要素有:人、材料、机器、方法、检验手段、环境等。

产品质量、工作质量和工序质量虽是几个不同的概念,却有密切的联系。产品质量是工作质量和工序质量的综合反映,而工作质量和工序质量是产品质量的保证。

2)商品质量的概念

商品质量是提高商品满足规定或潜在要求(或需要)的特征和特性总和。商品质量既能表示商品的优劣程度,又是衡量商品有用性的指标。

狭义的商品质量即商品的自然质量,是指评价商品使用价值优劣程度的各种自然属性的总合,即商品的性能、可靠性、寿命、安全性、外观、气味等。这是商品最基本的性能与作用。商品的质量标准就是把商品的质量特性定量化,是衡量商品是否合格的共同依据。

广义的商品质量是指商品有一定用途,能满足社会一定需要的各种属性的总合,包括内在质量、美学质量、包装质量和市场质量等。它表明了不仅要具有自然有用性,还要具有社会适用性,体现了商品学学科技术与经济相结合的综合观点,并以此作为全面评价商品质量的依据。

2.1.2　商品质量的构成

1）在表现形式上由外观质量、内在质量和附加质量构成

商品的外观质量主要是指商品的外部形态以及通过人们的感觉器官所能直接感受到的特性,如商品的式样、造型、结构、色泽、气味、规格等。商品的内在质量,是指通过测试、实验手段所能反映出来的商品的特性或性质,如商品的物理性质、化学性质、机械性质以及生物学性质等。商品的附加质量,主要是指商品的信誉、经济性、销售服务等。

商品的外观、内在和附加质量三者共同构成商品的总体质量,对不同种类的商品,三者各有侧重;商品的内在质量往往可以通过外观质量表现出来,并通过附加质量得到充分的实现。

2）在形成环节上由设计质量、制造质量和市场质量构成

设计质量是指在生产过程以前,设计部门对商品品种、规格、造型、花色、质地、装潢、包装等方面在设计过程中形成的质量因素;制造质量是指在生产过程中所形成的符合设计要求的质量因素;市场质量是指在整个流通过程中,对已在生产环节中形成的质量的维护保证与附加的质量因素。

设计质量是商品质量形成的前提条件,是商品质量形成的起点;制造质量是商品质量形成的主要方面,它对商品的各种性质起着决定性作用;市场质量是商品质量实现的保证。

3）在有机组成上由自然质量、社会质量和经济质量构成

商品的自然质量是商品自然属性给商品带来的质量因素;商品的社会质量是商品社会属性所要求的质量因素;商品的经济质量是商品消费时投入方面所要考虑的质量因素。

商品的自然质量是构成商品质量的基础,商品的社会质量是商品质量满足社会需要的具体体现,商品的经济质量则反映了人们对商品质量经济方面的要求。

2.1.3　现代质量理念

随着科学技术的进步,商品生产和经济的发展,市场竞争日益激烈,人们不再仅仅满足于基本的物质需要,而开始追求更高层次的文化精神需要的满足,追求与人们根本利益相一致的社会和经济需要的满足。因此,现代商品质量理念,已从原来仅考虑商品内在质量和个体性质量,发展到越来越注重商品外观质量、社会质量、经济质量和商品的品种的综合质量理念。

1）商品的质量特性必须为社会所需要

商品都是用来满足人的某种需要的,它的质量再好,如果不受消费者欢迎,它的质量特性就表现不出来。

2) 商品要按市场变化和消费需求变化规律来衡量质量

随着科技的进步和人们价值观的变化,消费者的需要也随之改变,昨日可以满足消费者需要的商品,今日便可能面临更新、优化甚至淘汰。

3) 随着空间、消费者群体等条件的不同,人们的需求也会有差异

从空间上说,不同地区的自然条件、社会环境、风俗习惯的差异,给人们带来了需求的差异。从消费群体的角度来说,消费者因年龄、性别、职业、经济条件、宗教信仰、文化修养、心理爱好等不同,对质量的要求也会有所不同。

4) 要把生产产品适销对路与商品的流通适销对路结合起来

对商品生产来说,要想实现价值,应生产消费者所需要的对路商品,对商品流通部门来说,应组织好消费者满意的商品和有使用价值的适销对路商品。

5) 大力开发具有独特性能的产品

大力开发具有市场个性、定向需求的产品才能快速占领市场。

6) 商品质量有一个适当的"度"

若质量"超过用户满意的质量",则为"过剩质量"。如果过剩质量提高幅度过大,用户对商品质量满意程度就会降低。

7) 要根据社会需要来确定商品质量要求

企业产品既要适销对路,强调"最适性",又要坚持一定的质量标准,强调"最佳性"。把"最佳"和"最适"的商品有机地结合起来,是企业满足消费者需求的选择。

8) 商品质量必须满足社会利益的需要

商品不能违反社会公德和对社会环境造成污染,以及浪费有限的能源或资源等社会所关切的利益。一种商品无论它如何先进,只要它有碍于社会利益,就难以生存和发展。

综上所述,商品质量是客观的,也是动态的,是受生产力发展水平及经济水平的制约的。在商品生产不发达、商品供不应求的社会经济条件下,物质需求占据主导地位,商品质量观主要强调内在质量;随着科技的进步、经济的发展,商品供求关系发生变化,供过于求的市场态势出现,促使商品交换逐渐从卖方市场转变为买方市场,市场竞争日益激烈。现代质量观不仅考虑了商品的物质性内在质量和个体性质量,还越来越重视商品的外观质量及社会性质量的要求。正因如此,在把握商品质量观念时,既要考虑自然、技术的因素,又要考虑社会、经济的因素,正确把握商品质量所具有的二重性,只有将自然或物质属性与社会属性高度统一起来,才能构成现代商品学意义上的商品质量。

2.2　商品质量属性及影响因素

2.2.1　商品质量属性

商品质量属性是指商品能够满足人们某种需要所具备的属性。不同的消费者依据不同的消费目的有着不同的质量要求,因而商品也依其不同的用途具备不同的质量属性。一般可以概括为以下几个方面:

1) 适用性

适用性是指商品为满足一定的用途(或使用目的)所必须具备的各种性能(或功能),它是构成商品使用价值的基本条件。市场上出现的一些新的产品,多是向高质量、多功能方向发展的,这是符合消费者和社会需求的。

2) 安全卫生性

安全卫生性是指商品在生产、流通,特别是在使用过程中保证人身安全健康以及环境免遭危害的能力,它是评价商品质量的重要指标。

商品的安全性主要体现为商品本身所具有的保障使用者人身安全与健康的质量属性。如家用电器必须有良好的绝缘性和防护性,食品必须符合卫生要求等。同时商品的使用也不能给社会和人类生存环境造成伤害。因此,现在许多国家专门制定了各项有关商品安全、卫生的法律,并对有关商品实行强制性的安全、卫生认证制度。

3) 寿命

寿命一般是指使用寿命,有时也包括储存寿命。使用寿命是指商品在规定的使用条件下,能够保证正常使用性能的工作总时间。它是体现商品能按规定用途正常工作的时间性的质量属性。储存寿命是指商品在规定条件下使用性能不失效的储存总时间,如食品的保质期、医药商品和化妆品的有效期等。

4) 可靠性

可靠性是商品在规定条件下和规定时间内完成规定功能的能力。它是与商品在使用过程中的稳定性和无故障性联系在一起的一种质量属性,是评价机电类商品质量的主要指标之一。可靠性通常包括耐久性、易维修性和设计可靠性。

5) 经济性

经济性是指商品在寿命周期内总费用的大小。对消费者来说,它是购置成本和使用成本之和。因为使用成本越来越被消费者重视,所以商品质量并不是片面强调商品最优,还要考虑消费者的真正需要和消费水平。

6) 审美性

审美性是指商品具备能够满足人们审美需要的属性。现代社会人们对商品质量的追求已转向物质方面的实用价值与精神方面的审美价值的高度统一。商品的审美性已成为提高商品的市场竞争能力的重要手段之一。

7) 环境适应性

商品的环境适应性是指商品在生产、流通、使用甚至在废弃过程中不能产生公害,即不能污染环境、破坏生态、影响人们身心健康等。例如,为保护人类的生存环境,从 2010 年开始,生产工业产品不能使用氟利昂做制冷剂;环境治理进程中,限制了二氧化碳、一氧化硫等空气污染物的排放等。

2.2.2 影响商品质量的因素

影响商品质量的因素是多方面的。这里主要从商品的设计、生产、流通、消费的全过程中来研究,具体有开发设计、原材料、生产工艺、流通领域等方面。

1) 开发设计的影响

商品开发设计方案的优化程度是形成商品质量的前提条件,也是决定商品质量的先导因素。开发设计质量的好坏直接决定商品质量的高低,对商品的内在质量和外观质量具有先天的决定作用,是商品质量的首要影响因素。为此,商品开发设计工作应建立在充分的市场调研基础上,深入分析现有的和潜在的市场需求,以全面掌握市场商品信息(如商品质量、品种花色、技术状况、商品价格、市场评价等),并运用专业科技确定商品的开发目标与指标体系。

2) 原材料的影响

原材料是形成商品的基础,是对商品质量起决定作用的因素。原材料的成分、结构、性质的不同,会使所生产的商品质量不同。研究构成商品的原材料便于我们了解商品质量,并为采用代用品、开辟原材料来源、节约资源和合理使用原材料提供重要依据。

直接来源于农、林、牧、副、渔业的产品,其质量受产区自然条件、品种、饲养和栽培方法等因素的影响;加工生产的商品,其质量受材料质量的影响。例如,棉纤维与化学纤维有不同的成分、结构和性质,其织品性能的差别就很明显;以细嫩鲜叶制成的绿茶,有效成分含量高,且色、香、味、形俱佳,而以老叶制成的茶叶,其内在质量及外观质量则相对较差。所以,在其他条件相同的情况下,原材料品质的优劣程度会直接影响制成品的质量与品级。

通过对原材料成分、结构及性质的分析,可以明确商品的质量特征和对商品质量的基本要求;可以加强商品质量保证和管理;可以探讨商品检验的内容和方法;可以提示商品在流通过程中的质量变化规律,以确定商品的包装、储运方法以及使用注意事项。

3）生产工艺的影响

商品的有用性及其外形和结构,都是在生产过程中形成并固定下来的。工艺不但可以提高质量,也可以改变质量。在很多情况下,虽然采用的原材料质量相同,但通过不同的生产工艺加工后,商品不仅在产品数量上会出现差别,而且在质量方面也会相差悬殊。

在生产工艺中对商品质量有重要影响的因素是配方、操作规程、设备条件和技术水平等。商品的形状、尺寸、配件和装配视作商品结构。若商品的结构不合理,不仅会影响商品的外观形象,还会影响商品的适用性和使用寿命,有的甚至使商品丧失使用价值。式样新颖、结构合理的商品是人们所欢迎的。

研究生产工艺过程,就是要着重研究商品的结构和使用价值;探讨生产工艺中各环节、工序、环境和生产管理等对商品质量的影响;发现商品质量降低的原因,找出提高商品质量的途径并提出改进的方法。

4）检验与包装的影响

商品检验是保证商品质量的主要手段之一,具有"事后把关"的重要意义。但在商品质量的形成和实现过程中,每个环节的检验对下一个环节又是事前的控制,因而它又有"事前预防"的意义。质量检验的水平取决于检验测量方法和检验测量器具。准确、真实可靠的检验数据,对人们掌握商品质量状况和变化规律,进而改进设计、修正工艺、加强管理、提高质量等方面具有重要作用。

商品包装是决定和影响商品质量的又一因素,包装质量本身又是商品质量的重要组成部分。通过商品包装(运输包装和销售包装),既能有效防止或减少外界因素对商品内在质量的不良影响,又能装饰和美化商品,从而便于全球商品储运、销售和使用。因此,商品包装已经成为商品不可或缺的组成部分,其质量好坏直接影响商品质量水平。

5）流通环节的影响

（1）运输装卸

商品进入流通领域,运输是商品流转的必要条件。运输对商品质量的影响与运程的远近、时间的长短、运输的气候条件、运输路线、运输方式、运输工具、装卸工具等因素有关。商品在铁路、公路、水路、航空运输过程中,会受到冲击、挤压、颠簸、振动等物理机械作用的影响,也会受到温度、湿度、风吹、日晒、雨淋等气候条件的影响。商品在装卸过程中还会发生碰撞跌落、破碎、散失等现象,这不但会增加商品损耗,也会降低商品质量。

（2）仓库储存

商品储存是指商品脱离生产领域,但尚未进入消费领域之前的存放。仓库储存是商业企业收储待销商品的必要环节。商品储存期间的质量变化与商品的耐储性、仓库内外环境条件、储存场所的适宜性、养护技术与措施、储存期的长短等因素有关。

商品本身的性质是商品质量发生变化的内因,仓储环境条件是商品储存期间发生质量变化的外因。采取一系列保养和维护仓储商品质量的技术与措施,有效地控制适宜储存商品的环境因素,可以减少或减缓外界因素对仓储商品质量的不良影响。

（3）销售服务

销售服务过程中的进货验收、入库短期存放、商品陈列、提货搬运、装配调试、包装服务、送货服务、技术咨询、维修和退换服务等各项工作的质量都是最终影响消费者所购商品质量的因素。商品销售服务中的技术咨询是指导消费者对复杂、耐用性商品和新商品进行正确安装、使用和维护的有效措施。许多商品的质量问题不是商品自身固有的，而往往是使用者缺乏商品知识或未遵照商品使用说明书的要求，进行了错误操作或不当操作所引起的。商品良好的售前、售中、售后服务质量已逐渐被消费者视为商品质量的重要组成部分。

6）使用过程的影响

（1）使用条件

每一个商品都有一定的使用条件，因此商品在使用过程中只有遵从其使用范围和条件，才能更加有效地发挥商品的正常功能。

（2）使用保养

为保证商品质量的实现和商品寿命的延长，充分发挥商品的效能，消费者必须在了解商品结构、性能等特点的基础上，掌握正确的使用和保养方法，使商品的可行性、耐用性、安全性等性能得以发挥，最大限度地满足消费者需求。通常，商品在使用过程中发生的质量问题，在很多情况下不是商品本身所固有的，而是使用者缺乏商品知识或未按照商品使用说明书的要求，操作错误或操作不当，或者是缺乏科学的保养维护所导致的。

（3）废弃处置

当使用过的商品及其包装物作为废弃物被丢弃时，有些废弃物可回收利用，有些废弃物则不能或不值得回收利用而成为垃圾。一般而言，废弃物都会对自然环境造成污染，甚至破坏生态平衡。因此，对废弃物处置：首先要分门别类尽量加以回收利用；其次要积极开展综合利用、变废为宝的处理工作；最后应逐步限制和严格禁止生产可能产生公害的商品，转而努力寻找无害的替代商品，以保护人类的生存环境。

目前世界各国越来越关注生态环境问题，不少国际组织积极建议，要把对环境的影响纳入商品质量指标体系之中。因此，商品及包装废弃物是否容易处理以及是否对环境有害，将成为决定商品质量的又一重要影响因素。

2.2.3 商品质量的要求

商品质量的要求是根据商品的用途和使用方法提出来的。从商品质量构成的角度分析，商品质量可用自然质量和社会质量加以衡量。

1）对商品自然属性的基本要求

（1）对日用工业品的要求

主要有以下几个方面：

①有用性。它是指商品满足其用途所必须具备的性能。例如，保温瓶的主要用途是保温，没有保温性能的保温瓶会失去其使用价值。

②适用性。日用工业品应适应消费者在时间和空间上不同的需要。例如,服装、鞋帽就要适应不同时期、不同地区民族的习俗需求。

③低公害性。低公害或无公害性又称"环境价值"。对商品的生产、流通、消费、废弃或回收等环节,应不造成允许限度以上的环境恶化。对商品低公害的要求应有相应的具体规定。对不符合低公害要求的商品,无论其使用价值多大,也要限制其生产和使用。

④耐用性。耐用性直接关系商品的使用寿命。针纺织品常以各种强度指标评定其耐用性能;皮革、橡胶制品也常用耐磨耗指标评定其耐用性;彩色电视机往往用直接测定其使用寿命的方法反映其耐用性。

⑤外形结构合理性。商品的形状、大小及部件装配是否合理,关系到商品的适用性和耐用性,也关系到商品美化。商品的外形结构既影响其自然属性的合理发挥,又与商品的时代性、地域性要求有一定关系。

(2)对食品自然属性的要求

主要表现为:

①营养价值:食品营养价值是评定食品质量的最基本指标。营养价值包括营养成分、可消化率和发热量。营养成分:指食品所含的蛋白质、脂肪、糖类、维生素、矿物质等。食品的种类不同,所含的主要营养成分就有区别,营养功能也不一样。例如,米、面、肉、鱼等是人体生长发育的基本营养要素来源,水果、蔬菜等对人体机能调节代谢起重要作用。可消化率:指食品被食用后,人体能消化吸收的百分率。发热量:食品的营养成分经人体消化吸收后,在人体内所产生的热量。

②无害、卫生:食品卫生关系到人体健康及生命安全。作为食品,卫生、无害是最基本的条件。食品中不允许含有允许限度以上对人体健康有危害的物质,也不允许有害微生物的量超过卫生防疫的标准。食品的产、供、储、运、销各环节都有受农药、食品有害添加剂、微生物、工业"三废"等污染的可能。因此,需要切实保证食品卫生和贯彻执行《中华人民共和国食品卫生法》。

③食品的色、香、味和外观形状:食品的色泽、香气、滋味和外观形状是评定食品新鲜度、成熟度、加工精度、品种特点以及变质情况的重要质量指标。色、香、味和外观形状均好的食品,能促进人们的食欲,有助于食品的消化和吸收。

2)对商品社会属性的基本要求

所有的商品都要努力满足人们对色调、花色、款式、造型、风俗习惯、流行性等社会、心理方面的要求和喜好。随着消费水平的提高,人们对服饰等商品坚固耐用性的要求不那么注重了。而对款式、色调、流行性等方面的要求却强烈起来。人们对商品的挑选性强了,哪怕是一个纽扣也要用审美的观点去选购。所以商品不但要满足人们物质上的需要,还要满足人们精神上的需要。时髦的商品式样和社会群体的影响,往往成为人们选购商品的重要因素。

食品的色、香、味、形不仅可以反映食品的新鲜度、成熟度、加工精度、品种风味及变质状况等,还会影响人们对食品的食用兴趣,从而影响对营养成分的消化和吸收。

商品经济在发展,人们消费水平和消费结构在不断提高与变化。在激烈的商品竞争市场上,忽视对商品的自然与社会属性质量要求,就会影响商品价值与使用价值的实现。

2.3 商品质量的评价过程

2.3.1 商品质量评价概念与原则

1) 商品质量评价的概念

商品质量评价是对商品体的属性(特征与特性的总和)是否能够满足规定和潜在要求(人和社会的需要)及其满足程度的一种判断。商品学的研究对象是商品使用价值,商品学又以商品质量为中心内容来研究商品使用价值。如果把商品使用价值区分为形成阶段和实现阶段,那么这两个阶段所进行的商品使用价值的评价活动有明显的差异。在形成阶段所进行的评价活动,主要表现为商品质量(狭义)评价,即对商品潜在使用价值的评价,如商品检伪、商品检验等。在实现阶段进行的评价活动,主要表现为商品效用的评价,即对商品实际使用价值的评价,如商品鉴定、商品质量评比、商品售后质量调查等。广义的商品质量包括商品实际使用质量的内容,所以实现阶段对商品使用价值的评价也可以认为是对商品质量(广义)的评价。

2) 商品质量评价的基本原则

(1)社会性原则

因为商品使用价值具有二重性——物质性和社会性;商品质量由自然质量和市场质量所构成;人的需要既有物质性需要又有精神性需要;评价者——人是社会人;人的认知活动是一种社会活动;所以商品质量评价必然是一种社会评价。商品学要运用自然科学和社会科学的理论与方法评价商品的使用价值,商品质量是衡量商品使用价值的尺度,评价商品使用价值实际上就是评价商品质量。

(2)系统性原则

商品质量评价是一项复杂的系统工程。首先商品消费需求和商品质量均是多因素、多层次、多要素的系统,各因素、各层次、各要素之间又有许多相互制约关系。其次,对于这种系统的分析必须运用系统综合评价的方法才能得出符合实际的有效结果。因此,商品质量是一个复杂的系统,必须运用系统方法对其评价。

(3)整体性综合原则

对于系统评价必须注意整体性的综合评价。商品学对于商品自然质量的研究,主要依据生产者的主观标准,而对于商品市场质量的研究,要依据消费者的主观标准以及商品价格有关的经济标准,因此,商品质量评价实际上是社会的各部门、社会生活的各个环节对商品的整体性评价。商品的内在质量、外观质量、包装质量和社会经济质量构成了商品的广义质量。商品质量的评价要综合考虑构成商品质量的各种因素和各个层次。商品质量系统各要素的价值不是简单的加和关系,而要在整体目标下加以辩证来综合判断。

（4）相对性原则

商品质量评价值既能用文字定性描述,也可用数字定量表示。质量评价的基本模式是:

$$评价结果 = \frac{实测值}{基准值}$$

实测值与基准值的变化均会影响评价结果。

质量评价的相对性可由以下几方面予以说明。第一,评价总是为了某一具体目的而进行的,目的不同,其基准值不同,评价结果就不同。第二,商品质量评价是不断发展着的,商品体和人的需要都随着时代进步而不断变化发展,所以商品质量评价值只不过是某一段时间的特定产物。第三,在甲地被用户认为质量好的商品,在乙地并不一定为用户所称道。畅销和滞销反映了商品市场竞争力的差别,这也是一种质量评价结果,它随空间的变化而变化。第四,评价者本身的素质、专业技术水平、文字描述能力等都会影响评价结果,尤其是对于缺乏客观评价标准的项目,常常是"智者见智、仁者见仁",同一商品,不同的评价者可以得出大相径庭的评价结果。

2.3.2　商品质量的主客观评价

传统商品学理论把商品质量看成纯粹客观的东西,否认商品质量含有任何主观的评价,如果商品质量仅仅指商品的自然属性,即物理、化学等物质性能,那么,在市场经济发展中,商品能否适应社会需要呢? 显然,商品质量无时无刻不包含着一定的消费条件下的社会评价。由此可见:

1) 对商品质量的评价包含着主客观因素

对商品质量的评价既要看到客观物质性能,又不能忽视商品满足一定社会需要的程度,它取决于消费者对商品质量水平的评价。这种评价显然不是客观物质性能的直接反映,而是人们对物质需要与满足程度的综合反映,是主客观因素相互作用的表现。

2) 任何商品质量都有一个社会评价问题

商品中所体现的质量需要越多,或者说符合消费者质量需要的程度越高,商品的社会评价就越高。例如,一台电冰箱如果能够在多方面体现消费者现实和潜在的质量需要,那么这台电冰箱就可获得较高的商品质量社会评价。

3) 商品美学质量是商品质量的组成部分

商品美观性的评价,从审美观来看,不同的国家或地区,不同的民族民俗或素质,就具有不同的审美标准。而且,各个消费阶层的审美需要也是多方面的,这就使得人们对商品美观性的评价存在着很大的差异。

2.3.3 商品质量评价方法

商品质量评价不仅与物理、化学、材料学、工艺学、检测学等自然科学有关,还与社会学、心理学、销售学、市场学等社会科学相联系。对商品质量评价系统进行商品质量系统评价,可以是定量的,也可以是定性的。目前,对整个系统进行定量综合评价尚有困难,比较可行的办法是强调系统的层次等级,分别进行各局部、各层次的定量或定性综合评价,从局部到整体,从定性到定量,循序渐进。商品质量评价方法有很多,大致可分为以下几类。

1)按照商品标准要求进行感官和理化评价

感官评价和理化评价就是感官检验和理化鉴定。(此内容将在第4章商品检验中详细叙述)

2)按照消费需求进行综合分析评价

这类评价一般适用于:

①技术标准中不易界定或没有说明的问题。如商品品种评价、满足消费需求程度的评价、商品美学质量的评价。

②受市场因素影响较大、随机性强的质量评价问题。如商品流行性、市场适应性评价。

③商品功能、用途一致的不同类商品的比较评价。例如,为了某一用途选择一器皿,就要评价铁的、玻璃的、铝的、塑料的或搪瓷的器皿哪一个更为合适。

④商品实际使用质量的评价。需要从大量的消费者质量反馈信息统计中获得。

按照消费需求进行综合分析评价,一般使用以搜集、筛选、综合、归纳、分析、推理、统计、数据处理等社会科学为主的手段,以文字说明、定性叙述来表达评价结果。评价过程中要求论据充分,有一定的逻辑性和科学性,才能保证结论的正确性。

3)定量化综合评价

商品质量由多种因素组成,某一商品各项质量指标与另一商品相比各有高低,那么究竟哪一个更好,这就需要进行定量化综合评价。有些感观质量进行评价时,用到的语言表述具有模糊性,如"非常好""比较好""不太好"。对于这类问题可以用模糊数学的方法进行综合定量评价。

2.4 商品质量管理及质量认证

商品质量管理是技术管理、经营管理、人员管理的综合管理工程,是十分复杂的系统工程。国际经济环境表明,在当今的国际市场竞争中,显现出来的是商品质量竞争。为了保证产品质量必须把企业所有的人都纳入质量管理的活动范畴,建立共同的质量保证体系。质量体系是指在质量方面指挥和控制组织的管理体系。国际标准 ISO 8402∶1994 和 ISO 9000∶2015 表明质量管理进入了一个概念统一化、内容规范化、活动国际化的时期。质量永远第一，已成为国际工商界的信念。大力开展质量管理已成为企业取得成效的关键。

2.4.1　质量管理与商品质量管理

1) 质量管理的概念及发展阶段

国际标准(ISO 9000∶2015)对质量管理的定义是："指导和控制组织的与质量有关的相互协调的活动。"质量管理通常包括制定质量方针和质量目标以及质量策划、质量控制、质量保证和质量改进等一系列活动。

尽管各国国情不同，但质量管理的发展过程都大体经历了以下 3 个阶段：质量检验阶段、统计质量管理阶段和全面质量管理阶段。前一种又称传统质量管理，后两种则称现代质量管理。

(1)质量检验阶段

质量检验也称事后检验，是在 20 世纪初—20 世纪 30 年代，由美国工程师泰罗首先提出的科学管理制度。其主要内容是主张科学分工，即制定标准、生产制造和产品检验应各司其职，把产品检验作为独立的专业职能部门分离出来，设立专门的检验机构和专职检验人员，制定一套产品检验制度。它的基本特征是事后检验，层层把关。这种管理制度在保证产品质量上起着重要作用，但也有其不可克服的局限性：因为只管结果，不管起因，一旦出了问题，就会造成经济损失；过多强调科学分工，缺乏整体观念，有时做不到全数检验，甚至发生漏检等。随着生产效率提高和生产规模的扩大，这种事后检验的缺点越来越突出。

(2)统计质量管理阶段

统计质量管理是在 20 世纪 40—20 世纪 60 年代，由美国数理统计学家休哈特首先提出的 3 种科学管理方法，主要是运用数理统计的原理，对生产工序进行质量控制，从产品质量波动中找出规律，消除波动的异常原因，使生产过程的每一个环节控制在正常的比较理想的生产状态，从而保证最经济地生产出符合用户需要的合格产品。这类管理方法使事后把关转变成了预防控制，从而把产品质量管理提高到一个新的水平。但也有其局限性：过分强调数理统计方法，忽视了组织管理者和生产者的能动作用；在讲解和介绍时，需要搬用大量的高等数学理论和复杂的统计学计算方法，致使人们产生错觉，认为"质量管理就是数理统计法""质量管理只是少数专家、数学家的事情"，从而导致质量管理理论神秘莫测、高不可攀，质量管理也不能得到很好的普及和推广。

(3)全面质量管理阶段

第二次世界大战后，美国著名的质量专家戴明(W.Edwards Deming)运用全面质量管理的思想，帮助日本重建经济。20 世纪 60 年代初，美国学者朱兰(J. Juran)和费根堡姆(A.Feigenbaum)提出了全面质量控制的理论，并分别出版了质量管理著作——《质量控制手册》和《全面质量控制》，丰富了全面质量管理理论，帮助世界各国积极推行全面质量管理。

2）全面质量管理

（1）全面质量管理的概念

世界各国在推行全面质量管理过程中,由于国情不同,对它的认识和具体做法也有所不同,但其基本思想、基本原理和方法是基本一致的。

关于全面质量管理,国际标准 ISO 8402：1994 年曾给出的定义是:"一个组织以质量为中心,以全员参与为基础,目的在于通过让顾客满意和本组织所有成员及社会受益而达到长期成功的管理途径。"

全面质量管理并不等同于质量管理,质量管理只是组织中所有管理活动之一,与其他管理活动,如生产管理、计划管理、财务管理、人事管理等并存。而全面质量管理则适用于组织的所有管理活动和所有相关方,全面质量管理被称为质量管理的最高境界。

（2）全面质量管理的特点

全面质量管理是一种全面、全过程、全员参与的积极进取型管理,其特点是:

①质量概念的全面性。全面质量管理中的质量是广义的质量,既包括具有自身特性的产品质量,也包括产品质量形成过程中起关键作用的工序质量和保证产品质量的工作质量。不仅要保证产品质量,还要做到成本低廉,供货及时,服务周到。它要求追求价值和使用价值的统一,质量和效益的统一,用最经济的手段生产用户满意的产品。

②管理的全过程性。它把满足消费者或用户需要放在第一位,运用以数理统计方法为主的现代综合管理手段和方法,对商品开发、设计、生产、流通、使用、售后服务及用后处置的全过程进行全面管理;防检结合,以防为主,重在分析各种因素对商品质量的影响。

③参加管理的全员性。它强调依靠与商品使用价值形成和实现有关的所有部门和人员来参与质量管理,实行严格标准化;不仅贯彻成套技术标准,而且要求管理业务、管理技术、管理方法标准化。

（3）全面质量管理的基本思想

①用户满意。戴明说过:"仅仅让顾客满意还不够。生意的基础是建立在忠诚的顾客之上的;忠诚的顾客不仅会再次光临,还会带来新的顾客。"全面质量管理强调将用户满意作为首要标准,尽一切努力提供让用户满意的产品或服务。事实上符合标准的商品往往并不一定是满足用户要求的商品。企业的质量管理必须强调以用户满意为出发点,用符合用户要求的质量为目标进行全面质量管理。

②实行严格的标准化、制度化生产管理制度。全面质量管理按标准组织生产,并根据用户的需求,可超越现有标准或提高标准,改进与提高产品质量。

③用数据说话。全面质量管理要求尽量用数据来揭示质量问题,评价质量水平,分析生产过程中的质量状态,管理产品的生产过程。要运用科学的数理统计和系统工程方法,进行质量控制和质量分析。只有质量管理数据化才能客观、科学地反映质量问题。

④预防为主。产品质量主要是在设计、生产、销售、服务等全过程中逐步形成的,质量管理贯穿产供销全过程。全面质量管理重点从事后检验转移到事先控制上来,以预防为主。预防为主要注意信息反馈,一方面是生产各环节之间互通信息;另一方面是生产者之间和生产者与管理者之间必须建立信息传递系统,及时发现、反映和解决质量问题,才能把不合格品消

灭在生产过程中。

⑤建立、健全组织机构。企业要组织制定质量方针(政策)、质量目标、质量计划,并对企业质量状态进行经常性的评价;组织企业各部门的全体人员共同参与质量管理。

⑥建立、健全企业的质量保证体系。质量保证体系是全面质量管理的核心,是系统工程的理论、方法在质量管理中的具体运用。有效的质量保证体系要求组织合理化,即任务、职责、权限明确,各环节联系紧密。在一个企业总体系下有许多分体系、子体系,甚至对某一工作细节、某一零件加工都可以构成小的质量保证体系。同时,为了使质量保证体系正常运行,还需建立审核、评价和考核奖励办法。

3) 商品质量管理的概念

商品质量管理是指以保证商品应有的质量为中心内容,运用现代化的管理思想和科学方法,对商品经营和生产活动过程中影响商品质量的因素加以控制,使用户得到满意的商品而进行的一系列管理活动。其含义是:商品质量管理的所有活动,都要围绕保证质量为中心而展开。为此,要制定质量管理的方针目标,建立质量保证体系,对经营过程中影响商品质量的因素进行控制。

商品质量管理的方法,是运用现代化管理思想和完善管理体制为手段,涉及企业各方面的综合性管理。把企业作为一个整体,用系统工程思想进行综合分析和协调,用科学技术和方法进行分析、预测和控制。

树立"用户第一,质量第一"的思想,以向用户提供满意的商品和服务为最终目的。在此基础上求得企业经济效益和社会效益的有效结合。

2.4.2　商品质量管理的几个阶段

商品质量管理贯穿商品生产、经营活动的全过程,即把商品从设计、试制、生产、销售和服务等影响商品质量的一切因素统统控制起来,以保证和提高商品质量。

1) 商品设计阶段的质量管理

任何商品都要经过设计、试制过程。这里所指的设计是广义的,包括市场调查、试验、试制、设计和鉴定等。它是全面质量管理的起点,是保证和提高商品质量的决定性环节。设计阶段质量不好,不仅影响产品质量以及投产后的生产秩序和经济效果,而且还会影响其他一系列准备工作,造成恶性循环。

设计阶段质量管理的具体任务:一是根据使用要求的实际调查资料,进行技术上可行性论证和经济分析,作为开发设计和安排生产的决策依据;二是在保证满足使用要求的前提下,满足制造要求,即要保证制造企业取得较高的生产良好的经济效益。为此,要抓以下几个方面的工作:

①制订产品质量目标和设计方案。

②参加设计审查和工艺验证。

③组织新产品试制和鉴定工作。

④加强产品设计的经济分析和严格标准化审查工作等。

2) 商品制造阶段的质量管理

加强制造阶段的质量管理是保证和提高商品质量的关键,是质量管理的中心环节。此阶段的任务是:建立能够稳定生产合格品的生产系统;严格执行质量目标和技术标准;通过质量分析找出产生质量缺陷的原因,把不合格品减少到最低限度。为此,要抓好以下几项工作:

①加强工艺管理,严格工艺纪律,以提高产品质量的稳定性。

②做好原始记录,分析质量的波动规律,掌握质量动态。

③搞好质量检验,严把质量关。

④建立严密的质量保证体系,减少质量隐患。

⑤做到文明生产及加强对不合格品的管理。

3) 商品流通阶段的质量管理

商品流通阶段的质量管理是根据客观经济规律的要求,计划、组织、指挥、监督和调节流通过程。如果只重视生产和设计阶段的质量管理,忽视流通过程中的质量管理,将会使已获得的产品质量最终丧失。为此,在流通过程中要确定最适宜的包装、采购、运输、储存、销售和养护方法,从而保证商品完好无损地转移到消费者手中。

4) 商品使用阶段的质量管理

商品的使用质量只有在使用过程中才能表现出来,因此企业的质量管理工作,必须从生产过程延伸到使用过程。使用阶段的质量管理,既是企业质量管理的归宿点,又是质量管理的出发点,主要应抓以下几个方面的工作:①积极开展技术服务工作。包括编制产品使用说明书,传授安装、使用和维修技术,设立服务机构及网点,进行技术指导和培训,及时供应零配件等。②做好使用效果和使用要求的调查工作。可以采用多种方法及各种渠道,了解本企业产品存在的缺陷和问题,了解用户意见和要求,做到及时反馈。③认真处理出厂产品的质量问题。对用户反映的意见和要求要及时处理,如确属制造方面的原因,应负责"三包";对因质量问题造成严重后果的,企业应负责经济赔偿并承担相应的法律责任。

2.4.3 质量认证

1) 质量认证的概念与作用

(1)质量认证的概念

国际标准化组织将其定义为:由可以充分信任的第三方证实某一经鉴定的产品或服务符合特定标准或其他技术规范的活动。根据《中华人民共和国产品质量认证管理条例》,产品(服务)质量认证是依据产品(服务)标准和相应的技术要求,经认证机构确认并通过颁发认证证书和认证标志来证明某一产品(服务)符合相应标准和相应技术要求的活动。

（2）质量认证的特点

①质量认证的对象是产品或服务。"产品"是广义的概念，除了一般概念的产品外，还包括加工技术。如电镀、焊接、热处理等；"服务"则是指服务性行业，如旅馆、邮电、保险、商业、银行等。目前，世界各国实行的质量认证，其对象主要是产品（商品），因此，常常称为产品（商品）质量认证或产品（商品）认证。

②认证的依据是标准和技术规范。判断被认证的对象是否合格的依据是其质量指标是否达到相关标准和技术规范的规定。

③取得认证资格的证明方式是合格证书或合格标志。

④质量认证是第三方从事的活动。所谓"第三方"是指其与生产企业（又称第一方）和产品采购者（又称第二方）都没有任何行政上的隶属关系和经济上的利害关系的一方。如国家技术监督局是世界上公认的公正的第三方，此外，独立于政府机构的质量管理协会、独立的检验机构、认证机构等也属于第三方。

（3）质量认证的作用

主要表现在以下几个方面：

①有助于消费者选购满意的商品。

②为生产企业带来信誉，争取到更多的利润。

③可以节省大量的社会重复检查费用。

④有利于减少人身伤害和财产损失。

⑤有助于提高产品在国际市场上的竞争能力。

⑥是供方取得需方信任的手段。

（4）质量认证的类型

质量认证包括产品（商品）质量认证、质量体系认证、实验室认证 3 种类型。

①产品（商品）质量认证。产品（商品）质量认证是依据产品标准和相应技术规范要求，经认证机构确认并通过颁发认证证书和认证标志来证明某一产品符合相应标准和技术要求的活动。

②质量体系认证。质量体系认证包括质量体系认证、环境管理体系认证和安全体系认证。第一，质量体系认证。质量体系认证是指对供方（生产方）的质量体系实施第三方评定和注册的活动。评定合格者由第三方机构颁发质量体系认证证书，并给予注册。其目的在于通过评定和事后监督来证明供方质量体系符合并满足需方对该体系规定的要求，对供方的质量管理能力予以独立的证实。目前，世界各国大都按照国际通用的 ISO 9000 质量管理和质量保证系列标准开展质量体系认证。第二，环境管理体系认证。环境管理体系认证是指由第三方公证机构依据公开发布的环境管理标准，对供方的环境管理体系实施评定的活动。评定合格者由第三方机构颁发环境管理体系认证证书，并给予注册公布，证明供方具有按既定环境保护标准和法规要求提供产品的环境保护能力。第三，安全体系认证。安全体系认证是指由第三方公证机构依据公开发布的安全体系标准，对供方的安全保证体系实施评定，证明供方具有按规定安全标准要求提供产品的安全保证能力的活动。

③实验室认证。实验室认证是指依据认可准则和一定的技术标准，由专家组对实验室的组织管理能力和技术能力进行审查评定。评定合格的由认证机构颁发认证证书，并给予注册

公布,证明该实验室为认证机构认可检测实验室,其检验结果社会公认。实验室认证也称为实验室认可,主要包括检测实验室认可、检验人员认可和评审人员认可。

2)产品质量认证的分类

产品质量认证根据不同的分类标志可以分为以下一些类别:

(1)按认证的法律性质可分为强制性认证和自愿性认证

①强制性认证。这是指通过国家法律、法规或规章规定执行的认证。凡属于强制性认证的产品,必须经过认证,否则不准生产、销售和进口。实行强制性认证的产品,主要是指涉及安全、卫生、环境保护等方面的产品。

②自愿性认证。这是指生产企业根据自身的实际情况,自愿申请认证或取消认证。自愿性认证的产品是指除与人体健康和人身、财产安全有关的以外的产品。根据我国相关规定,实施自愿认证的产品,实行合格认证。

(2)按认证的内容可分为安全认证、合格认证和质量、安全同时认证

①安全认证。对于关系国计民生的重大产品,有关人身安全、健康的产品,必须实行安全认证。此外,实行安全认证的产品,必须符合有关强制性标准要求。

②合格认证。凡实行合格认证的产品,必须符合有关的国家标准或行业标准要求。

③质量、安全同时认证。同时要进行两种认证,产品使用合格标志和安全标志。

(3)按认证范围可分为国际认证、区域性认证和国家认证

①国际认证。它是以国际标准化组织和国际电工委员会通过的标准为依据,以其认证委员会认证原则作指导的认证。国际认证对消除国际贸易壁垒,促进国际贸易的发展具有明显的作用。

②区域性认证。这是指由若干个国家和地区,根据自愿的原则自行组织起来的,按照共同认定的标准,以及一定的规范而进行的认证。一般来说,经过本区域性组织成员国认证管理机构认证的产品,其他成员国认证机构就予以承认。区域性认证最典型的是欧共体的区域认证。

③国家认证。这是一国范围内的质量认证,它是以国家标准为依据的认证。

3)质量认证的表示方法

质量认证有两种表示方法,即认证证书和认证标志。通过质量认证合格的产品,除由认证机构颁发认证证书外,准许其在产品上或产品包装上使用认证标志。

(1)认证证书(合格证书)

这是由认证机构颁发给企业的一种证明文件,证明某项产品或服务符合特定标准或技术规范。认证证书的内容至少应包括:

①证书编号。

②认证依据的法规文件和编号。

③企业名称。

④产品名称、型号、规格或等级。

⑤采用标准的名称和编号。

⑥有效期。

⑦认证机构名称、印章。

⑧颁发日期等内容。

（2）认证标志（合格标志）

这是由认证机构设计并发布的一种专用标志，用以证明某项产品或服务符合特定标准或技术规范。经认证机构批准，认证标志使用在每台（件）合格出厂的认证产品上。认证标志是质量标志，该标志可以向购买者传递正确可靠的质量信息，帮助购买者识别认证的商品与非认证的商品，指导购买者购买自己满意的商品。我国产品质量认证标志目前共有 5 种，其图样如图 2.1 所示。

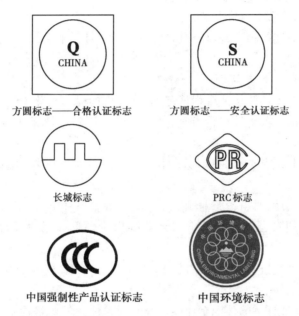

图 2.1　中国商品质量认证标志

①方圆标志（主管机构为国家技术监督局）。它有两种：一种是合格认证标志，适用范围为一般工农业产品，实行企业自愿申请；另一种是安全认证标志，适用范围为有安全要求的工业产品，实行强制性认证。

②长城标志（主管机构是中国电工产品认证委员会）。适用范围为有安全要求的电工产品。

③PRC 标志（主管机构是中国电子元器件质量认证委员会）。适用范围为电子元器件产品。

④中国强制认证标志。新的国家强制性产品认证标志名称为"中国强制认证"（China Compulsory Certification），英文缩写为"CCC"，也可简称为"CCC"标志。国家对涉及人类健康和安全，动植物生命和健康，以及环境保护和公共安全的产品实行强制性认证制度。中国强制认证标志实施以后，将逐步取代原来实行的"长城"标志和"CCIB"标志。

⑤中国环境标志。环境标志又称生态标志或绿色标志。环境标志用以证明产品从原材料的开发利用、生产、使用到回收废弃整个过程都符合一定的环境保护要求，对生态环境无害或污染很小，并有利于资源的回收和再生。

4) 质量认证的实施

（1）我国产品质量认证的条件

根据《中华人民共和国产品质量认证管理条例》的规定，凡中国企业和外国企业，均可提出认证申请。提出申请的企业应具备下列条件：

①企业具有合法的地位。

②产品符合国家标准或行业标准的要求。这里所说的标准是指具有国际水平的国家标准或行业标准。

③产品是否符合标准需经国家技术监督局确认和批准的检验机构进行抽样检验予以证明。产品质量稳定，能正常批量生产。

④生产企业的质量体系符合国家质量管理和质量保证标准及补充要求。

（2）质量认证实施的程序

我国的质量认证有以下几步程序：

①申请认证的企业要按照认证章程规定，向认证机构提出质量认证申请书及附件。

②认证机构对申请书及附件进行审查，并派人到工厂对质量保证体系进行审查，提出工厂审查报告。

③审查合格后，对商品进行抽验，送交认证机构认可的试验单位试验，提出商品试验报告。

④以上审查都合格后，对申请企业颁发合格证书或合格标志，并使用许可证。

⑤监督检查。定期对合格商品的生产企业的质量保证体系以及商品质量进行复查和抽查。

⑥对质量保证体系复查和监督检验的商品不符合要求时，要及时采取措施，甚至撤销合格证书和合格标志。

另外，对已取得认证证书的外国企业的产品和质量体系的监督检查，可以根据双边协议、多边协议委托国外认证机构代理。

5) 产品质量认证和质量体系认证的选择

（1）产品质量认证和质量体系认证的关系

两者的相同点表现在：一是两者的认证类型都有具体的认证对象；二是两者都是以特定的标准作为认证的基础；三是两者的认证类型都是第三方所从事的活动；四是两者都要求企业建立质量体系，并进行检查评定。

两者的不同点主要有：

①认证对象不同。产品质量认证的对象是批量生产的定型产品；质量体系认证的对象是企业的质量体系。

②证明方式不同。产品质量认证的证明方式是产品的认证证书及产品认证标志，证明产品质量符合标准；质量体系认证证明方式是质量体系的认证证书及体系认证标志，只证明该企业的质量体系符合某一质量保证标准，不证明该企业的任何产品符合产品标准。

③证明的使用区别。产品质量认证证书不能用于产品，但标志可用在获准认证的产品

上,质量体系认证证书及认证标志都不能在产品上使用。

④实施质量体系审核的依据不同。产品质量认证一般按 GB/T 19002(ISO 9002)检查体系;质量体系认证依据审核要求,可能是 GB/T 19001(ISO 9001)、GB/T 19002(ISO 9002)、GB/T 19003(ISO 9003)其中之一。

⑤申请企业类型不同。要求申请产品质量认证的企业是生产特定的产品型企业;申请质量体系认证的企业可以是生产、安装型企业,可以是设计/开发制造、安装服务型企业,也可以是出厂检查和检验型企业。

(2)在选择产品质量认证或质量体系认证时可考虑的原则

①优先考虑申请产品质量认证。因为产品质量认证已经包括对质量体系的检查和评定,它既证明产品的质量符合指定的国家标准或行业标准,又证明企业的质量体系符合 ISO 9000 系列标准的要求,并可在认证的产品上使用认证标志。而质量体系通过认证后,在产品上则不能使用认证标志。

②分两步申请认证,即先取得体系认证的资格后,再申请产品质量认证。这样做的好处是:对一些质量管理基础比较薄弱的企业来说,建立质量体系并要达到 ISO 9000 的要求难度很大,如果质量体系认证未能通过,还可以省掉产品检验费。同时,取得体系认证资格后,再申请产品认证,也可以减少对质量体系重复检查的费用。

③不适合产品质量认证时可申请质量体系认证。如没有适合于认证所需的产品标准、单件小批量产品、服务行业、专业设计单位等。

④规定实行强制认证的产品,必须申请产品质量认证。

⑤产品出口时,外商只要求企业提供通过质量体系认证的证明时,可只申请质量体系认证。

2.5　商品标准与商品标准化

2.5.1　商品标准及种类

1)商品标准的概念

国家标准《标准化工作指南　第 1 部分:标准化和相关活动的通用术语》(GB/T 20000.1—2014)中对"标准"做了如下定义:"为了在一定范围内获得最佳秩序,经协商一致制定并由公认机构批准,共同使用的和重复使用的一种规划性文件。"同时还进一步注明:"标准宜以科学、技术和经验的综合成果为基础,以促进最佳的共同效益为目的。"

商品标准是指为保证商品的适用性,对商品必须达到的某些或全部要求所制定的标准。包括品种、技术要求、试验方法、检验规则、包装、标志、运输和储存等。

商品标准是商品生产、质量评价、监督检验、贸易洽谈、商品使用和维护等的依据和准则,也是对商品质量争议做出仲裁的依据,对保证和提高商品质量,提高生产、流通和使用的经济效益,维护消费者和用户的合法权益等都具有重要作用。

2) 商品标准的种类

商品标准的种类繁多,主要有以下几种分类方法。

(1)按商品标准的形式

以此可分为文件标准和实物标准。文件标准是指用特定格式的文件,以文字、表格、图样等形式,表达对商品质量有关内容的标准。当文件标准难以准确表述商品的质量内容时,需制作实物标准,即用商品实物制成符合规定质量要求的标准样品来表示。它大多用作文件标准的补充件,也有单独颁发的。

(2)按商品标准的约束程度

以此可分为强制性标准和推荐性标准。强制性标准又称法规性标准。属于保障人体健康、人身及财产安全的标准和法律、行政法规规定强制执行的标准都是强制性标准。它一经批准发布,在其规定的范围内都必须严格贯彻执行,并受国家有关监督机构的监督。不执行的要承担法律和行政责任。强制性标准以外的其他标准则是推荐性标准。推荐性标准又称自愿性标准。它可由企业自愿采用,也具有指导生产和流通的作用,也要积极加以推行,但不具有法律约束力。国际标准和世界上一些先进国家的标准,都可视为推荐性标准。由于推荐性标准大多都具有先进性的特点,所以很多企业也愿意采用。在我国现行体制中,国家标准、行业标准、地方标准都可制定推荐性标准。

此外,商品标准还可按其适用范围分为生产型标准和贸易型标准,出口商品标准和内销商品标准;按商品标准的保密程度划分为公开标准和内控标准;按商品标准的成熟程度分为试行标准和正式标准。

2.5.2　商品标准的分级

商品标准根据其适用领域和有效范围的不同,可以分为不同的级别。其目的是适应不同生产技术水平、不同管理水平以及满足各种不同经济技术要求,以便更有效地促进商品质量的提高和管理的改善。各国由于经济社会条件不同,有不同的分级方法。

1) 国际商品标准的分级

国际上的商品标准,通常可以分为:国际标准、国际地区性(或集团性)标准、国家标准、行业标准(也称协会标准)、地方标准、企业(或公司)标准6个级别。

(1)国际标准

国际标准指由国际上有权威的机构或组织制定的,并为国际所承认和通用的标准。通常是指国际标准化组织(ISO)和国际电工委员会(IEC)所制定的标准;或经国际标准化组织认可并公布的其他国际组织所制定的具有权威的标准。例如,联合国粮农组织(UNFAO)、世界卫生组织(WHO)、国际羊毛局(IWO)、国际照明委员会(CAC)等组织所制定的有权威的标准。一项国际标准的制定,要经过各级技术组织充分讨论和多次修订,使之既能代表当代科学技术发展水平,保证它的科学性和先进性;又能够符合各有关方面的需要,使之易于为各方面接受,具有民主性。

国际标准属于推荐性标准。但是由于它具有较高的权威性、科学性和先进性,故为大多数国家的企业所自愿采用,而且这已成为世界性的发展大趋势。目前,我国正积极采用国际标准和参与国际标准的制定。

(2)国际地区性(或集团性)标准

国际地区性(或集团性)标准也称区域标准,指由国际地区性组织制定、颁布的标准。它只在地区区域内或者国家集团中发生作用。如西欧国家组成的欧洲标准化委员会所制定、颁发的欧洲标准。

(3)国家标准

国家标准指由某一个国家制定、颁发,在其全国范围内统一执行的标准。

此外,各国的行业标准、地方标准和企业标准的含义均与我国同级标准的含义相类似,将在下面加以阐述。

2)我国商品标准的分级

根据《中华人民共和国标准化法》,我国的标准划分为国家标准、行业标准、地方标准和企业标准四级。

(1)国家标准

国家标准是指由国家标准化主管机构批准发布,在全国范围内统一的标准。国家标准对全国经济、技术发展具有重大意义,主要包括重要的工农业产品标准;基本原料、材料、燃料标准;通用的零件、部件、元件、器件、构件、配件和工具、量具标准;通用的试验和检验方法标准;商品质量分等标准;广泛使用的基础标准;有关安全、卫生、健康和环境保护标准;有关互换、配合通用技术术语标准等。我国国家标准由国务院标准化管理委员会编制计划,组织国务院有关主管部门或专业标准化技术委员会提出草案,一般是报国家市场监督管理总局审批和发布;也有由卫计委、农业农村部等国务院有关行政主管部门审批和发布的;特别重大的,报国务院审批和发布。强制性国家标准代号为 GB,推荐性国家标准代号为 GB/T,其编号采用顺序号加发布年代号,中间加一横线分开,如 GB/T 19000—2015。

(2)行业标准

行业标准又称专业标准,是指由专业标准化主管机构或专业标准化组织批准发布、在某行业范围内统一使用的标准。对没有国家标准而又需要在全国某行业范围内统一技术要求的,可以制定行业标准,包括行业范围内的主要产品标准;行业范围内通用的零件、配件标准;行业范围内的设备、工具等标准;行业的工艺规程标准;行业范围内通用的术语、符号、规则、方法等基础标准。行业标准由国务院有关行政主管部门或行业协会制定,并报国家市场监督管理总局备案。我国约有 150 个专业标准化技术委员会参与行业标准的制定、修订和审查的组织工作。行业标准不能与有关的国家标准相抵触,已有国家标准的不再制定这类标准。已制定行业标准的,在发布实施相应的国家标准后,该行业标准即行废止。行业标准代号、编号形式与国家标准相同。我国从 20 世纪 50 年代开始制定实行部标准,从 1983 年起不再制定新的部标准,并逐步将一部分对全国技术经济发展有重大意义、需要在全国范围内统一的部标准修订为国家标准,其余的部标准则改定为行业标准。但在没有过渡前,原有的部标准仍有效,与行业标准同级。

（3）地方标准

地方标准是指在没有国家标准和行业标准的情况下,需要在某地区内统一制定和使用的标准。对没有国家标准和行业标准而又需要在省、自治区、直辖市范围内统一的对工业产品的安全、卫生要求,可以制定地方标准。在本行政区域内,这类地方标准是强制性标准。地方标准由省、自治区、直辖市质量技术监督部门制定、审批和发布,并报国家市场监督管理总局和国务院有关行政主管部门备案。在公布和实施相应的国家标准和行业标准之后,该项地方标准即行废止。强制性地方标准的代号由"DB"和省、自治区、直辖市行政区域代码前两位数加斜线组成,例如河北省强制性地方标准的代号为"DB 13/";斜线后再加"T",组成推荐性地方标准代号,例如河北省推荐性地方标准的代号是"DB 13/T"。

（4）企业标准

企业标准是指由企业制定发布,在该企业范围内统一使用的标准。企业生产的产品没有国家标准和行业标准时,应当制定企业标准,作为企业组织生产、经营活动的依据。已有国家标准和行业标准的,企业也可以制定严于国家标准或行业标准的内控企业标准,以提高产品质量水平。企业标准原则上由企业自行组织制定、批准和发布实施,报当地质量技术监督部门和有关行政主管部门备案。企业标准代号为"Q/";各省、自治区、直辖市颁布的企业标准应在"Q"前加本省、自治区、市的汉字简称,如北京市为"京 Q/",四川省为"川 Q/";斜线后为企业代号和编号(顺序号—发布年代号);中央所属企业由国务院有关行政主管部门规定企业代号;地方企业由省、自治区、直辖市政府标准化行政主管部门规定企业代号。

3）商品标准的内容及确定原则

（1）商品标准的内容

根据商品标准的结构,商品标准的内容一般由概述、技术内容（正文）和附录补充 3 个部分构成。

①概述部分。这部分内容有封面、目录、标准名称、引言。标准名称的制定有一定原则,即当标准内容包括商品的全部技术特征或包括的技术特征比较完整时,以商品名称作为标准名称;当标准的内容除包括商品的技术要求外,还包括试验方法、检验规则、标志、包装、运输、储存等,以商品名称及技术条件合并作为标准名称。

②技术内容（正文）部分。这部分规定商品的质量指标和不同等级商品的基本要求,以及规定抽样方法、试验方法,以及商品的标志、包装、运输、储存条件。标准规定的质量指标,都是与商品实验价值密切相关的一些指标,直接关系到商品的寿命和外观。

③附录补充部分。根据具体情况,一个标准可以有若干个附录（也可不加附录）加以说明。附录分补充件和参考件。前者与标准条文具有同等效力,是对标准技术特性的补充;后者是参考性的内容。

（2）确定商品标准内容的原则

国际标准化组织提出了确定商品标准内容的三原则:

①目的性原则。任何商品都有许多特性,应根据商品功能和制定商品标准的目的,有针

对性地选择必须在标准中规定的技术内容。制定商品标准的目的可概括为:保证商品的适用性、促进相互了解;保证商品的卫生、安全和保护环境;保证衔接和互换,实现品种简化等。

②最大自由度原则。在规定产品的技术内容时,一般只应规定分类原则和使用性能要求,是使实现这些原则和要求的手段能有最大的自由度。例如,为了保证商品满足某一使用时间要求,可以规定其必须达到的最小使用时间;也可以规定其所用材料与零部件,但按最大自由度原则,我们只规定其必须达到的最少使用时间,而对材料与零部件规格不做规定,这样就为将来采用可能出现的高性能质优价廉材料留下了余地。

③可证实性原则。商品标准中只应规定能用试验方法、检测手段等加以验证的要求。为此,在标准中应避免使用抽象的、不确切的用语,技术要求应尽可能定量化。

2.5.3　质量体系标准

1)质量体系标准的概况

质量体系对内功能是质量管理,故称质量管理体系;而对外功能则是质量保证,故称质量保证体系。因此,质量体系标准就是质量管理和质量保证标准。

国际标准化组织自从 1986 年颁布 ISO 8402 和 1987 年颁布 ISO 9000 系列标准后,根据国际贸易发展的需要和标准实施中出现的问题,又进行了两次修改。1994 年进行了第一次修改和完善,由原来的 6 个标准增加到 26 个标准,形成了 ISO 9000 族标准,但这次修改并未进行重大的突破性更改。2000 年,ISO 又对 ISO 9000 族标准进行了重大的结构性修改,使庞大的 ISO 9000 族标准得到简化,形成了 4 个核心标准明确,重点内容突出、结构体系分明的 ISO 9000 族质量管理体系标准。2015 年 ISO 9000 族质量管理体系标准再次修订。

ISO 9000 族标准的构成:

ISO 9000 的主体是 4 个核心标准,另外,还包括其他标准、技术报告等,但都属于核心标准附属物。4 个核心标准:

(1)《质量管理体系——基础和术语》(ISO 9000:2015)

主要内容是阐述质量管理体系的基础理论、基本方法和总体要求,规定质量管理体系的有关术语和定义。

(2)《质量管理体系——要求》(ISO 9001:2015)

主要内容是规定质量管理体系的要求。这是 ISO 9000 族标准中最重要的标准,主要用于质量管理体系的第三方认证。

(3)《质量管理体系——业绩改进指南》(ISO 9004:2015)

主要用于组织内部管理。该标准提供了超出 ISO 9001 标准要求的指南和建议,但不是 ISO 9001:2015 实施指南,旨在帮助组织以有效和高效的方式识别并满足顾客及其他相关方的需求和期望,实现、保持和改进组织的总体业绩,进而提高相关方的满意程度,从而使组织获得成功。

(4)《质量和环境管理体系审核指南》(ISO 19011:2011)

该标准提供了质量管理体系和环境管理体系审核的基本原则、审核方案的管理、审核的实施指南及审核员的资格要求,经指导其内审和外审的管理工作,体现了"不同管理体系可以有共同管理和审核要求"的原则。

上述标准共同构成了一组密切相关的质量管理体系标准,在国内和国际贸易中促进了相互理解。

2) ISO 9000 的特点

①ISO 9000 标准是一系统性的标准,涉及的范围、内容广泛,且强调对各部门的职责权限进行明确划分、计划和协调,而使企业能有效地、有秩序地开展各项活动,保证工作顺利进行。

②强调管理层的介入,明确质量方针及目标,并通过定期的管理评审达到了解公司的内部体系运作情况,及时采取措施,确保体系处于良好的运作状态。

③强调纠正及预防措施,消除产生不合格或不合格的潜在原因,防止不合格的再发生,从而降低成本。

④强调不断的审核及监督,达到对企业的管理及运作不断地修正及改良的目的。

⑤强调全体员工的参与及培训,确保员工的素质满足工作的要求,并使每一个员工有较强的质量意识。

⑥强调文化管理,以保证管理系统运行的正规性、连续性。如果企业有效地执行这一管理标准,就能提高产品(或服务)的质量,降低生产(或服务)成本,建立客户对企业的信心,提高经济效益,最终大大提高企业在市场上的竞争力。

3) 我国质量体系标准

我国是 ISO 的正式成员,参与了有关国际标准和国际指南的制定工作,同时也承担着将 ISO 9000 族标准转化为我国国家标准的任务。

ISO 9000 族标准在中国的推广与应用对提高产品质量、增进国际贸易、消除技术壁垒起到了很大的作用。

2.5.4　标准化

1) 标准化的概念

我国 GB/T 20000.1—2014 对"标准化"的定义是:"为了在一定范围内获得最佳秩序,对现实问题或潜在问题制定共同使用和重复使用的条款的活动"。

这个过程是一个不断循环、螺旋式上升的过程。标准化活动的核心是标准;标准化的结果,只有当标准在社会实践中实施以后,才能表现出来;标准化又是一个相对的概念,即标准化不是绝对的,在深度上是无止境的;标准化也需不断协调配套;存在着随时代变化而产生标准与非标准的转化。

商品标准化,则是指在商品生产和商品流通的各个环节中制定、发布和推行商品标准的活动。它是整个标准化活动的重要组成部分。

2) 标准化的作用

商品标准化是国民经济及其各部门的一项重要基础工作,对发展社会生产力和科学技术,提高商品质量,扩大对外经济和技术交流,提高社会经济效益等方面具有重要作用。

(1) 是现代化大生产的必要条件,是组织专业化生产的前提条件

现代化大生产社会化程度高,生产规模大,技术要求严格,分工精细。为保证生产有秩序地进行,单靠行政手段和法律手段是不够的,必须通过标准化活动,把生产活动有机地联系起来,在技术上保持着高度的协调和统一。社会化大生产的必然趋势是专业化生产,它有利于提高劳动生产率,获得较好的经济效益。标准化通过合理地简化品种,形成合理的品种系列,使产品零部件可以通用互换,为专业化生产提供前提条件。

(2) 是科学管理的重要组成部分

现代化大生产要求实行严格的科学管理。而科学管理又必须依据客观经济规律,实现管理机构高效化、管理工作计划化、管理技术现代化。建立生产管理、技术管理、设备动力管理、物资管理、劳动管理、质量管理和安全管理等方面的一系列规章制度。这些管理规章制度,实际上就是生产组织标准和经济管理标准,即管理业务的标准化。因此,科学管理离不开标准化。

(3) 是提高商品质量的技术保证,也是推行全面质量管理的重要方面

标准化与质量管理有着密切的联系。标准化为质量管理提供了管理目标,产品标准中规定的各项技术指标是质量管理的依据。产品标准作为生产和流通的共同技术依据,具有法规的作用,必然会成为保证和提高产品质量的技术保证。全面质量管理以标准化为基础,同时也是贯彻执行标准的保证。

(4) 是合理利用资源、节约原材料和保护环境的保证

我国的商品标准,是根据我国的资源和自然条件,有利于环境保护和使用安全的原则制定的。在木材制品、石油、钢铁、水泥等有关的标准中,规定的技术性能、指标要求,都涉及合理利用资源问题。规定得合理,就可以实现资源利用标准化,节约原材料,做到物尽其用。此外,按照标准化的规定,产品的生产和管理也要有利于环境保护,以保证整个社会生态环境的良性循环。

(5) 是推广、应用新技术的桥梁

标准化是科研、生产和使用三者之间的桥梁。一项科研成果,如新工艺、新材料、新技术、新产品研制成功后,一旦经过技术鉴定,并被纳入相应标准,就会产生一定的法律强制性,得到迅速地推广和应用。同时,标准又是各种复杂技术(包括许多先进技术)的综合。因此,贯彻执行标准,实际上也是引进、推广新技术的过程。由此可见,由于技术进步,促进了生产水平的提高,为科研提出了新课题,经过再实践,就会再出新成果,随之就会诞生更新的标准,这样,便形成了一个良性的发展循环。

3) 标准化的形式

标准化有多种形式,每种形式都表现不同的标准化内容。因而采用不同的标准化方法,

可达到不同的目的。商品标准化形式与方法主要有:简化、统一化、系列化、通用化、组合化和模数化。

（1）简化

简化是指在一定范围内缩减商品的类型数目,使之在一定时间内满足特定需要的商品标准化形式。它是控制复杂性、防止多样性自由泛滥的一种手段。实施简化的途径有4种:一是产品品种规格的简化;二是原材料品种规格的简化;三是工艺装备品种规格的简化;四是零部件的简化。

（2）统一化

统一化是指把同类商品两种以上的表现形式归并为一种或限定在一定范围内的商品标准化形式。统一化的目的是消除由不必要的多样化而造成的混乱,从而为正常的经济活动建立共同遵循的秩序。统一化的实质是使商品的形式、功效或其他技术特征具有一致性,并把这种一致性通过商品标准以定量化的方式确定下来。统一化有两类:一类是绝对的统一,不允许有什么灵活性,如各种编码、代号、标志、名称、单位、运动方向等;另一类是相对的统一,其出发点或趋势是统一的,但在统一中还有灵活性,根据情况区别对待。

（3）系列化

系列化是指对同一类商品中的一组商品同时进行标准化的一种形式,它是标准化的高级形式。通过系列化可以实现某一类商品系统的结构优化、功能最佳的标准化形式。商品系列化一般包括制定商品基本参数系列、编制商品系列型谱和进行系列设计3个方面的内容。

（4）通用化

在相互独立的系统中,选择和确定具有功能互换性或尺寸互换性的子系统或功能单元的标准化形式称为通用化。通用货柜以互换性为前提,对具有功能互换性的复杂商品来说,通用化程度越高,生产的机动性就越大,市场的适应性也越强,商品的销路就越广。通用化实现的路径是,在商品设计时要全面分析商品的基本系列和变形系列中零部件的共性与个性,从中选择具有共性的零部件确定为通用件或标准件。

（5）组合化

组合化是指按照标准化的原则,设计并制造出一系列通用性较强的单元(标准单元),并根据不同需要组合成不同用途的商品的一种标准化形式。在商品设计、生产和使用过程中,都可以运用组合化的方法。组合化的内容主要是选择和设计标准单元与通用单元,又称"标准组合元"。组合的原理与方法广泛应用于机械类商品和仪器仪表的制造、家具和工艺装备的制造与建筑业工程等。

（6）模数化

模数化是指在系统设计、计算和结构布局中,制定和使用尺寸协调的标准模数的活动。模数是指在某种系统(如建筑物、构件或制品)的设计、计算和布局中普遍、重复地应用的一种基准尺寸。如国际标准化组织和欧洲各国规定的物流基础模数尺寸为 600 mm×400 mm。集装基础模数尺寸以 1 200 mm×1 000 mm 为主,也允许 1 200 mm×800 mm 或 1 100 mm×

1 100 mm。

应用标准模数使产品和建筑物的结构尺寸达到模数配合,当所有的配合尺寸都是模数或是基本模数的倍数时,称为完全的模数配合。模数配合可作为尺寸指南,指导产品设计与生产制造。

4) 标准化的效果

标准化的主要效果可概括为以下几方面:

①具有合理简化商品品种规格的效果。

②具有促进互相理解、相互交流、提高信息传递效率的效果。

③在商品生产、流通、消费等方面,具有全面节约人力、物力和时间的经济效果。

④在商品交换与提高服务质量方面,具有保护消费者利益和社会公共利益的效果。

⑤在安全、卫生、环境保护等方面,具有保障人类生命安全与健康的效果。

⑥在国际贸易中,具有消除国际贸易技术壁垒的效果。

第3章 商品品种与商品分类

商品品种是一个庞大的、复杂的、开放的、动态的以及可控制的物质系统,正确认识商品品种发展与变化规律,科学合理地进行商品分类,是加强商品管理科学化以及市场交换有效化所必须完成的任务。因此,本章对商品品种的概念及商品分类的意义、标准与方法进行论述,目的在于使读者能够正确把握各类商品品种的特征及品种之间的相互关系。

3.1 商品品种与划分标准

3.1.1 商品品种概述

1) 商品品种的概念

商品品种是指按某种相同特征划分的商品群体。商品品种的范畴是一个宏观概念,反映一定商品群体的整体使用价值或社会使用价值。不同的消费结构要求有不同水平的使用价值及不同的品种规格。从全社会来说,大类商品的品种及其结构应与全社会的消费需求和消费结构相符合,各类商品中的品种应与社会不同阶层、不同社会集团的消费水平相吻合。

从目前看来,商品因品种不完善、品种构成不合理,给社会造成的损失是巨大的;商品品种的完善以及商品品种与消费需求相符程度的提高还没有完全建立在科学基础上。因此,研究商品品种问题,改善商品品种、结构,提高消费需求与商品品种结构体系间的相符程度,具有特别重要的社会、经济和政治意义。

2) 商品品种的内容

商品品种问题是多种多样和复杂多变的,既有工程技术问题,又有经济学、法律学和商品学的问题。许多商品品种问题都具有综合性强的特点,需要多门学科共同研究解决。因此,商品品种的研究内容是基于以多学科知识对商品品种变化规律的认识与把握,可使社会在理性预期中运用新技术开发新品种,合理调整和更新品种结构,有效配置资源,更好地满足消费需求,从而促进市场经济健康发展。

商品品种的运动和发展受一定客观规律的限制,如技术学规律、经济学规律、一般品种规律、特殊品种规律等。一般品种规律是指对所有商品都适用的品种规律,如商品品种适度扩大的规律、商品品种更加完善的规律、商品品种最佳组合和构成的规律、商品品种结构与消费结构相符合的规律等。特殊品种规律是指只适用于某类商品或一些类似商品种类的品种规律,如食品、纺织品等各类商品中品种最佳结构的规律,区域商品品种最佳构成的规律等。商品品种规律与技术学规律、经济学规律等相结合,才能控制商品品种的发展和变化,实现商品品种的最佳构成,从而使商品品种与消费需求的相符合程度达到最佳状态,促进商品使用价值的实现,获得最佳的经济效益。

3) 商品使用价值、商品品种和商品质量的关系

商品使用价值是指商品满足人们一定需要的有用性的总和。商品使用价值包括商品个体的使用价值和商品群体的使用价值。商品质量是指商品满足明确或隐含需要的能力的特性总和。商品质量说明商品满足人们需求的深度,反映商品个体的使用价值。商品品种是指用户和消费者对商品性能的要求,说明商品的消费目标(即商品供哪类消费者或消费集团使用的)和商品满足人们需求的广度,反映商品群体的使用价值。商品品种和质量是决定商品使用价值、决定商品适用性的两个方面,也是决定销售和经济效益的两个关键。

商品质量、品种、效益三者是有机的统一体,其中质量是基础,品种是适应市场和消费的基本条件,效益则是最终的目的。它们之间是相互依赖、相互制约的。求效益,就必须抓质量,上品种;上品种,不抓质量,品种自然淘汰;抓质量,不抓品种,质量无法体现;抓质量,上品种而不求效益,生产就失去了目的,质量、品种自行消亡。这三者之间存在的不可分割性的连锁性反应,体现了这三者之间的内在联系,符合客观事物发展变化的基本规律。

在现代经济中的商品质量概念,包含了对商品品种的要求。所谓"高质量"并不是"经久耐用"或者"高档次",它必须是对路的、合格的、适销的。在消费需求日益多样化的今天,没有与此相适应的多品种商品,社会主义市场经济就不可能健全地发展。任何商品的质量,都必须适应顾客的需求,使顾客满意,但并不是商品的质量越高越好,如果商品的质量超过了顾客满意的程度,这不仅是对社会资源的一种浪费,反而会因成本增加而使价格升高,不利于适应市场上多样化的需求,因而不能满足顾客多层次的需求。所以,新产品开发和商品结构的调整必须从顾客的实际需求出发。

品种是决定商品占领市场大小的条件。在市场竞争中,作为相对独立的生产者,不论他是以买者还是以卖者的身份出现于市场,他们都有各自的特殊的经济利益,都需要争取购进和出售方面的有利地位。产品品种越齐全、越新颖,便越有利。以买者身份出现的企业,对于新的、齐全的商品,可以有充分选择、比较的余地;以卖者身份出现的企业,其产品越新、越齐全,便越能获得销售机会。因此,每个相对独立的企业,为了满足社会的消费需要,都必须研究产品的多样化和进行产品的更新。

质量是决定商品市场占有率的因素。企业提供市场的各种商品能满足顾客要求,则销售量就大,市场占有率就高。企业运用先进的技术,不仅可以提高商品质量,加快商品品种更新换代的速度,而且可以降低生产成本,使商品的质量、品种和价格在市场上都有很强的竞争能力。

3.1.2 商品品种划分标准

1）商品品种划分标准

商品品种可根据不同的标准进行划分,主要方法有以下几种。

（1）按照商品品种形成的领域划分

以此可分为生产品种和经营品种。生产品种是指由工业或农业提供给批发商业企业的商品品种。经营品种是指批发商业企业和零售商业企业销售的商品品种。工业生产的和商业经营的商品品种,一方面取决于特定经济形势下的资源状况和生产技术能力;另一方面则取决于顾客需求的构成状况。规划正确的商品品种是企业获得经济效益的一个最重要前提。

（2）按照商品品种的结构（即按照商品品种的横向广度）划分

以此可划分成复杂结构的商品品种、简单和最简单结构的商品品种。例如,服装和鞋类属于复杂结构的商品品种,这两类商品有多种多样的型号、材料、款式、颜色、不同的消费目的和对象等,会有很多品种。缝纫小商品、办公用品、个别玩具、纪念品、打猎用品等属于最简单结构的商品品种。其余商品是简单结构的商品品种。

（3）按照商品品种的纵向深度划分

以此可划分为粗的品种和细的品种。在制订商品生产计划或规划时,一般是指粗的商品品种。在订立供货合同时,要详细规定商品的所有特性值（参数）,包括规格、颜色、式样、包装装潢等,这时就涉及细的商品品种。

（4）按照商品品种的重要程度划分

以此可划分为日常用商品品种（必备商品品种）和美化及丰富生活用商品品种;主要商品品种和次要商品品种。

（5）按照商品品种的功用特征划分

以此可划分为很多品种。如食品、医药品、纺织品、家用电器、办公用品、体育用品等。

2）商品品种结构体系

商品品种结构是指各大类商品及每类商品中不同品种的组合比例,即在全部商品总量中,按经济用途或按满足不同层次需求,各大类商品及每类商品中不同品种规格商品的数量所占的比例。

商品品种构成要考虑消费需求的市场特征,如年龄、性别、职业、民族和地方风俗习惯等。调整商品品种结构,首先要调查消费者需求、研究分析市场结构和消费结构,及时捕捉市场信息,掌握市场和消费结构的变化趋势。

商品品种是消费者对商品的广度要求,它是商品结构（商品品种组合）状况的反映,也是消费需求结构的反映。消费需求和消费结构不是一成不变的,它们随科学技术水平、人口组成、社会经济等的变化而变化。这种变化一般呈上升趋势,因而商品品种结构也是一个动态的高级化过程,必须随消费需求和消费结构的变化不断调整和变化。商品品种结构是否合理,实质上是商品能否满足顾客多样性和多层次需求的问题,也是人们对商品在量的方面满足的问题。

商品品种结构的决策要考虑两个因素——市场引力和企业实力。市场引力包括商品对国计民生的影响力、市场容量、利润率、销售率、增长率等,是社会需求状况的反映。企业实力是指企业满足市场要求的能力,包括市场占有率、生产能力、技术能力、销售能力等综合因素。只有对市场引力和企业实力进行综合性的分析,以此确定品种的改进或新品种的开发,才能使生产的商品持续满足消费者需求,从而使商品品种结构与消费结构最佳吻合。

3) 商品品种发展

为了满足消费者不断变化的多样化消费需求,企业就有必要不断发展商品品种。但在其发展过程中必须遵循以下原则:

(1) 商品品种结构要与人们的需求结构相适应

消费需求是商品不同品种产生的动力。消费需求是多种多样的,是不断变化的,这就决定了商品品种结构的复杂性和变化性。企业要研究目标顾客现实的和潜在的需求及其变化规律,并用定量的方法描述商品品种与消费需求的符合程度,使商品功效符合消费需求。

(2) 商品品种的组合要达到最佳化

一般而言,商品品种越多,满足消费需求的程度就越高。第一,增加产品组合的宽度(即增加产品大类,扩大经营范围,甚至跨行业经营,实行多角化经营),可以充分发挥企业的特长,使企业尤其是大企业的资源、技术得到充分利用,提高经营效益。第二,实行多角化经营还可以减少风险。第三,企业增加产品组合的长度和深度(即增加产品项目,增加产品的花色、式样、规格等),可以迎合广大消费者的不同需要和爱好,以吸引更多顾客。但是,从企业的效益来说,必须合理地确定商品结构,才能取得良好的经济效益。

(3) 商品品种要不断更新

在知识经济时代,商品品种更新的速度会比以往任何时候都快,更新的成本则比任何时候都低,人们对新品种的需求大大提高,产品扩散速度也会快于以往任何时期。对任何一个企业来说,不断开发新品种、改进老品种,是求生存求发展重要的途径。但是,商品品种更新的速度并不是越快越好,比例并不是越大越好。

3.2　商品分类的意义与方法

3.2.1　商品分类及其意义

1) 商品分类的概念

商品分类是指根据一定目的,为满足某种需求,选择适当的分类标志或特征,将商品集合总体科学地、系统地逐次划分为不同的大类、中类、小类、品类或品目、品种,乃至规格、品级、花色等细目的过程。商品大类一般根据生产和流通领域的行业来划分,既要同生产行业对口,又要与流通组织相适应;商品品类也称商品品目,是指具有若干共同性质或特征的商品的总称,包括若干商品品种;商品品种是指商品的具体名称,它是按商品的性能、成分等方面的特征来划分的;商品细目是对商品品种的详尽区分,包括商品的规格、花色、质量等级,它能具体地反映出商品的特征。商品分类的类目层次如表3.1所示。

表 3.1　商品分类的排列顺序及实例

商品类目名称	应用实例	
商品门类	消费品	工业品
商品大类	食品	日用工业品
商品中类	饮料	家用化学品
商品小类	茶叶	肥皂、洗涤剂
商品品类或品目	绿茶	肥皂
商品种类	炒青绿茶	浴皂、洗衣皂
商品亚种	龙井茶	香皂
商品品种	西湖龙井	力士香皂
质量等级	特级	

2)商品分类的意义

商品品种繁多,特征各异,价值悬殊,其性能、用途以及储运要求也各不相同,对商品进行科学分类、统一商品的名称、类别和编码,对于合理组织商品生产与流通,促进商品标准化实施都有着重要意义。所以搞好商品分类具有重大意义。

①只有将商品统一分类后,才有可能将研究的对象从每个商品的个性特征归结为每类商品的特征。掌握了这类商品的共性特征,才能深入地分析商品的质量,为提高商品质量和合理使用、储存与运输商品创造条件。

②只有将商品统一分类后,生产、计划、统计、物价、会计等工作才能正常进行。从而确切地掌握商品的生产和销售情况,为管理业务创造条件,提高企业的经营管理水平。

③商品科学分类是编制商品目录的基础。只有将商品进行科学分类,才能使编制的目录有条有理,层次分明,眉目清楚。

④只有将商品进行科学分类,电子计算机技术才能被广泛地应用到商品管理和商品研究中。

⑤商品分类有利于在一定范围内使商品名称、类别统一化,便于安排生产和消费者选购。

总之,商品分类是商品学要研究的重要内容之一,也是商品生产和商品经营管理的一种手段。全面地研究商品的科学分类,对于商业企业管理、教学和科研工作都有着十分重要的意义。

3.2.2　商品分类原则与要求

1) 商品分类的原则

商品分类的原则是建立商品科学分类体系的重要依据,为了使商品分类能满足特定的目的和要求,在商品分类时应遵循以下 5 项原则。

(1) 系统性原则

根据商品的某些共性进行分类,构成分类体系,并且在进行系统分类时,必须考虑分类体系中应具有补充新产品的余地。

(2) 专一性原则

该原则是指商品分类后,一种商品只能出现在一个类别里,不允许同时出现在两个类别中。这就要求选择分类标志时,尽可能从本质上将各类商品之间的差异加以明显区别,保证分类清楚。

(3) 简明性原则

该原则要求商品分类术语应通俗易懂;分类的标记应有明显特征,一目了然;分类的方法要科学、合理;分类的层次应清晰明了,使管理手段简便、快速、准确。

(4) 协调性原则

商品分类体系应具有适用性、协调性,力求使分类结构合理。

(5) 稳定性原则

商品分类既要考虑现实状况,也应符合商品发展的客观规律,如果分类目录发生变更时,也不会破坏整个分类结构,应有相对稳定性。

2) 商品分类的基本要求

商品分类的基本要求主要有以下 3 项。

(1) 必须明确商品分类的目的、范围

商品分类应有明确目的。例如仓储部门将商品分类,是为了保证商品质量完好。所以,应从安全出发,将商品分为危险品商品与非危险品商品。储存危险品商品的仓库,又将危险品商品分为十大类。同时,商品分类应明确商品集合体所包括的范围,商品分类才有实用意义。

(2) 必须选择适当的分类标志

在进行商品分类过程中,选择适当的分类标志是一项至关重要的工作。选用适当的分类标志是科学分类的前提,它必须是既能达到分类的目的要求,又能对分类对象的类别加以明显的区分,这会对商品的管理与使用带来一定的方便。

(3) 必须遵循商品分类的原则

人类社会与科学技术总是在不断发展与进步的,商品种类的增多与变化必然要求改进商品管理工作,但是在实际操作中,仍需遵循商品分类的一系列原则,在原有基础上补充、完善和提高。

3.2.3 商品分类方法与标志

1) 商品分类的基本方法

商品分类的基本方法,通常采用线分类法和面分类法。在建立商品分类体系或编制商品分类目录中,又常常把两种方法结合起来使用。

(1)线分类法〔又称层级(层次)分类法,也称垂直分类法或从属分类法〕

它是将拟分类的商品集合总体,按照选定的属性或特征作为分类标志,逐次地分成相应的若干个层级,并编排成一个有层级(层次)的、逐渐展开的分类体系。在这个分类体系中,各层级所选用的分类标志可以不同,各个层级之间构成并列或兼属关系。由一个层级直接区分出来的各类目,彼此称为同位类。同位类的类目之间为并列关系,既不重复,又不交叉。在线分类体系中,一个类目相对于由它直接划分出来的下一层级的类目而言,称为上位类(也叫母项);由上位类直接划分出来的下一层级的类目,相对于上位类而言,称为下位类(也叫子项)。上位类与下位类之间存在着从属(隶属)关系,即下位类从属于上位类。

下面以国家标准《全国主要产品分类与代码》(GB/T 7635—2002)为例,说明线分类体系中各类目之间的并列和从属关系(见图3.1)。

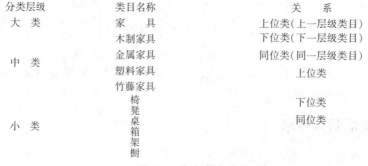

图 3.1 线分类法结构图

线分类法的主要优点是:层次性好,能较好地反映类目之间的逻辑关系,符合传统应用习惯,便于手工和计算机处理。因此,线分类法是商品分类中常采用的方法。

但是,线分类法也存在着分类结构弹性差的缺点,目录形成后,没有更多的后备位置可供新的分类集合插入。

(2)面分类法(也称平行分类法)

它是将拟分类的商品集体总体,按其本身固有的属性或特征(分类标志),分成相互之间没有隶属关系的面,每个面都包含各自的类目,再将每个面的类目平行组合在一起,即组成一个复合类目。服装的分类就是按照面分类法组配的,把服装用的面料、式样和款式分成三个相互之间没有隶属关系的"面",每个"面"又分成若干个不同范畴和独立类目,见表3.2。使用时,将有关的类目组合起来,便成为一个复合类目,如纯毛男式中山装、纯棉女式休闲装。

表 3.2　面分类法

第一面	第二面	第三面
面料	式样	款式
纯棉	男式	中山装
纯毛	女式	西装
化纤		休闲装
混纺		裙装

面分类法的优点是:类目可以较大量地扩充,结构弹性好,不必预先确定好最后的分组,便于计算机管理。但是,也存在着不能充分利用容量、组配结构太复杂、不便于手工处理等不足之处。

在实际工作中,经常采用线分类法与面分类法相结合的分类方法,也称线面结合分类法。如我国在编制《全国工农业产品(商品、物资)分类与代码》国家标准中,采用线分类法与面分类法相结合、以线分类法为主的综合分类方法。首先,按农业、轻工业、重工业的顺序,对工农业产品分类体系中的最高层完全采用按产业、行业组配的面分类法,使所有产品与行业挂钩;而对以下的各层级,则按商品属性的内在联系,采用线分类法。

2) 商品分类标志

(1)选择商品分类标志的基本原则

分类标志是编制商品分类体系和商品目录的重要依据和基准。对商品进行分类,可供选择的标志很多,在选择分类标志时,应遵循以下基本原则:

①目的性。必须满足分类的目的和要求。

②区分性。必须从本质上把不同类别的商品明显地区分开,保证分类清楚。

③适应性。能划分规定范围内所有的商品,并为不断补充新商品留有余地。

④唯一性。在同一类别范围内只能采用一种分类标志,不能同时采用两种或多种分类标志;分类后的每个商品品种(或类组)只能出现在一个类别里。

⑤简便性。必须使商品分类在实际运用中具有易行性,有利于采用数字编码和运用电子计算机进行处理。

(2)常用的商品分类标志

商品分类的标志多种多样,但常用的分类标志有:

①以商品的用途作为分类标志。满足商品用途要求,是衡量商品质量的重要依据。由于此种分类直接表明商品用途,与消费者需求相吻合,便于消费者选购,这是贸易系统经营管理商品的主要分类方法之一。根据用途的不同,可将商品分为食品、纺织品、日用工业品、日用杂品。其中,纺织品按用途不同,可分为床上用品、针织品、服装、面料几大类。此种分类方法的特点是,将不同原料、不同厂家生产的同一用途商品实施同类经营,便于经营者和消费者进行比较、分析,对企业提高商品质量、扩大品种规格、加强竞争意识具有积极意义。但此分类法对储运部门尚不能完全适用,多用途商品也不宜采用。

②以原材料作为分类标志。商品的原材料是决定商品质量和引起质量变化的重要因素。由于原材料的不同,商品的化学成分、性能、加工、包装、储运、使用条件和要求等方面也有所不同。

按商品原材料来源的不同,可将全部商品分为植物性商品、动物性商品和矿物性商品。纺织品也根据原料的不同分为棉织品、毛织品、丝织品、化纤织品和纺织品五大类。食糖,可分为甘蔗糖、甜菜糖两大类。此种分类方法的特点是分类清楚,能从本质上反映每类商品特征和使用(食用)、保管、包装、养护等要求,主要运用于原料性商品和原料对成品质量影响较大的商品分类,这是食品储藏、商品养护、运输等部门常用的分类方法。随着人们生活水平的提高,某些零售商品经营分类也逐渐采用以原料作为分类标志,为满足顾客需要、引导科学消费提供便利。如商品经营分类,将面料分为天然纤维织品、人造纤维织品和合成纤维织品。但是该分类法对那些原料构成复杂多样(如混纺织品)和对成品质量影响不大的商品(如照相机、电视机)等不宜采用。

(3)以商品的加工方法作为分类标志

商品的生产加工过程,是商品质量的形成过程。同一原料、同一用途的商品,由于采用的加工方式和加工深度的不同,其性能特点会有很大差异,从而形成商品的不同质量和风格。如商品茶按鲜叶制造方法的不同,分为红茶、绿茶、乌龙茶、花茶、紧压茶五类;酒按酿造方法的不同,可分为蒸馏酒、发酵酒和配制酒;棉花按加工机械的不同,可分为锯齿棉和皮辊棉。这种分类的特点是,能较明显地反映商品质量风格和加工精度,是商品生产、经营等部门使用较多的一种分类方法。

(4)以商品主要化学成分作为分类的标志

商品主要化学成分是形成商品性能、影响商品质量变化的最基本因素。按化学成分的不同,可将商品总体分为有机商品和无机商品两大类,有机商品又可分为脂肪类、蛋白质类、纤维类等;无机商品又可分为金属制品和硅酸盐制品。在某些商品分类中,分类标志的选择主要根据商品使用目的或特殊用途的特殊成分,例如,某些日用化学商品的分类即采用此种分类方法。

按化学成分进行分类,能够更细微地分析商品特性,对于研究商品的加工、使用(食用)以及商品在储运过程中的质量变化有重要意义。所以,该法多用在化学成分对商品性能影响较大的商品分类中,但对一些化学成分复杂及化学成分对商品性能影响不大的商品不宜采用。该法多为生产部门、商品储运、包装、科研和教学等单位使用。

3.3　商品的编码制度

商品编码也称商品代码或代号。商品编码是赋予某种商品或某类商品的代表符号,这种代表符号可以由字母、数字组成,也可以由特殊的标志组成。商品编码是建立在商品分类与编制商品目录的基础上进行的。因此,商品编码与商品分类、商品目录是密切相关的。实行商品编码的意义在于:有利于商品经营业务的计划、统计、管理等工作,有利于商品分类的通用化、标准化,为商业现代化管理提供了条件。

3.3.1　商品编码的原则

①唯一性原则。必须实行一品一码、一码一品的唯一性原则,即商品代码只能是唯一的一个。

②稳定性原则。代码必须稳定,不宜频繁变动,否则将造成人力、物力、财力的浪费。因此,编码时应考虑代码最少变化的可能性,一旦确定后就不要变更,这样才能够保持编码体系的稳定性。

③可识别性原则。编码时必须确定明显的识别标志,即按物品的类别、属性进行分项编码,必须达到便于识别、查询的目的要求。

④可扩展原则。负责编码的机构,在编制代码结构设计、分配代码时,要充分考虑产品的更新换代和新产品开发,为新类目的增加和旧类目的删减留有余地。

⑤简明性原则。对物品编码时应尽可能简明,代码长度最短,以利于阅读、操作,减少计算机处理时间和储存空间,以达到减少差错、提高工作效率的目的。

⑥层次性原则。编码时层次要清楚,要准确地反映商品分类体系的并列与从属关系和商品目录的层次性,使代码具有一定的规律性。

⑦统一协调性原则。商品编码时要与国际通用商品编码制度协调一致,要同国家商品分类编码标准相一致,从而实现商品经营业务管理和信息交流的统一性。

⑧自检能力原则。商品编码是一项复杂而又十分精细的工作,要求必须做到代码校验、校正的方便性,而且使计算机有自动检测差错的核对性能。

3.3.2　商品编码的种类与方法

商品编码按其所用的符号类型可分为数字型编码,字母型编码,数字、字母混合型编码以及条形码4种。

1) 数字型编码

数字型编码是用一个或若干个阿拉伯数字表示分类对象的代码。其特点为结构简单,使用方便,易于推广,便于利用计算机进行处理,是目前各国普遍采用的一种代码。数字型编码通常分为以下几种。

(1)顺序编码法

顺序编码是按商品分类目录中商品排列的先后顺序给予数字的顺序代码的编码方法。它把编码对象集合体,按一定属性或特征划分为系列进行编码。顺序编码的基本原则是每个代码标志的数列长度(含数字位数)要完全一致。顺序编码方法简单,适用于容量不大的编码商品集合体。

(2)层次编码法

层次编码法是按层级分类的对象依次进行编码的方法,即将数列代码分成若干个层次,使每个分类的类目按分类层级一一赋予对应的代码,反映商品分类隶属的层级关系。层次编码法的优点是逻辑性较强,能明确地反映出分类编码对象的属性或特征及其相互关系,便于计算机汇总数据。缺点是结构弹性较差,为延长其使用寿命,往往要用延长代码长度的办法,预先留出相当数量的备用号,从而出现代码的冗余。所以这种编码方法最适用于编码对象变化不大的情况。

(3)平行编码法

平行编码法是一种对每一个分类面确定一定数量的码位的编码方法,多用于平面分类体系。平行编码法的优点是编码结构领域宽,容易增加分类面的数目,可以用全部代码,也可以用部分代码。缺点是代码过长,不便于计算机管理。

(4)混合编码法

混合编码法是层次编码法和平行编码法的合成,但代码的层次与类目的等级不完全相同。此法是将分类对象的各种属性或特征分别列出后,其某些属性或特征用层次编码法表示,而其余的属性或特征则用平行编码法来表示。

2)字母型编码

字母型编码是用一个或若干个字母表示商品代码的编码方法。用字母对商品进行分类编码时,一般按字母顺序进行编制。通常用大写字母表示商品大类,用小字字母表示其他类目。如 A、B、C……表示大类,a、b、c……表示中类,α、β、γ……表示小类等,以此类推。字母型代码采用的字母种类,各国不尽相同。中欧国家主要用拉丁字母和希腊字母。字母型代码便于记忆,便于识别,但不便于计算机处理。此法常用于分类对象较少的情况,在商品分类编码中很少使用。

3)数字、字母混合型编码

数字、字母混合型编码是采用数字和字母混合编排的商品编码方法。它兼有数字型编码和字母型编码的优点,结构严谨,具有良好的直观性和表达式,同时又使用上的习惯。但是,此种编码方法,由于代码组成形式复杂,会给使用带来不便,计算机输入效率低,错码率高。因此,在商品分类编码中很少使用此法。

4)条形码

条形码是将表示一定信息的字符代码转换成用一组黑白(或彩色)相间的平行线条,按一定的规则排列组合而成的特殊图形符号(英文叫 Bar Code)。为了便于人们识别条形码符号所代表的字符。商品条形码是计算机输入数据的一种特殊代码,包含商品的生产国别、制造厂商、产地、名称、特性、价格、数量、生产日期等一系列商品信息。只要借助于光电扫描阅读设备,即可迅速地将条形码所代表的信息,准确无误地输入电子计算机,并由计算机自动进行存储、分类排序、统计、打印或显示出来。这不仅实现了售货、仓储、订货的自动化管理,而且通过产、供、销信息系统把销售信息及时提供给生产厂家,实现了产、供、销之间的现代化管理。因此,条形码是快速、准确地进行商品信息流和物流控制的现代化手段。

目前,常用的条形码有:通用产品条形码(Uniform Product Code),简称 UPC 条形码;国际物品条形码(International Article Number Bar Code),简称 EAN 条形码;二五条形码(Code

25);三九条形码(Code 39);库德巴条形码(Codabar Bar Code)。这 5 种条形码各有特点,分别在不同的领域使用。商品流通领域用于商品标志的条形码主要是 EAN 条形码和 UPC 条形码。

(1)EAN 条形码

EAN 条形码是国际通用商品代码,有 13 位标准码(EAN-13 条码)和 8 位缩短码(EAN-8 条码)两种版本,如图 3.2 所示。

(a)EAN-13 条码符号　　　　**(b)EAN-8 条码符号**

图 3.2　EAN 条码符号示意图

EAN-13 条码由代表 13 位数字码的条码符号组成,其结构如图 3.3 所示。前 2 位(欧共体 12 国)或前 3 位(其他国家)数字为国家或地区代码,称为前缀码或前缀号,用于标识商品来源的国家或地区,由国际物品编码协会(EAN)总部分配和管理。各国或地区只能用一个编码组织作为代表加入国际物品编码协会,成为其成员后可以分配到前缀码,并允许使用 EAN 条形码。国际物品编码协会分配给中国物品编码中心的前缀码是 690—692。国际物品编码协会成员国(或地区)部分代码如表 3.3 所示。厂商识别代码由中国物品编码中心统一向申请厂商分配。最后一位数字为校验字符或检验码,用以提高数据的可靠性和检验数据输入的正确性。

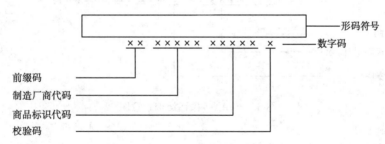

图 3.3　EAN-13 条码结构示意图

表 3.3　国际物品编码协会成员国(或地区)代码(部分)

国家或地区代码(前缀码)	国家或地区
00—09	美国和加拿大(北美)
20—29	店内码:当商品上没有 EAN 条码时,由超级市场自行编制 EAN 条形码时使用,称为系统代码
30—37	法国
400—440	德国

续表

国家或地区代码(前缀码)	国家或地区
50	英国、爱尔兰
460—469	苏联
471	中国台湾
489	中国香港
45—49	日本
880	韩国
……	……

EAN-8 条码由代表 8 位数字的条码符号组成,其结构如图 3.4 所示。EAN-8 条码的前缀码与 EAN-13 条码的前缀码相同;制造厂商代码和商品项目代码用 5 位或 4 位数字表示,EAN-13 条码的相应 10 位或 9 位数字经消 0 压缩得出;校验码的计算方法同 EAN-13,但需要在其前面加 5 个"0"。EAN-8 条码主要用于印刷空间不足的小包装商品,如化妆品、香烟等。根据国际物品编码协会的规定,只有当 EAN-13 条码所占面积超过总印刷面积的 25% 时,使用 EAN-8 条码才是合理的(见图 3.4)。

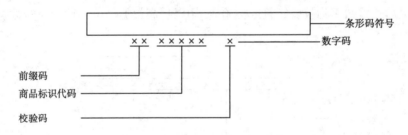

图 3.4　EAN-8 条码结构示意图

(2)UPC 条形码

UPC 条形码是一种只代表数字的商品代码,有标准码(又称 UPC-A 条码)和缩短码(又称 UPC-E 条码)两种版本。UPC-A 条码由代表 12 数字的条码符号组成,其中 10 个数字为编码数字。如图 3.5 所示,第 1 位数字为系统字符,称为前缀号,分别以"0"标识规定数量包装的商品;以"2"标识不规则重量的商品;以"3"标识医药卫生商品;"5"标识用信用卡销售的商品;"7"为中国申报 UCC 会员专用;"1、6、8、9"为标识备用。中间 10 个数字是编码数字,分为中左 5 位码和中右 5 位码,前者为制造厂商代码,用于标识制造厂商,由美国统一编码委员会分配和管理;后者为商品标识代码,用于标识商品的特征和属性,由商品制造厂商根据美国统一编码委员会的规则自行编制和管理。最后一位数字为校验码,用于检验代码输入的正确性(见图 3.5)。

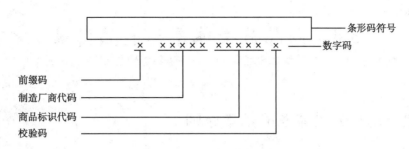

条形码符号
数字码
前缀码
制造厂商代码
商品标识代码
校验码

图 3.5　UPC-A 条码结构示意图

UPC-E 条码是 EAN-13 条码的一种特殊形式。从条码数据符及校验符的组成形式上讲,UPC-A 条码与前置码为"0"的 EAN-13 条码兼容。UPC-A 条码的条码符号构成与 EAN-A 相同,UPC-A 条码的条码符号由二进制字符组成,条、空宽度,条、空表示,以及起始符、终止符、中间分隔符的模块组成的表示方法等,也都与 EAN-A 相同,这里不再赘述。但是,UPC 条形码与 EAN 条形码在数据符、校验符的二进制表示方面有不同之处。UPC 条码的前缀号(系统符)用条码符号表示,包括在左侧数据符内。前置码为"0"时,左侧 6 个条码字符(左侧数据符)构成的二进制表示为奇排列,右侧数据符及校验符为偶排列。

UPC-E 条形码是 UPC-A 条码的一种缩短形式,只有当商品较小,无法印刷 12 位的 UPC-A 条码时,才允许使用。

(3)二维条码

随着条码的应用领域不断扩展,传统的一维条码的运用受到局限。首先,一维条码要通过连接数据库的方式提取信息表达含义,在没有数据库或者不便联网的条件下,一维条码使用受到了限制;其次,一维条码只能表达为数字和字母,不能表达为汉字和图像;再次,在某些场合,大信息容量的一维条码通常受到标签尺寸的限制,给产品的包装印刷带来了不便。为克服一维条码的缺陷,二维条码就诞生了。

二维条码或二维码(2-Dimensional Bar Code)是用某种特定的几何图形按一定规律在平面(二维方向)上分布的、黑白相间的、记录数据信息的图形。二维码在代码编制上巧妙地利用构成计算机内部逻辑基础的"0""1"比特流的概念,使用若干个与二进制相对应的几何形体来表示文字数值信息,并可通过图像输入设备或光电扫描设备自动识读以实现信息自动处理。它具有条码技术的一些共性:每种码制有其特定的字符集;每个字符占有一定的宽度;具有一定的校验功能,可以根据用户选择纠错等。同时还具有对不同行的信息自动识别的功能以及可以处理图形旋转变化点(见图 3.6)。

图 3.6　二维码示意图

二维码作为一种全新的信息存储、传递和识别技术,自诞生之日起就得到了许多国家的关注。据了解,美国、德国、日本等许多国家,不仅将二维码技术应用于公安、外交、军事等部门对各类证件的管理,而且也将二维码应用于海关、税务等部门对各类报表和票据的管理,商业、交通运输等部门对商品及货物运输的管理,邮政部门对邮政包裹的管理,工业生产领域对工业生产线的自动化管理。二维码的应用极大地提高了数据采集和信息处理的速度,改善了人们的工作和生活环境,为管理的科学化和现代化做出了重要贡献。

3.4 商品分类体系与商品目录

3.4.1 建立商品分类体系的基本原则

目前,主要根据教学与科研的需要和社会实践的需要来建立商品分类体系或编制商品目录,并按照提出的不同目的和要求来确定商品类目与细目的划分原则。建立商品分类体系时,一般应遵循以下基本原则。

1)科学性

商品分类体系要符合客观要求;商品命名必须统一、科学、准确;为了保证分类的唯一性和稳定性,必须选择商品的本质属性作为分类的基础,必须规定统一的、严密的归类原则;分类层级的划分要恰当、合理,每一个分类层级只能采用一个分类标志,而不能同时采用两个或两个以上的分类标志;还要考虑商品分类的沿袭性。

2)系统性

将选定的分类对象,以其基本属性按所规定的归类原则和一定排列顺序予以系统化,形成一个比较合理的商品分类体系,使每一个分类对象在体系里都占一个位置,并反映出它们彼此之间的关系,用数字代码标示它们之间的内在联系。

3)可延性

商品分类体系的建立应满足商品不断发展、更新和变化的需要。这就要求在建立商品分类体系时,留有足够的空位,以容纳新商品。同时还应考虑低层级子系统延伸细化的可能性。通常在商品目录里可以设置收容项目。

4)兼容性

建立新的商品分类体系时,要尽可能与国内原有的商品分类体系保持一定的连续性,使相关的商品分类体系之间相互衔接和协调,同时还要考虑与国际通用商品分类体系的协调,以便推广应用。商品分类的原则及类目的设置必须尽量与相关标准取得一致,以满足系统间信息交换的要求。此外,还必须注意商品分类编码系统整体的优化问题,即在满足系统总任务的前提下,最全面、最佳地满足系统内各子系统的实际需要。

3.4.2 商品目录

商品目录是指国家或部门所经营管理商品的总明细目录。建立科学、实用的商品目录,是商品分类的主要内容和最终目的。在编制商品目录过程中,必须先将商品按一定的标志进行定组分类。因此,商品目录也可称为商品分类目录。编制商品目录的工作,也属于商品分类工作。商品目录是商品分类的具体体现,商品分类是编制商品目录的前提。没有商品分类,商品目录就无法编制。只有根据商品的科学分类编制商品目录,使商品目录眉目清楚,才能有助于管理工作的科学化、制度化。

商品目录的种类很多,归纳起来,可分为国家商品目录,部门商品目录和企业、单位商品目录 3 种。

1) 国家商品目录

国家商品目录是由国家指定专门机构编制,是国民经济各部门进行统计、计划、税收等工作必须共同遵守的准则。

2) 部门商品目录

部门商品目录是由本行业主管部门编制,是该部门从中央到基层共同遵守的准则。例如,国内贸易部、纺织工业总会、轻工总会、铁道部等所编制的各种商品目录。

3) 企业、单位商品目录

企业、单位商品目录是由企业、单位自己编制的商品目录。一般只适用于本企业或本单位。

部门或企业、单位编制的商品目录,既要符合国家商品分类目录提出的分类原则,又能适应本部门或企业、单位的实际需要。因此,部门或企业、单位编制的商品目录,一般较国家编制的商品目录包括的类别要少,但品种的划分更细,类、组的划分更为详尽具体。

随着经济的不断发展,国家政策的变化,机构设置的变动,商品品种、花色的增多,升级换代产品的出现,商品分类目录也会随之发生变化。

3.4.3 商品分类的几种重要体系

1) 我国商品分类体系

按照适用范围及用途,商品分类体系可分为国际通用商品分类体系、国家标准商品分类体系、部门商品分类体系等。为适应现代化经济管理的需要,以国家标准形式对商品、产品、物资进行科学的、系统的分类编码,并建立商品分类体系,该过程称为国家标准商品分类。《全国主要产品分类与代码》(GB/T 7635—2002),由相对独立的两部分组成:第 1 部分为可运输产品(GB/T 7635.1—2002)、第 2 部分为不可运输产品(GB/T 7635.2—2002)。具体分类如表 3.4 所示。

表 3.4　全国主要产品分类与代码(部类)

可运输产品	不可运输产品
0 部类　农林(牧)渔业产品、中药	5 部类　无形资产、土地、建筑工程、建筑物服务
1 部类　矿和矿物、电力、可燃气和水	6 部类　经销业服务、住宿服务、食品和饮料供应、运输服务、公用事业、商品销售服务
2 部类　加工食品、饮料和烟草、纺织品、服装和皮革制品	7 部类　金融及有关服务、不动产服务、出租和租赁服务
3 部类　除金属制品、机械和设备外的其他可运输物品	8 部类　商务和生产服务
4 部类　金属制品、机械和设备	9 部类　社区、社会和个人服务

商品分类体系是国民经济统一核算体系和国家经济信息系统的重要基础,我国的各地区、各部门都必须按《全国主要产品分类与代码》(GB/T 7635—2002)的具体规定执行。

2)国际贸易商品分类

为适应世界各国之间贸易政策、征收关税、贸易活动、贸易管理和贸易统计等,需要统一执行商品分类方法,称国际贸易商品分类。目前国际上公认并被广泛采用的国际贸易商品分类的方法主要有以下 3 种。

(1)《商品分类和编码协调制度》

《商品分类和编码协调制度》(简称 HS)是在《海关合作理事会分类目录》和《国际贸易标准分类》实施经验的基础上,参照国际间其他税则、统计、交通等分类协调制度编制的,于 1981 年以国际公约形式通过,并于 1983 年 1 月 1 日在国际上开始实施。它是最新的、系统的和多用途的国际贸易商品统一分类体系,目前被世界各国普遍采用。

HS 体系包含 21 个大部类,97 章和 1 241 个 4 位数级的分章,其中的 930 个分章划分出若干个子类目,共有 5 019 个单独的商品细类目,用 6 位阿拉伯数字的层次代码表示。理想情况下,每个 HS 子类目应包含一个产业(行业)生产的产品。

1992 年 1 月 1 日我国海关正式采用 HS 分类编码目录,其代码的前 6 位数是 HS 编码,第 7、8 两位数是根据我国关税、统计和贸易管理的需要增设的。

(2)《国际贸易标准分类》

《国际贸易标准分类》(简称 SITC)由联合国于 1950 年制定,在 1951 年国际会议上通过,并推荐各国采用这个国际统一的商品分类体系,是目前国际上使用最为广泛的一种分类标准。据 1985 年第三次修订本规定,国际贸易商品可分为十大类。这十大类是:

0——食品及供食用的活动物;

1——饮料及烟类;

2——燃料以外的非食用粗原料;

3——矿物燃料、润滑油及有关原料类商品;

4——动物油脂及油脂类商品；

5——化学品及有关产品；

6——主要按原料分类的制成品；

7——机械及运输设备；

8——杂项制品；

9——未列明的其他商品。

经过第三次修订的《国际贸易标准分类》，从 1988 年起使用。在十大类中又分 67 章、261 个组、1 033 个分组、2 401 个基本项目，采用 4 位数字编码。

（3）《主要产品分类》

联合国统计署为了协调已用于各种目的的产品分类目录，并考虑 HS、SITC 使用的局限性，于是产生了对全部产品进行统一分类的设想。

《主要产品分类》（简称 CPC）目录借鉴了 HS、SITC 和 ISIC/Rev.3（《国际标准产业分类》第三修订版）中的分类原则，确保各种重要的国际商品（产品）分类目录和《国际标准产业分类》目录之间的协调一致与相互兼容。

《主要产品分类》目录涵盖了商品、服务和资产等全部产品的分类编码，适用于各种不同类型的数据处理和统计。

3.4.4　商品的教学与科研分类

为适应教学与科研的需要，对商品进行系统的、科学的分类，这称为商品的教学和科研分类。商品的教学与科研分类是为了合理组织教学、深入研究分析各类商品，以便解决各类商品的质量、鉴定、保管、使用等方面的问题，从而培养学生分析、解决问题的能力。

商品的教学和科研分类应遵循以下原则：

①商品类别和品种，必须适合专业要求，并兼顾业务部门行业分工的特点。

②选择商品的范围，无论种类或品种，都应在"商品分类目录"所包括的商品之内，但它们必须具有代表性，即能够概括有关研究商品使用价值的重要理论问题及研究方法。

③商品的大类、中类和小类以及品种的排列顺序必须是科学的，应能适应教学与科研的要求。一般情况下，原材料及半成品的商品，应排列在该成品商品的前面，性能比较接近的商品，应根据其接近程度依次排列，中间不应插入其他类型商品。

④一般以商品体的自然特性为分类标准，并适当考虑业务部门的分类习惯，兼顾商品的发展，不受国家统一商品分类的限制。

第4章 商品检验与质量监督

商品检验是企业生产经营活动的重要组成部分,其目的是按照商品质量标准来验证商品质量特性是否符合要求,以确保用户使用的商品达到规定的技术要求。如何保证企业按技术要求生产经营商品,而不以偷工减料生产假冒伪劣商品,就需要商品质量技术监督部门以必要的措施进行有效的监督与监管。

4.1 商品检验概述

商品检验是商品进入流通领域不可缺少的重要环节和实务内容,在国际贸易中向来具有公认的重要地位。如买卖双方办理商品交接、计价、结算、通关、计税以及处理争议、判断运输与保险、履约责任、办理索赔等,无一不是凭据商品检验来行事。

商品进入市场后质量合格率问题、假冒伪劣商品问题等都是消费者最为关心的事。为了保护消费者权益,证明其具有适合交换的质量特征,商品必须通过检验把关。商品在流通过程中受多种因素的作用,商品的成分结构、性质会不断地发生各种各样的变化,因此,要及时对商品使用价值做出综合评价。

因此,商品检验与分析不仅是企业全面质量管理中的重要内容,也是市场营销活动中一项必不可少的基础工作。商品学作为研究商品使用价值及其实现的科学。评价商品使用价值,对商品使用价值进行检验、鉴定和综合评定,是本学科的重要内容,也是本学科最基本的研究主题。

4.1.1 商品检验的意义

商品检验是指商品的产方、买方或者第三方在一定条件下,借助某种手段和方法,按照合同、标准或国际、国家的有关法规,对商品的质量、规格、重量、数量以及包装等方面进行检查,并做出合格与否或验收与否判定的业务活动。其中,商品的质量检验是商品检验的中心内容,因此,狭义的商品检验主要是指商品的质量检验。商品的质量检验不仅在早期质量管理的发展阶段发挥了保证商品质量的"把关"作用,而且即使在全面质量管理不断发展、完善的今天,由于预防、控制并非总是有效,检验仍然是商品质量保证工作的一项重要内容。

商品检验是保证和提高商品质量、扩大品种、提高经营管理水平的一个重要手段。通过商品检验可以寻求质量管理的方向,促进工农业生产,提高产品质量,降低成本。商品在经营管理中进行质量评比,优选新品种方案,对新产品进行质量分析以及制定和修订质量标准,都要依据检验的结果。商品检验工作的好坏直接影响着经营管理的经济效益。

在流通过程中,商品处于核心地位,商品质量就是商品经营的命脉。商品检验是商业收购部门对工业部门生产出来的商品在收购前的质量评定。评定的目的是维护生产、流通、消费三者的利益。

为此,商品的检验有如下重要意义。

1) 维护消费者的利益

从维护消费者的利益出发,对进入流通领域的商品要进行全面的、综合的质量监督检验。符合质量标准、适合消费者心理需求的商品准予放行进入流通网。商品检验保证商品具有优异质量,为消费者开出商品优质信用证,取得消费者的信赖,从而使消费者得到实惠,同时企业的信誉也得到保障,经济效益随之提高。

2) 促进技术改革创新

商品检验对提高质量,促进采用新技术、新工艺、新材料,树名牌,创优质,更新换代,扩大新品种等起反馈作用,以赢得买方市场。

3) 贯彻国家法律法规

商品检验是保证贯彻《中华人民共和国进出口商品检验法》(以下简称《商检法》)、《中华人民共和国产品质量法》(以下简称《质量法》)、《中华人民共和国商标法》(以下简称《商标法》)、《中华人民共和国标准化法》(以下简称《标准化法》),执行工、农、商各方所签合同、协议的基本依据。

4) 维护国家贸易信誉

商品检验对维护对外贸易的国家信誉,争取合法权益,为出口商品立足国际市场,为国家多创外汇,具有更深的作用。

5) 加强商品管理养护

商品检验为仓储管理、商品安全保管、科学养护提供可靠的数据。

6) 作为奖优罚劣依据

商品检验是评选优质商品、打击假冒伪劣商品的重要手段,为更好地把好进货关和贯彻按质论价提供科学依据。

上述说明商品检验对树立"质量第一、发展生产、活跃经济、顾客至上"的观点,搞活商品经济,繁荣社会主义市场,满足人民日益增长的物质、文化生活的需要,做好服务供应工作方面,即对产、供、销三方面均具有积极的现实意义。

4.1.2　商品检验的步骤

商品检验是对商品实体的一个或多个质量特性进行诸如测量、试验与检查,并将其结果与规定的质量要求进行比较,以确定每项质量特性合格与否的一个活动过程。通俗地讲,商品检验就是根据商品标准和合同条款规定的质量指标,确定商品质量高低和商品质量等级。商品检验包括以下几个步骤。

1)明确商品质量要求

根据商品技术标准明确检验的项目和各项目的质量要求。在抽样检验的情况下,还要明确采用什么样的抽样方案,使检验员和操作者明确单一商品或一批商品的合格与否。

2)测量试验

规定适当的方法和手段测定商品,以得到正确的特性值和结果。

3)比较判定

将测试得到的数据同标准规定的质量要求相比较,根据比较的结果,对单个商品或批量商品是否合格做出判定。

4)结果处理

根据检测结果,对合格的单个商品予以放行,并对不合格的商品打上标记、隔离存放、另做处置;对批量商品决定接收、拒收、筛选、复检等;记录所测得的数据,并把判定结果反馈给有关部门,以便改进商品质量。

4.1.3　商品检验的特点

商品检验功能特点在《商检法》中做了明确的规定。《商检法》第二条规定:"国务院设立进出口检验部门,主管全国进出口商品检验工作。"第六条规定:"商品检验机构实施进出口商品检验的内容,包括商品的质量、规格、数量、重量、包装以及是否符合安全、卫生要求。"这正说明了我国商品检验所具有的社会主义特色:一是实施法定检验;二是实施监督管理;三是办理各项国际贸易业务鉴定。商品检验工作都是由特定的检验机构统一管理。具体说商品检验从宏观角度分析有以下功能特点。

1)实施质量监控、统一管理

商品检验机构是根据国家法律、法规、国家标准设立的,作为独立的、有权威的公证鉴定机构,是处于当事人之外的第三者鉴定人。职责是做出鉴定结果,出具检验证书。目的是保证商品质量,维护生产、经营、消费三方面经济利益,促进对外贸易的发展,满足国际贸易活动的要求,维护贸易中各方的合法权益。

2) 商品检验对外行使国家主权

我国进出口商品统一由国家设立的商检机构办理检验和鉴定工作,保证进出口商品质量,促进对外经济贸易关系顺利发展,维护本国经济利益。在出口方面,依法严格检验,不合格的商品不准出口,并把检验和监督工作延伸到生产过程中去。在进口方面,防止质量低劣和带有病虫害及其他有害因素的商品进口。通过检验消除隐患,对进出口商品的品质、数量、规格等进行检验,防止残、短、渍、毁等情况出现,解决争议和办理索赔凭证,维护国家利益,保护贸易各方关系人的合法权益,行使国家主权。

3) 商品检验面向国内外市场

商品检验是贸易中的客观需要,又是国家发展对外贸易的主观要求,检验工作不仅面向国内市场,而更多的是面向国际市场。商品检验在特定的商品流通领域中,特别在国际商品流通领域有着特殊的性质,从而决定了它在经济活动中的重要地位,这种地位是其他行业所不能代替的。

4) 商品品类繁多,规格多变,商品交易时效性强

随着商品生产的发展,市场商品品类、规格日趋增多,商品检验中把好进销货关,是国家和各级政府依法设置的质检中心、质检所、站和授权人的重要职责。凡是列入受检目录的商品和市场上还没有标准的商品,力求通过检验真实反映商品属性和质量情况,实施质量监督,配合有关部门打击假冒伪劣商品,并承担商品广告质量检验的职能,揭露、澄清虚假广告的真面目,指导消费,保护消费者的合法权益。

商品交易时效性强,特别是对食品、药品等商品,商品成交后质量保证期限是严格的。商品检验鉴定和综合评价对买卖双方都具有约束力。评价时效性是依据有关标准或采用实物与样品对比来评定商品质量,出具时效期限商品质量证明书,保障人民财产和人身健康的安全,确保生态环境不受污染。

4.1.4　商品检验的类别

商品检验的内容随商品的性质而异,它是依据标准规定的项目来确定的。所以说,商品检验的内容与标准是密切不可分的。技术标准是商品检验的核心,商品检验又是贯彻执行技术标准的重要手段。严格地执行标准,就能保证商品质量,维护消费者的利益。具体来说其内容包括以下几点。

1) 根据检验内容可分为外观检验、微观检验和包装检验

外观检验多指商品的外观质量,如造型的艺术性、附件装饰的合理性、结构的先进性和牢

固性、色泽的调和性以及有无缺陷等。

微观检验多指商品的内在质量,如商品的成分、理化力学性能、卫生安全性等。由于商品类别不同,其内质检验要求各不相同。

包装检验商品的内外包装质量是否符合销售、储存、运输的要求,对商品质量有无污染或影响,包装标志是否清晰等,都要一一检查,不能疏忽。

2）根据检验目的可分为生产检验、验收检验、第三方检验

生产检验是商品生产者为了维护企业信誉,达到保证质量的目的,对原材料、半成品和产成品进行的检验活动。

验收检验是商品的购买者(包括商业、外贸和用户)为了维护自身和消费者利益,保证购买的商品满足需要,以便买卖成交或适于使用,对所购买的商品进行的检验活动。在实践中,为了实施对商业和外贸,尤其对军工企业的全面质量管理,购方还要派员驻厂,对商品质量形成的全过程进行监督,及时发现问题,及时要求生产方给予解决。

第三方检验是指处于买卖利益之外的第三方,以公正、中立身份所进行的商品检验活动,如公正鉴定、仲裁检验和国家质量监督检验等,其目的在于正确地维护买卖双方各自的合法权益和国家权益,协调各方矛盾,促使商品交换活动的正常进行。第三方检验由于具有公正性,其检验数据被国内外所公认,具有法律效力。

3）按检验是否具有破坏性可分为破坏性检验和非破坏性检验

破坏性检验是指为取得必要的质量信息,经测定、试验后的商品遭受一定程度破坏的检验方式;非破坏性检验是指经测定、试验后的商品仍能提供使用的检验,也称无损检验。

4）根据检验商品流向不同,分为内销商品检验和进出商品检验

内销商品检验是指国内有关部门或具有质量监督检验资质的机构,依据国家法律、法规及有关技术标准与合同等对内销商品进行的检验。内销商品检验的依据是技术标准或合同中的技术要求。例如,食品检验依据的是国家标准和食品卫生标准及相应的标准检验方法,若企业生产的产品没有国家标准、行业标准或地方标准时,应建立相应的企业标准,作为企业生产、检验的依据。

进出口商品检验是指由国家设置的检验管理机构(国家市场监督管理总局或经政府注册批准的第三方民间公证鉴定机构),依据有关法律、法规、合同、标准、国际贸易惯例与公约等对商品的质量、数量、重量、安全、卫生、包装、运输等各方面所进行的法定检验、鉴定和监督管理。

4.1.5　商品检验的内容

商品检验的内容包括商品质量检验,商品重量和数量检验,商品包装检验和安全、卫生检验4类。

1) 商品质量检验

商品质量检验包括外观质量检验、内在质量检验和特定质量检验。商品质量检验是根据合同和有关检验规定标准或申请人的要求,对商品的使用价值所表现出来的各种特性,运用人的感官或化学、物理的手段进行测试、鉴别,其目的就是判别、确定该商品的质量是否符合合同中规定的质量条件和标准。

①外观质量检验主要是对商品的外观形态、样式、尺寸、规格、造型、花色、表面加工、装饰水平、表面缺陷等进行检验。

②内在质量检验主要包括成分检验、力学性能检验、实用性能检验、理化性能检验等。

③特定质量检验是指为了安全、卫生和环境保护等目的,对某些商品提出特别要求的质量检验。例如,对危险商品的安全性能检验,对食品卫生的检验,对动物的检疫检验,对废水、废气、噪声的检验,对交通工具的安全防护检验等。

2) 商品重量和数量检验

商品重量和数量是买卖商品的基本计量与计价单位。因其直接关系买卖双方的利益,所以商品重量和数量检验是商品的主要检验工作之一。

①重量检验。重量检验就是根据合同规定,采用不同的计量方式,对不同的商品计算出它们准确的重量。常用的计重方式有毛重、净重和以毛作净。毛重是指商品本身的重量加上包装的重量。净重是指商品本身的重量,即商品的毛重减去包装(皮重)的重量。大部分商品是按净重计价,但也不排除"以毛作净"的计价。以毛作净是指以商品的毛重作为净重,即不必再扣除皮重,一般用于包装相对于货物本身而言重量很轻,或包装本身不便计量等情况。

②数量检验。数量检验是按照发票、装箱单或尺码明细单等规定,对整批商品进行逐一清点,以确定实际装货数量的检验方法。对机电食品类商品、零部件、日用轻工品常用个数计量,如个、只、件、套、打、台等,这种计量方式简单明确,检验方便,直接清点即可;一些纺织品、绳索等用长度计量,计量单位为米、英尺等;玻璃、胶合板、地毯、塑料板、镀锌钢板等常用面积计量,计量单位为平方米、平方英尺等;木材等多按体积计量,计量单位为立方米、立方英尺等;还有些液体、气体商品常用容积计量,计量单位为升、加仑等。

3) 商品包装检验

商品包装检验是根据契约规定对商品进行的检验。它主要检验包装标志、包装材料、包装种类、包装方法等,以及查看商品包装是否完好、牢固等,具体包括商品销售包装检验和运输包装检验。

《商检机构实施检验的进出口商品种类表》和其他法律、法规规定,出口商品的运输包装,必须申请检验检疫机构或检验检疫机构指定的检验机构进行性能检验,未经检验或检验不合格的,不准用于盛装出口商品。

对出口危险货物包装容器实行"危包出口质量许可制度",生产单位必须向检验检疫机构登记,申请办理出口质量许可证。危险货物包装容器必须经检验检疫机构进行性能鉴定和使用鉴定后,方能生产与使用。

依据联合国制定的危险货物运输建议和国际海事组织制定的国际海运危险货物规定,危险货物共分为九大类:爆炸类;压缩、液化或加压溶解的气体;易燃液体;易燃固体;氧化剂和有机过氧化物;有毒物质和有感染性的物质;腐蚀品;其他危险货物。这九类包括近3 000种危险货物。凡属于上述所列的危险货物,必须实施包装性能检验和使用鉴定。

运输包装性能检验的典型项目有:跌落试验、堆码试验、气密试验、液压试验等。

4)安全、卫生检验

《中华人民共和国食品安全法》和《进出口食品安全管理办法》规定,为保证食品安全,保障公众身体健康和生命安全,食品生产经营者应当依据法律、法规和食品安全标准从事生产经营活动,对社会和公众负责,保证食品安全,接受社会监督,承担社会责任。同时,国务院设立了食品安全委员会以及国务院卫生行政部门承担食品安全综合协调职责,同时,国务院产品质量监督管理部门、工商行政管理局和国家食品药品监督管理总局,分别对食品生产、食品流通、餐饮服务活动实施监督管理。

食品安全检验主要是指电子电器类商品的漏电检验,绝缘性能检验和X光辐射检验等,商品卫生检验是指商品中有毒有害物质及微生物的检验,主要包括:

①细菌检验。沙门氏菌,志贺氏菌、猪丹毒、炭疽菌、肉毒杆菌等不得检出,大肠杆菌等杂菌应符合限量要求。

②霉菌检验。对黄曲霉素等20多种可致癌霉菌毒素严格限量。

③农药残留量检验。对有机氯农药等在食品中的残留严格限量。

④食品添加剂检验。对防腐剂、发色剂、增香剂、发泡剂、漂白剂、乳化剂等严格限量。

⑤有毒有害金属检验。对铅、锡、锌、砷、汞等有毒有害金属严格限量。

4.2　商品检验的方法

商品质量的检验方法是指获取商品质量检验结果所采取的检验器具、检验原理和检验条件的总称。通常根据商品质量检验所利用的手段和条件,将检验方法划分为感官检验法、理化检验法和实际试用观察法三类。这些检验方法在实际工作中,可根据商品不同的质量特性进行选择或相互配合使用。

4.2.1　商品感官检验

商品感官检验是根据人的官能器官的不同功能和实践经验,并借助一定的器具来测试评价商品的色、香、味、形、手感、音色等特性。这种方法可以用"望、闻、问、切",由表及里,由此及彼,全面审评来概括。

感官检验方法是以感官心理学和生理学的原理作为感官分析的基础。它被运用于食品、纺织、日用工业品、医药用品等领域,其中在食品方面的应用更为广泛(见表4.1)。

表 4.1　感官检验应用项目

商品种类	应用项目
家用电器商品	彩色电视机的色调；照明灯光的颜色；立体声响设备的音质；电冰箱、吸尘器、洗衣机的噪声；外观造型
纺织纤维商品	织物的手感；印染的色调；纱的手感；织物疵点；织物斑纹；花色图案
纸张印刷商品	彩色照片的色调；纸的颜色、光泽、皱纹、透明度；涂剂的气味
化学商品	塑料的触感；外观造型颜色；合成物的颜色；硬度
油脂、涂料、医药商品	涂面的光泽、色调；化妆品的颜色、香味、气味；药品的气味
食品商品	气味、香味、舌感、着色、干燥度、新鲜度、酒烟味
技术商品信息商品	工艺设计、图纸、实物样品、信息资料、时间及准确性
其他	家具的使用性能，色彩协调等

1) 人的感受刺激分类

感官检验是以人的感官分析商品。人感受刺激一般分为两类。

第一种类型刺激：不受人的任何变化所影响，是客观存在的刺激，如织物的厚度、橡胶的硬度、水果的成熟度等。这种客观存在的特征是不会因人而异的。

第二种类型刺激：这是一种与人的存在有关的刺激，即因人的感受程度而受影响的刺激。例如，商品造型的美观性，这并不是商品本身的特性，而是通过人的感觉而产生的对商品的主观反应。对这类刺激的感受会因人而异。如商品的色泽是客观存在的，但由于人的喜好不同，评价也就不同，完全由人的主观感觉来区分。

商品的外观质量以信号、语言、文字、符号为依据来判断商品质量好坏，以人的感受刺激对商品质量做出评价，如图 4.1 所示。感官检验需有一定条件，如视觉检验要在一定的光线照射下进行，检验人不能有色盲病态；嗅觉检验时在检验前不能闻有刺激性的气味；触觉检验时双手要洁净，接触商品要轻微；听觉检验时辨音能力要强。

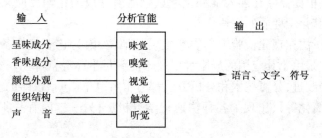

图 4.1　感官检验示意图

2）感官检验的分类

嗜好型感官检验：以商品美不美或香不香为判断标准，这是以人的感觉本身对判断对象的检验，称为嗜好型感官检验。

分析型感官检验：如测试水的温度时，将手插入水中，通过亲身感受判断水的温度。这种测知对象物特性的方法称为分析型感官检验。

3）感官检验的特点

虽然感官检验的某些项目已经能够用物理、化学等方法代替，但是感官检验在某些方面的应用仍然是很重要的。这是因为：①简单易行、方便快速。尤其对食品方面的检验更具特殊性，甚至有的检验项目即使用仪器也代替不了感官检验，如评价食品味道无法用仪器来完成。②商品满足消费者的程度，与其嗜好、喜爱有直接关系。因此，商品接受性的评价只能通过感官检验来实现。若商品接受性差，即使其他质量检验的评价再好，也不能算作适销对路的优质产品。

当然，感官检验由于受检验者心理、生理状态、文化素质、经验以及环境因素的影响，检验结果会存在一定的误差。为了减少检验结果的误差，可采取实物标准法、多人评审法等方法来弥补感官检验的不足。

4.2.2 商品理化检验

商品理论检验是借助于各种仪器设备、化学试剂，按检测程序及要求，对商品进行测定和分析的方法，是建立在化学、光学、热学、物理化学、生物学、生物化学等基础上的检验。理化检验技术性较强，并要具备一定的试验场所、合适的温湿度，选样要有一定的数量等。理化检验方法有 7 种之多。

1）化学分析法

在商品中有许多商品的实质成分会直接左右其商品使用价值。而这些商品有时用单纯的感官或经验法或物理检验法很难判定其使用价值，这时对其化学成分及其含量需采用一定的化学检验方法加以分析，便可达到商品检验的目的。

化学分析法是根据商品在加入某种化学试剂后所完成的化学反应来确定商品的化学成分的种类、含量及其化学性质的方法。

目前，化学分析法在理化检验中仍占有主要的地位，因为它不仅设备简单，经济易行，而且结果也准确。但是由于其应用的局限性以及不能满足生产经营部门快速测定的要求，一方面化学分析法日趋改进，分析技术和分析方法都有重大改革（包括仪器的改革、分析过程的自动化、操作手续的简化等），出现了各种快速化学分析法；另一方面有些测定项目已逐步为其他仪器检验法所代替。

化学检验法因检测的目的不同，可分为两种：

（1）定性分析

这是用一定的方法检出与判定商品成分物质的种类。有的商品用这种方法就可以鉴别商品的真伪,或检定其品位。

实例 1　利用特定试剂反应的检验。

如纤维性商品检验:将纤维性商品在 5% 或 10% 氢氧化钠水溶液中加热,如以蛋白质为主要成分的丝、羊毛纤维就会溶解,而棉、麻纤维就不会溶解。

为检验肥皂中是否有有害的游离碱存在,可用中性纯酒精加以溶化,在 60 ℃以上加入酚酞指示剂 1~2 滴,如果有游离碱存在,就会立即呈现粉红色。

实例 2　利用燃烧试验定性检验。

将被试商品进行燃烧,观察燃烧时的状态、气味、残留灰分等。如砂糖是由碳水化合物构成的商品,燃烧后会产生二氧化碳和水,若灰分残留量多,就表示有无机物存在。

如棉与羊毛燃烧检验:棉燃烧速度快,有烧纸味,灰分少量;而羊毛燃烧稍慢,有烧毛发臭味,烧后呈易脆的黑球状。

（2）定量分析

这是用以决定商品成分物质含有量的分析方法。定量分析法有重量分析、容量分析等数种。

实例 1　商品水分含量检验。

大多数商品都含有一定量的水分,若商品水分含有量超过一定限度,就会使微生物急速繁殖而使商品腐败变质,或因水分不适而产生化学变化。这就成为商品质量下降的一个重要原因,或使商品在储运过程中遭受损失。尤其是水分过多时,主要成分的含量将相对减少,致使商品使用价值下降。有些吸湿性商品因包装或保管不善而使水分量自然增加,也有的是不法生产者或销售者以不当行为掺假增量,故意加进水分(如市场上的注水肉、注水冻鸡等),因此,在商品质量检验上水分的检验是极为重要的,特别是当前打击假冒伪劣商品时,更有现实意义。

水分的检验法简单易操作,因商品不同,检测水分有各种方法,但其共同原理是用一定量的被试品在适当的干燥器中,经过一定时间加热到一定的温度,蒸发掉检体中的水分,计算其水分百分率以评价商品的水分含量。

当然有的商品经过短时间的加热会发生分解、挥发、酸化、碳化等变化,所以水分检验法因商品是固体、液体或气体等性质与种类的不同,会有数量上的差异。

实例 2　牛乳的酸度检验。

牛乳新鲜度可用眼看或臭味检查,也可煮沸后由凝固物的有无来检定,如需精密测定可用牛乳酸度进行检验。因为牛乳放置时间久了会产生酸败,致使鲜乳的酸性会有不同程度的增加,由此可以判定其新鲜与否。

测试时取用一定量的鲜牛乳,加入同量的蒸馏水,再加酚酞酒精溶液,用一定浓度的氢氧化钠溶液滴定,如呈现微红色,则牛乳具有酸度。

2）光学仪器法

光学仪器法是利用商品的光学性质,通过光学仪器如显微镜、折光计、比色计、旋光镜、分光光度计等来鉴定商品的成分、结构和性质。

显微镜法主要用于测定商品的结构。普通光学显微镜用来测定商品的微观结构,而近代出现的电子显微镜则用来测定商品的内部结构。

实例1 纤维及淀粉显微镜的鉴识。

(1)棉纤维

其形状扁平,断面呈中空现象,有自然的捻曲,平均每一厘米有 50~150 个,纤维可相互缠绕在一起。一般来说捻数大而有规则的质量最好。由于纤维中空而具有良好的吸湿性、保温性、染色性与比重变小的特性。

(2)羊毛纤维

在镜检下可看出其表面的鳞形细胞相互重叠,鳞形数越多质量越优,这种现象使羊毛具有缩绒性的特点。

(3)淀粉镜检

植物种类不同,淀粉粒子形状、大小不一样,利用镜检可做出正确识别。同时对淀粉中掺杂及其他不纯物,皆可识别出来。如马铃薯的淀粉呈卵形的贝壳状轮层,中间有核,粒子有大有小。小麦的淀粉呈圆形或扁圆形,而轮层不大清楚。米的淀粉粒子微小,大多呈多角形,所以只要利用镜检即可做出适当的识别。

比色计法、折光计法、旋光法是利用商品的颜色、色度、折光率、旋光度来测定商品某种成分含量的方法。

实例2 折光计法。

在商品检验中常用光线折光率测定油脂类商品。由于油脂种类不同其折光率(或折光指数)的数值也有差异。通过折光计法即可知道各种油脂的成分及掺伪情况。

实例3 蔗糖液旋光度的测定。

溶液的旋光度与浓度成比例,蔗糖含有量是影响其溶液旋光度的主要因素,含糖量越多,则旋光度越高。所以只要测定旋光度即可检测出液体中的含糖量。测定物质旋光度的方法称为旋光法,所使用的仪器为旋光计。测糖所用的旋光计为检糖仪。

近年来,随着基础理论研究和新技术的应用,出现了很多新型的光学检验仪器。它们有气相或液相色谱仪器检验法、核磁共振检验法、红外线检验法、紫外线检验法、X射线检验法、质谱仪检验法、其他光谱检验法等。它们大都用于测定商品的成分和结构,并有快速、准确、自动、灵敏、简便、重复性好的特点,今后必将得到更进一步的发展。

3)热学分析法

热学分析法是利用热学仪器测定商品在一定温度变化情况下的热学性质,如熔点、凝固点、耐热性等。

实例1 熔点。

熔点就是固体物质加热后仍不改变化学性质,而形成液体或熔融状态时的温度。

例如测定塑料的热学性能,是用熔融指数来区分各种热塑性塑料在熔融状态时的流动性,并作为生产厂的质量控制依据。一般来讲,同一类型的高聚物熔融指数小,分子量就高;熔融指数大,分子量就小,加工性能就好。随着分子量的提高,高聚物的断裂强度、硬度、韧性、耐凝固点、老化性、耐冲击性等都有所提高。熔融指数的测定在熔融指数仪上进行。

实例 2　凝固点。

凝固点是指液态物质在冷却时,由液态变为固态时的温度。

例如测定柴油低温使用性能的指标,与柴油的运输、储存等使用性有相当密切的关系。

我国轻柴油按照凝固点值分为 10、0、−10、−20、−35 五个牌号。牌号即为该种柴油的凝固点温度值(摄氏度),从牌号可直接知道其可使用的地区。如 10 号柴油的凝固点为 10 ℃,仅适用于我国江南地区 5—10 月。

4)其他物理法

这些测定法是测定其他与商品质量有重要关系的物理性质指标,如长度、体积、重量、吸湿性、渗透性、吸附性等,它们需要分别使用各种专门仪器来完成。

例如,商品的比重(体积密度)测定,可用来识别商品质量高低或真伪,如酒精、醋等。一般常采用比重计居多,有酒精比重计、醋比重计。从比重计的刻度上可直接读出成分的百分比。

5)器械法

器械法是用于测定商品力学性能的方法。测定商品的强度、弹性、塑性、耐弯曲性、脆性和硬度等力学性能指标。

6)微生物学检验法

微生物学检验法可用于确定商品中所存在的微生物以及各种微生物的性质,不仅被广泛应用于各种食品,对工业品在库储存中的霉变检验也是非常重要的。在实际工作中,常常用于测定有无某种霉菌的存在,特别是确定有无危害人体的微生物的存在。

7)生理学法

生理学法专用于测定商品对人体有无危害性等,是对各种商品生产中所用助剂、染料等的有害性进行测定的。

除以上 7 种理化检验法外,还有生物学、物理化学等方法。在实际工作中往往是同时运用几种方法,以求得精确的结果。

4.2.3　商品实际使用效果评定

在实际使用中,根据不同时期的自然环境及其他条件,观察商品的实际效能,从中取得数据。广大消费者对商品所做出的评价,乃是对商品质量最重要的评定,是对商品总体效能的评定,是真正的质量检查,也是理化仪器解决不了的综合因素检验。技术商品、信息商品同样也要通过实际应用评价其经济效果。这是经营部门常采用的一种有效方法,也是商品学特有的评定方法。

生产、流通和专职检验机构所采用的检验方法,都各有特点。在检验工作中互为补充,互相验证,以便对商品质量做出综合的分析评价。贸易部门尤其是直接从工厂收购产品的单位采购员、检验员,在掌握必要的检验技能的同时,对本身负担采购的商品原材料性能、加工工艺等知识要熟悉,还要掌握这类商品知识和商品信息,预测市场动态,了解当前工业生产中哪一项或哪几项质量指标是关键的、薄弱的环节,研究消费的心理,提供信息,把检验、采购、销售结合起来,这是衡量商品质量检验工作好坏的标准。

4.2.4　商品品级的划分

商品品级是表示商品质量优劣的一种标志,它是指对同一品种的商品,按其达到商品质量标准的程度来确定等级。

1) 划分原则

按照国家《工业产品质量分等导则》有关规定,商品质量水平分为优等品、一等品和合格品 3 个等级。优等品是指商品的质量标准必须达到国际先进水平,且实物质量水平与国外同类产品相比达到近 5 年内的先进水平。一等品是指商品的质量标准必须达到国际一般水平,且实物质量水平达到国际同类产品的一般水平。合格品指按照我国一般水平标准组织生产,实物质量水平必须达到相应标准的要求。

商品质量等级的评定,主要依据商品的标准和实物质量指标的检测结果,由行业归口部门统一负责。优等品和一等品等级的确认,必须具备由国家级检测中心、行业专职检验机构或受国家、行业委托的检验机构出具的实物质量水平的检验证明。合格品则由企业进行检验判定。

2) 划分方法

商品质量分级的方法很多,一般有百分法和限定法两种。

（1）百分法

百分法是将商品各项质量指标规定为一定的分数,重要指标占高分,次要指标占低分。如果各项指标都符合标准要求,或认为无瑕可挑,则打满分;如果某项指标欠缺则在该项中相应扣分;如果全部合格为满分 100 分。下面以酒为例:

白酒:色—10 分、香—25 分、味—50 分、风格—15 分。

啤酒:色—10 分、香—20 分、味—50 分、泡沫—20 分。

（2）限定法

限定法是指将商品各种疵点限量,又可分为限定计分法和限定数量或程度法。限定记分法是指将商品品种疵点规定为一定的分数,由疵点分数的总和确定商品的等级,疵点分数越高,则商品的等级越低。这种方法一般在日用工业品中采用。限定数量或程度法是指在标准中规定商品每个等级限定疵点的种类、数量和程度。如日用工业品中全胶鞋质量指标共有 13 个感官指标,其中,"鞋面起皱或麻点"在一级品中规定为"稍有",二级品中规定为"有","鞋面砂眼"在一级品中规定为"不许有"等。

4.2.5　商品检验取样

生产、流通和检验部门的大批商品中,逐包逐件地进行检验是非常困难的,甚至是不可能的。一般是在厂或进库时,从大量商品中挑选出来若干式样进行检验。为了达到检验的目的,保证商品质量,在成批商品中抽取供试验的样品叫作取样或采样。

取样必须符合取样的标准和技术条件的要求。取样办法按国家制定的标准或买卖双方确定的检验项目进行。

取样合理对商品准确检验有直接影响。取样分两种:一种是随机取样,即在一批商品中随意抽取样品进行检验,但有时不均匀;另一种是规律性取样,即对同一批商品规定取样的顺序编号进行取样,如选定“5”这个数字,当遇到含有序号“5”的商品(5,15,25,35,…)时便取样。其优点是带有普遍性,具有几何排列的规律。

选取的样品必须保证在检验前不发生质变。要求将选样进行封存、标明挑选日期、商品名称、类别、规格、等级以及取样人姓名,并做取样说明等。

4.3　商品检验的特例

4.3.1　商品有害成分检验

为了防止商品污染,保证商品质量,保障人民身体健康和消费者利益,国家公布了《中华人民共和国食品卫生管理试行条例》《中华人民共和国产品质量认证管理条例》等政策法令。此外,还要对商品中有害成分的危害性有明确的认识与实际检验,以提高对商品合格程度的鉴别能力。

《食品添加剂使用卫生标准》(GB 2760—2014)对食品添加剂进行了分类,具体分为:酸度调节剂、抗结剂、消泡剂、抗氧化剂、漂白剂、膨松剂、胶基糖果中的基础物质、着色剂、护色剂、乳化剂、酶制剂、增味剂、面粉处理剂、被膜剂、水分保持剂、防腐剂、稳定剂、甜味剂、增稠剂、食用香料、加工助剂、其他。

食用色素只是其中一类。

1) 食用色素

食用色素也叫食品着色剂,是用来增加食品的色泽外观、模拟天然食品的颜色、诱发人们食欲的添加剂。常用的有两种:天然色素、人工合成色素。

(1)天然色素

它是一种存在于动植物及矿物中的天然物质。从化学角度上可分为有机性色素和无机性色素。如来自植物组织中的胡萝卜素、叶绿素、姜黄、红辣椒色素、红花黄花素和紫草醌等。动物色素如肌肉中的血红素、虾蟹表皮的类胡萝卜素。在天然色素中也有不利于人体健康的色素,如藤黄有剧毒,不能作为食用色素。

（2）人工合成色素

它是利用化学方法经过一系列化学反应合成的,多数含有有毒物质,不适用于食品。如有的商贩为美化食品弄点红红绿绿的花点,或者在节日中为了表示喜庆进行的点缀,在蒸熟的蒸饼、馒头、糕点上点个红点或红圈,其实这大多是用的红色染料,不符合食品卫生,所以要有限制地使用。在应用上,对品种、使用范围以及限量等均有明确规定,不可多用和乱用,如夏日市场销售的各类清凉饮料中的色素,多有使用不当或超过限量标准的情况。在品种和数量上我国允许使用的人工合成色素仅有苋菜红、胭脂红、柠檬黄等少数几种。

（3）3种食用色素的性状、使用范围和最大使用量

①苋菜红。

性状:红色,颗粒或粉末状,无臭。0.01%的水溶液呈玫瑰红色,在碱性溶液中易变成暗红色。由于对氧化还原作用敏感,故不适用于发酵食品的着色。

使用范围:果味水、果味粉、果子露、汽水、配制酒、糖果、糕点、红绿丝、罐头。

《食品添加剂使用卫生标准》(GB 2760—2014)规定。

最大使用量:0.05 g/kg。

②胭脂红(又名丽春红)。

性状:红色至暗红色,颗粒或粉末状,无臭,溶于水呈红色,抗热性相当弱,遇碱变成褐色。

使用范围:同苋菜红。

最大使用量:0.05 g/kg。

③柠檬黄(又名酒石黄)。

性状:橙黄至橙色,颗粒或粉末状,无臭,0.1%的水溶液呈黄色,耐氧化性差,遇碱微变红。

最大使用量:0.1 g/kg。(同上标准)

2) 发色剂

在食品加工过程中,为了改善或保护食品的色泽,添加发色的物质。如肉制品加工的香肠、火腿、咸肉、腌肉常使用亚硝酸钠,使肉类呈现鲜红颜色,但亚硝酸钠在人体内与血红蛋白结合产生变性血红蛋白,会引起中毒。在生产加工中,对加入的亚硝酸钠有一定的限量,如在腌肉、火腿成品中亚硝酸钠残留量不得超过 30 mg/kg。

亚硝酸钠为白色或微带淡黄色的结晶,味微咸,易潮解,水溶液呈碱性反应,因为亚硝酸钠为白色结晶,极易与食盐混淆。若加工成品时误把亚硝酸钠当成食盐加入,人将因摄入超量而中毒。

3) 白酒中的酒精和甲醇

白酒为蒸馏酒,酒精含量一般在 40% ~ 50%,多者可达 60%。白酒的主要成分是酒精含量。饮酒对人体健康有一定影响,尤其是与脂肪性肝硬化极为相关。所以,医生们一再呼吁:每日饮酒量按 1 kg 体重不超过 1 g 是适量的,60 g 是安全限量。超过限量除脂肪性肝硬化之外,还会诱发慢性酒精中毒(通常指醉酒)。重度酒精中毒会出现心肌病变、脑病变、肾炎、高血压等症状。

甲醇:俗称木精,无色易挥发和易燃,为有醇香气的液体,有毒,能与水和多种溶剂混溶。

酒中的甲醇氧化分散较慢,且有蓄积作用,4~6 g 即可使人中毒。甲醇对视神经毒性最为敏感,能使视力模糊,发生视力障碍,甚至引起眼睛失明。

国家标准规定,以谷类为原料的白酒中甲醇含量不得超过 0.04 g/100 mL(折成酒度为 60 度计,下同),以薯干及代用品为原料的白酒中甲醇含量不得超过 0.12 g/100 mL。

工业酒精含杂质高,用工业酒精兑制的白酒和果酒,更会造成甲醇中毒,致使双目失明,甚至中毒死亡。因为这种酒内甲醇含量超过饮用酒甲醇含量的数十倍,乃至数百倍。因此,千万不能购买那种用工业酒精兑制成的白酒或果酒。

4) 有害金属物

在商品结构成分中含有微量金属化合物,由于混入食品的金属化合物含量增高,因而有可能引起中毒,一般使人中毒的金属物有下列几种。

(1)铅

铅对人体各种组织均有毒性。食品中铅的来源是盛放食物用的陶釉和珐琅釉容器在生产时加入过多的氧化铅,而未参加反应的氧化铅容易在弱酸中溶解。这种陶瓷容器在存放酸性食物时,增加了铅的含量。搪瓷制品的铁坯,涂搪珐琅时也有铅存在。还有含铅的锡酒壶、冰棍模具焊锡缝、马口铁装罐头、包装茶叶的铅箔等都是铅的来源。还有的是由于食品加工时超过允许量,如皮蛋加工用的氧化铅,水果生长时用含铅的杀虫剂残留少量的铅等。由食物摄入而引起铅的慢性中毒,会使人体的生化和生理功能发生障碍。

(2)砷

砷和砷的可溶性化合物具有剧毒。食品中砷的来源多是使用含砷过高的色素、含砷添加剂、施用含砷的农药以及食品加工过程中使用含砷的滑石粉、用含砷的锡箔或金属合金包装物等。这些情况无疑都会造成食品含砷量增高。

砷的化合物中以三氧化二砷毒性最烈,世界卫生组织规定人体砷的每日允许摄入量为 0.05 mg/kg 体重,成人中毒量为 10~50 mg,致死量为 60~200 mg。三氧化二砷的性状为无臭、无味的白色粉末,易与面粉、碱面、发酵粉等混淆。

(3)锌

锌在食品中含量甚微。食品中的锌主要源于镀锌容器或工具。锌易溶于酸性溶液中,即使在弱酸溶液中也易溶解。一般常用的柠檬酸、醋酸对锌溶解度相当大,溶液酸度越高则其中锌量越多。溶解后的锌以有机酸盐的形式转化到食品中去,引起食物中毒。还有用镀锌的铁容器盛煮醋,用镀锌铁桶盛放酸梅汤,镀锌容器煮海棠、苹果、红果等,食用后也会引起中毒。尤其不宜用镀锌的容器盛装、保存、运输清凉饮料,如橘子水、柠檬水,其中的含锌量会随放置时间增加而增加。

(4)锑

锑及其化合物毒性极强,会破坏肝、心和神经系统。日常使用的搪瓷制品涂有锑珐琅釉,若用这种搪瓷制品盛放酸性食物,其珐琅釉能被酸溶解,致使食品及饮料中锑含量增加。

(5)镉

金属镉微毒,镉化合物具有低毒或中性毒。但进入体内的镉可长期储留在体内,蓄积于肝、肾、胰和甲状腺中,危害健康。食品加工或包装容器中所含的镉,可溶于食品或饮料中的醋酸、柠檬酸、酒石酸或乳酸。

5）粮食、花生米食品受黄曲霉毒素的污染

粮食、花生米在潮湿环境中发霉变质，受黄曲霉毒素的污染最为严重。黄曲霉毒素是霉菌毒素中毒性最强的一种，其作用主要是对肝脏产生损害，致癌性最强，毒性比剧毒物三氧化二砷还要大68倍。

联合国卫生组织和粮农组织规定，食品中黄曲霉毒素最高允许量不能超过十亿分之三十。我国对食品黄曲霉毒素的允许量规定，玉米、花生油、花生及其制品每千克中不得超过20 mg，婴儿代乳品中不得检出。为此，对发霉的粮食、花生米、白薯干等食品，人畜均不能食用，更不允许市场出售发霉的食品。

4.3.2 对假冒劣质商品的识别

识别假冒劣质商品，运用感官鉴别方法，也能够商品外观特征和商品包装标识上找出假冒劣质商品的破绽。

1）从商品的外观特征上识别

假冒商品往往是粗制滥造，用材质低，工艺技术不过关，这是假冒商品的特点。以香烟为例，假冒香烟商标纸采用的是普通白纸，没有光泽，印刷也很粗糙，套色不整齐，不吻合，深浅不匀称。有的假冒名牌商标用彩色蜡光纸。烟支粗细不匀，钢印模糊不清，把握了这些特征就不难识别其真假。

2）从近似或模仿商标上识别

例如，假冒茅台名酒采取近似包装瓶和商标标识，图案结构色彩极其相似，粗略看去可蒙混顾客眼睛，但细看伪装就能被识破。

3）从包装上的特有标记查看

例如永久牌自行车，车把、车圈均有"永久"标记钢印。假冒的有的没有此标记，如果有也是用手工敲上去的，钢印粗糙，不端正。真品车架后接头处有机冲的出厂钢印号码，冒牌品没有，即使有也是字码不清，字体不匀，选购时注意观察是可以看出来的。

4）从选购场所与时间上判别

假冒商品的一个特点大多是冒充名牌和紧俏商品。它抓住购买者急于求购价格低于市场价格的心理，往往在农贸市场、个体户集市、车站、码头等场所，或是在夜晚进行。

此外，有一些经营部、贸易公司等集体单位，由于经营思想不端正，也会出现以假充真、以次充好的情况，消费者也要细心鉴别，不可大意。

5）正确认识商品品名的代号

商品品种多，名称复杂，因此商品品名是合同中不可缺少的主要交易条件。品名也代表

了商品通常应具有的品质。在合同中,应尽可能使用国际上通用的名称。对新商品的定名,应力求准确,符合国际上的习惯称呼。

每个品种品名常用简单的数字或外文字母代表品种含义,可以此来区分识别商品品种的真伪。例如呢绒织品代号的含义如下:

品种代号:0——纯毛粗纺呢绒;1——混纺粗纺呢绒;2——纯毛精纺呢绒;3——混纺精纺呢绒;4——化纤精纺呢绒。

品名代号:1——哗叽、啥味呢;2——华达呢;3——中厚花呢;4——凡立丁;5——女式呢;6——贡呢;7——薄花呢;8——其他。

例如:41001 这个代号说明是化纤哗叽品种。

4.3.3　对商品质量优劣的辨别

1) 液体类商品真假鉴别

商品进入流通领域后,便具有了商品的一般属性,不同的商品其属性也各异。如何鉴别液体类商品是否掺假,还得从其固有的属性和外观进行细致的检验与辨别。

(1)真伪香油的鉴别

香油是芝麻油的昵称,它含有丰富的维生素 E,可调节毛细血管的渗透作用,延缓衰老,是食用油中的佼佼者。目前,市售香油有掺假的,鉴别方法如下。

①闻气味:将少许香油滴在手掌中,用食指重擦后,闻之具有特殊香味的为真品。

②看色泽:将油放入透明的瓶中,置散射光下倾倒视,色泽呈棕红色的为真香油,色泽不正的为掺假油。

③试黏度:手蘸油少许,反复捏试,手感轻飘黏性小、阻力小的是纯香油。

④透明度:将油放入白瓷碗内,以汤匙朝光反复倾试,油品透明,无絮状悬浮物及微浊的为纯品。

⑤扩散速度:用筷子蘸少许油滴入清水碗中,如迅速扩散成许多油星的是纯香油,扩散缓慢、油星较少的是掺假香油。

⑥看冷凝速度:把油放入−1 ℃冷藏室内,油液不凝结的是纯油,凝结的是掺假香油。

(2)食用植物油真假的鉴别

经常食用的植物油主要有豆油、菜籽油、花生油、棉籽油、精炼烹调油等,鉴别时可从外观、气味等几个方面查看。

①透明度:透明度表明油精炼程度和含磷脂去除的程度。透明度高,水分杂质少,质量就好。真品植物油经静置 24 小时后,应该清晰透明,不混浊,无沉淀,无悬浮物。

②色泽:真品质好的豆油为深黄色,一般为浅黄色;菜籽油为黄中稍绿或金黄色;花生油为淡黄色或浅橙色;棉籽油为棕红色;葵花籽油为橙黄色或棕黄色;精炼烹调油为白黄色。

③气味:每种植物油都有它独有的气味,用手指沾一点油抹在手掌心,搓后闻其味,质好真品应有各自的油味,而不应有其他异味、怪味。

④滋味:用筷子沾一点油抹在舌头上,细品其味,真品应具有自身特有的滋味,而不应有

苦、涩、焦臭、酸、辣等异味。

（3）怎样鉴别假酒

全国各地都有名特优质酒,消费者很乐于饮用名酒。近年来由于需求量较大,市场上多有假冒名牌酒坑害群众者,买名酒时应掌握一些识别要领以辨其真伪。

①看外观:名优酒都有专用酒瓶。瓶底有标记,如西凤瓶底有钟鼓楼或"烟"字,董酒瓶底有"＜＞"。名酒瓶盖为铝板制作(塑料盖除外),盖顶面上用印铁印刷,图案字迹清晰,光润牢固,瓶盖封口严密不漏酒,商标印刷精致,色泽鲜明,字迹清楚而凸。

冒牌名酒无固定瓶型,底部无标记,瓶盖用马口铁制作,图案粗糙手摸易掉,表面不平整。假酒多用手工封口,故严密度较差,漏酒,酒味外溢,香气不正。商标印刷粗制滥造,色泽暗而无光,字迹模糊较平。

②看酒质:玻璃瓶装名酒,透过酒瓶看酒液。名酒酒液清澈透明,无悬浮混浊或沉淀杂质。假酒透明度差,酒液混浊含有絮状物等杂质。

有的冒牌假酒用真瓶装,这就要细心从瓶盖封口、商标或酒质上综合去辨识。

（4）饮料的识别与判断

首先,从标签上判断。《食品标签通用标准》明确规定:饮料产品标签应注明厂名、品名、生产日期、保质期以及主要原辅料。先判定是否在保质期内,再判定产品是否名副其实,不同的饮料标签上所标明的内容也不同。果汁型汽水、果蔬汁饮料应标明果蔬汁含量。乳饮料应标明非脂乳固形物含量,如大豆固形物、杏仁固形物等。饮用天然矿泉水则应标明矿化成分表,此外,还应注意各类饮料的添加色素及防腐剂的情况。

其次,可从外观上判断。果味型汽水不应出现絮状物,塑料瓶装与易拉罐装汽水手捏应不软不变形;罐装饮料如发生盖上凸,说明质量有问题;这种包装饮料倒置时不应有渗漏。果汁饮料的轻微分层属正常现象,摇匀后一段时间内不发生明显分层还算合格品。特别是果茶,消费者在购买时不要盲目追求液体黏稠和色泽过分鲜红的。

2）名贵（高档）商品的鉴别

（1）几种名贵药品的识别

①人参:味特殊,辨别人参真伪可用口尝法,真品苦中带甜,如有麻辣、酸涩味道多为冒牌货。

②天麻:真品外形呈椭圆形块茎,略有弯曲,表面色黄白或黄棕,顶端有红棕色干枯芽苞或残留茎基,末端有圆脐形疤痕,节疤上有点状的退化须根痕迹,茎基与点痕组成横纹环,天麻质地坚硬呈透明或半透明状,不易折断。断面呈现蜡质状。假天麻多为柴茉莉、大理菊、赤爬的根,它们都不具有真天麻的生理特征。

③阿胶:用驴皮制成的固体胶状物,扁平长方块,色棕黑或乌黑,平滑有光泽,光照呈半透明,质坚脆易碎,无腥臭味,经夏不软化,味微甜的为佳品。若色黑,不透明,质坚硬摔打不易碎的是伪品。

④三七:名贵止血药。识别真假时,可将三七粉末放在少量猪血内,如猪血化成水状即为真品。这主要因为是三七含有皂苷成分而具有溶血作用。假三七不会产生这种现象。

⑤珍珠:真品用火烧后呈片状破裂,晶莹闪光。假珍珠用火烧后成碎粒或焦煳状。

⑥蜂王浆:真品是工蜂涎腺分泌的一种稠乳状物质,是滋补营养品。市售的蜂王浆有掺假的伪品,鉴别方法可从两方面去分辨:一是看色泽。真品呈乳白色或淡黄色,为半透明半流状浆液。假品色淡质稀或浆稠厚成糊状,若浆液中有气泡则是发酵变质品。二是尝滋味。真品闻之有特殊酸臭味,口感先酸后涩。若有腐臭味是变质品;有奶味是掺了牛奶或麦乳品;无味是掺了玉米粉,均属假品。

(2)金银首饰真伪鉴别法

金银首饰是人们生活中的美容装饰品,由于价格昂贵,需求量又大,不法之徒常借机以假冒品扰乱市场。为使经营者和消费者易于判断质量,辨别真伪,现提供几点较简易的方法做参考。

①看颜色:黄金饰品金灿灿,永不变色。历史上对金子质量的评定有"七青、八黄、九紫、十赤"之说,并为国际上一些国家所公认。含金量九成九的纯金为黄中透红;九成金为黄中透紫;八成金为黄色;七成金为黄中透青。色呈浅黄的为混合金或其他金属。

②掂重量:用同体积黄金饰品与其他金属饰品相对比,真金便重,因为真金的密度为19.32 g/cm^3,而铜的密度仅为8.96 g/cm^3。

③试硬度:含金量越高质地越柔软,用针能划出线痕,用牙咬现轻牙印,用手折弯曲不断,用火烧光泽不变。有"真金不怕火炼"之说。若用手折不弯易断,用火烧呈现黑色或其他色泽,则为假货或是低成色劣品。

用试金石测试金饰物质量,在石上轻轻一划,从其显现的色泽即可评定出质量的优劣。

④听声音:将饰品轻掷于台面上,成色高的声音低沉,反弹得高。假冒或低次品会发出尖脆的声音。

⑤看记号:一般饰品都标有含金量及英文字母代号。前面的代号为地名简称,后面的代号为厂名缩写。

鉴别银饰品:火烧银色不变,在试金石上磨划显白色的为真银。用火烧变成黑色或在试金石上磨划显红、紫、绿中带蓝的则是假银。

此外,也可用化学药品试金银。用1∶3硝酸一滴置于金银首饰上,静置30 s左右,表面不起反应的为纯金,若泛起泡沫,用药棉或白纸擦净后底面呈现蓝绿色者为铜或铜合金制品。银饰品用硝酸滴试后再浸入淡盐液中,呈白色混浊者为真银。

(3)鉴别宝石真伪的方法

宝石是高贵的装饰品,市场上出售的天然宝石有数十种之多,人造宝石也有十多种。怎样鉴别其真伪呢? 感官判断最简便。

①色泽:每种宝石都有其固有的色泽特征,但总的来说,鲜明清澈不发暗的是真品。

②透明度:各种宝石的透明度不一,如翡翠和祖母绿两者虽极相似,但透明度不同,祖母绿透明度差,钻石不透明。

③色散:也叫出火。利用色散光琢成的天然宝石只有翠榴石、钻石、锆石等少数几种,大多数出火的宝石都是人工合成的宝石。

④裂开、断口:钻石、锂辉石等少数几种有裂开纹,一般的宝石断口呈贝壳状,有玻璃光泽。

⑤真宝石边棱锐利,手摸有冷感,表面有微小凹凸和裂纹以及特殊花纹,密度较大。背面或表面有铸痕、密度较小的为假宝石。

3)纺织面料简易鉴别法

品种繁多的新型纺织面料鲜艳夺目,面对性能各异的纤维面料究竟哪些是真货纯品呢?简易鉴别的方法如下。

(1)纯毛纤维

纯品毛纤维比较粗长,呈卷曲状,弹性好,有光泽,手摸有温暖感,火烧有焦毛发臭味。

(2)蚕丝纤维

纯品蚕丝纤维细长,光泽柔和,强度较好,手感光滑细腻而柔软,火烧有焦羽毛味。

(3)麻纤维

纯品麻纤维细而长,强力大,有光泽,手触有凉爽和粗糙感。

(4)纯棉纤维

纯品棉纤维细长,有光泽,强力大,有天然捻曲,手感柔软,火烧有烧纸味。

(5)人造纤维

纯品人造纤维强力低,润湿后易拉断,弹性差,断头处呈现散乱的纤毛物状,手握紧再松后皱褶多而明显,火烧有燃纸味。

(6)绵纶

纯品绵纶强力高,回复伸长率大,不易拉断,弹性较人造丝、蚕丝好,但手感不够柔软,火烧有火漆味。

(7)涤纶

纯品涤纶弹性好,不折不皱,手感挺滑,火烧有芳香味。

(8)腈纶

纯品腈纶蓬松性好,较松软,有毛料感,色泽柔和,手感干燥,强力较低,火烧有煤焦油似的辛酸味。

(9)维纶

纯品维纶弹性差,易皱褶,手感较硬,色泽不太鲜艳,火烧有似电石气刺鼻臭味。

(10)呢绒

纯品呢绒柔软,光滑,手感油润。可用触摸法进行鉴别。手抓一把料子紧握后放开,能立即弹开恢复原样的是优质品。也可用揉搓法来鉴别。用双手稍揉搓面料,真品呢面应不起毛,短纤维脱落越少越好。还可用观察法来鉴别。在日光或较强灯光下照看,表面无疙瘩、疵点,色泽均匀,光泽柔和,表面平坦是优质面料。

(11)腈纶毛毯和纯毛毛毯的区分

首先观察毯子,颜色鲜艳、图案花型清晰,是腈纶毛毯的一般特征。纯毛毛毯光泽暗淡。再用手摸毯面,纯毛毛毯的绒毛粗细不均匀,有粗毛轻微扎手的感觉,且富有弹性。腈纶毛毯绒面柔和,手感细软。所以有人认为毛毯的绒毛越柔软其质量越好,这是片面的,也是不对的。

还可以用两个手指夹住少许绒毛揉搓,如果发现绒毛面起球,则是腈纶毛毯。纯毛毛毯为纯羊毛织成,没有这种现象。

(12)针织品的选购

针织品具有柔软舒适、易洗快干、透气、挺括、坚牢、弹性好等优点。针织品分毛针织品、棉针织品、丝针织品、化纤针织品、混纺针织品等。选购时可根据需求来挑选。

①外观造型新颖美观,色泽协调匀称,深浅一致,尤其是明显部位,如胸、背、袖子、裤腿等处不应有大的差异。

②针织衣裤所用纱线,条干粗细要匀称、无云斑。毛巾织物的毛圈要匀,绒衣裤的绒毛厚薄要一致。

③针织面料无针疵、漏针、小洞、脱扣、断线等毛病。带有拉链的衣服,拉动拉链时应灵敏,缝制应平整、牢固,长短适宜。

④袜子尺码要合脚,袜口、袜尖无跳针漏针等毛病,松紧口要有弹性。买锦纶丝袜要选尺码稍大一点的,防止袜子因洗后延伸性降低而缩小。

4) 皮革制品选购

(1) 选购优质革皮服装

革皮服装色泽柔和光滑,穿着柔软挺括潇洒,别有一种风度。选购这类服装的要点是:

①革面色泽柔和光滑,皮质纹路细致清晰,皮板厚薄均匀,柔软有弹性,不掉色,无裂纹,无散光,无发黏现象的为优质品。

②注意胸部及背部的革面应无"松壳"毛病。"松壳"是指皮革粒面层与网状层连接的纤维组织受到损伤。革皮服装的表面若出现这样的疵病,一是会降低牢度,二是会影响美观。

③款式新颖大方,颜色合宜,做工精细,无断线、漏缝、皱褶等弊病。

(2) 挑选优质皮鞋

①注意鞋号鞋型。全国统一鞋号是以脚长为基础,脚多大,就穿多大号的鞋,如脚长 25 cm,就穿 25 号鞋,照此类推。遇到旧鞋号可用下面公式换算:

$$（旧鞋号+10）÷2＝新鞋号$$

如旧鞋号是 36 号,则新鞋号是(36+10)÷2＝23,即 23 号。

除按脚的长短定号码外,还可根据脚的肥瘦定鞋型。鞋型是体现鞋子肥瘦的标志,它是根据跖趾围确定的,共有 5 个型号:

一型最瘦,二型较瘦,三型适中,四型为肥型,五型最肥。每个肥瘦型相差 7 mm,一般挑选时尺寸要稍宽点、稍长些,以防磨脚、夹脚,使皮鞋起皱破裂。

②注意革面。皮鞋有光面革和反面革(也称绒面革)两种。质量好的光面革表面平滑细致,没有皱纹和伤痕,光亮度、颜色均匀一致,用手摸上去有弹性,折压易折部位时,折皱的皮纹细小,放开手后细纹消失,弹性好,不留褶痕。皮革的厚薄适度,表面光滑细腻。

质量好的绒面皮革,毛细软,均匀,颜色一致,无粗长纤维和油污斑点,无显著褶皱和伤痕。

鞋里:皮革的色泽也应一致,且无玷污、无褶皱。

鞋底:把两鞋的底子对叠在一起,大小相同且底面光亮平滑,鞋跟平正,用手指轻弹,声音清脆。针缝的针孔要均匀,黏合的部分要牢固。如果这些要求符合,说明皮鞋质量好。

③注意试穿。选购皮鞋时要试穿两只脚,因为有的人两脚大小不一,且有的鞋是手工制作的,会有一定的误差。脚穿进鞋里能容下半个至一个指头为合适,这样的皮鞋不易变形。选购皮鞋的时间宜在中午前后,因人的脚在早上最短、最窄,而晚上最宽、最长。

5）食品质量优劣的鉴别

食品质量的优劣是根据食品的各种有用属性优良程度进行综合评定的。现列举几种食品,说明其评定的方法。

（1）怎样挑选优质大米

①看米粒外观特征:粒形有圆、中长、细长之别,质地透明或半透明,颗粒整齐均匀,有光泽者为优质米。品质较差的米,粒形不一,有断碎粒,不透明,无光泽,质地松软,有的米粒腰腹部和中心部位有不透明的白点。

②口尝米香味:取几粒米放在口中,细细咬碎,优质米有清香甜润味道,蒸煮成饭,香味四溢,油润可口。次米则无此特征。

（2）酱油质量的优劣不能只看颜色的深浅

在日常生活中,有的人总以为酱油的颜色越深、越红,其质量越好,其实这是一种误解。质量好的酱油色泽鲜艳,液体澄清,开瓶后便闻有一股鲜味和脂香气,品尝之,味道鲜美,醇厚,咸甜适宜。在白瓷碗中放少许酱油轻轻涮一下,则碗边会挂有一层红褐色薄层液体。劣质酱油色泽发乌,液体混浊,酱油味淡薄,只是单纯的咸而无鲜味,甚至有的有异味,颜色虽深仍是劣质品。

（3）食醋质量的识别

①优质食醋的特征:熏醋色棕红或棕褐,白醋无色透明,有香气(熏醋为熏香和酯香共存,麸醋为醇香和酯香共存),有光泽,酸味柔和,甜、鲜、咸兼备,回味绵长,浓度适当,无沉淀和悬浮物。

②劣质食醋特征:颜色浅淡,发乌,打开瓶盖,酸气冲眼睛,无香味,口味单薄,除酸味外还有明显苦涩味,有沉淀和悬浮物,商标上无厂名、厂址及生产日期等。

（4）海蜇皮怎样划分等级

①一等品:片大色白,脆嫩,无沙子。

②二等品:片中等,色白。

③三等品:片小,色黄,有沙子。

（5）如何判断肉质的优劣

日常食用的家畜肉主要有猪肉、牛肉、羊肉,购买时要注意以下几点。

①新鲜度:肉的新鲜与否主要取决于肌纤维肉的肌红蛋白质含量的多少。

猪肉的肌红蛋白质低于牛、羊肉,所以猪瘦肉颜色较牛、羊肉浅。幼龄畜肉又低于老龄畜肉,故细嫩幼畜肉的色泽又较老畜肉色淡。一般来说新鲜猪肉肉质坚硬有弹性,表面无湿润发黏,切面呈紫红色。若暴露在空气中,经过一段时间就会被氧化变成鲜红色,存放较久的鲜肉会使氧合肌红蛋白氧化成正铁肌红蛋白,色泽趋于褐红。当鲜肉受到细菌污染,肌红蛋白经氧化形成硫合肌红蛋白或肌绿蛋白,肉质色泽带有青绿色,味变差,质变劣,湿润发黏,严重时味变臭,不能食用。

②病死肉:瘦肉上如有米粒或黄豆粒大小的白色水泡,内有像油星子的小白疙瘩,这是囊虫猪肉,俗称"米心肉",学名叫"囊尾蚴",这种肉人食后会患"绦虫病"。

肌肉脂肪呈暗红色,俗称"粉膘猪肉",刀割发黏,刀口有血溢出,这是败血病猪肉或死猪肉。

猪皮上有小米粒到高粱粒大小鲜红色散在性出血点或出血斑,这是霍乱病猪肉的特征。如表皮上有突出的"口""O"形大小不等的疹块,颜色为白色、暗红色、红色,这是猪丹毒病的特征。

③注水肉:识别注水肉可用卫生纸或卷烟纸贴到肉上,直到贴纸完全浸透揭下,用火柴点燃贴纸,若燃烧完全,说明贴纸被脂肪液浸透遇火即燃,是非注水肉。若贴纸遇火不易点燃或虽点燃但燃烧缓慢并伴有轻微的"啪啪"声,说明贴纸是被肉中渗出的水分所浸湿,那么此种肉为注水肉。

6) 洗涤用品挑选

(1)香肥皂质量优劣的区分

①优质香皂:包装整洁,印刷精美,产品商标、香型、重量、生产厂家等内容一一标明。皂体香味与标明香型应吻合,且纯正优雅。

②劣质香皂:包装较差,质地粗糙,产品商标、香型、重量、生产厂家等内容标注不全,字迹不清,色彩不匀。

③优质肥皂:皂形端正,质地均匀无裂纹,不发黏,皂体压制的图形字迹清楚,颜色纯正,无异味。

④劣质肥皂:做工粗糙,皂体歪斜、发软、发黏,或表面有裂纹,甚至有冒油、冒白霜等现象,颜色发白或发黑,图案字迹模糊不清,有酸败等怪味。

(2)怎样挑选洗发剂

洗发剂品种繁多,功能各异,因为每人的发质类型也不一样,所以购买洗发用品时,要优选适用的洗发剂,才能取得理想的护发效果。

人的头发分为油性、干性和中性 3 类,这是由人的头皮内皮质腺分泌的多少而区分的。皮脂腺分泌多的头发油润发亮,易沾灰尘,皮脂腺分泌少的头发干涩枯暗无光细脆,易于拉断或发尾生叉。介于两者之间的头发为中性,不油不干。依头发类型选购洗发剂最相宜。但人的发质也不是一成不变的,有时也会随着外界因素的刺激而改变。如烫发、染发、强光曝晒等会损伤发质,可借助洁发护发用品润滑保养头发。

7) 家用电器类商品的鉴别

(1)原装与组装的区别

市场上销售的家用电器有原装与组装之分,购买时要注意区分。

①看商品有无商标:国外进口原装商品外包装上的商标标识和牌号的右上角或右下角处都有注册商标标记"®",而由国外进口零件组装成的家用电器则无此标记。

②从产地和厂名上区分:国外进口原装品在后盖上均印有外文或中文制造国或产地。国内组装品无此标记。

③原装机的说明书或外包装上印有生产厂家名称。说明书首页印有"©"标记,它表示版权所有,不准翻印。

(2)电冰箱的质量判定

家用电冰箱有单门、双门或三门等数种,容量通常有 50~200 L,有时还有更高容量的。

制冷系统目前多采用直冷式。质量优劣分述如下：

①外观造型要考究,式样要新颖,箱体漆膜均匀,光泽度好,无外伤划痕。

②箱门平整,手把牢固,开闭灵活,门封条严密不跑气,拉力应大于 1 kg,门离箱体 2～5 mm,能自动吸合。

③箱内附属零部件网盘等应完整齐备。

④接通电源检查箱内照明灯是否开门即亮,闭门即熄。通电 15～20 min,手摸蒸发器应有凉感,摸冷凝器有温热感。温度控制器能准确控制压缩机的运转,启动 0.5 h 后应有冷气溢出,2 h 左右应达到调节标记数值。化霜机构应灵敏。

⑤制冷机构启、停、运转没有异常噪声和过大抖动。

(3)怎样挑选液晶电视机

相信对于液晶电视的了解很多消费者还了解不多,选购的时候心里还真没"底"。其实选购液晶电视有几个方面是非常重要的,消费者应该了解并掌握一定的选购技巧,才能买到称心如意的电视。下面给大家介绍"五大秘籍",打算买液晶电视朋友们不妨参考一下。

①如何分辨各类液晶面板。对平板电视来说,液晶显示屏是最重要的部件,大概占了整机成本的 2/3。液晶显示屏是液晶电视的专用屏,与普通显示屏相比,液晶显示屏在图像分辨率、色彩、层次感方面大幅度提升,可以真实再现数字高清画质,尤其适合接收数字元电视。选一个技术先进的大厂面板对以后的使用都有好处,因为其使用寿命以及色彩方面都要强于低端面板。

②检测画面拖尾。人眼观看动态画面时有一定的反应时间,如果响应时间较长就会出现运动图像的迟滞现象,非常影响画面效果;如果响应时间越短,在看快速运动的画面时就不会有残影或者拖沓的痕迹。画面拖尾是早期液晶电视的一个劣势,但随着工艺和技术的不断改进,大多液晶电视的响应时间已经缩短为 8 ms,有的甚至达到了 6 ms,这样短的相应时间已经远远比人眼快,以往快速运动图像容易产生的拖尾现象几乎不复存在了。不过除了响应时间之外,厂商算法的优化也对消除拖尾、残影现象有极大的影响。

现在一些液晶电视都通过创新技术的改进,彻底消除了拖尾、残影现象。如康佳"运动电视"采用数字运动补偿电路和动态 3D 降噪技术。这一技术能在瞬间快速检测电视信号,对运动区域和静止区域采取不同的处理方法,消除运动画面雪花模糊,避免运动部分出现梳齿,保证应有的速度感,有效消除拖尾现象。

我们在选购电视时,要从多角度看电视画面,比如在角度上可先选择正对屏幕,再偏移一些角度,且要站在与电视屏幕同水平线的位置看看能否看到图像;在验机时,也可以让促销员播放一些速度较快的画面,看画面显示动作是否连贯,是否出现拖尾。

③坏点、亮点轻松辨认。有的朋友在选购液晶电视时,看到促销员播放的画面非常完美,但买回家一段时间后,亮的、暗的"坏点"纷纷出现在屏幕上,严重影响了画面效果,再去找商家理论可就没那么容易了。那么如何才能在购买的时候辨认出液晶电视有没有坏点、亮点呢? 有 3 种方法可供选择。第一种方法最简便,就是让屏幕全黑,看一片纯黑中是否有亮点出现;然后让屏幕全白,看是否有黑点出现;最后再换成红、绿、蓝色屏幕检查色点的完整性。如果在检查过程中,发现存在的坏点多于国家标准的话,就不要购买。第二种方法是把电脑与液晶电视相连接,然后通过像 tftTest、CheckScreen、DisplayMate 等软件中的纯色画面来显示

所需要的画面,也可以在计算机桌面属性中选择相应颜色的桌面来检测,这种方法其实与购买液晶显示器时所做的检测方法一样。第三种方法是采用 HiViCast 盘片检测,HiViCast 是一种家庭影院视听测试碟,这张盘片原版带有中文字幕,详尽地解说了一个个测试步骤,观看盘片的时候就进入了测试步骤,测试过程中液晶电视是否有坏点、亮点一目了然。

④对比度藏"猫腻"。对比度指的是屏幕显示图像中最亮像素和最暗像素亮度的比值,它直接影响图像的通透性、色彩的鲜艳以及图像的清晰度。通俗地讲,对比度越高,我们看到的"白色更白,黑色更纯"。但走进家电卖场你会发现标注的对比度数值五花八门,让人有些头疼,如有效对比度 2 400：1、动态对比度 4 000：1、最高对比度 3 000：1 等,如果你觉得对比度越高,产品越好,那就中了厂商的"数字陷阱"。其实,这些数字已无法反映平板电视对比度表现的优劣,它们只是一个数字而已,不同品牌、系列、型号之间的对比在效果上的确有差别,但是其差别的大小,同所标注的数字没有直接关系。

⑤防患于未然,服务承诺要盯牢。液晶电视是一种技术含量比较高的家电商品,这也意味着一旦出现质量问题,维修起来也是个很麻烦的事情。消费者在购买液晶电视时务必向销售者或生产厂家详细了解产品"三包"的具体情况。"三包"应包括:整机"三包"期限、主要部件"三包"期限、主要部件的具体清单等。多数厂商均提供 1~3 年的保修服务,一些厂商甚至提供免费上门服务以及保修期内维修费用的减免,这些小细节都要在选购前弄清楚,并且让经营者把"三包"服务的承诺在"三包"凭证或发票上以文字形式明确标注。

还有其他一些需要考虑的地方,比如 HDMI 接口、液晶面板尺寸、分辨率等。总之,消费者要多学习一些专业知识,不迷信厂商广告中的参数,以自己实际观看获得的感受为主,货比三家,这样才能选购到让自己满意的液晶电视。

(4)家用空调机的挑选

使用家用空调机调节室内温湿度、净化空气,是现代化家庭较理想的家用电器用品。空调机种类较多,有窗式、分体式、柜式等,功能有单项制冷和冷暖两用。购买时要按照房间大小确定规格。质量优劣应从以下几方面来考查:

①外观造型美观大方,烤漆色泽雅致,漆膜厚薄均匀、亮,无外伤划痕,零部件齐备。

②接通电源,压缩机运转音响平稳,噪声小于 60 dB。

③各功能按钮启关灵敏准确,制冷、送热效果迅速、量足。

④机体绝缘性能良好。

8) 如何鉴别农药化肥是否失效

①直观法:对粉剂农药,先看药剂外表,如果已经明显受潮结块成团,药味不浓或有其他异味,说明已经基本失效。

②加热法:适用于粉剂农药,取农药 5~10 g 放在金属片上加热,如果产生大量白烟,并有浓烈的刺鼻气味,说明药剂良好,否则,可认为已失效。

③漂浮法:适用于可湿性粉剂。先取 200 g 清水,再将 1 g 农药均匀地撒在水面上,仔细观察,在 1 min 内湿润并能溶于水的是未失效的农药,否则即为失效农药。

④悬浮法:适用于可湿性粉剂农药。取农药 30~50 g 放在玻璃容器内,先加少量水调成糊状,再加入 150~250 g 清水搅匀,静置 10 min 后观察,未失效的农药溶解性好,药液中悬浮

的粉粒细小,沉降速度慢且沉淀少,失效农药则相反。

⑤振荡法:适用于乳剂农药。对于出现油水分层的农药,先用力振荡药瓶,静置 1 h 后观察。如果仍出现分层,说明药液已变质失效。

⑥热溶法:适用于乳剂农药。把有沉淀物的农药连瓶一起放入 50~60 ℃的温水中,经 1 h 后观察,若沉淀物慢慢溶解,说明药剂尚未失效。若沉淀物很难溶解或不溶解,说明已经失效。

⑦稀释法:适用于乳剂农药。取农药 50 g 放在玻璃瓶中,加清水 150 g,用力振荡后静置 30 min,如果药液呈现均匀乳白色,且上无浮油、下无沉淀,说明药剂良好,否则即为失效。

4.4　商品质量监督

当前,市场竞争日益激烈,竞争的焦点和关键就是商品的质量。因此,商品质量的监督工作必须跟上市场经济的发展,增强质量监督力度,切实遏制假冒伪劣产品混入市场,堵住产生伪劣商品之源,形成对商品质量的全社会监督。

4.4.1　商品质量监督的重要性

商品质量问题是一个具有重大政治、经济意义的问题,关系到我国国民经济的发展。改革开放以来我国各项制度有了新的改变,确立了社会主义市场经济体制。与此同时,市场竞争呈现出新的特点,有不少假冒及不合格商品流入市场,于是产生了流通领域商品质量的混乱,已暴露出来的棉花、农药、化肥、种子、低压电器、饮料、食品等伪劣商品现象是比较严重的。在这种情况下,生产企业本身建立必要的各种生产管理制度,还必须依靠各种法律的约束,加强对流通领域的商品质量监督,追究制造、经销伪劣商品的责任者,这是国家对人民利益高度负责的表现。

1) 商品质量监督是维护消费者利益,保障人民健康安全的需要

商品质量的好坏关系到亿万人民的切身利益。商品质量不好不仅浪费国家大量原材料和能源,而且给人民生活造成不便,甚至影响人民的健康和安全。如家用电器因质量不好,漏电触电的事故屡有发生;食品不合格造成食物中毒的事故也不少;建筑材料有问题,施工工程不好,造成新盖大楼倒塌;出口商品不合格,外商索赔等。特别是管理水平低,过去长期片面追求产量、产值、利润而忽视质量的倾向还没有完全消除,使不合格的产品流入市场,坑害国家和人民。为了维护国家和人民群众的经济利益,保障人民群众的安全健康,国家必须采用监督的措施。

2) 商品质量监督是减少生产中的浪费,提高经济效益的需要

质量监督可减少因质量不好造成的浪费,减少商品在库积压、退货,减少建设工程因质量不好而造成的损失。

3) 商品质量监督是提高商品竞争力,保障贸易权益的需要

商品质量直接影响外贸出口创汇和国家信誉。国际市场的竞争实质上是商品质量的竞争,只有商品质量水平高才具有竞争力,所以有"质量是国际市场上的通行证和护照"之说,我国每年需要进口大量的物资和产品,也必须进行质量监督,如发现质量不符合要求,必须由有权威的检验机构出具检验证明才能对外索赔。没有质量的监督检验,在对外贸易中会造成巨大的经济损失。

4) 商品质量监督有利于改变企业生产检验工作的落后局面

我国企业产品的生产检验工作基础薄弱,约有 70% 的企业检验机构不健全,检验设备不完善,检验技术落后。商品质量监督检验是在生产检验的基础上再次把关,将质量信息反馈到企业,进一步促进企业生产检验,还将帮助企业提高生产检验水平,同时对企业无力检验的项目开展委托性测试检验,从而对企业产品质量的提高起到保证作用。

5) 商品质量监督是企业各项管理工作必不可少的重要手段

贯彻技术标准,搞好新产品鉴定、商标管理、优质产品评选和复查以及质量争议的仲裁等一系列工作都需要加强商品检验与监督工作。《中华人民共和国标准化管理条例》规定,新产品必须取得质量监督检验机构签发的合格证,方可申请商标注册。在优质产品的评比中,按国家《优质产品奖励条例》的规定,评选优质产品必须坚持高标准、严要求,依据"用户评价,数据说话",没有质量监督检验部门的检验证明,不能参加评选。

6) 商品质量监督能为企业加强基础管理工作提供决策依据

在经常的监督检验工作中,可以掌握和积累大量情况数据,帮助了解产品质量存在问题,作为制定质量管理方针、政策和改进产品质量的依据,也可以发现技术标准中的问题,作为制定或修订技术标准和改进标准化工作的依据。

4.4.2　商品质量监督的种类与形式

1) 商品质量监督的概念

商品质量监督是指根据国家的质量法规和商品质量标准,由国家指定的商品质量监督机构对生产、流通、运输、储存领域的商品进行监督的活动。

商品质量监督的主体通常是质量监督检验检疫部门和工商行政管理部门。前者主要负责组织对进出口商品质量的检验与监督管理以及对国内生产企业实施产品质量监控和强制检验;后者主要负责对流通领域商品质量的监督管理。社会团体、新闻机构和广大消费者也有权对商品质量进行社会监督。商品质量监督的目的是保证商品满足质量要求,维护国家和

消费者利益。国家对商品质量的监督是技术监督,必须以检验为手段,依据商品标准和质量法规或合同规定的要求,测试和评价商品的质量,提供准确可靠的数据,以便更好地督促、指导、检查和处理商品质量问题。

2)商品质量监督的种类

我国的商品质量监督有国家质量监督、社会质量监督和用户质量监督3种。

(1)国家质量监督

我国的商品质量监督是由国家市场监督管理总局和国家工商管理总局协作和分工主管的。国家的质量监督是指国家授权,指定专门机构以公正的立场对商品质量进行的监督检查。这种国家法定的质量监督,以政府行政的形式,对可能危及人体健康和人身、财产安全的商品,影响国计民生的重要工业产品及用户、消费者组织反映有质量问题的商品,实行定期或经常监督抽查和检验,公开公布商品质量抽查检验结果,并根据国家有关法规及时处理质量问题,以维护社会经济生活的正常秩序和保护消费者的合法权益。

(2)社会质量监督

这种质量监督是指社会团体和新闻机构根据用户和消费者的反映,对流通领域中的某些商品进行抽样检验,将检验结果、特别是不合格商品的质量状况和生产企业名单公布,以形成强大的社会舆论压力,迫使生产不合格商品的企业改进质量,停止销售不合格商品,对用户和消费者承担质量责任,实行包修、包退、赔偿经济损失等。在国外,消费者组织利用自己的检验机构,对市场商品进行检验,通过消费者刊物向广大消费者发布商品质量检验评价结果,以指导消费者选购商品。在我国,中国质量管理协会用户委员会、中国消费者协会根据用户和消费者的投诉,从市场取样,进行监督检验,并将检验结果通过新闻媒介或简报方式向社会公布,通知生产企业改进商品质量。1992年我国开展的"中国质量万里行"活动,也属于社会质量监督。

(3)用户质量监督

这种质量监督是指商务部门和使用单位,为确保商品质量而进行的监督检验。例如,用户购买大型成套设备、装置时,可以按合同的规定,自己派人或者委托技术服务部门,进驻承制单位,对设备或装置的制造全过程实行质量监督,若发现制造单位违反合同规定而粗制滥造时,有权通知承制单位改正或暂停生产,以便及时把住质量关,保证设备装置的质量。商务部门在收购商品时,也可派驻厂人员进行质量监督检验,以使商品质量达到所规定的要求。

3)商品质量监督的形式

商品质量监督的形式有多种,大致可以分为3种类型:抽查型质量监督、评价型质量监督和仲裁型质量监督。

(1)抽查型质量监督

抽查型质量监督是指质量监督管理部门通过对商品的抽查检验,并对制造、销售不合格商品责任者的处理,督促企业遵守国家有关质量法规和强制性技术标准的一种质量监督活动。这种质量监督形式一般只抽检商品的实物质量,而不检查企业的质量保证体系。

（2）评价型质量监督

评价型质量监督是指质量监督管理部门通过对企业的产品进行实物质量检验,同时对企业的质量保证条件进行检查,两者考核合格后,用颁发某种产品质量证书、标志等方法,确认和证明这一产品已经达到某一质量水平,并向社会提供质量评价信息。对获得证书、标志的产品和企业实行必要的事后监督,以考查其产品质量是否保持相应标准所规定的要求和水平。评价型质量监督是国家干预产品质量、进行宏观管理的一种重要形式。评选优质产品、产品统一检验制度、产品质量认证、发放生产许可证等,都属于这种质量监督形式。

（3）仲裁型质量监督

仲裁型商品质量监督是指质量监督部门通过对有质量争议的商品组织进行检验和质量调查,查清原因,分清质量责任,做出公正的处理,以维护经济活动的正常秩序。

4.4.3　质量监督和商品检验的区别与联系

质量监督工作代表国家、政府和广大用户利益,按照标准对产品质量进行监督。它是以第三者出面进行的。第三者既不是工业一方,也不是商业一方,应该是由国家产品质量监督主管机关——国家技术监督局和地方标准化或技术监督机构授权的单位。这种监督具有法制性和权力性的特征,可进行行政干预。

还有一种是属于一般性监督,即社会监督(群众的监督、行业对下属各企业生产的产品的监督),但这不同于代表国家的监督。

质量监督和商品检验二者的联系十分紧密,监督是在检验的基础上进行的。如果说检验是对商品质量把的第一关,那么监督就是对商品质量的把第二关。监督可以在工业上抽样检验,也可以在商业上抽样检验。

监督和检验目的一致,互为补充,为了提高商品质量,监督应对企业发挥管、帮、促的作用。

4.4.4　充分发挥行业质量监督的作用

质量监督系统是社会系统的一个子系统。系统理论阐明了一切社会系统都是有明确目的的开放性系统。所以,质量监督系统也是一个有明确目的的开放性系统,系统的自身稳定与发展取决于其与外界的联系。系统的功能是在与外界的联系中产生,各行各业为维护社会经济秩序提供了保证,使经济活动获得最佳效果。促进社会系统的各子系统的联系,发挥其功效,充分发挥各行业的质量监督作用是不可忽视的。

以纺织行业为例,在纺织品安全性的质量监督中所发挥出来的功效是很明显的。

纺织品是人们生活中的穿着商品,其质量优劣、使用寿命、消费安全与消费者利益有着直接的关系。随着新的化学物质不断出现,应用于服用纺织品的生产和加工过程,加上经销者不遵循科学的人体结构、生理卫生等方面的要求,制售劣质服装,服用纺织品安全性问题日益突出。由于穿用不适的纺织品,皮肤性障碍患者越来越多。为此,加强纺织品安全性质量监督,作为行业质量管理,加强监督与检验是十分必要的。

另外,在纤维流通领域里,市场出现过混乱。以棉花为例,经济利益的驱动,使其品级相符率降低,扭曲了棉花质量标准。有的经营者竟将"723"棉花充作"131"销售,即将七级棉当一级棉,把长度为 23 mm 的当 31 mm 的销售,连抬了 6~7 个级,几乎跨越了棉花国家标准规定全部等级。还有的掺杂使假来牟取暴利。对这种违法行为,除加强专业技术质量监督,还需积极与市场监督、各行各业监督密切配合,综合治理,在广度、深度和力度上发挥行业协会、消费者协会的质量监督作用,保证商品质量在流通中的秩序。

4.4.5 商品质量监督与有关法规执行

建立和完善商品质量监督管理体系,保证商品质量是一项系统工程,需要全社会和各部门分工合作,各司其职,综合治理。在这方面除了发挥各行业企业主管部门对本行业、本部门的商品质量进行生产经营管理,督促企业建立质量体系,推行质量责任制,保证商品质量外,还要用法律的形式确定下来,切实地保护生产、流通和消费者的合法权益。

商品交换活动要全面纳入法制轨道。商品交换活动是一个运行系统,要确证这个系统质量循环是良性循环,还是恶性循环。从理论上说运行要有正循环,还需要有一个反馈过程。在质量运行中仅有质量方面的理论去指导还不够,还必须有法制的约束。生产者、经营者、消费者都应积极推动质量在良性循环中运行,要动用质量监督的手段,对于生产伪劣品的企业行为,国家要进行宏观控制,如实施投资方面的控制。而消费者是反馈过程中的一个重要参与者。法制监督也要紧紧跟上。我国制定发布了若干有关商品质量方面的法律法规,如《质量法》《商标法》《标准化法》《商检法》等,这些法律法规具有足够的权威性,不仅企业而且各个部门、各级政府都要遵守它。也只有健全了法制,质量监督才可实现。有了法律的威力更能使那些利令智昏者望而却步。

经济发达的国家在质量方面的法律是相当完备的,而且对违反法律的行为处罚很严厉。如《欧洲经济共同体产品责任指令》规定:"生产者应当对其产品的缺陷造成的损害负责,对同类产品的同样缺陷造成的死亡或人身伤害,各成员国可以规定由生产者承担不少于 7 000 万欧洲货币单位的责任限额。"美国《统一产品责任示范法》规定:"产品的责任索赔,包括由于相关产品的制造、生产、制作、建造、组装、设计、配方制备、装配、安装、实验、销售、包装、仓储、标签方面的原因造成损害而提起的任何索赔或者诉讼。"它们的处罚极其严厉。这些国家在质量法制方面之所以搞得如此完备和如此严厉是有它道理的。在市场竞争激烈的情况下,如果没有法的约束和保障,必然会出现混乱,必然会有假冒伪劣商品充斥市场,必然会严重影响经济的发展。

在健全法制进行质量监督的同时,保护公平竞争,制止不正当的竞争,以保障市场的健康发育,促进企业经营机制的转换,这是至关重要的。立法重要,严格执法更为重要。因此,要切实地将商品交换活动全面纳入法制轨道,加强质量监督,依法保障经济正常运行,使泛滥的假冒伪劣商品得到强有力的扼制。

第 5 章 商品包装与商标

商品包装是适应商品流通发展的需要而发展起来的,绝大多数商品需要经过包装后才能顺利进入流通领域,到达消费者手中。商品的商标是指已获得专用权并受法律保护的一个品牌或一个品牌的一部分,对企业营销有非常重要的意义。

5.1 商品包装及其功能

5.1.1 商品包装的概念

早期观点认为,包装是保护商品质量和数量的工具。随着包装的发展,包装在保护商品质量和数量的基础上又有了便于运输和便于保管的功能。如今,包装已经成为一个门类,又具有"推销手段""不说话的推销员"的新的内涵。

国际标准 ISO 和中国国家标准《包装术语 第 1 部分:基础》(GB 4122.1—2008)对包装的定义是:包装(Package;Packing;Packaging)是指为在流通过程中保护产品,方便储运,促进销售,按一定技术方法而采用的容器、材料以及辅助材料等的总称。包装也指为了达到上述目的而在采用容器、辅助材料的过程中施加一定技术方法等的操作活动。

5.1.2 商品包装的功能

商品包装具有 4 种主要功能,即容纳功能、保护功能、方便功能和销售功能。

1) 容纳功能

容纳功能是商品包装最基本的功能。许多商品本身没有一定的集合形态,如液体、气体和一些固体(粉状)商品,它们依靠包装的容纳功能才具有特定的商品形态,没有包装它们就无法被运输、储存和销售。包装的容纳功能不仅有利于商品流通和销售,而且还能提高商品价值。通过增加商品保护层,有利于商品的稳定,还能保证商品的卫生性,并形成整齐划一的标准单元,便于组合大包装,节省运输空间,实现效用最大化。

集合化功能是容纳功能的延伸,它是指包装能把许多个体或个别的包装物统一集合起来,化零为整,化分散为集中,有利于商品运输,从而节省运输成本。

2) 保护功能

保护功能,即在转移过程中保护物品不受外界影响和损伤的功能,是商品包装的首要功能。商品在漫长的物流过程中极容易受到外界各种不良因素对商品的影响和损害,要保护商品免受这种影响和损害,就需要包装,因此说包装具有保护的功能,也只有这样,才能使商品不受损失地完成流转过程,实现商品空间位置的转移。

商品包装的保护功能主要体现在下述几个方面:

①防止商品的破损变形。为了防止商品的破损变形,商品包装必须能承受在装卸、运输、保管等过程中的各种冲击、振动、颠簸、压缩、摩擦等外力的作用,必须形成对外力的防护,而且具有一定的强度。

②防止商品发生化学变化。为防止商品受潮、发霉、变质、生锈等化学变化,商品包装必须能在一定程度上起到阻隔水分、潮气、光线以及空气中各种有害气体的作用,避免外界不良因素的影响。

③防止鼠咬虫蛀。鼠、虫及其他有害生物对商品有很大的破坏性,商品包装需具有防止鼠咬虫蛀等功能。

④防止异物混入、污物污染,防止丢失、散失等。

3) 方便功能

商品包装具有方便流通、方便消费的功能。在商品转移的全过程中,合理的包装会提供巨大的方便。商品包装的方便功能可体现在以下几个方面。

(1) 方便商品的储存

从搬运、装卸角度上看,商品出、入库时,若在包装的规格尺寸、质量、形态上适合仓库内的作业,则便于仓库搬运、装卸。从商品保管角度上看,商品的包装为保管工作提供了方便条件,便于维护商品本身的原有使用价值。包装物的各种标志,使其易于识别、易于存取、易于盘点,有特殊要求的商品也易于引起注意。从商品的验收角度上看,易于开包、便于重新打包的包装方式为验收提供了方便性。包装的集合方法以及定量性,为节约验收时间、加快验收速度也会起到十分重要的作用。

(2) 方便商品的装卸

商品经适当的包装后对装卸作业提供了方便。商品的包装便于各种装卸、搬运机械的使用,有利于提高装卸和搬运机械的生产效率。包装的规格尺寸标准化后为集合包装提供了条件,从而能极大地提高装载效率。

(3) 方便商品的运输

包装的规格、形状、质量等与货物运输关系密切。包装的尺寸与车辆、船、飞机等运输工具货仓的高度吻合性,会方便运输,提高运输效率。

4) 销售功能

销售功能是指促进商品销售的包装功能。在商业活动中促进商品销售的手段很多,其中包装的装潢设计占有重要地位。优美的包装能唤起人们的购买欲望。包装的外部形态是商品很好的宣传品,对顾客的购买起刺激作用。

5.2　商品包装的种类及设计原则

商品包装是商品流通过程中不可缺少的组成部分。商品包装必然是通过商品体和包装体结合成一个整体,来适应商品流通的需要。因此,商品包装会因商品流通的不同需要和商品本身的不同需要来设计。

5.2.1　商品包装的种类

商品包装常按商品流通过程的需要不同、商品销售市场的不同、包装层次的不同和商品的不同来分类。

1) 按商品流通过程的需要划分

商品包装按商品流通过程的需要不同划分为销售包装和运输包装。

（1）销售包装

它主要以满足销售的需要为目的,通常随商品一起销售给顾客,甚至参与商品消费。销售包装一般要与商品直接接触,包装体与商品体是在生产中结合成一体。例如墨水瓶盒、牙膏管盒、饮料瓶等。销售包装起着直接保护、美化、宣传商品的作用,还可方便商品陈列展销和方便顾客识别选购,对促进销售起重要作用,同时对消费者也能起到便于携带、使用、保存、识别等作用。

（2）运输包装

它主要以满足运输、装卸、储存需要为目的,通常不随商品卖给顾客。它一般不与商品直接接触,而是由许多小包装(销售包装)集装而成。例如烟、酒、化妆品等。商品先装进小包装,然后集装于纸箱或木箱内。但也有一些运输包装,如装水果或家用电器的纸箱、装油的桶、装食糖的麻袋等,直接与商品接触,甚至还随同商品卖给顾客。目前这类运输包装正在逐步减少。运输包装具有保障商品安全,方便储存、运输、装卸,加速交接、点验的作用。运输包装往往需要内包装和外包装的共同作用,而且其外部结构与尺寸要与储存、装卸、运输等作业所用设备、工具有很好的配合性,具有较强的抵御外界因素如侵蚀、侵害、碰撞、损坏等的能力。运输包装必须有按规定标准印刷的标志,指导包装物件的装卸搬运。运输包装还要注明商品名称、货号、规格、质量、数量、颜色、生产厂家、生产日期以及发货单位与收货单位等标志。

2) 按销售市场区域划分

商品包装可按销售市场区域的不同而划分为内销商品包装和出口商品包装。

内销商品包装和出口商品包装所起的作用基本是相同的,但因国内外物流环境和销售市场不相同,它们之间会存在差别。内销商品包装必须与国内物流环境和国内销售市场相适应,要符合我国的国情。出口商品包装则必须与国外物流环境和国外销售市场相适应,满足出口所在国的不同要求。

3) 按商品包装层次划分

商品包装按包装层次,通常可以划分为单件包装、内包装和外包装3种。

(1) 单件包装

单件包装又称小包装、个体包装,是指直接用来包装物品的包装,通常与商品形成一体,在销售中直接到达用户手中。单件包装属于销售包装或消费包装。

(2) 内包装

内包装指包装物品的内部包装,即考虑到水分、潮湿、光射、热源、碰撞、震动等因素对物品的影响,选择相应的材料或包装物对物品所做的保护性包装。

(3) 外包装

外包装通常是指包装货物的最外层包装。外包装一般都属于运输包装。

4) 按商品种类分类

商品包装可按商品种类不同而划分成建材商品包装、农牧水产商品包装、食品和饮料商品包装、轻工日用品商品包装、纺织品和服装商品包装、化工商品包装,医药商品包装、机电商品包装,电子商品包装、兵器包装等。

各类商品的价值高低、用途特点、保护要求都不相同,因而它们所需要的运输包装和销售包装都会有明显的差异。

商品包装的其他分类法有:按材料分类,常把商品包装划分为木制、纸制、金属、塑料、复合材料、麻布、玻璃陶瓷、竹制、柳条等包装;按容器结构形态分类,常把商品包装划分为箱、桶、筐、篓、缸、袋、瓶、罐、盒等包装;按技术方法分类,常把商品包装划分为缓冲、防潮、防锈、收缩、真空、充气、灭菌、贴体、组合等包装。

5.2.2　商品包装的设计原则

商品包装要满足商品包装的合理性要求,在包装设计上应遵循3个基本原则:一是要符合国情;二是要满足消费者消费商品的需要;三是要取得最佳的社会经济效益。

1) 符合国情

包装设计从宏观上应遵循的原则是符合国情,也就是说包装要符合一个国家的实际商品生产、流通、销售条件,包括技术条件、设备情况,经营水平、经营方式等,要符合企业间公平竞争的要求,要符合广大消费者的消费特点,包括消费水平、消费结构、消费观念等,要符合一个国家的资源条件,政治制度、文化水准等,当然也要符合有关包装的法规和有关政策,因为包装法规和有关政策是根据国情制定出来的。

包装设计要求商品包装符合国情,绝不能仅看作是对包装发展的一种限制,还应看作是对包装发展的一种推动力。包装必须随国情的变化而相应地发展。

2) 满足消费者消费商品的需要

包装设计从微观上应遵循的原则是看它是否满足消费者消费商品的需要,包括物质、精神和经济 3 方面的需要。包装是商品的附加物,它的最终目的都可归结为满足消费者消费商品的需要,更何况有些商品包装的效用直接与商品消费有关。满足消费者消费商品的需要是商品包装存在的前提,因为若没有消费者需要的满足,就不可能有各类企业的经济效益乃至社会的整体效益。

3) 取得最佳的社会经济效益

包装设计应遵循社会经济效益原则。这里的效益指所有的社会经济效益,包括社会整体、企业、个人 3 方面所取得的效益。从合理包装理论来看,合理包装的效益应是在当时环境条件下最佳的,也是上述符合国情和满足消费者消费需要的必然结果。

5.3　新型包装材料与现代包装技术

5.3.1　新型包装材料

包装材料是指用于制造包装容器和构成产品包装的材料的总称。包装材料品种很多,随着科学技术的发展,许多新型的包装材料也在不断产生和投入使用。不同类型的包装材料,其性质、用途和适用范围也不同。

1) 包装材料的性能要求

包装材料的性能涉及许多方面,为满足包装功能的需要,从现代商品包装所具有的使用价值来看,包装材料具有以下几个方面的性能。

(1)安全性能

安全性能是指包装材料与内装商品特别是食品直接接触时,不能给内装商品带来污染,不能危害使用者的健康。这就要求包装材料本身无毒、无异味、无菌,甚至具有杀菌作用。还需要注意的是包装材料成分可能存在迁移的不安全性,即在一定条件(温度、溶剂、接触面、长时间储存)下,塑料包装材料的增塑剂、抗氧化剂以及金属包装材料中的锡等有害物质,会通过扩散迁移到内装商品上,形成潜在毒性。因此,各种包装材料成分的迁移最大值应控制在安全范围之内。

（2）适当的保护性能

保护性能主要是指包装能保护内装商品，防止其损伤、散失、变质等。为保证内装商品质量，防止其变质，应根据不同的商品采用不同的包装材料。商品包装保护性能的优势，主要取决于包装材料的机械强度，防潮、防水性，耐酸、碱腐蚀性，耐热、耐寒性，透光、透气性，防紫外线穿透性，耐油性，适应气温的变化性，无毒、无异味等。

（3）易加工操作性能

易加工操作性能主要是指材料根据包装要求，容易加工成容器且具备易包装、易充填、易封合并易适应自动包装机械操作的性能。这些性能主要取决于包装材料的刚性、挺性、光滑度、易开口性、切削钉着性、可塑性、可焊性、可锻性、可粘（缝）性、可涂覆印刷性、防静电性等。

（4）外观装饰性能

外观装饰性能主要是指材料的形、色、纹理的美观性。外观装饰性能好的材料可以产生陈列效果，提高商品档次，满足不同消费者的审美需求和激发消费者的购买欲望。外观装饰性能的发挥主要取决于包装材料的透明度、表面光泽、印刷适应性、不因带电而吸尘等。

（5）方便使用性能

方便使用性能主要是指由包装材料制作的容器盛装商品，开启包装和取出内装物后，能再封闭而不易破裂。

（6）节省费用性能

节省费用性能是指包装材料来源广泛、取材方便、成本低廉。主要指合理地使用包装材料，从而达到节省包装材料费用、包装机械设备费用、劳动费用、储运费用，以提高包装效率、自身质量等目的。

（7）易回收处理性能

易回收处理性能主要是指包装材料要有利于环保、有利于节省资源，若想要对环境无害，应尽可能选择绿色包装材料。

包装材料的性能，一方面来自材料本身的特性，另一方面还与各种材料的加工技术有关。随着科技的发展和各种新材料、新技术的不断涌现，包装材料具备的各方面性能将不断完善。

2）包装材料的主要类别

（1）包装容器

包装容器依其制造的材质、形状、用途等来划分，其种类也很多，其中多数是应用于运输包装的。常用的包装容器主要有：包装箱、包装盒、包装袋、桶、瓶、罐等。

①包装箱。包装箱是一种具有一定容量（通常大于 10 L）、一般呈长方体形状的刚性或半刚性容器。包装箱通常用瓦楞纸板、木材、金属、硬质塑料或复合材料等制成。常用的包装箱多为瓦楞纸箱、木箱等。瓦楞纸箱是用瓦楞纸板制成的箱型容器，是物流领域中最常见、使用量很大的一种包装容器。瓦楞纸箱在实际使用时，最重要的强度指标是压缩强度。影响压缩强度的主要因素有：箱的高度、箱长/箱宽比值、瓦楞纸板吸附水分、印刷、手扎以及堆码方法等。木箱主要有木板箱、胶合板箱、框架箱 3 种。

木板箱能装载多种性质不同货物的包装容器，具有较大的耐压强度、能承受较大负荷、制作较为方便等优点，但其本身没有防水性能且体积比较大。

胶合板箱通常是用条木与胶合板组合制成箱框板,再经钉装形成的包装容器。

框架箱是由一定截面的条木构成箱的骨架,也可根据需要在骨架外面加木板覆盖。框架箱有坚固的木质骨架结构,一般具有较强的抗震、抗扭、耐压能力,装载重量也很大。

②包装盒。包装盒指一种容量较小(一般在 10 L 以下)、呈规则几何形状(多为长方体)的刚性或半刚性容器,通常有关闭装置。包装盒一般常用纸板、硬塑料、金属、玻璃、陶瓷以及复合材料制成。包装盒依其是否可折叠变形分为固定式包装盒和折叠式包装盒。

③包装袋。包装袋是用纸、塑料薄膜等制成的包装容器。包装袋的种类很多,常用的主要有集装袋、一般包装袋和小型包装袋。

集装袋是一种大容积的运输包装袋,可盛 1 t 以上重量的货物。集装袋一般在顶部装有金属吊架或吊环,便于吊装搬运,底部有卸货孔,便于卸货作业。集装袋一般多用聚丙烯、聚乙烯等聚酯纤维编织而成,具有装卸搬运货物方便、作业效率高等优点,是近年来发展较快的一种包装袋。

一般包装袋,一般指盛装重量在 50~100 kg 的运输包装袋。这类包装袋大部分是由植物纤维或合成树脂纤维编织而成的,或是由几层挠性材料(如牛皮纸)等构成的多层材料包装袋。通常使用的多层牛皮纸袋的强度、挠曲度和耐用性均甚佳,它的外层一般采用无伸缩性皱纹纸,可以增加摩擦力,防止包装件堆码时滑动。

小型包装袋是一种盛装重量较少的包装袋,通常用单层或多层材料制成,也有用多层材料复合制成。对于用量很大的一次性小型包装袋,还要考虑废弃包装物对环境污染的问题,尽量采用可降解、易分解的材料制造包装物。

④包装桶、瓶、罐。包装桶是用木质金属、塑料等材料制成的桶状包装容器,制药厂中常见的装药制品的木桶,装液体货物的油桶、酒桶等,都属于这一类。包装瓶通常是用玻璃、塑料等材料制成的包装容器,用于装填包装物品,具有便于装卸与运输、便于装进或取出瓶中物品等特点。包装罐是由金属或非金属材料制成的一种小型包装容器,通常带有可密封的罐盖。常见的有包装食品类、化学品或石油类、涂料类及油脂类的包装罐。

(2)内包装材料及包装用辅助材料

包装货物除了常用包装容器外,还需一些内包装材料和包装用辅助材料。内包装材料主要起减震、防潮、防锈、防虫等作用,常见的有充气塑料、塑料泡沫、防潮纸等。包装用辅助材料有黏合剂、黏合带、捆扎材料等。

①黏合剂。一般的包装黏合剂主要用于材料的制造、制袋、制箱及封口等方面的作业。如聚乙烯醇、阿拉伯树胶、聚酯酸乙烯酯、氯化乙烯树脂、聚氨酯、聚酰胺等,均是常见黏合剂。包装用黏合剂可分为水型、溶液型、热融型、压敏型等类型。

②黏合带。根据黏合方法,黏合带还可以分为橡胶带、热敏带、黏结带 3 种。

橡胶带沾水可直接溶解,并表现出很强的黏合力。按底材种类可分为纸橡胶带、布棉胶带及纤维增强橡胶带等。其特点是黏合力强、黏合迅速、完全固化、可提高包装强度、不影响有关作业等。

热敏带是在底材上涂以软化点较低的热敏型黏结剂,常温下表面没有黏结性,但是加热活化后便产生黏结力,其特点是不滑动、不易老化,一旦黏合则不好揭下。

黏结带是一种在带的一面涂上压敏型黏合剂,另一面涂上防黏剂的卷状产品。其种类有纸带、布带、玻璃带、乙烯树脂带、聚丙烯带等,其特点是只用手压便可黏合,作业性能很好。

③捆扎材料。捆扎具有打捆,压缩,提高强度,保持形状,便于搬运、装卸与运输作业等功能。捆扎材料品种很多,如麻绳、纸绳、钢带等均可用作捆扎材料。现在通常以塑料制品居多,如聚乙烯、聚丙烯绳(带)、尼龙带等。根据制品的重量不同,应选择相应的捆扎材料,如表5.1 所示。

表 5.1　捆扎材料选用参考表

制品质量/kg	捆扎材料的种类
1~50	多股细绳、纸带、聚丙烯带、尼龙绳、钢带等
50~200	尼龙带、钢带等
200~500	尼龙带、钢带等
500~2 000	钢带

尼龙带主要用于重物品的捆包,一般情况下可替代钢带,其强度为钢带的60%。尼龙带的主要特点是拉紧弹力好、耐水、耐腐性优越、作业性能良好,其封口可用金属配件或焊接方法接合。

5.3.2　现代包装技术

商品种类繁多,性能与包装要求各异。因此,在包装设计中,必须根据商品的类别、性能及其形态选择相应的包装技术和方法,从而以最适宜的包装方式,保障商品在流通各环节作业中的安全性,并以最低消耗、最低费用将商品完好地送到用户手中。按包装的主要功能可以将包装技术分为商品销售包装技术和运输包装技术。

1)商品销售包装技术

商品销售包装采用的技术,多数仍围绕商品销售包装的保护功能,但也应在很多方面照顾到其他功能。随着商品销售包装使用环境对它提出要求的变化和新的科学技术的发展,商品销售包装的技法日趋多样化和复杂化。目前,商品销售包装技术主要有:泡罩包装技术和贴体包装技术、收缩包装技术和拉伸包装技术、真空包装技术和充气包装技术、吸氧剂包装技术等。

(1)泡罩包装技术和贴体包装技术

泡罩包装技术所形成的包装结构主要由两个构件组成:一是刚性或半刚性的塑料透明罩壳(不与商品贴体),二是可用塑料、铝箔或纸板作为原材料的盖板。罩壳和盖板两者可采取粘接、热合或钉装等方式组合。这种技法广泛地用于药品、食品、玩具、文具、小五金,小商品等的销售包装中。按照泡罩形式不同,可区分为泡眼式、罩壳式和浅盘式3类。泡眼是一种尺寸很小的泡罩,常见的如药片泡罩包装;罩壳是一种用于玩具、文具、小工具、小商品的泡罩,类似于贴体包装的形式;浅盘是杯、盘、盒的统称,主要用于食品如熟肉、果脯,蛋糕,此时底板已成为盖子。

泡罩包装技术具有良好的陈列效果,能在物流和销售中起保护作用,可适用于形状复杂、迫压易碎的商品,可以悬挂陈列,节省货位,可以形成成组、成套包装,其包装特点是:泡罩包装有较好的阻气性、防潮性、防尘性,用于食品时,清洁卫生,可增加货架寿命;对于大批量的药品、食品、小件物品,易实现自动化流水线作业;泡罩有一定的立体造型,在外观上更吸引人;当采用有些泡罩时,商品取用方便,例如泡眼式药品包装。

贴体包装技术是将单件商品或多件商品,置于带有微孔的纸板上,由经过加热的软质透明塑料薄膜覆盖,在纸板下面抽成真空使薄膜与商品外表紧贴,同时以热熔或胶粘的方法使塑料薄膜与涂敷黏结剂的纸板黏合,使商品紧紧固定在其中。贴体包装技术广泛地用于商品销售包装,它的特点是:通常形成透明包装,顾客几乎可看到商品体的全部,加上不同造型和有精美印刷的衬底,大大增加了商品的陈列效果;能牢固地固定住商品,有效地防止商品受各种物理机械作用而损伤,也能在销售中起到防止顾客触摸以及防盗、防尘、防潮等保护作用;可广泛地适用于形状复杂,怕压易碎的商品如日用器皿、灯具、文具、小五金和一些食品;往往能将商品悬挂陈列,提高货架利用率;可包装成组、成套的商品;因费人工,包装效率较低。

(2)收缩包装技术和拉伸包装技术

收缩包装技术是将经过预拉伸的塑料薄膜、薄膜套或袋,在考虑其收缩率的前提下,将其包裹在被包装商品的外表面,以适当的温度加热,薄膜即在其长度和宽度方向产生急剧收缩,紧紧地包裹住商品。它广泛地应用于销售包装,且应用范围还在不断扩大,被认为是一种很有发展前途的包装技术。

收缩包装技术用于销售包装的特点是:所采用的塑料薄膜通常为透明的,经过收缩后紧贴于商品,能充分显示商品的色泽、造型,大大增强了陈列效果;能包装用一般方法难以包装的异形商品如蔬菜、玩具、工具、鱼肉类等;所用薄膜材料有一定韧性,且收缩得比较均匀,在棱角处不易撕裂;利用薄膜收缩特性,可将零散多件商品很方便地包装在一起,如几个罐头、几盒录音磁带等,有的借助于浅盘,可以省去纸盒;对商品具有防潮防污染的作用,对食品能起到一定的保鲜作用,有利于零售且能延长货架寿命;可保证商品在到达消费者手中之前的整个流通过程中保持密封,可防止启封、偷盗等。

收缩包装方法也有缺点:它需热收缩设备,需一定的投资和费用,因此会增加能源消耗;它对一些颗粒、粉末或形状规则的商品,就不如装盒装袋方便和速度快,对冷冻的或怕受热的商品不适用。

拉伸包装技术是用具有弹性(可拉伸)的塑料薄膜,在常温和张力下,包裹单件或多件商品,在各个方向牵伸薄膜,使商品紧裹并密封。它与收缩包装技术的效果基本一样,它的特点是:采用此种包装不用加热,很适合那些怕加热的产品如鲜肉、冷冻食品、蔬菜等;可以准确地控制包裹力,防止产品被挤碎;由于不需加热收缩设备,可节省设备投资和设备维修费用,还可节省能源。

关于收缩包装技术和拉伸包装技术的比较,如表 5.2 所示。

表 5.2　收缩包装技术和拉伸包装技术的比较表

序号	比较内容	收缩包装技法	拉伸包装技法
1	对产品的适应性: ①对规则形状和异形产品 ②对新鲜水果和蔬菜 ③对单件、多件产品 ④对冷冻的或怕热的产品	均可 特别适合 均可 不适合	均可 特别适合 均可 适合
2	包装商品的外观	好	差
3	裹包应力	不易控制,但比较均匀	容易控制,但棱角处因力过大易损
4	薄膜要求设备投资和包装成本	需要有多种厚度的薄膜	一种厚度的薄膜可用于不同的产品
5	①设备投资和维修费用 ②能源消耗 ③材料费用 ④投资回收期	需热收缩设备,投资和费用均较高 多 多 较长	不需加热设备投资和费用少 少 比收缩包装少2.5% 短

（3）真空包装技术和充气包装技术

真空包装技术是将产品装入气密性的包装容器,密封前在真空度为 10～30 mm 水银柱高的情况下,排除包装内的气体,从而使密封后的容器内达到一定真空度。此法也称减压包装技术。

真空包装技术早就用于食品瓶罐等硬包装容器的包装中,近年来由于塑料及其复合材料的发展,真空包装技术在食品软包装容器方面,得到了广泛的应用。不仅如此,真空包装技术还在一些轻工业品像羽绒制品等轻泡商品上得到了应用。真空包装技术的特点是:用于食品包装,能防止油脂氧化、维生素分解、色素变色和香味消失;用于食品包装,能抑制某些霉菌、细菌的生长和防止虫害;用于食品包装,因排除了内部气体,能加速热量的传导,提高了高温杀菌效率,还能避免包装膨胀破裂;用于食品软包装,进行冷冻后,表面无霜且可保持食品本色,但往往会造成折皱;用于轻泡工业品包装,能使包装体明显缩小(约缩小 50% 以上),同时还能防止虫蛀、霉变;对粉状和液态物品不适用,对易破碎、易变形以及有硬尖棱角的食品也不适用。

充气包装技术是将产品装入气密性的包装容器内,在密封前,充入不同惰性气体(CO_2、N_2)置换内部的空气,从而使密封后容器内仅含少量氧气(1%～2%)。故亦称为气体置换包装技术。

充气包装技术在很多商品的包装上得到了应用,如干酪类食品,若用真空包装技术会使干酪表面渗出油来,而采用充气包装技术,问题就得到了解决。其他如豆制品、年糕、面包、花生仁、杏仁、食用油、烤鱼干、紫菜、奶粉、火腿、香肠、烧鸡、蛋糕、点心、炸土豆片、咖啡、粉末果汁等都可采用充气包装技术,但是在选择惰性气体时,通常要根据商品的不同性质,或用 CO_2,或用 N_2,或两者兼用。充气包装技法还用于日用工业品的防锈和防霉。充气包装技术的特点是:用于食品包装,能防止氧化,抑制微生物繁殖和昆虫的发育,能防止香气散失、变色等,从而能较大幅度地延长保存期;对粉状、液状以及质软或有硬尖棱角的商品都能包装;用于软包装,外观不起褶皱而美观;因内部充有气体,不适宜进一步采取加热杀菌处理;用于日用工业品包装,能起防锈、防霉的作用。

关于充气包装技术和真空包装技术的具体比较如表 5.3 所示。

表 5.3　充气包装技术和真空包装技术的比较表

序号	比较内容	真空包装技术	充气包装技术
1	产品适用范围	用于固态和颗粒状物品	除用于固态和颗粒状外,还可用于粉状、黏稠状、液态等物品
2	包装形态范围	四边封合袋和衬袋盒	除各种袋装外还用于软质成型容器和硬质成型容器
3	加工适应性	能适应加热杀菌处理	不能适应加热杀菌处理
4	成本	若将拉伸包装成本定为 1.0～1.2 元,真空包装成本则为 1.4～1.7 元	充气包装成本为 1.0～2.0 元

(4)吸氧剂包装技术

吸氧剂包装技术是在密封的包装容器内,使用能与氧气起化学作用的吸氧剂,从而除去包装内的氧气,使内装物在无氧条件下保存。通常先将吸氧剂填充到透气性的小袋中,然后再放进包装内。吸氧剂包装技术弥补了上述真空包装技术和充气包装技术那种物理除氧不能 100%除氧的不足,目前主要用于食品保鲜像礼品点心、蛋糕,茶叶包装等,还用于毛皮、书画、古董、镜片、精密机械零件及电子器材等的包装。吸氧剂包装技术的特点是:可完全杜绝氧气的影响,可以防止氧化、变色、生锈、发霉、虫蛀等现象;既能把容器内氧气全部除掉,还能将外部进入包装容器内的氧气以及溶解在液体中的氧气全部除掉,所以无论粉末状食品、液态食品,还是海绵状食品都可在包装容器内长时间处于无氧状态下保存;采用吸氧剂包装技术时,方法简便,不需要大型设备;吸氧剂的氧化时必须有水,还有对化学反应生成物需要注意防止污染;吸氧剂包装会造成容器 1/5 的收缩;吸氧剂包装技法的成本较高。

2)运输包装技术

运输包装技术与物流紧密相关,包装技术主要包括防震包装技术、防潮及防水包装技术、防锈蚀包装技术、防虫包装技术及危险品包装技术等内容。

(1)防震包装技术

它又称缓冲包装,是为了防止物品货物在运输、装卸、搬运作业中因振动、冲击等而造成损伤所采用的包装技术。一般情况下采用的是在内装材料中插入各种防震材料吸收外部冲击力的方法。冲击力的大小通常采用 $30G$ 标度、$50G$ 标度等 G 标度值表示。所谓 G 标度值是指外力作用于物体时,所产生的加速度是重力加速度的倍数。即:

$$G = \frac{a}{g}$$

式中　a——允许最大冲击加速度,m/s^2;

　　　g——重力加速度,m/s^2。

不同物品的耐冲击度,通常是通过破坏试验来确定的。根据各种物品的耐力冲击度即允许加速度(G标度),通常可划分为3个等级,如表5.4所示。

表5.4　耐力冲击度等级

级　别	G标度值
A 级	$\leqslant 40$
B 级	$41 \sim 90$
C 级	> 90

G标度值:大型电子计算机在10以下;小型电子计算机、大型磁带录音机、彩色电视机、一般计量仪器为40~60;磁带录音机、电视机、照相机、电灯泡、光学仪器、移动无线电设备等在60~90;冷藏车、收音机、小型时钟、啤酒瓶为90~120;一般机械材料、陶瓷器皿在120以上。

防震包装设计的主要问题是要确定防震材料种类和所需要的厚度。防震材料所需厚度由同物品的落下能量和防震材料吸收能量的关系得到:

$$t = C \cdot \frac{h}{G}$$

式中　t——防震材料的厚度,cm;

　　　h——在装卸过程中产生设想的落下高度,cm;

　　　G——物品的容许冲击值;

　　　C——缓冲系数。

其中,缓冲系数 C 与缓冲材料所承受的应力 σ 有一定的函数关系,应力 σ 可通过下式计算:

$$\sigma = \frac{W \cdot G}{A}$$

式中　A——缓冲材料的承压面积,cm^2;

　　　W——被包装物的质量,kg。

缓冲材料系数 C 与应力 σ 之间的关系,可查《物流手册》中的 C-σ 曲线图表得到。

(2)防潮及防水包装技术

防潮包装技术是指在物品流通过程中,为防止因空气中的潮气(水蒸气)而发生变质、潮湿、凝结,以及进一步发生霉变等而采用的包装技术。一般可采用透湿度低的材料包装,或者为进一步控制包装容器内的湿气,要预先排除湿气或在包装中封入干燥剂。干燥剂按作用可分为化学干燥(利用化学反应)和物理干燥(利用吸附特性)两大类。用于包装作业的主要是物理干燥剂。最经常用的是硅胶,此外还有硅铝胶、活性铝、合成沸石等。防水包装技术是防止包装物品受海水或雨水的侵蚀而采用的包装技术。防水包装技术又分为耐淡水、海水侵入的耐浸水包装及耐雨水、飞沫的耐散水包装。防潮防水包装材料主要有：焦油纸、皱纹防水纸、石蜡纸、铝箔、包装用聚乙烯薄膜、食品包装用可塑性薄膜等。

（3）防锈蚀包装技术

金属发生锈蚀是由于空气中的污染物质或溶解在水蒸气中的物质附着金属表面，发生了化学反应或电解电极作用。防锈蚀的最常用方法就是使用防锈剂。防锈剂是指在金属物品运输、保管过程中防止生锈的一类物质，一般可分为防锈矿油和气化性防锈剂两大类。防锈油是在防锈矿油中加入防锈添加剂的产品；气化性防锈剂是一种在常温下很易挥发的物质，该物质附着于金属表面就可起到防锈蚀的作用。

通常采用的防锈包装技术是先清洗处理金属制品表面，涂封防锈材料，再用透湿率小且易封口的防潮包装材料进行包装。所选择的包装容器在其接缝处的透湿率不应大于包装材料本身的透湿率。为了取得较好的防锈效果在金属制品内包装中还需放入适当的吸潮剂，以吸收包装内部残存的或由外界透入的水蒸气，使其相对湿度减少到 50% 以下。包装中所使用的吸潮剂要求在其发生作用的过程中不发生任何化学变化，以免腐蚀容器或内装物品。

（4）防虫包装技术

常用的防虫包装技术是在包装物品时，放入一定量的驱虫剂以达到防虫害目的。包装物品的容器应当做防虫处理，或其本身应具备防虫功能。例如，竹片或条筐必须经过消毒或蒸煮，所用的糨糊应加放防腐剂，防止害虫孳口生。要注意防止包装的物品与处理包装材料的药剂直接接触。

（5）危险品包装技术

危险品包装技术就是根据危险品的性质、特点，按照有关法令、标准和规定专门设计的包装技术与方法。危险品的运输包装上必须表明不同性质、类别的危险货物标志，以及装卸搬运的要求标志。对于易燃易爆物品，如过氧化氢有强烈的氧化性，遇有微量不纯物质或受热，就会急剧分解引起爆炸。防爆炸的有效包装方法是采用塑料桶包装，然后将塑料桶装入铁桶或木箱中。每件净重不超过 50 kg，并有自动放气的安全阀，当桶内压力达到一定气体压力时，能自动放气；有腐蚀性的物品，要注意避免物品与包装容器的材质发生化学作用。例如，金属类的包装容器，要在容器内壁涂上涂料、防止腐蚀性物品对包装容器的腐蚀；有毒物品在运输包装上要有明显的有毒标志，并注明装卸搬运的要求，对有毒物品采取的防毒主要措施是严密包装、防止透气。

5.4　商品包装标准化与包装标志

5.4.1　商品包装标准化

包装标准是以包装为对象制定的标准。中国现在制定包装国家标准已有 500 多项。商品包装标准化工作就是制定、贯彻实施商品包装标准的全过程活动。

1) 包装推行标准化的原因

推行包装标准化的主要原因在于:

(1)采用包装标准是稳定包装质量、加强质量管理的有效措施

一般包装件的性能受原材料、环境、设备、作业人员作业方法等因素的影响,如果不对这些因素制定某种标准,是不可能保证稳定的包装质量的。在决定包装规格(如强度)时,商品流通环境是一个很重要的影响因素,要预料到发送到国内外市场的商品会遇到什么事故是很困难的,因此就要根据大量运输试验的结果进行统计分析,研究包装的规格,以达到纠正包装强度的偏高或偏低和确保包装件质量的目的。

(2)采用包装标准能明确责任与权限

一般来说,有了标准,分析各索赔事件的原因就容易得多。一种因包装上的问题而发生的索赔,可能是包装作业的失误造成的,也可能是包装材料选用不当造成的,还可能是运输过程中不慎跌落后受到冲击造成的。如果是材料上的原因,就要进一步明确是材料采购上的失误,还是仓库管理不善,或者是规格制定者的责任。有了材料标准、规格检查标准、仓库管理标准,寻找这一因包装索赔的原因就简单多了。

(3)采用包装标准能降低成本

一般来说,生产大量的标准化产品,其效益会提高,同时也就降低了成本,因为包装标准能将五花八门的订货标准化成少数几种规格和尺寸,这样就能使订货量增加而提高生产效率,从而使成本下降,取得效益。

(4)采用包装标准能有效地判断包装件的适宜性

包装管理人员日常工作很大部分是要迅速地判断包装件的适宜性。一般来说,当发生这种有待判断的问题时,每次都要由有经验的人员列齐各种应解决的因素,编写数据资料,这种重复研究要花费大量时间,效率很低,也容易导致错误的结论而引起索赔事件。有了包装标准,就能提高判断问题的速度,提高工作效率,减少判断失误。

2) 包装标准的内容

从包装标准所涉及的范围来分析,包装标准大致可分为3个层次。第一层为包装综合基础标准。对此类标准整个包装专业都应共同遵守,同时一些跨行业、跨部门、跨专业的,与包装有关的经济技术和科学活动,也应共同遵守。包装综合基础标准也是制定包装其他标准的前提,包括包装术语、包装尺寸、包装标志、包装件试验方法、包装技术方法、包装管理等。第二层为包装专业基础标准。此类标准是针对包装专业的某个方面制定的,在整个包装专业范围内均应遵守,包括包装材料、包装容器、包装机械等。第三层为产品(商品)包装标准。此类标准是对某产品包装的科学合理化而制定的,是整个包装标准化为之奋斗的最终目标。上述包装综合基础标准和包装专业基础标准是为商品包装标准化服务的。

(1)包装综合基础标准

在第一层包装综合基础标准中,具体包括以下主要内容:

①包装术语标准。包装术语的标准是有关一般包装的术语和定义的规定。目前已建立了包装通用术语、包装机械、包装材料与容器等标准(GB/T 4122.1—2008)。

②包装标志标准。包装标志标准是为在流通过程中保护货物及搬运者的安全,对普通货物和危险货物所规定的指示性图示和标志。目前已建立危险货物包装标志标准(GB 190—2009)、包装储运图示标志标准(GB/T 191—2008)、运输包装收发货标志标准(GB 6388—86)、对辐射能敏感的感光材料运输包装图示标志标准(GB 5892—86)。

③包装系列尺寸标准。包装系列尺寸标准是为了流通合理化,对体系化的直方体包装或圆柱体包装所规定的底面尺寸。目前已建立硬质直方体运输包装尺寸系列标准(GB/T 4892—2008)。

④运输包装件基本试验方法标准。运输包装件基本试验方法标准是为了包装货物免遭物流环境作用而损失,对运输包装件所制定的一系列模拟物流环境的试验方法。目前已建立了运输包装件基本试验系列标准(GB 4857—2019),包括:试验时各部位的标示方法、温湿度调节处理、静载荷堆码试验方法、采用压力试验机进行的抗压和堆码试验方法、跌落试验方法、滚动试验方法、正弦定频振动试验方法、喷淋试验方法、正弦变频振动试验方法、水平冲击试验方法、浸水试验方法、低气压试验方法、倾翻试验方法、可控水平冲击试验方法等。此外,还有包装、运输包装件、防霉试验方法标准(GB/T 4857.21—1995),大型运输包装件试验方法标准(GB/T 5398—2016)等。

⑤包装技术标准。包装技术标准是为了保护货物免遭物流环境作用而损失,对包装的一些特殊技术和方法所做的种种规定。目前已建立了防霉包装标准(GB/T 4768—1995),防锈包装标准(GB/T 4879—2016),防潮包装标准(GB/T 5048—2017),防水包装标准(GB/T 7350—1999),缓冲包装设计标准(GB/T 8166—2011)。

⑥包装管理标准。包装管理标准是为了进行包装质量、设计、回收等管理而做出的各种规定。目前已建立包装容器质量保证体系标准(GB/T 12121—89),产品包装质量保证体系标准(GB/T 12122—89),包装设计通用要求标准(GB/T 12123—2008),包装标准化经济效果的评价和计算方法标准(GB 857—89)。

(2)包装专业基础标准

在第二层包装专业基础标准中,所涉及的各种材料、各种容器和各种机械的范围是极为广泛的。下面只对与产品(商品)包装选用关系密切的包装材料标准和包装容器标准的内容做简要介绍。

为了合理选用标准化的材料,包装材料标准通常应包括下列主要内容:适用范围;种类;质量要求;形状尺寸;制造方法;测试方法;检验;包装标志。

为了合理选用标准化的容器,包装容器标准通常应包括下列主要内容:适用范围;种类(形式);结构与尺寸;材料;使用方法;检查(检验)。

一般对于多数产品来说,其外包装通常不专门设计,而是选用不同规格的标准化容器,这对物流现代化能起到重要作用。

(3)产品(商品)包装标准

在第三层产品(商品)包装标准中,所包括的专业范围是极为广泛的,大致包括农业、水产、食品、医药、建材、化工、纺织、轻工、电子、仪器、兵器、机械、邮电等24大类标准。

产品包装标准是为使同类和同种的包装通用化、系列化,并在产品生产、运输、装卸、储存、销售、消费等各方面,取得产品包装的最佳效果,依据包装科学技术和实践经验以及产品形态与性能,对产品销售包装和运输包装的各个方面做出统一规定。

产品包装标准是产品和包装的结合体的标准,往往是包装标准化中各种包装标准贯彻实施的结果,整个包装标准化效果大部分是通过产品包装标准来取得的。

产品包装标准的内容通常包括:适用范围、产品包装分级、包装技术要求(包括对包装环境、产品包装材料、包装容器、产品包装操作、包装标志的要求)、包装件运输、包装件储存、试验方法、检验规则等。

3) 包装标准的发展趋势

随着生产、流通、销售、消费的现代化和科学技术的进步,包装标准范围的深度和广度的发展有下列几方面的趋势。

(1)研究有关商品流通环境的试验条件

为了做到合理包装,就必须充分掌握在流通过程中发生事故时,货物受损的实际状况,然后根据这种实际状况来确定包装的形式。可是企业的货物要运往全国各地,运输过程非常复杂,很难准确地掌握事故的实态。当前的运输包装件基本试验标准,对模拟这一流通环境的试验方法有一些规定,但在试验条件方面规定得比较粗,不足以满足实际业务的需要。因此,在选用具体试验条件时,有必要根据商品实际流通环境,在运输包装件基本试验标准规定的基础上,确定更严格的具体规定。

(2)研究有关出口商品流通环境的试验条件

向有关国家出口商品,一定要充分掌握流通过程的环境,并根据这一特定环境提出相应的包装规格,但掌握国外的流通实况是很困难的,通常要采用实地调查、寄发征询调查函和搜集信息等手段,以便确定适宜的模拟试验条件和合理包装。

(3)关于包装的规范尺寸

所谓包装的规范尺寸是指适用于标准车厢、标准托盘和标准集装箱的包装货物尺寸系列。如果采用这种包装规范尺寸,就可提高装载效率,并达到降低运输成本的目的,尤其是运输设备日趋大型化,使装载效率对运输成本的影响更大。但是包装规范尺寸常常与企业商品包装协调不起来,因为企业总是以产品为中心来设计、选用包装形式,是以流通体系来考虑包装结构的。在实际工作中,如何使商品包装尺寸向包装规范尺寸过渡,这是一个重要课题。

(4)关于搬运作业标准

不管运输过程如何现代化,搬运不可能完全不通过人工来进行,而搬运装卸的好坏对保证商品在流通过程中不受损失有很大影响。因此制定出搬运方法和搬运程序的标准就显得十分必要。搬运行业人员在商品流通过程中遵守这些规则,装卸就会更加仔细,就可大大减少差错或索赔而产生显著经济效益。

5.4.2 商品包装标志

商品包装标志是用来指明被包装商品的性质和为了物流活动的安全进行及理货分运的需要而进行的文字和图像的说明。包装标志的要求：

①必须按照国家有关部门的规定办理。我国对商品包装标志所使用的文字、符号、图形以及使用方法，都有统一的规定。

②必须简明清晰、易于辨认。包装标记和标志要文字少，图案清楚，易于制作，一目了然，方便查对。标志的文字、字母及数字号码的大小应和包装件的标记和标志的尺寸相称，笔画粗细要适当。

③涂刷、拴挂、粘贴标记和标志的部位要适当。所有的标志都应位于搬运、装卸作业时容易看得见的地方。为防止在物流过程中某些标志被抹掉或不清楚而难以辨认，应尽可能在同一包装物的不同部位制作两个相同的标志。

④要选用明显的颜色作标志。制作标志的颜料应具备耐温、耐晒、耐摩擦等性能，以免发生褪色、脱落等现象。

⑤标志的尺寸一般分为 3 种。用于拴挂的标志为 74 mm×52.5 mm；用于印刷和标打的标志为 105 mm×74 mm 和 148 mm×105 mm 两种。特大和特小的包装不受此尺寸的限制。

1) 指示标志

指示标志用来指示运输、装卸、保管人员在作业时需注意的事项，以保证商品的安全。这种标志主要表示商品的性质，商品堆放、开启、吊运等的方法。国家标准 GB 190—2009 规定，在有特殊要求的货物外包装上应粘贴、标打、钉附以下不同名称的标志，如图 5.1 所示。

①向上标志　　②防潮标志　　③小心轻放标志　　④由此吊起标志

⑤由此开启标志　　⑥重心点标志　　⑦防热标志　　⑧防冻标志

图 5.1 指示标志图

2) 危险品标志

危险品标志是用来表示危险品的物理、化学性质，以及危险程度的标志。它可提醒人们在运输、储存、保管、搬运等活动中引起注意。国家标准 GB 190—2009 规定，在水、陆、空储运危险货物的外包装上应拴挂、印刷或标打以下不同的标志，如图 5.2 所示。这些标志的适用范围如表 5.5 所示。

①爆炸品标志
(白纸印正红色)

②氧化剂标志
(白纸印正红色)

③无毒不燃压缩气体标志
(白纸印蓝色)

④易燃压缩气体标志
(白纸印正红色)

⑤有毒压缩气体标志
(白纸印黑色)

⑥易燃物品标志
(白纸印正红色)

⑦自燃物品标志
(白纸印正红色)

⑧遇水燃烧物品标志
(白纸印正红色)

⑨有毒品标志
(白纸印黑色)

⑩剧毒品标志
(白纸印黑色)

⑪腐蚀性物品标志
(白纸印黑色)

⑫一级放射性物品标志
(白纸印蓝色并加正红色横条)

⑬二级放射性物品标志
(白纸印天蓝色并加
正红色横条)

⑭三级放射性物品标志
(白纸印天蓝色并加
正红色横条)

⑮四级放射性物品标志
(白纸印天蓝色并加
正红色横条)

图 5.2　危险品标志图

表 5.5　危险品适用范围表

序号	标志名称	适用范围	图号
1	爆炸品	用于受到高热、摩擦、冲击或与其他物质接触后发生剧烈反应,产生大量的气体和热量,而引起爆炸的货物。	①
2	氧化剂	用于具有强烈的氧化性能,当遇酸,受潮、高热摩擦、冲击或与易燃有机物和还原剂接触时分解而引起燃烧或爆炸的货物。	②
3	无毒不燃压缩气体	用于因受冲击、受热而产生气体膨胀,引起爆炸危险的压缩气体。	③

续表

序号	标志名称	适用范围	图号
4	易燃压缩气体	用于因受冲击、受热而产生气体膨胀,引起爆炸和燃烧危险的压缩气体。	④
5	有毒压缩气体	用于因受冲击,受热而产生气体膨胀,引起爆炸中毒危险的压缩气体。	⑤
6	易燃物品	用于燃烧点较低,即使不与明火接触,但经受热、受冲击或摩擦以及与氧化剂接触时,能引起急剧的连续性的燃烧或爆炸的货物。	⑥
7	自燃物品	用于即使不与明火接触,在适当的温度下,也能发生氧化作用,放出热量,因积热达到燃烧点而引起燃烧的货物。	⑦
8	遇水燃烧	用于遇水受潮能分解,产生可燃气体,放出热量,引起燃烧的货物。	⑧
9	有毒品	用于具有一般毒性,以少量接触皮层或侵入人体内能引起局部刺激、中毒,大量持久吸入或吞食能造成死亡的货物。	⑨
10	剧毒品	用于具有强烈毒害性,以及少量接触皮肤或侵入人、畜体内能引起中毒造成死亡的货物。	⑩
11	腐蚀性物品	用于具有强烈的腐蚀性,在接触人体或其他物品后产生腐蚀作用,出现破坏现象,甚至引起燃烧爆炸,造成伤亡的货物。	⑪
12	放射性物品	用在能自发地、不断地放出人眼看不见的 γ 等射线的货物,人和动物受到这些射线的过量照射,会引起放射性疾病,严重的甚至死亡。感光材料、化学药品和食物等,受到这些射线的影响,会引起变质。其包装标志按放射线量的不同分为一、二、三、四共四级。	⑫ ⑬ ⑭ ⑮

3) 包装标志的使用方法

①标志的标打,可采用粘贴、钉附及喷涂等方法。

②标志位置规定:箱状包装应位于包装端面或侧面明显处;袋、捆包装应位于包装明显处;桶形包装应位于桶身或桶盖处;集装箱、成组货物应粘贴 4 个侧面。

③每个危险品包装件按其类别粘贴相应的标志。

④标志应区分储运的各种危险货物性质。

⑤标志应清晰,并保证在货物储运期内不脱落。

⑥标志应由生产单位在货物出厂前标打,出厂后如要改换包装,其标志应由改换包装的单位标打。

5.4.3　商品包装装潢

包装装潢是指包装的造型和表面设计,在科学合理的基础上加以装饰和美化,使包装的外形、图案、色彩、文字、机理、商标、品牌等各个要素构成一个艺术整体,起到传递商品信息,表现商品特色,宣传、美化商品,促进销售和方便消费等作用。

销售包装是包装装潢的主要研究对象。销售包装和运输包装的功能有所不同,运输包装主要起到建立生产与销售之间桥梁的作用,销售包装则主要起到销售与消费之间的媒介作用。

1) 包装装潢的要素

根据包装装潢的概念,包装装潢的基本要素可以分为 3 类。

①外形。外形要素是指商品销售包装展示面的外形,包括展示面的大小、尺寸和形状等。

②构图。构图要素是指商品包装上由图形、纹样、色彩、文字所形成的一个完整画面。一个好的构图能代表商品的形象和个性。

③材料。材料要素主要是指销售包装所用材料表面的纹理和质感。构图要素中的纹样,常常要与材料质地所具有的纹理相结合;而构图要素中的色彩,要依附于图形、文字、纹理、质感等要素才能得到充分体现。

一般来说,构图要素是包装装潢的主体部分,它本身必然具有一定的外形。外形要素和构图要素不能脱离材料的限制范围。

2) 包装装潢的设计

包装装潢的设计主要包括造型设计、图案设计、文字设计和色彩设计 4 个方面,其目的是通过各种艺术手段,准确有力地突出商品形象,瞬间吸引顾客视线,引起顾客的兴趣,触发顾客的购买欲望。

①造型设计。包装造型是装潢美的基础,表现了艺术风格的主题。包装造型首先要实用,其次要美观,最后要富于变化,应做到外部轮廓个性鲜明,总体结构科学合理、重点突出、动静有致,在整体上给人以生动、和谐、完美的感觉。包装造型不是一个简单的外观形态美化过程,而是一个综合设计过程。它通过多种工艺手段,由表及里,在功能、材料、工艺、成本等多种条件的制约下,创造出功能与美感、技术与艺术相统一的造型艺术形象。

包装造型设计的三要素为功能、物质技术条件和造型形象。其中功能是目的,它对包装形象有着决定性的影响;材料、技术是造型的物质形态保证。包装造型既是功能的载体,同时又载荷着审美信息,它不仅要实用、经济、高效,而且要满足不同人群的审美情趣及习俗爱好。

运用简化原则对包装造型设计尤为重要,这是大批量生产和包装的实用性所决定的。首先繁赘的造型不适于大批量生产,不符合经济节约的原则,也不便使用;其次也与现代人的审美情趣有关,简洁明快的造型易于被感知,自然、流畅、有创意的造型是现代人所青睐的。

②图案设计。包装装潢正面中的照片、绘图、装饰纹样及浮雕等形式,都称为包装画面的

图案。包装和开窗包装中显示出来的商品实物,也是装潢画面的一个组成部分。

图案设计常常运用如装饰画、国画、油画、水彩画、卡通画、素描、书法、剪纸等多种艺术形式与技巧(具体与抽象、提炼与夸张、比喻与联想、工笔与写意、变化与统一、对称与均衡、对比与调和等),使艺术主题得以淋漓尽致地展现。

③文字设计。文字设计的主要作用是宣传商品、介绍商品。文字的构想和设计应根据商品特质和销售地点等特点,尽量做到既形美又达意,语言要简练真实,用词要严谨,方案和序言要准确,字体风格和装饰画面要统一协调,布局合理。商标和品牌名是装潢画面的灵魂,要设计在画面的主要部位;商品名称可以放在次要位置;其他资料文字要主次合理地摆放。目前,许多国家要求商品包装使用两套及以上文字,因此要根据不同国家的特点和要求,合理选用文字,在字体、字号、字间距等方面认真构思,正确抉择。

④色彩设计。色彩是装潢画面先声夺人的艺术语言,是消费者选购商品的视觉导向,能给商品销售带来直接的影响。色彩设计要服从画面主题,根据商品性质、特点去表现,尤其要考虑基本色、流行色和习惯色的运用。每个国家和地区都有其喜好的传统色彩,即基本色。这是受地理条件、宗教信仰、民族传统、政治因素、生活方式等影响的结果。研究不同国家与地区在色彩上的爱好和禁忌,是装潢色彩设计能否成功的前提。

流行色的产生是人的新鲜感形成的必然结果,它的变化有一定的规律性。人们对流行色的追求是现代人类生活的一个特征。包装装潢色彩设计应不失时机地捕捉流行色信息,设计出具有流行风格和时代感的色彩。

习惯色是不同于商品长期以来习惯采用且消费者习惯接受的色彩,如用暖色调强调食品的美味营养、用冷色调强调机械产品的结实耐用等。习惯色在消费者心目中有根深蒂固的印象,但习惯色的选用容易雷同,不利于销售,所以,色彩的设计也要在尊重传统的同时,适时创新。

需要注意的是,选用色彩效果的优劣,并不取决于用色的多少,而在于对色彩的选择、搭配及组合是否理想。从美学角度来讲,少而不单、多而有序的设计,能给消费者带来高格调的艺术享受。

3) 商品包装整体设计的注意事项

①注意统一的整体性。根据构思,表现要点,包装一定要具有整体形象,一定要有一种基本格局和一个构成基调,进而方便局部成分的处理。

②注意各局部成分的量的比例,如色彩的轻重、面积的大小等。

③注意联系性,如对称、响应、依托、遮挡、渐变、造型等。

④注意变化的生动性。所谓变化,就是要突破单调性,使构成关系富有生机。

⑤利用差异取得艺术效果。这种差异包括分与合、松与紧、齐与乱、断与连、直与曲、多与少、正与反、巧与拙、轻与重、鲜与灰、明与暗、大与小等。

5.5 商品品牌与商标

品牌与商标是商品相互区别的专门标记。消费者可凭借品牌商标看牌识货,指导他们的消费行为。对于生产企业,品牌商标则是商品信誉的标志,代表着商品的质量、信誉,它影响着生产者和经营者的经济利益,因而品牌商标是企业的无形资产,是企业改善经营管理、增强商品市场竞争能力的关键。

5.5.1 品牌与商标

1)品牌

品牌是一个名称、术语、标志、符号或设计,或是它们的组合,用以标识一个或若干个营销者的产品或服务,并使自身的产品或服务同竞争对手的产品或服务区别开来。实际上,品牌就是产品标识物的一个总称,用来使顾客辨识产品的生产和经销者。品牌的拥有者,通常称为品牌主。它可能是一个营销者,也可能是若干个营销者。

品牌是由品牌名称和品牌标记组成的。品牌名称是指品牌中可以被叫出声的部分,如"五粮液""长虹"等;品牌标记是品牌中可以识别,但不能发音或由语言读出的部分,如符号、设计、独具一格的色彩或造型等。

品牌与商标既有联系也有重大区别。企业把品牌或品牌的一部分按照《商标法》注册登记,就成为商标。凡是取得了商标身份的那部分品牌就具有专用权,并受到法律的保护。因此,商标实质上是一个法律名词,是指已获得专用权并受法律保护的一个品牌或一个品牌的一部分,所以品牌和商标不是一个相同的概念,它们是有严格区别的:

①在品牌中,凡不属于商标的部分,是没有专用权的,即别人也可以使用,在法律上不构成侵权;而只有商标,才具有专用权。

②商标可以为企业独占而不使用;而品牌一定是使用的,不管它是否为使用者所独占。

③品牌可以按企业的设计要求进行设计和创造,所以品牌从简单到复杂都有;而商标要受国家商标登记注册机关的商标登记注册办法相应规定的制约,不允许过于复杂,因为这不便于登记注册。品牌区别了产品的经营者在《商标法》的保护下,享有对品牌使用的专用权;品牌实质上是对购买者的一种承诺,即对产品特征、利益和服务的承诺。最好的品牌就是对质量的保证。

2)商标

商标是商品生产者或经营者在生产、制造加工、拣选、经销的商品上所加的特殊标志,以便在市场上与其他商品相区别。一般商标是由文字或图形组成,或者由文字和图形组合而成,并将其注明在商品、商品包装及宣传品上。它通常具有如下 3 种特征。

①商标具有从属商品经济的属性。商标是商业性标记,其使用者是商品生产者或经营

者。其标志物是商品,目的是出售商品。

②商标具有显著性。商标是将同一种商品或类似商品,同一种服务或类似服务区分开来的标志,因此它必须具有能够与其他商品相区别的显著特征,并以此在市场上为消费者提供信息,使不同企业的商品能够相区别、比较和鉴别,同时也把不同的商品生产者、经营者、商业服务者区别开来。

③商标是一种具有产权意识的标记,享有专有性。商标对所有者而言,是一种无形资产,不允许第三者侵犯或损害,也不允许出现混淆和误认。

所以说,商标是一个专门的法律术语。品牌或品牌的一部分在政府有关部门依法注册后,便称为"商标"。可以说,它是受法律保护的品牌,注册者拥有专用权。西方经济学家也认为,商标是指"用来表示买方或卖方集体的商品、服务与竞争者的商品、服务相区别的名称、用语、符号、象征、设计或这类要素的组合"。可见,商标包含了除受图案设计法保护的商品包装、型号等以外的所有商品识别标志。

商标常规分类按其结构组成分为文字商标、图形商标和组合商标等;但目前按其使用的目的可分为联合商标、防御商标和证明商标。

联合商标一般是指同一商标所有人在同一种或类似商品上注册的若干近似商标。这些商标中首先注册的或者主要使用的为主商标,其余的则为联合商标。

防御商标是指较为知名的商标所有人,在该注册商标核定使用的商品(服务)或类似商品(服务)以外的其他不同类别的商品(服务)上注册的若干相同商标。防御商标可防止他人在这类商品(服务)上注册使用相同的商标。原商标为主商标,其余为防御商标。

证明商标根据《商标法》第一章第三条:"本法所称证明商标,是指由对某种商品或者服务具有监督能力的组织所控制,而由该组织以外的单位或个人使用于其商品或者服务,用以证明该商品或服务的原产地、原料、制造方法、质量或者其他特定品质的标志。"

3) 品牌的深层意义

品牌还具有更为复杂的象征,我们可以从以下 6 个层次来深入认识品牌的意义。

(1) 属性

一个品牌对于顾客来讲,首先使他们想到的是某些产品属性。如"奔驰"品牌代表着高档、制作优良、耐用性好、昂贵和声誉;"海尔"代表适用、质量和服务等。属性是顾客判断品牌接受性的第一个因素。因此,在为品牌定位的时候,营销者要首先考虑为品牌赋予恰当的属性,并在广告宣传中采用一种或几种属性作为重点的宣传内容。

(2) 利益

品牌不只是一组属性。顾客购买一个品牌时,真正购买的不是它的属性而是利益。因此,品牌的每种属性,都需要转化为功能性和(或)情感性的利益:如"耐用"这个属性可转化为功能性的利益:"几年内不需要再购买";"昂贵"这个属性可以转化为情感性的利益:"感觉到自己很重要和受人尊敬";"制作优良"的属性可以转化为功能性和情感性利益:"一旦出事时很安全"。品牌要体现利益,那么营销者在确定赋予品牌属性时,应考虑这种属性是否能够提供顾客所需要的利益。

（3）价值

品牌在提供属性和利益时,也意味着经营者所提供的价值。对于顾客来讲,购买一件产品,是希望获得利益。顾客购买的是他认为有价值的品牌,如"奔驰"牌就意味着高性能、声望、安全等价值。营销者在考虑品牌战略时,需要明确或预测一个品牌将对哪些顾客是有价值的,或者说企业的营销人员必须发现对品牌的价值感兴趣的购买者群体。

（4）文化

品牌有可能代表一种文化。品牌可附加象征一种文化或文化中某种令人喜欢或热衷的东西。文化中,最能使品牌得到高度市场认同的是体现文化中的核心价值观。"可口可乐"代表美国崇尚个人自由的文化,"奔驰"代表德国严谨、追求质量和效率的文化,"联想""海尔"与"长虹"等代表中国祥和、亲善与民族自尊的文化。

（5）个性

品牌也具有一定的个性。品牌的个性表现为它就是"这样的",能使购买者具有相似的认同感或归属感。"可口可乐"那种随意挥洒的字体造型,给人一种追求"尽情享乐"的感觉;"海尔"那两个拥抱的儿童,使人想到的是中华文化所追求的人与人之间的亲情与和睦。品牌塑造个性,通常用一种联想的方法来实现,即当顾客使用或看到一个品牌时,会使他们想到些什么? 这是品牌能得到目标顾客接受和认同的最好方法。

（6）使用者

品牌通过上述各层次的综合,形成特定的品牌形象,必然意味着购买或使用产品的消费者类型。像"娃哈哈"这种品牌意味着是未成年人的用品,用来作成人用品,会使人感到别扭。同样当我们看到一位 20 岁的年轻人开着一辆奔驰车时一定会感到吃惊,我们更愿意看到开车的是一位三四十岁的经理。品牌具有特定的使用者,这说明成功的营销者需要使品牌具有像人那样鲜活的生命。

品牌的 6 个层次的含义表明了品牌是一个复杂的识别系统。品牌化的挑战就在于制定一整套的品牌含义。当一个品牌具有以上 6 个方面的含义时,品牌就是具有内涵和深度的品牌,否则,就只是一个肤浅的品牌。

5.5.2　驰名商标及其管理

驰名商标是指被相关公众广为知晓并享有较高声誉的商标。驰名商标属于一种无形资产。它是商品或者服务的优良品种和良好商业信誉的完美结合物,蕴涵着巨大的经济价值和市场潜力,对消费者具有很强的吸引力,在市场经济体制日益完善和市场竞争日趋激烈的今天,争创驰名商标已为企业所共识。

《商标法》第十四条规定,认定驰名商标应当考虑以下因素:相关公众对该商标的知晓程度;该商标使用的持续时间;该商标任何宣传工作的持续时间、程度和地理范围;该商标作为驰名商标受保护的记录等。

1）企业获得驰名商标的途径

企业获得驰名商标称号的法定途径有以下 4 种。

（1）直接申请国家工商行政管理总局商标局认定驰名商标

企业可以向当地工商局提出申请，并提交有关证明商标驰名的证据材料，由工商局调查核实后，逐级推荐上报，由商标局认定。

（2）在商标异议程序中一并向商标局申请认定驰名商标

《商标法》第十三条规定，就相同或者类似商品申请注册的商标是复制、模仿或者翻译他人未在中国注册的驰名商标，容易导致混淆的，不予注册并禁止使用；就不相同或者不相类似商品申请注册的商标是复制、模仿或者翻译他人已经在中国注册的驰名商标，误导公众，致使该驰名商标注册人的利益可能受到损害的，不予注册并禁止使用。企业如果认为他人经商标局初步审定并公告的商标违反《商标法》第十三条规定的，可以依据《商标法》及其实施条例的规定，向商标局提出异议。在请求不予注册他人商标的同时，提交证明自己商标驰名的有关材料，由商标局予以认定为驰名商标。

（3）在商标侵权行政处理过程中，向工商行政管理机关申请认定驰名商标

企业如果认为他人使用的商标侵犯自己的商标专用权，可以向案件发生地的市（地、州）以上工商行政管理部门提出禁止使用的书面请求，并提交证明自己的商标是驰名商标的有关材料，商标局则应当在收到有关案件材料之日起 6 个月内做出认定，未被认定为驰名商标的，自认定结果做出之日起 1 年内，当事人不得以同一商标就相同的事实和理由再次提出认定请求。

（4）在商标侵权民事诉讼程序中申请人民法院依法认定驰名商标

人民法院在审理商标纠纷案件中，根据当事人的请求和案件的具体情况，可以对涉及的注册商标是否驰名依法做出认定。认定驰名商标，应当依照《商标法》第十四条的规定进行，企业的商标权利如果被他人侵犯，可以在向人民法院提起民事诉讼，提交证明自己商标是驰名商标的有关证据，并向法院申请认定自己的商标为驰名商标。

2）驰名商标的认定机制

驰名商标作为一个正式的法律术语是在 1925 年修订的《保护工业产权巴黎公约》中最早提出来的，现行的对保护驰名商标具有直接法律效力的是 1967 年修订的《巴黎公约》第六条第二款，其中规定本联盟各国承诺，如本国法律允许，应依职权或依利害关系人请求，对构成商标注册国或使用国主管机关认为在该国已经驰名，属于有权享受本公约利益的人所有的，用于相同或相似商品商标的复制、仿制或翻译而易于产生混淆的商标，拒绝或取消，并禁止使用。

我国已经在实践中形成了以单一的行政认定与事前认定为特征的传统意义上的驰名商标认定机制，而在入世前后发生了根本性的改革。这些改革主要表现在以下方面：

（1）实行法院认定与商标主管行政机关认定相结合的双轨制

在 2013 年新修订的《商标法》中明确规定，在商标注册、商标评审过程中产生争议时，有关当事人认为其商标构成驰名商标的，可以相应向商标局或商标评审委员会请求认定驰名商标，从而增加了有权认定驰名商标的机关，即商标评审委员会也可在法定条件下依当事人的申请依法认定驰名商标。同时最高人民法院也颁布了相关司法解释，明确了在法定条件下法院认定驰名商标的界限。在 2014 年 5 月施行的《关于审理商标民事纠纷案件适用法律若干

问题的解释》中第二十二条规定,人民法院在审理商标纠纷案件中,根据当事人的请求和案件的具体情况,可以对涉及的注册商标是否驰名依法做出认定,认定驰名商标,应当依照商标法第十四条的规定进行。当事人对曾经被行政主管机关或者人民法院认定的驰名商标请求保护的,对方当事人对涉及的商标驰名不持异议,人民法院不再审查;提出异议的,人民法院依照《商标法》第十四条的规定进行审查。而之所以要赋予法院确认驰名商标归属的权力,是因为法院参与确认驰名商标可有效地排除行政干扰,强化对商标主管机关具体行政行为的司法审查,促使对驰名商标的确认能严格依法进行。由法院确认驰名商标符合国际条约的要求,有利于同国际通行做法相接轨。

(2)实行了"事后认定,被动保护"制度

根据《商标法》实施条例中的相关规定,只有在商标注册、商标评审、商标使用过程中发生争议时,驰名商标所有人才可以向驰名商标认定机关申请认定其商标是否构成驰名商标;没有发生争议时,驰名商标所有人不能主动申请认定驰名商标,认定机关也不能主动认定,更不允许主动认定,批量公布。此外,依据最高人民法院的司法解释,只有在涉及商标的民事案件中才可能去认定驰名商标。驰名商标保护是对普通商标权的一种补充,是使某些具备特殊市场开拓价值的商标不被他人非法利用而依法采取的特别措施,所以只有当依赖普通商标权不能使一商标获得适当保护时,给予其驰名商标保护方显出必要性,而在商标纠纷发生后来认定驰名商标,一方面从横向将与驰名商标近似的标识范围扩大,另一方面从纵向将与驰名商标标示的商品或服务的类别扩大,达到给以特殊保护的目的,这才符合商标保护的基本原理,也是制定国际条约的初衷。所以对驰名商标实行事后认定,被动保护的认定方式使认定驰名商标成为保护驰名商标的一个中间环节,而不是为了认定而认定,这样才能体现出驰名商标的法律意义之所在。

(3)明确确认驰名商标的认定效力仅在个案中有效

依新《商标法》和2014年7月3日布的《驰名商标认定和保护规定》的规定,驰名商标所有人提供的其商标曾被我国有关主管机关作为驰名商标予以保护的记录,只能作为认定机关考虑的一个因素,而不是当然地承认已认定的结果,即经驰名商标认定机关认定为驰名商标的,其效力仅限于使认定成为必要的案件本身,只在此相关案件中享有特别保护,具备超越普通商标权而对抗有关行为的特别效力,在此特定案件之外,其仍然是普通商标,只能享受普通商标法所能给予的保护。当发生新的争议,驰名商标所有人还必须再次提供其商标构成驰名商标的证据材料,由认定机构再予以认定。换言之,驰名商标的认定都是一次有效的,不能产生永久性或者任何在时间上具有延续性的效力,同时,认定机构针对每一个案件的特殊情况做出的裁决,原则上只能是对原被告有效,不能适用第三人,也不能对社会普遍有效,尤其作为新兴方式的法院对驰名商标的认定,其认定结果仅相对于法院判决当时的商标事实状态有效,而不能随意扩大到法院认定之前或之后的某个时期内,而且民事审判的特点是解决诉讼当事人各方的争议,只对当事人双方发生法律效力。因此驰名商标认定的意义仅限于可用来对抗被指控的对象,并在日后类似的案件中作为支持驰名商标认定的参考依据。总而言之,个案原则的确立在根本上符合驰名商标动态变化的特征,也契合于残酷的市场法则。

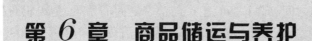

第 6 章　商品储运与养护

商品储运是商品储存与运输的简称,是指商品实体随时间在空间上的转移过程。商品养护是商品储存中的重要工作,它维护商品在流通过程中的使用价值。商品从某地向另一地流动或从生产地到消费地的流动过程是创造时间性、场所性价值的经济活动,既有装、卸、搬、运等动态过程,又有仓储保管技术等静态过程。商品流通过程中,商品所处的动态状态和静态状态不是孤立的,这两种状态共同构成了商品储运与商品养护的整体概念。它既是从属于商品流通活动的一部分,又是相对独立的一个系统;它既服务于商品流通活动,又影响着商品流通的经济效益。强化商品储运管理,运用现代物流管理的理论和科学养护方法是实现保持商品使用价值和低成本转移的重要手段,只有这样才会使商品在流通过程中,保质、保量、安全有效地送到消费者手中,为社会创造经济利益。

6.1　商品储运与养护的意义

社会再生产过程中,产品生产、分配和消费在空间上和时间上往往是被分离的。空间上的分离表现为产品的生产地与消费地不在同一地点,需要通过商品运输来联结。时间上的分离表现为产品生产时间与消费时间的不同步,例如有的产品是批量轮番生产或季节性生产,而消费却是均衡的、连续的;相反,有的产品生产必须均衡、连续,而消费却有一定的时间性,如某些季节性消费商品。这种生产和消费在空间上和时间上的分离,决定产品生产出来以后,不可能直接就投入消费,而必须经过运输和储存。这说明如果没有商品储运,则产品的交换关系就无法兑现。商品储运是社会化生产不可缺少的重要环节,商品养护是实现和保持商品使用价值的重要手段。它们在商品的生产经营中占有极其重要的地位。

6.1.1　商品储运是进行社会化大生产的必要条件

产品的合理储存与运输是保证企业生产经营活动不断连续进行的必要条件,特别是在现代化大生产条件下,专业化程度的不断提高,使越来越多的产品需要经过各种不同形式的储备和运输,为使这些产品按质、按量、及时、准确地供应给消费者,每个企业都必须搞好产品的储运管理。

商品储备是适应生产本身需要而产生的。马克思指出："生产过程和再生产过程的不断进行，要求一定量商品不断处在市场上，这就形成了储备。"商品储备在形式上是生产的中断，实质上是生产的继续。它们处于社会生产总过程中，为了保证社会化大生产的需要，就应该实行严格的科学的储存管理。

商品运输是联系地区之间、部门之间、生产与消费之间的桥梁，是组织商品流通的纽带。商品由生产向消费的流转，是靠运输来实现的。商品的消费，只有在完成由生产领域到消费领域的运输过程之后，才可能实现。商品运输工具的改进、运输效率的提高、运输组织的改善，都在很大程度上促进了生产的发展。

6.1.2 商品储运是实现商品使用价值的重要手段

任何一种商品处在储存时期时，表面是处在静止状态，但从物理和化学的角度来看，商品仍在不断地发生着变化。这种变化，因商品本身的性质和所处的条件以及与外界的接触不同而有差异，除极少数情况外，一般对商品的使用价值都有损害作用。为了保存和保管好这些商品，使它们免受有害因素的影响，就必须对其进行合理的保养维护，通过科学的仓储管理保持商品的使用价值。

此外，各种商品只有在消费中才能实现它的使用价值，如果没有连续不断的运输，商品消费是不可能的，其使用价值就无法实现。马克思指出，产品只有完成从生产领域到消费领域的运动，才是现实的消费品。因此，商品运输是完成任务、实现商品使用价值的重要手段。

6.1.3 商品储运是降低商品流通费用的重要途径

商品的储存和运输总是需要有一些费用开支的，即需要耗费一定资产、原材料、设备以及劳动力等。这些储运费用虽然是必要的，但由于它不创造使用价值，因此，仍然是对社会财富的一种扣除，必须从社会产品中得到补偿，计入产品成本中去。这种费用的支出应该是越少越好，这就需要依靠科学的储运管理，只有不断地提高储运生产效率，才能不断地降低物流费用水平。

6.1.4 商品储运是规定商品流通速度的重要因素

商品储运时间是商品流通时间的重要组成部分。商品储运速度的加快、储运时间的缩短必然会减少整个商品流通的总时间，也就会使更多的商品投入生产，并在生产过程中发挥作用，从而提高企业的经济效益和社会效益。

6.2　食品的储藏方法

食品是居民生活重要的物质资料,"民以食为天"充分说明了食品在人们日常生活中的重要性。人类的主要食品有粮食、肉类、果蔬、乳、禽蛋类等。中国人习惯把粮食称为主食,其他食品称为副食。

6.2.1　食品的概念及分类

1) 食品的概念

所谓食品,是指那些能为人体提供热量、营养和维持人体生命、调节人体生理活动及形成和修补人体各组织的一类物质,也包括能满足人体某些食用嗜好的一类物质。

食品中的大部分是能为人体提供热量和营养的,如粮食、肉类、水果、蛋类等;部分食品并不提供热量,但它是人体维持生命和进行正常生理活动所必要的物质,如水、食盐等。这两部分物质是食品的主体。食品中还有一些物质不一定是人体必需的,却因有增进食欲、调节口味和振奋人的精神的作用,而受人们的青睐,如酒、醋、食糖、食品调味剂等。

2) 食品的分类

(1) 按传统习惯划分食品类别

按照我国的传统习惯,食品可分为主食和副食品。主食,顾名思义是主要食品,是人类赖以为生的物质。我国的主食是粮食作物,即谷物、豆类和薯类。副食品是习惯名称,其实它的含义是辅助食品,即除饮水、主食之外的食品,如肉、鱼、禽蛋、蔬菜、水果、茶叶、食糖、饮料调味品及加工熟食品。

(2) 按食品的性能和商业经营习惯划分类别

按这种标准划分,食品可划分为粮食、蔬菜和水果、畜肉、水产类、乳及乳制品、畜蛋、油脂类、食糖和糖果、饮料和冷饮、食品添加剂 10 个大类。

6.2.2　食品的储存和保养

通常食品的生产是有季节性的,而食品的销售是常年性的。因此食品的储存和保管就十分重要。就我国的几类主要食品,如蔬菜、水果、茶叶、禽蛋、食糖等,介绍一下食品的储藏方法。

1) 蔬菜和果品的储藏

蔬菜和果品是人们日常生活中必需的副食品,它们以丰富的营养、可口的风味受到人们的喜爱。我国地域辽阔,自然条件优越,气候、土壤和地形等自然环境条件很适于菜果的生长,蔬菜的种植资源和果树资源极其丰富。蔬菜按其供食用的器官不同可分为根菜类、茎菜类、叶菜类、花菜类和果菜类,以及食用菌类。果品种类繁多,按果实的构造不同可划分为仁果类、核果类、浆果类、坚果类、柑橘类、复果类及瓜类等。

菜果储藏的基本原理是:根据果实本身的特性,创造适宜的外界环境条件,以保持菜果正常而需要的最低的生理活动,延缓其成熟、衰老过程,抑制有害微生物的活动,以便较长时间地保持菜果的抗病性与耐储性,达到延长菜果储藏寿命、保持食用品质、减少储藏损失的目的。

(1)蔬菜和果品的冷藏

要使一季生产的菜果,保证质量长期供应市场,就必须有适当的储藏设备和技术,并在尽可能保持菜果新鲜品质的同时,延长其储藏寿命。目前,我国菜果的储藏大多采用机械制冷的冷藏库冷藏,这对保持菜果的新鲜品质,降低商品损耗,延长储藏期限收效十分显著。

①温度控制保持低温(-3~10 ℃)。储藏初期制冷宜采用逐步降温的方法,这可以减少某些菜果的生理病害,提高储藏质量。

②湿度控制。为保持菜果的新鲜度并减少干耗,菜果储藏环境的适宜相对湿度可控制在80%~95%。相对湿度达不到要求时,可通过各种方法进行加湿或除湿。

③空气调节。冷藏库内的菜果通过呼吸作用放出二氧化碳和其他刺激性气体,如乙烯等。当积累到一定浓度后,会促进菜果的成熟与衰老,因此,储藏期间必须通风换气。但也可在库内安装空气洗涤器以清洗库内空气。库内空气的流速不宜过大,应维持自然循环的气流速度。

④货物堆码。冷藏库内的菜果堆码要求在充分利用库容的前提下,做到堆码牢固、整齐,并留有通风道以利于冷却空气的循环和进行热交换。一般货位堆码要求,墙距0.5~0.6 m,距冷风机口周围1.5 m,垛位间距0.3~0.5 m,库内通风道宽1.3~2.0 m,地面垫土(石)0.1~0.15 m,顶距0.3 m。

(2)气调储藏

气调储藏是一种通过调节和控制储藏环境气体成分的储藏方法。它是在冷藏基础上进一步提高储藏效果的措施。其基本原理是在适宜的低温下,改变储藏库或包装中正常的空气组成,降低氧气的含量,增加二氧化碳的含量,以减弱鲜活食品的呼吸强度,抑制微生物的生长繁殖和食品中化学成分的变化,从而达到延长储藏期限和提高储藏效果的目的。

①气调库。气调库除了应具备机械冷藏库应有的条件外,还必须保证库房的密闭性,具有调节气体成分的设备和装置等,它是气调储藏中机械化和自动化水平较高的气调冷库。气调库的空气调节与控制是由气体发生器和二氧化碳的吸附器的协调工作来完成,或由碳分子筛气调机的工作来完成。气体发生器可以快速地把库房中氧气的浓度降低到所需要的水平。

②塑料帐幕。利用厚度为0.1~0.2 mm的聚乙烯塑料制成长方形的帐幕,充当简单的气密库作为菜果的储藏环境。帐幕有帐顶和帐底,并设有充气口、抽气口和取气样孔,适合储藏箱装、筐装、扎捆并进行码垛的鲜活食品,储藏量大。

③聚乙烯塑料薄膜袋。用较薄的(0.03~0.07 mm)聚乙烯塑料薄膜制成袋子,把欲储藏的菜果直接装入袋中,然后再将袋口扎封,密封后由于菜果的呼吸作用,使袋内 CO_2 浓度升高,O_2 浓度下降。当菜果放出 CO_2、吸入 O_2 的速度和气体透过薄膜的渗透速度相等时,袋内的

CO_2和O_2的分压就不再发生变化,该混合气体如果符合或接近储藏菜果适宜的气体条件,就起到了自发气调的作用。

④硅窗气调袋。用硅橡胶膜做成气体交换窗镶嵌在各种类型的塑料包装袋上,使塑料包装袋内的气体自行调节,提高储藏质量。

2)茶叶的储藏

我国茶叶生产主要集中在春、夏两季,秋季产量较少但茶叶的消费是常年的,销售并无淡旺季之分,所以茶叶与许多农产品一样具有季节性较强的特点。为了防止和减缓茶叶的品质变化,就要了解和掌握茶叶的特性,创造适宜的储存环境条件,避免茶叶品质劣变,满足市场消费。

（1）茶叶的特性

①吸湿性。茶叶中含有多种有机成分,如糖类、蛋白质、茶多酚、果胶质等都是一些亲水性的成分,能引起茶叶吸潮;茶叶干燥后,形成了多孔性组织结构,也能引起茶叶吸潮,所以当空气中相对湿度超过茶叶水分的平衡状态时,茶叶就会从空气中吸收水分,超过其原来正常的水分含量,降低其品质。

②陈化性。茶叶的陈化是茶叶中很多成分发生各种变化的综合反映。陈化可以使干茶色泽由鲜变枯,汤色、叶底的色泽由亮变暗。陈化的茶汤透析度降低,甚至出现浑浊沉淀。陈化使新茶香气挥发而消失,气味变淡,使茶叶由鲜爽气味变为"滞钝"的闷浊气味。

茶叶的陈化是多方面变化的,主要的变化表现有:一是茶叶中类脂成分发生水解、氧化、分解,这是形成陈味的主要原因;二是茶叶中挥发性的芳香物质的散失和不饱和成分的氧化,这是新茶香气消失的原因;三是茶叶中的茶黄素进一步自动氧化和聚合,形成了透析度差、茶汤颜色加深变暗;四是茶叶中的氨基酸和糖分发生反应,也会导致茶汤颜色加深、茶味变淡、收敛性和透析度降低。

③吸附异味性。茶叶的多孔性组织和存在的亲水性胶体成分,使茶叶具有较强的吸附性,容易吸附一切气味。茶叶在吸附其他气味后,异味不容易消失,严重时会完全丧失茶叶的饮用价值。

（2）茶叶的保管

茶叶的保管也因目的不同而有不同的方式,一般可以分较长期储藏的仓库保管,短期储藏的零售保管,高级绿茶的灰藏保管和抽氧充氮、避光冷藏保管等。

①仓库保管。用作长期储藏的茶叶仓库,应选择地势较高、排水容易、向南或向西的仓库,应设有蔽荫物,附近不能有恶劣的异味,仓库门窗力求严密,与外界能较好地隔绝。进出库的茶叶应严格执行验收和检验制度,避免有水分过高、包装破漏等茶叶入库和出库。库内堆码茶叶包装,应按类分别码垛。垛与垛间、垛与墙间、垛基与地面都应相隔一定距离,包装完好的茶箱可以堆垛较高,而篓装、袋装茶叶不宜堆码过高。保管茶叶对库内湿度的管理十分重要,茶叶怕潮、怕热,所以库内应尽量保持干燥,相对湿度应控制在65%以下,温度不应超过30 ℃,并防止仓库温度忽高忽低。因为温差大,库内相对湿度就会发生骤增现象而引起茶叶受潮。一般情况下,不宜采取自然通风,外界比较干燥,而库内湿度较高时,才能把门窗打开进行通风。库内湿度过高,又不宜通风时,可以采用块石灰或氯化钙等吸潮剂,放在仓库四

周和适当的地方进行吸潮降温。面积不太大的仓库,可以采用吸潮机进行降湿。

②零售保管。茶叶在零售中也需有短期的储藏,以便周转。零售中的茶叶多数经过分装,这些小包装的茶叶尽可能减少与空气直接接触,所以小包装的茶叶也应放在干燥、清洁和具有一定密闭条件的容器内,并把它们堆放在干燥、无异味的场所。在货架或橱窗中陈列的茶叶,不宜过多,应随销售随陈列,并防止日晒。高档茶叶应在密闭的铁皮罐中存放。

③灰藏保管。对于一些高级绿茶,为了在储藏中保持其翠绿色,我国长期以来采用块石灰的保管方法,块石灰的吸水性较强,可以防止茶叶因水分增加而引起色、香、味的变化。灰藏法是用干燥的密闭瓦坛或木箱,将茶叶置于牛皮纸和衬有白纸的小包中,每包装茶叶 0.5 kg 左右,放在容器四周,中间放置块石灰布袋,将容器口封严。在保管期间,应勤检查块石灰是否吸潮形成散灰,若出现散灰,应及时更换。用此法储藏高级绿茶,可在一年内保持质量基本不变。

④抽氧充氮、避光冷藏保管。现代科学技术在防止茶叶陈化方面也得到了应用,如抽氧充氮、避光冷藏法。预先将茶叶水分干燥至 4%~5%,装入不透光、不透气的容器中,进行抽氧充氮密封,并储藏在专用的茶叶冷库(-10~-5 ℃)中。由于茶叶处在无氧、干燥、无光、低温的条件下,茶叶的陈化基本上可以被制止。用这种方法保管的茶叶,经 3~5 年仍能保持原来的色、香、味特性。我国对高级绿茶已开始应用这一新的保管技术。

3) 鲜蛋的储藏

我国鲜蛋主要来源于农村农户,生产极端分散。而蛋的生产季节性又强,生产旺季往往不能满足农户出售的要求,淡季又不能满足市场的供应。因此,鲜蛋的储藏在我国是一个不容忽视的问题。

(1)鲜蛋在储存中的变化

①重量变化。在运输和储存过程中,鲜蛋的重量变化是最容易出现和影响较大的一个问题。鲜蛋减重的根本原因是,蛋内水分通过蛋壳气孔不断蒸发造成的,这与鲜蛋外蛋壳膜的完好程度、内蛋壳膜和蛋白膜的致密程度有关。但最重要的还是外界的温度和湿度,尤其是温度对蛋内水分蒸发速度和蒸发量影响最大。

②气室高度变化。影响气室变化的主要因素也是储存时间和外界的温湿度。如在温湿度不变的情况下,储存时间越长则气室越大。

③蛋白层的变化。随着储存时间的延长,浓厚蛋白逐渐减少,而稀薄蛋白则不断增加。

④浓厚蛋白高度的变化。随着浓厚蛋白的变稀,浓厚蛋白的高度也降低。当温度不变,随着储存时间的加长,浓厚蛋白变稀也在继续。温度高则变化快,温度低则变化缓慢。

⑤蛋黄中含水量的变化。蛋白的水分向蛋黄中渗透的数量和速度与温度和储存的时间有关。温度越高渗透的速度越快,储存时间越久渗透的水分越多。

⑥微生物。蛋内感染微生物的途径有 2 个:一是母鸡患病,蛋内会带有微生物,这种蛋的数量极少。二是外界的微生物通过蛋的气孔或裂纹进入蛋内,这是造成微生物污染的主要原因。除去温度高和卫生条件差而造成微生物的污染外,湿度对霉菌的发展关系很大。在温度相同条件下,湿度越高越适合霉菌的繁殖。

（2）鲜蛋的储藏方法

鲜蛋储藏方法一般有：冷藏库储藏法、石灰水储藏法和泡花碱储藏法等。

①冷藏库储藏法。冷藏库储藏法是利用人工制造低温，以抑制微生物的生理活动和延缓鲜蛋内容物的变化，尤其是延缓浓厚蛋白的变稀和减低重量损耗，这种做法能在较长时间内保持蛋的新鲜程度。鲜蛋冷藏温度应控制在既能延长储藏期限，又不使内部物冻结膨胀造成蛋壳破裂的范围内，一般以 $-2 \sim 2$ ℃为宜，最低不得低于 -3.5 ℃。采用的相对湿度可在 80%～90%，控制在既不要湿度过低而使蛋品减量过多，又不使霉菌繁殖的范围内即可。

出库的蛋要逐步升温以接近当时的气温，以免蛋壳表面凝结水分造成霉菌繁殖，致使鲜蛋出库后很快变质败坏。

②石灰水储藏法。石灰水储藏法是将生石灰溶于水内，用冷却后澄清的石灰水储存鲜蛋。这种储藏方法的原理是，利用蛋内呼出的二氧化碳和石灰水中的氢氧化钙发生作用产生不溶性的碳酸钙，这些微小的碳酸钙颗粒沉积在蛋壳表面的气孔内将蛋孔堵塞。气孔封闭后可以防止微生物的侵入和蛋内水分的蒸发，又可阻止蛋内二氧化碳的呼出，增大蛋内二氧化碳的浓度。蛋内二氧化碳浓度的增加，既可抑制微生物的活动，又可阻止浓厚蛋白的变稀。石灰水作用的化学反应式如下：

$$CaO + H_2O \longrightarrow Ca(OH)_2 + 热$$
$$Ca(OH)_2 + CO_2 \longrightarrow CaCO_3 \downarrow + H_2O$$

石灰水的浓度以每 50 kg 水加石灰 $1.0 \sim 1.5$ kg 为宜，容器可用缸或水泥池，容器可放置在室内或室外（须搭凉棚），环境温度不要超过 25 ℃。这种方法所需设备简单，操作容易，费用低廉。

用这种方法储存的鸡蛋，经 3 个月后，蛋的感观指标并无大的变化。有的经过半年后，浓厚蛋白有所变稀，无腐败现象。其缺点是，蛋放进石灰水后需 $3 \sim 7$ 天气孔才能堵塞，所以要渗进蛋内一部分水，有时会出现大黄和散黄。储存时间过长蛋白也会由于进水而变稀。由于气孔被封闭，煮蛋时会"放炮"。为了防止爆破，可在蛋的大头气室处扎一小孔。

③泡花碱储藏法。泡花碱即硅酸钠的商业名称，又称水玻璃，外观如糖浆状，是一种不挥发性的硅酸盐溶液。如用浓度为 56% 的泡花碱 0.5 kg 需加水 15 kg，用 45% 的则加水 13 kg。使用容器和场地均与石灰水法相同。

泡花碱溶液在蛋壳上形成沉积物而堵塞蛋壳气孔。该溶液有一定的杀菌功能，所起其他作用与缺点也与石灰水法相同。在外界温度越低情况下，效果越显著。

4) 食糖的储藏

食糖在储藏中容易发生受潮溶化和干缩结块，尤其是没有密封的赤砂糖和土红糖更易发生。食糖之所以容易发生受潮溶化和干缩结块，一方面与食糖本身的质量特点有关，凡是含还原糖较多的食糖，尤其是带蜜的食糖以及晶粒较细的食糖，都比较容易受潮。受潮的食糖首先开始在晶粒表面溶化，然后渗入内部；受潮后容易出现卤包，严重时会发生淌浆，造成严重的损失。另一方面在空气相对湿度大，尤其在气温较高的梅雨季节，食糖最容易发生溶化，所以在梅雨季节必须十分重视储藏食糖库内温湿度的管理。受潮后的食糖还会引起酵母的繁殖，使食糖发生变味。

根据实践经验和试验结果证明,食糖在正常的水分含量时,赤砂糖和土红糖在 30 ℃下,储藏的相对湿度不能超过 60%,绵白糖不能超过 70%;白砂糖不能超过 75%。温度降低或升高,糖库内的相对湿度也应随之调节,这样就可以防止食糖在储藏中因受潮发生溶化。

含还原糖较多,晶粒较细、水分较高的食糖容易结块。原因有三,一是干燥结块。在干燥季节,经过一段时间储藏,晶粒表面的水分逐渐散失,达到较高的过饱和程度,蔗糖又从糖浆中重新结晶,使糖粒与糖粒间互相黏结在一起,形成糖块,结块时间越长,形成的糖块越坚实,有时可以使整包食糖形成一个整糖块。这就是食糖的干缩结块,受潮的食糖更易发生干缩结块。食糖发生干缩结块,不仅重量上要出现短斤亏损,而且会给销售、使用带来极大的不方便。要防止食糖干缩结块,根本的办法是正确掌握糖库的温湿度管理。二是压实结块。在储藏中糖垛高、重量大,长期不倒垛,会造成压实结块。三是受冻结块。温度过低,食糖会受冻结块,这种情况在黄河以北地区的冬春季节常有发生,这种结块并不坚实,随气温升高,仍会变得松散。

经过二氧化硫漂白的白砂糖、绵白糖,在库内长期储存后,与空气接触,晶粒表面附着的色素又重新氧化而显色。随着储存时间的延长,食糖的颜色逐步加深,可以变成微黄色。所以,储藏白砂糖和绵白糖也应掌握储存期,采取推陈储新的办法,就可以避免白糖变色。用碳酸法生产的白糖变色的程度轻于亚硫酸法生产的白糖。

对于含水量正常的食糖,仓库密封条件较好,可以采取密封仓库的方法,把所有的缝隙、穴洞都用油灰或牛皮纸糊严,把门窗风洞用棉帘或多层麻袋盖严。

密封条件不严的仓库,可以架用塑料薄膜制的帐幕,按垛密封,如果食糖含水量稍高或含水量不一致时,可以在密封垛安装抽风排潮的排潮口,与排风扇相接,不抽风时用绳索扎紧,当垛内温湿度超过食糖的吸湿点时,就应该立即抽风排潮。这个方法也是目前食糖储藏采用最多的一种方法。

露天储藏食糖只能作为一种临时的措施,露天储藏食糖,应选择地势高、比较干燥的地面,并用防潮材料垫底隔潮,糖垛距离地面要高。糖垛也可用塑料薄膜密封,堆码层数不宜过高,垛顶堆成屋脊形,防止积水。

不论用什么方法储藏食糖,储藏人员必须具有高度的责任性,认真负责,做好经常性的检查工作,特别对食糖在储藏期间的水分变化情况,应及时掌握,若发现水分升高,必须立即采取相应的措施加以控制或及时处理受潮的食糖。这样才能使食糖在储藏中少受损失或不受损失。

6.3 工业品储存

工业品储存是指工业品在流转过程中处于相对停滞期间所进行的经济与技术活动的总称。工业品储存活动是以收发储存为主要内容,它由一系列作业环节所构成,包括:入库业务、保管业务、出库业务等。这些业务活动的内容既相对独立又联系紧密。它们之间是以储存这个目标为纽带统一起来形成的储存业务的有机系统。

储存保管业务活动是仓储业务管理的重要组成部分。其内容包括:根据库区、库容的合理规划分保管物品和货位布局;保管货位的编号;保养业务的科学方法等。

6.3.1　分类保管法

按物品性质要求,进行分类保管是保管业务的基本要求。合理规划库区、仓容又是分类保管物品的前提条件。物品分类保管,是指按照物品的性质划分出类别,根据各类物品储存量,结合各种库房、货场、起重运输设备具体条件,确定出各库房和货物的分类储存方案,使"物得其所,库尽其用"。确定库房、货场分类储存方案的基本要求是:要能充分地利用库房、货场的有效面积或容积,提高仓库的储存能力;要能保证物品在保管期间的安全,有利于品质维护;要能够使保管作业速度最快、费用最省;要能充分发挥堆垛设备的效能,提高机械设备的利用率;要能够便于保管期间的检查、清点、提高保管人员的作业效率等。

物品分类保管,应遵循的原则是:物品性质互有影响和相互抵触的不能同库保管;保管要求温、湿度不同条件的不能存放一起保管;要求灭火方法不同的物品应分开保管。依据物品的不同性质,确定各库房、货场应保管的物品类别后,并对各库房、货场做出合理布局,即合理地规划货位或货架的位置。

各库房的货位或货架的基本布置形式有 3 种:横列式、纵列式和混合式。

横列式是指货位或货架与库房的宽向平行排列布置,如图 6.1 所示。

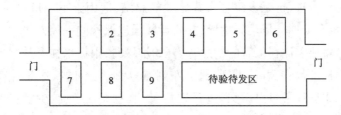

图 6.1　库房横列式示意图

纵列式是指货位或货架与库房的宽向垂直排列布置,如图 6.2 所示。

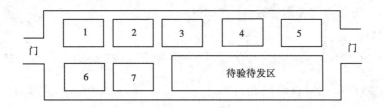

图 6.2　库房纵列式示意图

混合式是指横列式和纵列式在同一库房内混合布置货位或货架的一种形式。

露天货场的货位布置,为能方便装卸搬运作业,通常多采取与主要作业通道成垂直方向排列。

库房内货位布置后,可用有色油漆在地坪上划成粗线,堆放物资或货架时均以漆线为标准,使货垛或货架横竖看都成行,整洁美观。

6.3.2　编号定位保管法

编号定位保管法,是多年来总结仓储管理实践经验而创造的一种科学方法,对于提高物品保管工作效率、防止业务差错等有重要的作用。

多数仓库是在分类保管和对货位进行合理规划的基础上,采用四位编号定位保管物品,这种方法称为四号定位保管法。编号原则规定为:第一位编号是库房或货场;第二位编号是库房内货架或货场内分区;第三位编号是库房内货架的层次或货场的分排;第四位编号是库房内货物的位置或货场的垛位。

为了防止库房、货场、货棚编号重复或造成错觉,可在第一位数字后面加写"库、场或棚"字样。为书写简便,也可用字头拼音表示,如库(Ku)取 K 表示;场(Chang)取 C 表示;棚(Peng)取 P 表示。例:某种物资在第七号库房、第三号货架、第五层、第八货位保管着,在账、卡等业务凭证上可标注为 7K3-5-8。

6.3.3　保管累进计量法

保管实行计量化管理,也是多年来实践经验的总结,适用于不等量物品和大量物品进行单件计量、分层计量和分捆计量堆码货垛,并累计数予以保管的一种方法。

累进计量是指将所需储存保管的物品,从开始堆垛时,根据以往发放量的多少,分别采取单件、分层、分捆累进计数,沿着从里到外,从左到右,从下往上的次序累计,当码完垛后其最大数量在最上层。累进计量可以做到"过目知数"。其意义在于:减少盘点工时的消耗,防止不合理的盈亏,避免重复作业,方便维护保养,提高保管业务活动的经济效益。

累进计量所使用的标志,多用"带分数"形式表示。如"$2\frac{3}{4}$",整数 2 代表层或捆,分子 3 代表本件或本层,分母 4 代表累计数量。

累进计量法应用实例:

例 1　各类棒、管材料分别累进计量,如第一层重量为 102 kg,第二层为 103 kg,则二层累进数为 205 kg,即在第二层材料侧面写"$2\frac{103}{205}$";第三层为 98 kg 时,其第三层累进数应为 303 kg,同样在第三层材料侧面写上"$3\frac{98}{303}$",以后依次类推。到码完垛后的最大数量在最上层,如图 6.3 所示。

例 2　大型型材单件累进计量、大型材料在检厅堆垛时,一般都采取单根计量,累进计数堆放保管,最上层靠右边的一根为货垛的最大数量,如图 6.4 所示。

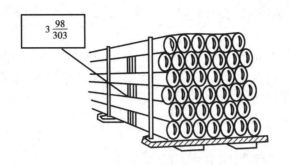

图 6.3　累进计量法应用实例 1

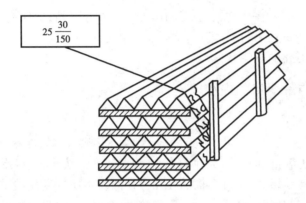

图 6.4　累进计量法应用实例 2

6.3.4　储存期间的检查

对物品在储存期间的数量和质量动态进行检查,是储存业务管理的一项综合性措施。储存业务管理,要求保管人员必须对其所保管的物品做到账、卡、物数量清,质量性能清,主要用途清,价格资金清等。储存检查的内容也是多方面的,主要包括:检查账、卡、物是否相符;是否做到账账相符,账卡相符,账物相符,钱物相符,日清月结。

检查各类物品的堆码是否坚固合理;货垛是否苫垫严密;库房有否漏雨;货场有否积水;库房温、湿度或通风是否得当等。

检查物品质量的变化动态。即检查是否有锈蚀、发霉、干裂、结巴、虫蛀、鼠咬等现象。

检查各种安全防护和消防设备、用具是否齐备,药剂是否有效等。

6.4　商品的养护

商品的养护是根据其本身的理化性质以及所处的具体保管条件,采取行之有效的措施来保证商品质量和数量的技术性工作,其目的是保全其原有的使用价值。商品储存养护工作是一项活的工作,因为商品在储存期间质量会不断地发生变化。要维护好商品质量,应该运用商品养护技术知识,创造适宜的储存环境,保养好商品,延长商品的寿命,以利于商品使用价值的实现。

搞好商品养护必须研究掌握内外两种因素,即掌握商品本身的自然属性,从内因与外因去摸透商品变化规律。内因是商品的性质、成分、结构变化的根据;了解商品储存环境,掌握外界因素如空气的温湿度、阳光、微生物等对商品的影响。尤其是要掌握那些使库存商品发生质量变化的外界因素,并加以适当控制。

6.4.1 影响商品储存质量的因素

商品发生质量变化是由一定因素引起的。为了保养好商品,确保商品的安全,必须找出变化原因,掌握商品质量变化的规律。通常引起商品变化的因素有内因和外因两种,内因是变化的根据,外因是变化的条件。

1) 影响商品质量变化的内在因素

（1）商品的物理性质

商品的物理性质主要包括商品的吸湿性、导热性、耐热性、透气性等。商品吸湿性是指商品吸收和放出水分的特性。商品吸湿性的大小、吸湿速度的快慢,直接影响该商品含水量的增减,对商品质量的影响极大,是许多商品在储存期间发生质量变化的重要原因之一。商品的导热性是指物体传递热能的性质。商品的导热性,与其成分和组织结构有密切关系,商品结构不同,其导热性也不一样。商品的耐热性,是指商品耐温度变化而不会被破坏或显著降低强度的性质。商品的耐热性,除与其成分、结构和不均匀性有关外,与其导热性、膨胀系数有密切关系。商品能被水蒸气透过的性质,称为透气性;商品能被水透过的性质叫透水性。商品透气、透水性的大小,主要取决于商品的组织结构和化学成分。

（2）商品的机械性质

商品的机械性质,是指商品的形态、结构在外力作用下的反应。商品的这种性质与其质量关系极为密切,是体现适用性、坚固耐久性和外观的重要内容,它包括商品的弹性、可塑性、强度、韧性、脆性等。商品的这些机械性质对商品的外形及结构变化有很大的影响。

（3）商品的化学性质

商品的化学性质,是指商品的形态、结构以及商品在光、热、氧、酸、碱、温度、湿度等作用下,发生改变商品本质相关的性质。与商品储存紧密相关的商品的化学性质包括:商品的化学稳定性、商品的毒性、腐蚀性、燃烧性、爆炸性等。

（4）商品的结构

商品的种类繁多,各种商品有各种不同形态的结构,因此要用不同的包装盛装。如气体商品,分子运动快、间距大、多用钢瓶盛装,其形态随盛器而变;液体商品,分子运动比气体慢,间距比气态小,其形态随盛器而变;只有固体商品,有一定外形。虽然商品形态各异,概括起来,可分为外观形态和内部结构两大类。

①商品的外观形态。商品的外观形态多种多样,所以,在保管时应根据其体形结构合理安排仓容,科学地进行堆码,以保证商品质量的完好。

②商品的内部结构。商品的内部结构是指构成商品原材料的成分结构,属于商品体内的分子及原子结构,是人的肉眼看不到的结构,必须借助于各种仪器来进行分析观察。商品的微观结构,对商品性质往往影响极大,有些分子的组成和分子量虽然完全相同,但由于结构不同,性质就有很大差别。总之,影响商品发生质量变化的因素很多,这些因素主要包括:商品的性质、成分、结构等内在因素,这些因素之间是相互影响的统一整体,工作中绝不能孤立对待。

2)影响商品质量变化的外界因素

商品储存期间的质量变化,主要是商品内部运动或生理活动的结果,但与储存的外界因素有密切关系。这些外界因素主要包括:空气中的氧、日光、微生物和仓库害虫、温度、空气的湿度、卫生条件和有害气体等。

(1)空气中的氧

空气中约含有 21% 的氧气。氧非常活泼,能和许多商品发生作用,对商品质量变化影响很大。如氧可以加速金属商品锈蚀;氧是好氧性微生物活动的必备条件,可以使有机体商品发生霉腐;氧是害虫赖以生存的基础,是仓库害虫发育的必要条件;氧是助燃剂,不利于危险品的安全储存;在油脂的酸败、鲜活商品的分解、变质中,氧都是积极参与者。因此,在养护中,对于受氧气影响比较大的商品,要采取各种方法(如浸泡、密封、充氮等)隔绝氧气对商品的影响。

(2)日光

日光中含有热量、紫外线、红外线等,它对商品起着正反两个方面的作用:一方面,能够加速受潮物品的水分蒸发,杀死杀伤微生物和商品害虫,在一定的条件下,有利于对商品的保护;但是另一方面,某些商品在日光的直接照射下,质量又会受到破坏。如日光能使酒类挥发、油脂加速酸败、橡胶塑料制品迅速老化、纸张发黄变脆、色布褪色、药品变质、照相胶卷感光等。因此,要根据各种不同商品的特性,注意减少或避免日光的照射。

(3)微生物和仓库害虫

微生物和商品害虫存在是商品霉腐、虫蛀的前提条件。微生物在生命活动过程中分泌一种酶,它把商品中的蛋白质、糖类、脂肪、有机酸等物质,分解为简单的物质加以吸收,从而使商品受到破坏、变质,丧失其使用价值。同时,微生物会发生异化作用,在细胞内分解氧化营养物质,产生各种腐败性物质排出体外,使商品产生腐臭味和色斑霉点,影响商品的外观,加速高分子商品的老化。微生物的活动,需要一定的温度和湿度。没有水分,它是无法生存下去的;没有适宜的温度,它也不能生长繁殖。掌握这些规律就可以创造条件,根据商品的含水量情况,采取不同的措施,抑制微生物生长,以利于商品储存。仓虫在仓库里,不仅蛀食动植物性商品和包装,有些仓虫还能危害塑料、化纤等化工合成商品,此外,白蚁还会蛀蚀仓库建筑物和纤维质商品。仓虫在危害商品过程中,吐丝结茧,排泄各种代谢废物玷污商品,影响商品的质量和外观。

(4)温度

气温是影响商品质量变化的重要因素。温度能直接影响物质微粒的运动速度。一般商品在常温或常温以下,都比较稳定,高温能够促进商品的挥发、渗漏、熔化等物理变化和化学变化;而低温又容易引起某些商品的冻结、沉淀等变化,温度忽高忽低,会影响商品的稳定性;此外,温度适宜时会给微生物和仓虫的生长繁殖创造有利条件,加速商品的腐败变质和虫蛀。因此,控制和调节仓储商品的温度是商品养护的重要工作内容之一。

(5)空气的湿度

空气的干湿程度称为空气的湿度。空气湿度的改变,能引起商品的含水量、化学成分、外形或体态结构发生变化。湿度下降,将使商品因放出水分而降低含水量,减轻重量。如水果、蔬菜、肥皂等会发生萎蔫或干缩变形,纸张、皮革制品等失水过多,会发生干裂或脆损;湿度增高,商品含水量和重量相应增加,如食盐、食糖、化肥、硝酸铵等易溶性商品结块、膨胀或进一步溶化,钢铁制品生锈,纺织品、竹木制品、卷烟等发生霉变或被虫蛀等;湿度适宜,可保持商品的正常含水量、外形或体态结构和重量。所以,在商品养护中,必须掌握各种商品的适宜湿度要求,按其具体商品及设备,尽量创造商品适宜的空气湿度。

(6)卫生条件

卫生条件是保证商品免于变质腐败的重要条件之一。卫生条件不好,不仅会使灰尘、油垢、垃圾、腥臭等污染商品造成外观疵点和感染异味,还会为微生物、仓虫等创造生存场所。因此商品在储存过程中,一定要搞好储存环境的卫生,保持商品本身的卫生,防止商品之间的感染。

(7)有害气体

大气中的有害气体,主要来自燃料,如煤、石油、天然气、煤气等燃烧放出的烟尘,以及工业生产过程中的粉尘、废气。对空气产生污染的主要是二氧化碳、二氧化硫、硫化氢、氯化氢和氮的氧化物等气体。商品储存在有害气体浓度大的空气中,其质量变化明显。如二氧化硫气体溶解度很大,溶于水中能生成亚硫酸,当它遇到含水量较大的商品时,能强烈地腐蚀商品中的有机物。在金属电化学腐蚀中,二氧化硫也是构成腐蚀电池的重要介质之一。空气中含有 0.01%二氧化硫,能使金属锈蚀增加几十倍,使皮革、纸张、纤维制品脆化。特别是金属制品,必须远离二氧化硫发源地。目前,主要是从改进和维护商品包装或商品表面涂油涂蜡等方法,减少有害气体对商品质量的影响。

6.4.2　商品养护的分类

商品养护可分为运输养护、储存养护、销售养护。商品从生产领域转入流通领域直至商品使用价值实现,在各个环节中如何维护好商品质量不受损耗是商品经营者的首要任务。

1)商品运输养护

商品运输养护是商品从一地流向他地时的养护工作。商品移动要借助各种运输工具和装卸设备才能到达目的地。在这过程中要保证商品质量不受损坏,必须按照商品的性能特点选用适宜的运输工具,如怕热商品宜用冷藏车船;怕冻商品宜用保温车船。此外,如防雨、防晒、防潮湿、防震、防污染等。在运输过程中要有针对性地对商品质量采取有效的防护措施。

2)商品储存养护

商品经验收入库进行堆码、苫垫后就进入了保管阶段,如何维护好在库商品质量,是一项复杂的科学技术性工作。要做好这项工作,首先要熟悉商品性能,密切注意商品在库质量变化的动态,掌握其变化的因素,有针对性地控制与调节好外因对内因的影响,科学地运用仓储养护技术达到保护商品质量的目的。

3) 商品销售养护

商品进入销售环节预示商品使用价值即将实现,因此对商品质量的维护更为重要。要根据各种商品的不同特点采用适宜的防护措施,以保证商品质好物美。

6.4.3 商品养护技术

商品养护技术是保证商品在储存期有效地完成保质保量的重要手段。常采用的有以下几种方式。

1) 低温保存

低温保存就是使某一空间内物体的温度低于周围环境介质的温度,并维持这个低温稳定不变的过程。也就是说,为了使某物体或空间达到并维持其所需的低温,就得不断地将它们之间的热量转移到环境介质中去,这个置换过程就是制冷过程。制冷方法有天然冷却和人工制冷两种。

2) 气体净化

气体净化指清除气体中多余的杂质,以满足保证商品质量需要的标准气体的过程。气体净化方法有吸附、分子筛、硅胶、活性炭以及低温气体净化等。

3) 气体调节

气体调节技术在一些发达国家已相当普遍地应用到各个领域中。气体调节就是用适当的方法和手段调节空气中氧和二氧化碳的比例以控制环境气体,从而达到保证商品质量完好储存的目的。

4) 空气加湿与减湿处理

空气加湿与减湿处理,对某些相对湿度要求高或低的储存商品起调节作用。空气加湿是对局部补充湿量,也可用来降温降尘,降低库内的热湿比。空气加湿的方法有喷蒸气、直接喷水以及水表面自然蒸发等;空气减湿的方法有加热通风、冷却、吸湿剂吸湿和机械吸潮等。

5) 通风换气

通风技术实质上是换气工程。利用通风的方法使库房内外空气进行交流,以达到改变库内空气温湿度,维护好商品质量的目的。

有些仓库由于各种原因,库门不能随时关启。为了减少库内外空气交流的影响,保持库内温湿度的稳定,常采用大门空气幕,增设大门口的附加阻力,控制库外空气的侵入量。

6)药物熏蒸施放

仓库为了防治霉菌与害虫,常采用化学药剂熏蒸法。所以对熏蒸剂的理化性质、药物气体作用原理、用药剂量、适宜的熏蒸时间以及施药操作方法等技术都应具体掌握,以利于工作。

除上述养护技术外,还有除尘技术、密封技术、消声技术、防辐射技术等。

6.5 商品的运输要求

商品运输主要涉及如何使运输更加合理化的问题。因为合理地组织商品运输,可以节省运输费用,降低产品成本;可以缩短商品在途时间,加速商品和资金周转;可以节约运力,节约能源,提高运输效率。本节重点讨论有关实现商品运输合理化的基本要求。

6.5.1 商品运输方式及选择原则

商品运输有 5 种主要方式,即铁路运输、公路运输、水路运输、航空运输和管道运输。这些运输方式各有其特点和适用条件,运输组织者应根据商品运输的实际要求合理选择。

1)商品运输的基本方式

(1)铁路运输

铁路是国民经济的大动脉,铁路运输是我国物资运输的主要方式。它具有载运量大、行驶速度高、运价较为低廉、运行一般不受气候条件限制等特点。所以,铁路运输主要用于大宗商品的长距离运输。但铁路运输由于受路线、货站限制而不够灵活机动,有时由于调配车辆的关系,不能做到不失时机地运输。

(2)公路运输

公路运输也是物资运输的一种主要方式,其运输工具主要是汽车。公路运输的特点是机动灵活、服务面广,能达到现有公路系统所及的企业和单位,减少换装转运等中间环节,运送速度较快,在运量不大、运距不长时,比铁路运价低、时间短,是短途运输的一种好方式。公路运输与铁路、水路运输相配合,可以构成全国性的商品运输体系。公路运输的主要缺点是运量小、能耗大、环境污染严重。

(3)水路运输

水路运输包括内河运输和海运,其运输工具主要是船舶。水运具有运量大、运价低,航道投资省,可以运送其他运输方式不易运输的超重、超长、超高的物资等优点。海运又是发展国际贸易的主要通道。因此,水路运输在我国商品运输中占有重要的地位。水路运输的缺点是航行速度慢、受航道和港口的限制而不够灵活、易受季节和气候的影响、运输的连续性较差。

（4）航空运输

航空运输是速度最快、运费最贵的一种运输方式，它还具有不受地形限制、对货物包装要求较低的特点。但由于空运费用最高，且受天气影响较大，所以一般用于运距很长、时间性要求高的急需物资以及满足贵重和易损货物的运输需要。

（5）管道运输

管道运输是近几十年发展起来的一种新型的运输方式，有气体管道、液体管道和固体管道3种形式。管道运输的优点是：运量大、连续性强、损耗少、不需包装、建设投资省、占地面积少。但管道运输货物单一、流向固定、机动性小、运输弹性差，运输能力受管道直径及压力的限制。

2）选择运输方式的基本原则

在组织运输活动时，合理地选择运输方式是保证运输质量、实现物流合理化、提高运输效益的一个重要方面。各种运输方式和运输工具都有各自的特点，不同特性的货物对运输活动的要求也不尽相同，因此，在选择运输方式时，要根据各运输方式的特点，结合运输对象的特性和条件，选择速度快、运费低、运送安全的运输方式。

（1）保证运输的安全性

运输的安全性包括人身、设备和被运货物的安全。为了保证运输安全，首先应了解被运货物的特征，如质量、体积、贵重程度、内部结构以及其物理化学性能（易碎、易燃、危险性等），然后选择安全可靠的运输方式。

（2）保证到货的准时性

运输时间的长短和到货的准时性决定着货物周转的快慢，直接影响企业的经济效益。同时，它们对社会再生产的顺利进行也有很大的影响。由运输不及时造成用户所需物质的缺货有时会给国民经济造成巨大损失。因此，根据被运货物的急需程度和用户对到货时间的要求，选择合适的运输方式是必须遵循的原则之一。

（3）提高运输的经济性

运输费用是衡量运输效果的综合指标，一般情况下，运输费用与运输时间这两个指标往往是矛盾的，速度快的运输方式一般费用高，运费低的运输方式则速度慢，从保证生产不间断的角度出发，往往是在满足运输时间的情况下考虑运输费用的多少。

综合上述3个原则，在选择运输方式时，一般是在保证运输安全的前提下权衡运输时间与费用，并且选择到货时间得到满足时费用最低的运输方式。应当指出的是，费用支出不能考虑运价的高低，而应对运输过程中发生的各种费用和对其他环节费用的影响进行综合分析。例如，水路运输的单价一般比较低，但有时由于无专用码头，货物不能直接到库，并且水路短途运输费用相对较高，造成实际成本增加。又如，运价高而速度快的运输方式，库存量可以保持在较低的水平，因而库存费用低，而运价低但速度慢的运输方式，库存费用必然会提高，因此在选择运输方式时，要综合分析，选择总费用最低的运输方式。

在选择运输方式的同时，还应考虑发运方式。不同的发运方式不仅运输费用相差较大，而且运输的安全程度和在途时间差别也很大。如铁路运输的发运方式有整列、成组、整车、零担、包裹等，成组、整车由于配车编列，在途停滞时间长，而零担、包裹运费高。

6.5.2　商品铁路运输要求

铁路运输,是我国现阶段商品运输的主要方式,并由国家铁路运输总公司经营。铁路运输商品托运的业务一般分整车和零担两种。

1）整车发运要求

在安排整车发运时要注意以下3个方面:

（1）要按铁路货物运输规章的要求来办理整车托运

例如,首先要了解到站的营业范围,以及是否可以办理整车业务,以便按规章办理发运货物。

（2）要装足吨位,合理配装,提高车辆利用率,减少商品运输费用

铁路整车货物一般是以使用货车的车辆标记载重即最大容许载重量为计费重量,所以装足吨位是很重要的。如果两种以上的商品同装一车(这种情况是经常存在的),就要注意合理配装问题。不同的货物种类运价率是不一样的,对整车内混装货物运费的计算,是按照其中最高等级的运价率计算的。因此,如果配装不合适,就会增加不必要的运费支出,不仅如此,货物配装不合适,还会使发运商品的质量受到损坏,如压坏、碰损和起化学变化等。所以在编制运输计划和组织发运时,要特别注意合理配装问题。

（3）对要求特殊发运条件的商品,要采取相应措施

对液体商品,如:原油和石油制品、酒精、酸碱等,要提出使用罐车的要求。做好发运时的作业衔接,以加速罐车周转。

对超限货物(超出铁路规定的货物高度、宽度和长度界限),或集重物资(货物重量分布不均匀,支重面超过车辆允许的荷载),要按照货规提出申请,并提供"托运超限货物说明书",货物的外形尺寸图以及必要的图纸说明。对超限的大型设备,可采取拆散货体、改变包装等措施,尽可能降低超限等级,对超过普通平车长度的超长货物,可使用游车、跨车。

对易燃、易爆、易腐蚀商品,在办理托运手续之前,要向铁路车站提出,以采取相应的防震、保温、通风、冷藏、消防等运输措施。

2）零担发运要求

对于零担货物托运,托运单位无须事先申报运输计划,铁路部门制订了零担车编组计划,托运单位可根据铁路的零担车承运日期来安排托运。托运单位组织托运时,要做好货物包装、货物标记、外运物资点检、与承运单位交接等具体工作。零担发运的要求如下。

（1）货物包装

包装牢固,是保证货物在运输中保持完整的必要条件,托运单位应根据货物的性质、质量、大小、运输距离和气候条件等,采取适合运输需要的合适包装。

（2）货物标记

货物标记要标明货物名称、发站、到站,还要写明收发货人名称和运输单号,使货物与运单联系起来。标记要清晰、明确、耐久,以便在运送过程中引起运输和装卸搬运人员的注意。

为了明确起见,可在货物包装两侧,按"运输包装指示标志"的规定,标明文字和图形记记。

（3）外运商品的点检

发出商品的差错对供需双方的影响是显而易见的,供方要赔偿经济损失,信誉也受影响,需方则可能因供应不上而影响生产。所以,对发出商品加强点检工作十分重要。外运商品的名称、规格、型号、数量必须按发料单逐项核实,凡名称规格不符、数量短缺、质量不好、包装不良、标记不清、到站收货单位不详者,不能出库发运。

（4）与承运单位的交接

托运单位在托运货物时,应填写货物运单。货物运单由铁路车站审核签证,经车站货运员接收并加盖货物交付日期后,即为托运完毕,铁路部门承运并负责商品完整的责任。

6.5.3　商品公路运输要求

公路汽车运输的营运方式,主要有整车运输、零担运输、成组运输和联合运输 4 种。整车运输是指托运的货物重量达到 2.5 t 以上;零担运输是指一次托运的货物不足 2.5 t;成组运输是指集装箱运输、容罐运输、罐装运输等;联合运输是指货物在起运站一次托运,再由公路、水路、铁路等两种以上运输的衔接运输而到达目的地的运输。

1）公路运输手续

公路运输部门可办理大小客、货汽车包车运输业务,同时,也可以按承运双方签订的运输协议或运输合同交运货物。在办理公路运输手续时,应根据自有货物情况,确定某种交运方式。一般运输托运按规定在当月 12 日前向当地车站报送下月分旬运量要车计划,经车站认可后,即可按指定时间交运货物。急需运输,包车运输和订有协议、合同的运输,一般不受此限。

今后,我国公路运输的进一步发展预计将主要在 5 个方面:即汽车运输量的比重将越来越高;汽车的装载重量将越来越大;汽车的速度将越来越快;汽车的运输距离将越来越长;汽车的专用化分工将越来越细。

2）公路运输货物保险

货物通过火车或汽车在陆上运输时,可能遇到各种风险和发生各种损失。例如,由车辆遭受碰撞、倾覆出轨所引起的货物的损失;或由隧道坍塌、崖崩或火灾、爆炸等意外事故所引起的货物损失;或由暴风、雷电、洪水、地震等自然灾害所引起的货物损失,以及在运输途中由其他外来原因所造成的货物短少、短量、偷窃、渗漏、破损、雨淋、生锈、受潮、受热、发霉、玷污等全部或部分损失。为了保障货物遭受损失后能得到经济上的补偿,被保险人可按中国人民保险公司"陆上运输货物保险条款"的规定办理陆上运输货物的保险。关于陆上运输保险的险别,则根据货物特点和实际需要来选定。

陆上运输保险责任的起讫,是自被保险货物运输保险单所载明的启运地仓库或储存处所开始运输时生效,包括正常运输过程中的陆上和其有关的水上驳运在内,直至该项货物运交保险单所载明的目的地收货人的最后仓库或储存处所时为止。但被保险货物到达最后卸载的车站后,保险责任满 60 天为止。

6.5.4　商品水路运输要求

水路运输包括内河运输和海上运输两种形式,二者对商品运输的要求有所不同。

1) 内河运输要求

水路货物运输一般在当月 15 日以前向当地港、站递交下月度分旬要船计划申请表,但必须考虑货物通过汽车或其他衔接的运输工具能否按期将货物送至港口作业区装船问题。不足整船吨位的货物,需要拼船配载的,应事先向港站出口业务提供货物品名、性质、包装、到达地点及实际重量,以便合理配载。根据货物的批量载船的核定吨位,可以整船包运,货物不足载船核定吨位时,也可以要求整船包运,但其未装足货物的空余吨位,必须按整船吨位计算运费。由于船舶航行线路的限制,小船转大船时,为节约起坡后再下河装船的费用,可以申请水上驳载,大小船舶相靠转驳笨重货物时,可以申请水上吊车在相靠船舶中作业转驳,对于大轮船不能进入的航道,可考虑申请租用小拖轮拖挂原装载货船继续航行,以达到节约货物起坡后再次下河换装船舶的经费开支,并减少货物换装的损失。

2) 海上运输要求

海上船舶运输是商品运输的重要方式,尤其在国际贸易中,海上运输商品量占世界贸易总量的 2/3。海上运输需要注意运输保险问题,因为"海损"是海上运输最为常见的损失。

(1)海损的种类

海损是指船只与货物在航行中由于自然灾害和海上意外事故所引起的各种损失。根据损失的程度,海损可分为全部损失和部分损失;根据损失的性质,海损可分为共同海损和单独海损。共同海损和单独海损均属部分海损。

全部损失(简称"全损")又可分为实际全损与推定全损。实际全损是指货物完全灭失,或者货物已完全变质。例如,货物沉没海底,无法打捞,或水泥被水浸泡后变成硬块,完全失去原有的作用。推定全损是指货物的实际全损已经不可避免,或者恢复、修复受损货物以及运送货物到原定目的地的费用超过该目的地的货物价值。

一整批货物中可分割的一件或数件之整件达以全部灭失,也属货物全损。

共同海损(简写为"G.A."),是指在海运途中,载货船舶遇到危难时,船方为了维护船舶和所有货物的共同安全或使航程得以继续完成,有意识地采取合理措施所做出的某些特殊牺牲或支出某些特殊的额外费用,这些特殊的牺牲和额外费用叫作共同海损。例如,船舶搁浅时,为了使它脱险,将船上一部分货物抛入海中,这抛入海中的货物就叫共同海损的牺牲。又如,为了使船舶脱离搁浅,雇用拖船,拖船费用就是共同海损费用。单独海损(简写为"P.A."),是指不是在船、货共同危难中所发生的损失,单独海损纯粹是由意外事故引起的,并无人为的因素在内。

(2)海上运输保险险别

保险险别是保险公司对被保险货物所负赔偿责任的主要依据,不同险别的责任不同,收取的保险费也不同,因此,按保险的价格条件(C.I.F)成交的买卖合同中的保险条款,应根据货物的性质、包装的情况、装载的条件,订明保险险别(即保险的责任范围),以明确买卖双方的责任。没有必要选择责任范围最大的险别,因为会增加保险费的支出;反之,如投保的险别责任范围过小,又可能会得不到必需的经济保障。中国人民保险公司承保我国进出口货物的险别主要有3种:平安险、水渍险、一切险。平安险的责任范围最小,一切险的责任范围最大。

平安险(简写为"F.P.A.")其责任范围是:

被保险货物在运输途中由于恶劣气候、雷电、海啸、洪水自然灾害造成整批货物的全部损失或推定全损。

运输工具遭受搁浅、触礁、沉没、互撞、与流水或其他物体碰撞以及失火、爆炸等意外事故造成货物的全部或部分损失。

在运输工具已经发生搁浅、触礁、沉没、焚毁意外事故的情况下,货物在此前后又在海上遭受恶劣气候、雷电、海啸等自然灾害所造成的部分损失。

在装卸或转运时由于一件或数件整件货物落海造成的全部或部分损失。

被保险人对遭受承保责任内危险的货物采取抢救、防止或减少货损的措施而支付的合理费用,但以不超过该批被救货物的保险金额为限。

运输工具遭遇海难后,在避难港由于卸货所引起的损失以及在中途港、避难港由于卸货、存仓,以及运送货物所产生的特别费用。

共同海损的牺牲、分摊和救助费用。

运输契约订有"船舶互撞责任"条款,根据该条款规定应由货方偿还船方的损失。水渍险(简写为"W.A.")其责任范围除包括上述平安险的各项责任外,还负责被保险货由恶劣气候、雷电、海啸、地震、洪水自然灾害所造成的部分损失。

一切险的责任范围除包括上述平安险和水渍险的各项责任外,还负责被保险货物在运输途中由外来原因所致的全部或部分损失。

此外,还有附加险,目前中国人民保险公司承保的附加险有以下几种:

一般附加险,包括:偷窃、提货不着险,淡水雨淋险,短量险,混杂、玷污险,渗漏险,碰损、破碎险,串味险,受潮受热险,钩损险,锈损险和包装破裂险。

特殊附加险,包括:战争险,罢工险,交货不到险,进口关税险,舱面货物险,拒收险,黄曲霉毒素险,海关检验险,码头检验险。

战争险是海洋运输保险中常见的一种特殊附加险,其责任范围包括:

直接由战争、类似战争行为和敌对行为、武装冲突和海盗行为所致的损失以及由此引起的捕获、拘留、扣留、禁制、扣押所造成的损失。

各种常规武器,包括水雷、鱼雷、炸弹所致的损失。

上述范围所引起的共同海损的牺牲、分摊和救助费用。

3) 保险的责任期限

保险公司承保海上运输保险的责任期限,一般按"仓至仓"条款的规定办理,即自被保险货物运离保险单所载明的起运地仓库开始运输时生效,包括正常运输过程中的海上运输和陆上运输,直到抵达目的地收货人的最后仓库为止,但被保险货物在卸港全部卸离海轮后,保险责任以60天为限。

中国人民保险公司承保的海运战争险的责任起讫,只是负责水上运输一段,不负责陆上运输一段。从货物装上海轮之后,到货物在最后卸货港口卸离海轮时,或海轮到达最后卸货港当夜 12 时起满 15 天止。如果是转船货物,从原海轮到达中途港当夜 12 时起满 15 天即告终止。如运输契约在保险单所载明目的地以外的地点终止时,该地即视为保险目的地。

6.5.5 商品航空运输要求

1) 民航货物运输基本要求

托运货物、需凭单位托运证明,方可办理。

托运国际货物,应交海关检验,货物应附有一切必须证明,并符合货物运输过程中入境、出境和过境国家的有关规定,托运国际货物的其他有关事项,因具体情况不同,可与当地民航售票服务处联系。

①包装。物的包装应符合民航运输的要求,并应写明收、发人的详细地址和名称。

②禁运货物。民航飞机禁止运载易燃、爆炸、腐蚀有毒等危险物品,以保证安全,对托运的货物必须进行检查。

③危险货物。在中国国际航线是可载运的危险货物,其品名、数量和包装等,应按照中国民航有关规定办理。

④重量。货物每件重量不超过 80 kg,体积以不小于 5 mm×10 mm×20 mm、不大于 40 mm×60 mm×100 mm 为宜。超过以上限制的,须事先经民航同意后,方可办理。轻泡货物,国内运输按体积 1 000 mm³ 折合 1 kg 计算重量,国内运输每张货运单最低运费为 1 元。

⑤空陆转运。民航办理国内货物空陆转运,转运货物的包装要求、运费计算按有关运输部门的规定办理。民航另收取中转费 0.02 元/kg(每批最低中转费为 0.5 元)。

2) 国内航空货物运输的保险业务

民航受保险公司的委托,开办航空运输货物保险业务。此项业务的开办,有利于切实保障托运人经济利益,有利于配合并完善合同运输制,有利于促进货物的安全防损工作。

航空运输保险业务手续简便,托运人在托运货物时,只需在"货物托运单"上填写投保货物的价值即可。货物保险金额,按其价值计算。

①航空运输货物的保险率。航空保险费率是按货物的易损程度确定的,也会随着市场变化而改变。

②保险责任。自保险货物被民航收讫并签发货运单,注明保险时起至空运目的地收货人仓库或储存处所时终止。保险货物至目的地后,如收货人未及时提货,则按有关保险规定办理。

③索赔办法。货主提取货物时,如发现货物受损,应立即向民航申请检验,索取货运事故签证,并向当地保险公司申请索赔,时间最迟不得超过 10 天,申请索赔时,须提供货物事故签证、货运单或保险凭证、发票或装箱单、损失清单、救护保险货物的费用单据等。

凡投保航空运输保险的货物,不但运输快捷,而且将得到更全面的安全保障。

第 7 章 商品开发与环境保护

商品经济的发展,一方面可以提高物质文明程度,另一方面则会破坏自然环境。资源枯竭、环境污染、生态恶化等又制约着商品文明的发展,还将直接威胁着人类的生存和发展。因此,研究商品开发与环境保护的相互关系,重新审视我们的自然观和经济发展思路,实现商品经济、生态保护与社会发展的可持续性,是本章需要阐述的问题。

7.1 商品、人类与环境的关系

人类及一切生物种群通过生产或消费有形或无形物品与环境发生必然联系,人类在环境资源条件下生存与发展,合理开发利用生态资源,有效保护生态环境,才能使人类社会与生态环境能够持续发展。所以,正确认识环境、人类与商品的关系是必要的。

7.1.1 国内外环境现状概述

环境是指作用于人以外的所有外界因素的总和,包括社会环境(生活、生产、文化环境)和自然环境。自然环境是人类生存环境中的自然条件,主要因素有:阳光、大气、水域、岩石、土壤、草原、动植物、矿产物等。因此,自然环境可以分为大气圈、水圈、岩石土壤圈和生物圈;自然环境因素中对人类有用的物质称为自然资源。自然资源按其利用性可分为 3 类:一是可持续的资源,如太阳能、风力、潮汐等,这种资源的储量不会因人类的开发利用而减少;二是可再生的资源,如森林、草地、土壤、水资源等,这种资源在一定条件下可以再生利用;三是不可再生的资源,如煤、石油、天然气、矿石等,它们在漫长的历史时期中形成,储量随着人类的利用逐渐减少。

1)世界自然环境现状恶化

据有关资料显示,世界范围的自然环境存在着十大问题:

①大气污染。全球每年使用矿物燃料排入大气层的二氧化碳达 55 亿吨,每天平均有 800 人因吸收污染的空气而死亡。

②温室效应。气候专家预计,到 2025 年全球平均表面气温将上升 1.5~4.5 ℃,预计在未来 100 年内,世界海平面将上升 1 m,干旱、洪涝、风暴将会频繁发生。

③臭氧层破坏。每年春季南极上空大气中的臭氧消失 40%~50%,臭氧层破坏后,将增加皮肤癌、黑色素瘤、白内障发病率。

④土地沙漠化。每年有 500 万~700 万公顷土地变为沙漠,全世界约有 10 亿人口生活在沙漠化和受干旱威胁的地区。

⑤水污染。各国每年工业用水超过 600 km³,灌溉农田用水多达 3 000~4 000 km³,其中受肥料和各种有毒化学制品污染的水,不少于上述用水量总的 1/3。

⑥海洋生态危机。全球每年往海里倾倒的垃圾达 200 亿吨。

⑦绿色屏障锐减。最近 20 年中,全球每年砍伐森林 2 000 多万公顷。

⑧物种濒危。地球上现有物种 1 000 万种,每天就有 100 种生物灭种。

⑨垃圾难题。全球每年新增垃圾 100 亿吨,人均 2 吨。

⑩人口增长过速。目前世界人口以每年 1 亿人的速度增长,到 2030 年人类总数可能会达到 100 亿。资源开发和利用速度已赶不上人口增长速度。

2) 我国生态环境受到重视

《1999 中国可持续发展战略报告》首次展示出我国社会、经济、生态协调发展面临的严重问题:

(1)地理地貌结构复杂、气候条件影响极大

我国国土面积存在以下客观现实问题:60% 是山地或丘陵;70% 每年都受到季风气候影响;55% 已经不适宜人类生存;35% 遭受土壤侵蚀和沙漠化;33% 是干旱或荒漠地区;水资源的人均拥有量仅为世界人均拥有量的 1/4,是世界上 13 个贫水国家之一。

(2)人的劳动行为强度大、破坏性强

与世界平均水平相比,中国人平均每人每年搬运土石方数量是世界平均值的 1.4 倍;其破坏程度高出世界平均水平的 3~3.5 倍。

(3)人口剧增、过度开垦,导致自然灾害频生

从隋代至今的约 1 300 年间,中国人口从约 4 600 万人增加到了十几亿人口,由此而引发的年均灾害的次数也从 0.6 增至 3.9,增加次数是原来的 5.5 倍。

我国的生态环境污染造成的损失到底有多大?有关专家估计,我国每年要为此损失大约 2 830 亿元。其中:

①水质污染 500 亿元;

②大气污染 200 亿元;

③生态环境破坏和自然灾害损失 2 000 亿元。由于不合理地开发利用,森林覆盖率现已经下降到不足 14%,草原退化严重,植被遭到破坏,土地沙化严重。目前累计全国水土流失面积已经达到了 367 万平方千米,占国土总面积的 1/3 以上。生态环境的破坏使之每年流失土壤 50 多亿吨,其中包含的氮、磷、钾等植物营养物质,相当于我国每年生产的化肥总量;而且城镇建设却在以每年侵占 150 万公顷土地的速度发展着,破坏着人与自然的生态平衡;加上自然灾害的侵袭,每年至少损失 2 000 亿元;

④其他污染如固体废物排放,噪声污染等造成的损失也高达 130 亿元。如全国因工业(包括乡镇企业)"三废"排放污染的耕地有 260 多万公顷,造成每年粮食减产约 50 亿公斤。

由此可见,环境污染和生态破坏问题是制约社会、经济可持续发展的"瓶颈"因素,应该受到足够的重视。

水是生命的源泉,是农业的命脉,是工业的饮料和粮食。有水则兴,无水则败,这是亘古不变的真理。水是人类生存的生命线,是经济发展和社会进步的生命线,是实现可持续发展的重要物质基础。我国一共有七大河流,从南到北,依次是珠江、长江、淮河、黄河、海滦河、大辽河和松花江。早在 28 年前,黄河已开始断流,奄奄一息;海滦河、大辽河、淮河近些年已经出现断流现象。可以说整个华北平原已经没有一条常流河;在东北,水量丰富的松花江近几年也出现断流现象。七大河流中,有 5 条都濒临枯竭,只有水量最为充沛的珠江和长江干流暂时没有断流,但这两条河流尤其珠江已遭到严重污染,长江重要支流嘉陵江已发生过几次断流。从目前的状况看,中国水土条件最好的东南部也开始缺水,如果过度透支水源,就等于透支子孙后代的生存环境。据水利部有关部门的测试结果,目前长江水质总体良好,80% 的河段达到一、二、三类水质;黄河仅有不足 20% 河段达到三类水质;松花江则基本为四类水质。因此,长江、黄河、松花江各流域的上游地区均被列为重点治理流域是时代赋予我们的责任。与此同时,中科院西北资源环境研究基地启动。国家知识创新试点在全国共分布 8 个基地,西北资源与环境可持续发展研究基地主体构件已经完成。重点研究解决西北地区社会经济发展与生态环境建设面临的重大科学问题,为西北资源开发利用、农业发展、生态建设和大型基础工程建设的战略决策提供科学依据。

7.1.2　人类生存依赖于环境

人类对自然环境的绝对依赖,主要表现在对水、土地、气候这三个方面的依赖。水是生命之母,土地是财富之父,气候则是生存之本。著名水资源与环境专家、长安大学李佩成教授,在《科学时报》上撰文,分析了西北地区生态环境的严酷现实:"一是降水稀少,气候干旱;二是沙漠戈壁广布,生态环境严酷;三是土地的沙漠化、荒漠化、面积不断扩大;四是水土流失相当严重;五是盐渍化严重,耕地生产力下降;六是河流萎缩、干涸,水质污染严重;七是森林植被遭到破坏,生物多样性受到威胁。这种生态环境已经构成了西部大开发的硬约束。"

1)生态环境系统的组成

人类和一切生物都生活在地球表层,这个生物生存的地球表层叫地球生物圈。它的范围包括厚度约 11 km 的地壳和约 15 km 以内的大气层,生物圈物质因素——空气、水、土壤和岩石等,为生命活动提供了必要的物质条件。人类和其他生物一样,是地壳物质发展到一定阶段的产物。这种生物群体(动物、植物、微生物)与其生物圈的无机环境共同构成不可分割的整体系统,我们称其为生态环境系统。

生态环境系统是有机物与无机物之间相互作用所产生的一种相对稳定的、具有一定结构层次的动态平衡系统。系统内的物质、能量迁移转化、不断循环。其要素体系如图 7.1 所示。

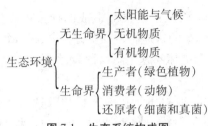

图 7.1　生态系统构成图

绿色植物把太阳能转化为生物化学能。人类与其他动物食草、食肉形成机体和摄取活动能量。细菌和真菌分解动植物有机残体为无机体，并返回环境，形成生态环境的物质循环；自养生物以 CO_2 和 H_2O 为原料，太阳光为能源，经过光合作用生成能量。木材及植物残体经过地质年代的变迁，在特定的条件下转变为煤炭、石油。人类利用石化燃料，又把 CO_2 放回环境，形成生态环境的能量循环。

2）人类生存与生态环境的关系

如果生态环境的物质循环与能量循环平衡关系，在人为压力下遭到一定程度的破坏，就可能发生一系列灾难性的变化，造成人类生产条件与生活质量急剧恶化。如气候异常、水土流失、土壤沙化等。

近百年来，人类征服自然、发展商品经济达到空前规模，同时对资源的过度开发和自然环境破坏也达到了极端水平。商品的生产、交换与消费过程中产生了大量的破坏生态环境的因素，造成自然生态失衡，产生与人类商品生产目的相悖的结果，反而制约人类生活质量水平的提高。正因如此，如何正确地处理资源、环境、人口与发展的关系，综合考虑商品开发的社会效益、经济效益和生态效益，做到商品发展与人类发展、商品发展与环境保护、人与环境的最佳结合，则是一个值得研究的问题。

7.1.3　商品对生态环境的污染

环境污染是指某项活动或事物作用于环境，使环境产生对人类生存与发展不利的影响。这种人为或自然因素，使环境要素、环境状态以及环境素质发生变化，扰乱并破坏生态系统与人们正常的生活条件，对人体健康造成直接、间接或潜在的影响，称为环境污染。由于环境可分为社会环境与自然环境，因此，商品对环境的污染也可分为对社会环境的污染和对自然环境的污染。自然环境污染是指有害物质对大气、水质、土壤和食物的污染，相反，使环境免受污染与破坏的措施和活动叫作环境保护。

1）商品对自然资源的破坏

自然资源是人类赖以生存和发展的物质基础。自然资源主要包括：土地资源、水资源、森林资源、草地资源、野生动植物资源和矿产资源等。商品开发与经济发展离不开自然资源。但人类粗暴掠夺和过量开采与捕杀，不仅使不可再生资源日趋枯竭和匮乏，即使是再生资源也早已打破了"取之不尽，用之不竭"的神话，呈现出日益短缺、供不应求的现象，以至于危及人类正常生活方式。例如土壤肥力下降、水资源告急、森林和草场毁灭、物种灭绝和能源危机等都是人类在商品开发过程中对自然资源的过度开采所致。

2) 商品对自然环境的污染

商品开发生产与消费使用等过程对自然环境的污染,表现为对大气、水、土壤、食品及生物(包括人类)的污染,可能来自物理的、化学的或生物的等方式的污染。物理原因是指由粉尘、固体废弃物、放射线、噪声、废热等对环境的破坏;化学原因是指某些有害化合物被引入环境,如商品生产和消费中排放出的有毒化学物质,或因为化学反应而发生破坏作用;生物原因是指各种致病菌、有毒菌对环境污染的侵袭等。

商品对生态环境的污染,不论是物理的、化学的或生物的原因,都有一定的污染源。这些污染源都存在于商品生产、流通和消费过程之中。

①商品生产过程的工业性污染源。商品工业生产形成的"三废"(废水、废气、废渣),如果未经过处理或处理不当就排放到环境中,就可能造成空气、水域、土壤、食品等环境的污染;农业生产中大量使用农药,也可能造成农产品、畜产品以及野生动植物中农药残留量的增加,并通过生物链汇集对人类形成危害。

②商品流通过程的商业性污染源。在商品流通中,遇到易燃、易爆、危险品、化学品商品,在商业储存中保管不当,运输过程遭受意外事故,散失在空间、水域和陆地,从而造成对生态环境的污染。

③商品消费过程的生活性污染源。商品废弃物、垃圾、包装废弃物、粪便、生活污水等,若处理不当可能造成环境污染,甚至可能引起疾病的传播和流行。

3) 自然环境对商品的污染

商品对自然污染和生态环境的污染主要来源于工业产品,而自然环境对商品的污染主要表现在对食品类商品的污染。食品是人和其他动物赖以生存的必需物质,能够供给热能和各种营养要素,起到构成组织机体、维持新陈代谢、调节生理功能、促进生长发育、防治某些疾病的作用;食品和空气、水、土壤共同组成了人类的生活环境,其质量好坏、被污染程度的高低直接影响人类身体健康。

食品污染是食品在生产、加工、运输、储藏、销售、烹调等环节,混入了有害于人体健康的微生物或化学有毒物。正因如此,自然生态环境对食品商品的污染可能来自生物性污染和化学性污染。

7.2　商品对空气的污染与防治

空气是人类及生物生存的重要外部要素。各种生命体都要从空气中吸入生命活动所需的气体(氧气或二氧化碳),以维持生命的延续。所以,空气是否清洁和有无毒害成分,对人类及动植物有很大影响。同时,大气是各种气候现象的活动场所,气候的正常与否受大气污染程度的制约,尤其空气的质量和大气环境的变迁直接影响人类生存与发展。

7.2.1 大气圈与污染源

大气圈可分为对流层、平流层、中间层、热成层、逸散层。大气的最底层 12 km 以内的空气层是对流层,占大气层总重量的 95%。空气的对流和冷热变化可以形成风、云、雨、雾等自然现象,大气污染主要发生在这一层。平流层在对流层之上,其高度在距地表 55 km 以内。平流层中的臭氧层可以吸收阳光中的紫外线,防止着过量的紫外线对人体的伤害。大气圈的组成一般比较稳定,氮气占 78.08%,氧气占 20.94%,氩气占 0.93%,二氧化碳占 0.035%,其余稀有气体只占 0.003%。

在正常情况下,大气是清洁的。但人类不断从事商品生产的活动,特别是现代工业的发展,向大气中排放各种物质,使大气增加新的成分,超过了环境所能允许的极限。大气中一些物质的含量超过"正常"含量,从而产生不良影响的大气状况,即是大气污染。对大气污染较大的物质主要是煤粉尘、二氧化硫等物质。世界每年排入大气中的污染物约 6 亿吨。大气污染物主要来源于两种可能:一是自然污染源,如火山灰、沙尘暴等;二是人工污染源,如工业废气、饮食和取暖设备排气、汽车尾气等。

7.2.2 商品对空气污染及防治

1) 商品生产对空气的污染与防治

各种工业企业生产商品的过程是大气污染的重要来源,如电力、冶金、化工、轻工、机械、建材工业等。商品从原料采购进厂、经过加工处理以至成品出厂,都有可能排出有害物质和气体,造成空气污染。当然,这些有害物质和气体的产生,取决于生产中所用原材料的利用方式和技术工艺过程。

大气造成的后果是十分严重的。首先是引起全球气候的异常变化,导致生态环境遭受破坏。像地球"温室效应"引起气候异常、海平面升高,导致土地淹没和土壤盐碱化加速;其次是形成"酸雨、酸雾",毁灭森林资源和农作物,并可直接对人体造成伤害;再次是被排入大气各种有毒气体,可能引起人体急性中毒或慢性中毒,引起呼吸道疾病和癌症。

防止商品工业污染的措施很多,可以通过合理的工业布局来减少对城市环境的污染;通过绿化造林,利用植物吸附有毒物质和净化空气;通过使用污染较小的能源,降低烟尘排放;通过改进生产加工工艺,消除有害物质;通过综合开发、变废为宝、化害为利,是防治空气污染的最积极、更有效的措施。如美国早在 1970 年制定了《大气质量标准法》,并随着生产门类变化,法规越来越细。工厂的合理布局,使像纽约、洛杉矶、芝加哥等大城市的天空极为明朗;另外,燃料不断更新换代,促使燃煤的发电机变为燃天然气的发电机,还有广泛利用各种工业产生的蒸汽进行辅助发电,电力充足,替代了工厂和家庭燃煤、燃气作业,从而减少大气污染。这些防止工业污染的做法值得我们借鉴。

2) 机动车对空气的污染与防治

(1)汽车尾气的污染严重性

城市大气污染的一个主要来源是,汽车排出的废气,汽车尾气中含有大量的有害气体和物质。如:一氧化碳、二氧化硫、碳氢化合物、氮氧化合物、微粒物(铅化物、碳烟和油雾)等。其碳氢化合物和氮氧化合物经过太阳紫外线照射而形成二次污染物,即光化学烟雾。这种浅蓝色的烟雾虽然生成机理复杂,但可以使人患红眼病,刺激呼吸系统,诱发癌症;长期吸入氧化物会加速人的衰老;汽车废气中的铅化物对人体中枢神经系统有显著影响;一氧化碳与人体红细胞中的血红蛋白有很强的亲和力,会导致血液的输氧功能下降,人体缺氧,可能会引起中毒或死亡。

生态环境部日前发布《中国移动源环境管理年报(2019)》(以下简称《年报》),公布了2018 年全国移动源环境管理情况。《年报》显示,我国已连续十年成为世界机动车产销第一大国,机动车等移动源污染已成为我国大气污染的重要来源,移动源污染防治的重要性日益凸显。

2018 年,全国机动车保有量达 3.27 亿辆,同比增长 5.5%;其中,汽车保有量达 2.4 亿辆,同比增长 10.5%,新能源汽车保有量达 261 万辆,同比增长 70.0%。汽车已占我国机动车主导地位,其构成按车型分类,客车占 88.9%,货车占 11.1%;按燃料类型分类,汽油车占 88.7%,柴油车占 9.1%,新能源车占 1.1%;按排放标准分类,国三及以上标准的车辆占 92.5%。

2018 年,全国机动车四项污染物排放总量初步核算为 4 065.3 万吨。其中,一氧化碳(CO)3 089.4 万吨,碳氢化合物(HC)368.8 万吨,氮氧化物(NOx)562.9 万吨,颗粒物(PM)44.2 万吨。汽车是机动车大气污染排放的主要贡献者,其排放的 CO、NOx 和 PM 超过 90%,HC 超过 80%。按车型分类,货车排放的 NOx 和 PM 明显高于客车,其中重型货车是主要贡献者;客车 CO 和 HC 排放量明显高于货车。按燃料分类,柴油车排放的 NOx 接近汽车排放总量的70%,PM 超过 90%;汽油车 CO 和 HC 排放量较高,CO 超过汽车排放总量的 80%,HC 超过70%。占汽车保有量 7.9%的柴油货车,排放了 60.0%的 NOx 和 84.6%的 PM,是机动车污染防治的重中之重。

从 2013 年以来,我国不断加大机动车污染防治力度,推行机动车排放标准升级,加速淘汰高排放车辆,大力发展新能源车,推动车用燃料清洁化,推进运输结构调整,积极倡导"绿色出行"理念,机动车污染防治工作取得积极成效。2013—2018 年,我国机动车保有量增加32.7%,年均增长 5.8%,但污染物排放量下降了 11.1%。其中,汽车保有量增长 83.9%,年均增长 13.0%,但污染物排放量下降了 4%。

(2)汽车尾气污染的治理措施

防止汽车尾气污染的主要途径:提高汽车质量,使油料充分燃烧,减少耗油量,降低对空气的污染程度。如果汽车质量差,其排污量大、浓度高,加上使用汽油含铅量高,就会造成较大的空气污染。具体措施有:

①改善现有的汽车动力装置和燃油质量。尽量采用柴油机,单纯从污染的角度看,柴油车、汽油车都有污染,但在不采取任何措施的情况下,汽油车的污染更严重。

②发动机机外尾气净化措施。目前,广泛采用一些先进的机外净化技术对汽车产生的废

气进行净化以减少污染。机外净化技术就是在汽车的排气系统中安装各种净化装置,采用物理的、化学的方法减少排气中的污染物。此途径可以达到较好的效果。

③通过法规对汽车尾气排放加以限制。国家第六阶段机动车污染物排放标准,是为贯彻《中华人民共和国环境保护法》《中华人民共和国大气污染防治法》,防治压燃式及气体燃料点燃式发动机汽车排气对环境的污染,保护生态环境,保障人体健康而制定的标准。包括《轻型汽车污染物排放限值及测量方法(中国第六阶段)》(自 2020 年 7 月 1 日起实施)和《重型柴油车污染物排放限值及测量方法(中国第六阶段)》(自 2023 年 7 月 1 日起实施,部分城市自 2019 年 7 月 1 日起实施)。

④加强对在用车的管理,减少汽车使用量可减少汽车尾气的污染。如大中城市实施车辆限行措施,不仅可以缓解交通拥堵压力,也能减少汽车的尾气排放。

⑤推广车辆节能减排的使用技巧。如慢行热车,减少损耗,怠速超一分钟要熄火,速度超过 60 km/h 时关闭车窗,下车后要关闭电器,胎压正常能省油、缓加油等。

3) 商品对室内空气的污染及防治

吸烟是造成室内空气污染的重要原因。吸烟产生的烟雾含有大量的氮氧化合物、尼古丁等致癌、致病的物质;中国式的烹饪方法如油炸、爆炒、熏烤等也会产生氮氧化合物、醛类等有害物质,刺激呼吸道以及对眼睛造成危害;近年来,大兴装修所用合成材料、绝缘材料、油漆涂料以及黏合剂等物质,都可能挥发有毒气体,造成室内空气污染;此外,清洁剂、除臭剂、杀虫剂等日化商品也是室内空气中有机蒸气的主要来源,这些物质有造成慢性中毒的可能性。

开展戒烟活动和良好的通风条件是解决室内空气污染最简便、有效的方法。当然,饮食方式的改变也有助于降低室内空气污染。如美国人的饮食社会化程度较高,加之烤箱、微波炉的普及,用明火炒菜烧饭少,即使用也是用电或煤气,所以,早已没有"炊烟袅袅"的现象。工厂、学校等人群集中之地,烹饪也被无烟化作业所替代。对大气的保护不仅靠法律,更要靠道德。国内吸烟者随处吸烟屡禁不止,而美国烟民已经意识到吸烟对大气的污染和对他人的危害,因而绝不在公共场所吸烟。随着生活水平的提高与环保意识的加强,我国每个公民担负起环保责任指日可待。

7.3   商品对水质的污染与防治

水是人类生存的生命线,是经济发展和社会进步的生命线,是实现可持续发展战略的重要物质基础。了解商品开发对水质污染的形式、分析水质污染的机理、掌握防治水质污染的方法,对增强"水患"意识、合理开发利用水资源有着重要的意义。

7.3.1   国内外水资源概况

"水质"概念是河流、湖泊、沼泽、水库、地下水、冰川、海洋等地表储存水的总称。若把水质当作一个完整的生态系统来看,水质系统还包括其中的悬浮物质、溶解物质、底泥和水生生物。海洋、河流、湖泊等地上水、地下水、大气水、土壤水和生物水紧密联系、相互作用,又不断相互转换形成"水圈",在太阳能量的作用下,水圈保持着动态平衡,这就是所谓的"水资源"。

水资源是世界上分布最广、数量最多的资源,覆盖地球表面70%以上面积,是人类开发利用最多的自然资源。全世界每年的工业用水、农业用水、生活用水、环境用水等总量达到了几万亿吨。从人类生存空间来看,他们总是向有水的地方聚集,经济活动区域也都是在有大江大河的平原地带率先发展起来的。我们耳闻的几个经济区域,如"环太平洋地区""珠江三角洲""长江三角洲""黄河三角洲""环太湖地区"等都是靠"水"而成功发展起来的例证。

但由于水资源的有限性,人口的增长和经济的发展会使水资源的供需矛盾日益尖锐,淡水资源受到威胁。地球虽拥有丰富的淡水资源,但它们远非取之不尽用之不竭,其时空分布也不均匀。现在工业、农业以及人对水的需求大幅增长,淡水资源短缺和水质恶化严重困扰着人类的生存和发展。地球上水储存量虽然相当丰富,但只有2.5%是淡水,而且大部分淡水以永久性冰雪的形势封存于南极,能被人类所利用的水资源很有限,可供利用的主要是湖泊、河流、土壤湿气和埋藏相对浅的地下水,而大部分能够利用的水都位于远离人类的地方。这就使水的利用成为一个很复杂的问题。所以,保护水资源、合理利用有限的水资源,从而最大限度地造福人类已经成为世界性的突出课题。

7.3.2　水质污染源

水质污染是指进入水质系统的污染物含量超过了水质的自然净化能力,导致水质变坏,使水资源的利用受到影响的现象。当然,水的用途不同,对水质的要求也不同。一般来说,生活饮用水的水质要求比工业用水、农业用水和环境用水的标准都要高,生活饮用水水质标准如表7.1所示。

表 7.1　生活用水水质标准

编号	项　目	标　准
	感官性状指标	
1	色	色度不超过15度,并不得呈现其他异色
2	浑浊度	不超过5度
3	臭和味	不得有异臭和异味
4	肉眼可见物	不得含有
	化学指标	
5	pH 值	6.5~6.8
6	总硬度	不超过 250 mg/L
7	铁	不超过 0.3 mg/L
8	锰	不超过 0.1 mg/L
9	铜	不超过 1.0 mg/L
10	锌	不超过 1.0 mg/L
11	挥发酚类	不超过 0.002 mg/L
12	阴离子合成洗涤剂	不超过 0.3 mg/L

续表

编号	项　目	标　准
	毒物学指标	
13	氟化物	不超过 1.0 mg/L,适宜浓度 0.3~1.0 mg/L
14	氰化物	不超过 0.05 mg/L
15	砷	不超过 0.04 mg/L
16	硒	不超过 0.01 mg/L
17	汞	不超过 0.001 mg/L
18	镉	不超过 0.01 mg/L
19	铬	不超过 0.005 mg/L
20	铅	不超过 0.1 mg/L
	细菌指标	
21	细菌总数	1 mL 水中不超过 100 个
22	大肠菌群	1 L 水中不超过 3 个
23	游离性余氯	在接触 30 min 后应不低于 0.3 mg/L

在发展中国家,80%~90%的疾病和1/3以上死亡者的死因都与细菌感染或化学污染有关。现在,每天有2.5万人死于由水传染造成疾病。在农业开发程度比较高的国家,由于过多使用农药和化肥,地表水和地下水都受到了严重的污染。

1) 生活用水的主要污染源

水质的人为污染主要有3个方面:工业废水、农业退水和生活污水。其污染物可分化学性污染物和生物性污染物两大类。

(1)化学性污染物

主要有:①有机有毒物质,如有机氯、多氯联苯、芳香族氨基化合物等;②无机有毒物质,如重金属、氰化物、氟化物等;③耗氧有机物,如人体排泄物、垃圾、纤维、有机酸、蛋白质、木质素、有机氮等;④无机污染物,如酸、碱、无机盐等;⑤放射性污染物和热污染等。

(2)生物性污染物

包括:①有病原菌的粪便、垃圾和生活污水;②未经无害化处理的医院废水;③含有病原菌的生物制品生产废水。

2) 工业废水加剧水质污染

生产各种商品的工业企业在生产过程中排放出生产废水、污水、废液统称工业废水。工业废水如果不经过处理,排放到河流、地下、海洋里就会造成水质污染。工业废水中还可能含有废渣、废料、半成品和副产品。冶金、建材、化工行业主要排放含有无机物废水;食品、塑料、石化、毛皮、合成材料等行业主要排放含有有机物废水;水质的酸污染主要来自电镀、制酸、农药厂排放的废水,这些酸可严重腐蚀管道、船舶,排入农田会严重影响农作物生长;水质的碱污染主要来自造纸、化纤、印染、制革厂排放的废水,这种废水会使农作物枯死,土壤发生盐碱化。

废水中的有机和无机毒物会引起人体急性或慢性中毒,并能在自然环境中积累,影响生态环境,危害人和生物体的健康;耗氧性污染物在水中分解时,需要消耗水中大量氧气,不利于水生动植物生长。污水中的有机氮经微生物作用,可分解为硝酸盐,并还原生成亚硝酸盐后,在人体中可与仲胺作用生成亚硝胺——一种较强的致癌物质。

防治工业废水污染的方法主要有:改进工艺和技术革新;对废水进行综合处理和回收利用;无法回收的废水需进行无害化处理;改变商品成分;调整不合理的工业布局等。

3) 农业退水引起水质污染

农业开发与生产也可引起水质污染。它主要是因为农业生产活动会造成地表水土流失,这些流失的地表水土含有大量的氮、磷、钾,沉积在湖底或河底,不仅会使河水及湖水产生富营养化问题,给动植物的生存环境带来负面影响,恶化其生存环境,还会使水生动植物产生畸形,乃至死亡。美国联邦农业部的调查资料显示:在美国,流入河流湖泊地表水的水质污染物约有50%来自农业生产活动,主要由水土流失、土壤侵蚀造成。其中有50%~70%为氮和磷,主要来自耕地上的化肥与围栏育肥方式所聚集的家畜粪便。水质污染不仅会使地表水质恶化,也对地下水资源的水质产生重大影响。一旦污染了地下水,就会污染整个地下水脉,危及整个地区农业生产与居民饮用水的安全,影响居民的健康状况。

4) 生活污水造成水质污染

合成洗涤剂的大量使用,并以生活污水形式排放到河流湖泊中去,会造成水质污染,这是商品消费过程的主要污染物。合成洗涤剂是由表面活性物质和洗涤助剂组成,表面活性剂是一种带有亲水基和亲油基能够降低表面张力的物质,它在合成洗涤剂中占20%~30%,现大量使用的是阴离子型的烷基苯磺酸钠。生活污水会造成河道泡沫泛滥,影响航运,危害鱼类,影响水稻生长。但在防止水质污染的进程中,洗涤剂引起的泡沫污染问题基本得以解决。

合成洗涤剂的主要助剂是三聚磷酸钠,它是一种性能优良的洗涤助剂,可以起到抗硬水和提高去污能力的作用。磷酸盐也可作为植物和藻类的营养物质,排放到湖泊、水库、内海等水流缓慢的水体中,促使水中的浮游生物和水生植物大量繁殖,这种现象称为富营养化。天然水体中总磷酸盐量的16%~35%来自洗涤剂。在富营养化的水体中,藻类大量繁殖,可在表面水层形成一片“水花”,内海水面往往是一片红褐色,即“红潮”。富营养化水体的水质会不断恶化,此种藻类往往带有恶臭,有的在代谢过程中还可能产生有毒物质。在这种污染下,鱼类丧失了生存空间,窒息死亡。如美国的伊利湖就是典型的富营养湖,据说恢复该湖“青春”需要100年左右的时间;日本濑户内海是“红潮”频繁发生的海域。防止此种水质污染最有效的方法是找到三聚磷酸钠的替代物。

7.4 食品污染及防治

食品商品的主要成分包括碳水化合物、蛋白质、脂肪、维生素、矿物质和水。在此基础上,若混入其他有害于人体健康的病菌或有毒化学成分就会产生食品污染现象。自然环境中的大气污染、水质污染、土壤污染都有可能造成食品污染,对人体产生有害影响。20世纪90年代后半期,世界发生了一些危害人类安全的重大食品安全事件:1996年肆虐英国的"疯牛病";1997年侵袭中国香港的"禽流感";1998年东南亚的"猪脑炎";1999年比利时的"二恶英"风波等。进入21世纪,我国也出现诸多食品污染事件:2005年的"苏丹红"事件;2008年的"三聚氰胺"污染事件、"地沟油"事件;2011年的毒豆芽事件;2012年的毒胶囊事件等。件件触目惊心,危害极大,促使人们更加渴望食品的安全。

7.4.1　食品的生物性污染

食品生物性污染是指食品在生产、运输、储藏、销售和烹调等环节中,受到致病微生物和寄生虫的污染。其污染的原因主要有:①食品商品原料本身所带,如肉类商品屠宰前感染寄生虫疾病;②加工食品消毒灭菌工艺不良;③食物加工、运输、销售过程中卫生条件较差;④食品储藏条件不当而造成致病菌大量繁殖等。

食品生物性污染对人体可造成各种危害:首先是食品中毒。食品被沙门氏菌、葡萄球菌等致病菌或被产毒素的霉菌(黄曲霉毒素)污染后,会引起食品中毒或毒素中毒。其次是肠道传染病。食品被肠道传染病病原体污染,如痢疾杆菌、肝炎病毒等污染,会引起痢疾、肝炎等传染病。再次是呼吸道传染病。食品被化脓性链球菌、白喉杆菌污染,会引起猩红热、白喉等传染病。另外,还有寄生虫病。食品受到寄生虫、卵污染,可以引起蛔虫病、蛲虫病。

防止食品生物性污染的措施主要有:加强食品卫生监督;提高食品卫生的科学管理水平;改善食品加工、储藏、运输过程中的卫生和储存条件;在烹饪时高温杀菌等。

7.4.2　食品的化学性污染

食品的化学性污染是指食品在生产、加工、储藏、运输和烹调过程中被化学有害物质污染。化学污染中以汞、镉、铅、滴滴涕和多氯联苯最为危险和严重,这些物质可以直接对人体产生危害,也可以通过食物链传递而危害人体健康。

1)农药对食品的污染

农业生产中广泛使用化肥、杀虫剂、除草剂、植物生长促进剂,可以对来自农业的食品形成污染,最终对人体形成危害。在国际贸易一体化的情况下,欧盟、美国和日本等发达国家为保护本国食品行业,制定了更为严格的市场准入标准,设置"绿色壁垒"。这些准入标准涉及了致病病原菌、有机污染物、真菌毒素类、海藻毒素类、农药残留和食品添加剂等。农药残留标准作为其中重要的标准引人瞩目,也对我国食品出口市场有着巨大影响。研究欧盟如何制定农药残留标准及其主要特点对制定和修订我国相关标准、跨越食品贸易"绿色壁垒"、提高我国食品质量具有重要意义。

(1)进出口食品检验标准逐步完善

原国家质检总局和原卫生部联合发布了《关于进口食品、食品添加剂检验有关适用标准问题的公告》(2009年第72号)(以下简称《公告》),公布了可直接入境的进口食品、食品添加剂名单以及对应适用标准目录。凡是进口列入这些名单的产品,入境时可直接到进境口岸出入境检验检疫机构报检。

同时,《公告》对尚无食品安全国家标准的食品进行了规定:《中华人民共和国食品安全法》实施前已有进口记录但尚无食品安全国家标准的食品、食品添加剂,食品安全国家标准发布实施之前,按照原进口记录中指定的标准实施检验;首次进口公告之外的食品,经由"中国酒业新闻网"定为无食品安全国家标准,进口商应当向国务院卫生行政部门提出申请并提交相关的安全性评估材料;获得进口许可的进口商持卫生部(现卫计委)颁发的许可文件向进境口岸出入境检验检疫机构报检。

并且逐步完善了进出口食品检验标准,经查 2010 年一年原国家质检总局颁布实施的进出口食品标准就多达 16 项。具体如表 7.2 所示。

表 7.2 2010 年我国颁布的进出口食品标准

标准代号	标准名称	实施日期
SNT 0954—2010	进出口砂锅检验规程	2010-07-16
SNT 2455—2010	进出境水果检验检疫规程	2010-07-16
SNT 2460—2010	出口橡子淀粉检验检疫规程	2010-07-16
SNT 2504—2010	进出口粮谷检验检疫操作规程	2010-09-16
SNT 2508—2010	进出口日用陶瓷检验规程	2010-09-16
SNT 2516—2010	出口杨梅检验检疫规程	2010-09-16
SNT 0796—2010	出口荔枝检验检疫规程	2010-12-01
SNT 2546—2010	进境木薯干检验检疫规程	2010-12-01
SNT 2548—2010	出口冻章鱼检验规程	2010-12-01
SNT 2555—2010	出口蔬菜种子检验检疫操作规程	2010-12-01
SNT 0422—2010	进出口鲜蛋及蛋制品检验检疫规程	2011-05-01
SNT 0623—2010	进出口食盐检验规程	2011-05-01
SNT 1371—2010	进出口阿斯巴甜检验规程	2011-05-01
SNT 2650—2010	进出境九孔鲍检验检疫规程	2011-05-01
SNT 2658—2010	出口牛蒡检验检疫规程	2011-05-01
SNT 2747—2010	出境泥鳅检验检疫规程	2011-05-01

(2)农药残留限量标准变得更严

由于近年来食品事件频发,各政府部门对食品安全问题越来越关注。此外,农药残留限量相关的贸易壁垒成为我国食品贸易的障碍。作为食品中的重要指标,农药残留标准的制定、颁布和修订引起国家层面的重视。2010 年 4 月,我国成立了第一届国家农药残留标准委员会,开始了国家层面的农药残留标准体系建设。到 2012 年,我国制定和修订的农药残留标准达 2 319项。比较全面的关于食品中农药残留最大限量的标准是由原国家卫生和计划生育委员会与原农业部联合制定、颁布的《食品安全国家标准 食品中农药最大残留限量》(GB 2763—2014)。该标准规定了约 235 种食品中的 387 种农药 3 650 项最大残留限量,对相应农药残留的检测标准做了规定。

2019 年,根据《中华人民共和国食品安全法》规定,经食品安全国家标准审评委员会审查通过,修订《食品安全国家标准 食品中农药最大残留限量》(GB 2763—2019,代替 GB 2763—2016 和 GB 2763.1—2018)等 3 项食品安全国家标准。

此次发布的新版农药残留限量标准规定了 483 种农药在 356 种(类)食品中 7 107 项残留限量,与 2016 版相比新增农药品种 50 个、残留限量 2 967 项,涵盖的农药品种和限量数量均首次超过国际食品法典委员会数量,标志着我国农药残留限量标准迈上新台阶。

2019 版《食品安全国家标准 食品中农药最大残留限量》全部覆盖了我国批准使用的农药品种,解决了历史遗留的"有农药登记、无限量标准"问题,同时以评估数据为依据,科学严谨地设定残留限量。其中,尤其突出了高风险的禁限用农药,规定了 27 种禁用农药 585 项限量标准、16 种限用农药 311 项限量标准。新版标准还增加了特色小宗作物的农药残留限量标准。其中,人参、杨梅、冬枣等 119 种特色小宗作物上 804 项限量均为新加,总数达 1 602 项,是 2016 版的 2 倍多。

新版标准对动物源性食品的残留限量有了突破性增长,规定了 109 种农药在肉、蛋、奶等 27 种居民日常消费的动物源性食品中的 703 项最大残留限量,是 2016 版的 14 倍,从以植物源性食品为主积极向动物源性食品扩展,进一步拓宽了对食品安全监管的覆盖面。

针对进口食品农产品中农药品种数量显著增长、可能含有我国尚未登记农药的情况,新版标准通过评估转化了国际食品法典标准,制定了 77 种尚未在我国批准使用的农药 1 109 项残留限量。

新发布的食品中农药残留限量均标准制定期间广泛征求了消费者、生产经营者、专家、相关职能部门等各方面和社会公众意见,并接受了世界贸易组织成员对标准的评议,在保证农产品质量安全的同时,符合我国农业生产实际。农业农村部表示,将确保到 2020 年我国农药残留限量标准及其配套检测方法标准达 1 万项以上。

(3)欧盟对食品中农药残留限量标准

欧盟对水果、蔬菜、豆类、含油的种子和果类、香料、糖类作物、动物产品、螺类、鱼类以及动物饲料等十二大类,共 315 种(见表 7.3)食品的最大农药残留限量做了明确规定。

表 7.3 欧盟"农残标准"中对食品的分类

食品一级分类	食品二级分类
新鲜或冷冻水果,坚果	柑橘类的水果、木本坚果、仁果、核果、浆果、混杂类等
新鲜的活冷冻的蔬菜	根和块茎类蔬菜、茎类蔬菜、果类蔬菜、芸薹属蔬菜、叶菜、豆类、菌类、藻类等
豆类	
含油的种子和果类	
香料、调料	种子类、果类、树皮、根或根茎、芽、花、假种皮等
糖类作物	

食品一级分类	食品二级分类
动物产品	肉类(猪肉、牛、绵羊、山羊、马驴、家禽)、奶及制品、蛋类、蜂蜜、两栖类爬行动物、螺类
螺类	
鱼类	鱼产品、贝类及其他海产品
动物饲料	用作动物喂养的各种饲料
茶、咖啡、草本浸泡物和可可	咖啡、咖啡豆、草本浸泡物、可可豆等
啤酒花(干),包括颗粒酒花和非浓缩粉	啤酒花(干)、颗粒酒花和非浓缩粉

根据欧盟（EC）No 396/2005(修订版)和欧盟农残数据库的数据,欧盟的标准涉及 535 种农药、315 种食品和 140 000 多个具体农药残留最大限量,标准涉及范围广,限量明确具体。

欧盟成员国一般均遵循欧盟制定和发布的相关农药残留限量标准,但各成员国可以在经过验证之后设定更低的限量,其他成员国随后也遵循这一限量。针对欧盟现行标准没有涉及的农药,一律执行 0.01mg/kg 这一限量。

2) 重金属对食品的污染

(1)铅

食品容器或加工设备中如果含有铅,就可能对食品造成铅污染。陶瓷釉中的颜料、搪瓷器皿的瓷釉中要用到铅白、铅黄和铅合金;马口铁等食具的焊锡中也有铅;生产白酒的蒸馏设备是锡做的,但其中也含有微量的杂质铅;食品中的酸可以将食具中的铅缓慢溶解而污染食品;含铅农药也会造成铅残留污染。

长期摄入含铅食物对人的神经系统、骨髓造血功能产生不良影响。我国食品卫生标准中规定食品含铅量每千克不得超过 1 mg。

(2)汞

制碱、造纸、电镀、石油、农药、化肥、油漆和医药行业的工业废水中都可能含有汞化合物;施用有机汞农药可以造成粮食作物、水果、蔬菜的污染;环境中的汞污染通过水源、大气、土壤进入动植物体内;在汞污染水体中的水产品可使无机汞甲基化并转化为有机汞,毒性增加许多倍;汞易被生物富集,使其浓度提高千万倍。微量汞也会使人造成慢性中毒,含汞 0.2 mg/kg 的粮食被食用,半年内可发生中毒反应。

汞中毒危害人的血液和脑组织。日本出现的"水俣病"就是一种汞中毒现象。我国规定食品中汞的允许含量每千克食品不得超过下列标准:粮食 0.02 mg,蔬菜和水果 0.01 mg,鱼和水产 0.3 mg。

(3)砷

农业上如果杀虫剂用量过大或距收获期太近,会造成一定残留量;食品加工过程中使用的一些化学物质,如无机酸(盐酸、硫酸)、葡萄酸、食用色素和食品添加剂等,如果纯度不够,也可能造成砷的含量不符合食用标准。

砷对人体的危害主要有:破坏酶系统,引起代谢紊乱,多发性神经炎,严重时可造成呼吸困难、人体循环衰竭,直至死亡。我国规定粮食中含量每千克食品不得超过 0.7 mg。

(4)镉

镉污染食品主要是炼锌、电镀、油漆、颜料、合金制造、色素制造工业所排出的含镉废水、废气污染土壤;农作物、水果、蔬菜再从污染的土壤中吸收镉,并在作物体内积蓄形成食品污染。

镉对人体最明显的危害是使骨骼中的钙被置换出来,引起骨质疏松和软化。慢性镉中毒又名骨痛病。我国目前尚未制定镉的卫生标准。

3) 霉菌及霉菌毒素对食品的污染

霉菌产生的毒菌主要分为肝脏毒、肾脏毒、神经毒、光过敏性皮炎等。其中以黄曲霉毒素的毒性最大和致癌性最高。黄曲霉在适宜的温度和湿度下,易在各种农作物上生长并产生毒菌。花生、玉米、小麦、大米都有可能被黄曲霉污染;动物吃下含有黄曲霉素的饲料,会出现中毒症状,动物性食品也会被黄曲霉污染。

黄曲霉中毒的表现是肝脏功能遭到破坏,并可能诱发肝癌、胃癌、直肠癌等。现已查明黄曲霉毒素是强致癌物质。因此,我国规定食品中黄曲霉毒素不得超过 20 mg/kg。

4) 食品添加剂对食品的污染

食品添加剂是指在食品制造、加工、包装、储存中,为了增强食品的色、香、味,防止腐败,改善食品质量而人为加入的天然或化学合成物质。食品添加剂中可能含有对人体有害的物质和杂质,如发色剂中的硝酸钠;食品添加剂用量过大也会对人产生致病、致癌作用。因此,国家规定了各种添加剂的使用限量。

5) 其他化学物质对食品的污染

这主要包括:

(1)硝酸盐、亚硝酸盐和亚硝基化合物

施用硝酸盐肥料种植的农作物和盐碱地生长的农作物中硝酸盐含量都很高。蔬菜、井水、腌菜中都含有一定量的硝酸盐,硝酸盐在某些还原菌的作用下被还原为亚硝酸盐。鱼类和谷类食品中可能含有仲胺,许多食品在烹调时受热,蛋白质分解也可形成仲胺,亚硝酸盐与仲胺结合形成强致癌物——亚硝胺类化合物。

(2)苯并[a]芘

苯并[a]芘是多环芳烃中致癌作用较强的一种物质。它是烟中的重要成分,烟熏食品和烤熏食品中,糖类、脂肪酸、氨基酸在高温时发生热解,均可能产生苯并[a]芘。此种污染属于食品加工污染。

(3)塑料

在食品工业和日常生活中,塑料容器和薄膜包装材料被广泛应用。塑料是一种人工合成的高分子材料,在制造过程中要加入各种添加剂,如增塑剂和稳定剂。有些添加剂和原料单体对人体有害,如聚氯乙烯塑料中残留的聚氯乙烯单体有致癌作用。日本已规定聚氯乙烯塑料中聚氯乙烯单体含量不得超过 1 mg/kg。

7.4.3　绿色产品备受青睐

由于环境污染会造成人体危害,人类越来越重视和追求"绿色产品"。绿色产品又称环境意识产品,它是指既能够满足用户的功能要求,又能在其寿命循环过程(原材料制备、产品设计与制造、包装与运输、安装与使用维护、回收处理以及再利用)中,实现节约资源和能源,减少或消除环境污染,并对生产者和使用者的健康具有良好保护作用的产品。当前,可持续发展战略正逐步替代传统的以高投入、高消费、高环境代价为基本特征的经济发展模式,既能使人类得到生活安全保障,又能对生态环境系统不产生(或产生较低的)消极影响。这种绿色经济已成为世界经济发展的主导方向。

1)绿色文明系统逐步形成

绿色是生命的象征,绿色是环保的需要。因此,围绕"绿色产品"的生产、分配、交换与消费,必然形成一个绿色文明的系统体系。该体系包括十大要素。

(1)绿色技术

它要求企业在选择生产技术与产品开发中,必须做出有利于环境保护和生态平衡的技术选择。要想对资源可持续利用,就必须改变那种"耗竭型"的发展模式。近年来,绿色技术迅速发展,在防治污染、回收资源和节约能源三大方面形成一个庞大的市场。

(2)绿色设计

设计出的产品可以拆卸、分解,零部件可以翻新和重复使用。绿色设计与传统设计的根本区别在于,绿色设计在设计的构思阶段,就把降低能耗、易于拆卸、再生利用和保护生态环境与保证产品的性能、质量和成本的要求,列入同等重要的设计指标,并保证在生产与使用过程中能够顺利实施。

(3)绿色投资

为防治环境污染和生态破坏,必须规范投资去向,国外企业的投资已经出现"绿色倾向"。如伦敦股票经纪行一家成员公司的调查资料显示,自 1990 年以来,"绿色股"——经营废料处理之类业务的公司所发行的股票,在伦敦股市的涨幅,竟比全部股票的平均涨幅高出 70%。

(4)绿色营销

企业通过各种途径在公众心目中塑造良好的绿色形象,刺激顾客对绿色商品的购买欲望。善于审时度势的生产经营者已经积极行动起来,树立绿色观念、推出绿色产品、制定绿色价格、开发绿色市场、开辟绿色渠道、实施绿色公关、塑造绿色形象,形成一套完整的绿色营销体系。

(5)绿色消费

人们不再大量消耗资源、能源来求得生活上的舒适,而是在大量节约资源、能源的基础上求得生活舒适。人们的消费心理和行为向着崇尚自然、追求健康转变,从而为国际市场带来一股绿色消费潮流。

（6）绿色文化

教育是文化的基础,管理是文化的反映,产品是文化的载体,商标是文化的识别。所以,推行"绿色管理",进行"绿色教育",生产"绿色产品",争取"绿色商标",才能建立完美的"绿色文化"。所谓"绿色管理",就是把环境保护的思想观念融于企业的经营管理和活动之中,具体说,就是把环保作为企业的决策要素之一,确定企业的环保对策和环保措施。"绿色商标"是现代商品营销中新的竞争要素。由于"绿色商标"代表安全、无公害,所以有"绿色商标"的商品备受消费者欢迎,市场潜力很大。

（7）绿色认证

推行统一的绿色产品的环境标准,表明绿色产品将在国际市场上占主导地位,而不符合环保认证标准的产品将被淘汰出国际市场。

（8）绿色标志

绿色标志亦称环境标志、生态标志,是指政府部门或公共、私人团体依据一定的环境标准,向有关厂家颁发证书,证明其产品的生产、使用及处置过程全部符合环保要求,对环境无害或危害极少,同时有利于资源的再生利用。

（9）绿色壁垒

它构成了国际市场的新的贸易保护网。"绿色壁垒"形式有:"绿色关税""绿色技术标准""绿色检疫"等。"绿色关税"又称环境进口附加税;"绿色技术标准"是指发达国家在保护环境的名义下,通过立法手段制定严格的强制性的环保技术标准,限制外国商品的进口。

（10）绿色保护

通过法律手段对环境进行保护,达到食物天然化、环境绿色化、空气水源纯净化的绿色要求。据有关资料显示,目前国际上已签订了150多个多边环保协定,其中有将近20个含有贸易条款,旨在通过贸易手段达到实施环保法规的目的。各国对进口商品也竞相制定越来越复杂且严格仔细的环保技术标准,其中食品的环境技术标准是最高的。日本、欧盟、美国等发达国家对食品中农药残留量和有害物质含量标准的规定,到了近乎苛刻的地步。

2）绿色食品的发展前景广阔

在全球绿色浪潮冲击下,食品安全问题成为一个热点,正是由于人们渴望优质、安全、无公害、富营养的食品来满足他们的需要。于是,绿色食品、有机食品、无公害食品、天然食品等应运而生。各种提法界限不明,概念不清,很容易造成误解。如有机食品和无公害食品,都可以称为绿色食品,虽然都要求产地具备良好的生态环境和生产过程的无公害化,但二者之间还是有明显差异,不能等同。有机食品产自西方发达国家,它们已经在20世纪上半叶就完成农业现代化,高度发达的农业在给它们带来极其丰富食品的同时,生态环境污染也给人的健康带来危害。因此,西方发达国家在食品安全卫生方面制定了许多严格标准,以产量的降低保证食品安全卫生质量的提高,由此兴起了有机农业和有机食品。无公害食品可以说是"中国式绿色食品",我国是一个人口多、人均耕地少的发展大国,人们的食品消费正处于由"温饱型"向"小康型"的过渡阶段,在环境与发展关系上应该树立两者兼顾的理念,因此发展无公害食品更加符合我国国情。

　　无论是有机食品,还是无公害食品、天然食品,都可称为绿色食品,这是绿色消费所倡导的客观事实。我国现在把绿色食品分为两个等级,即 A 级和 AA 级。A 级相当于无公害食品,其安全卫生标准较低,只对使用化肥、农药和其他化学合成剂有一定限制,而对产地环境质量要求不是很严格;AA 级则相当于国际上通行的有机食品。它要求产地 3 年内未使用化肥、农药、除草剂等化学合成品,对大气环境质量、生产用水的水质、土壤理化性质都有明确规定。我国农业部已经启动生态农业建设与"无公害食品行动计划",力求 2~3 年内实现主要农产品"从田间到餐桌"全过程的无公害化管理。据来自 2001 年(北京)"生态农业与可持续发展国际研讨会"的消息,我国生态农业经过 20 年的试点建设,已取得可喜进展:全国无公害农产品生产基地面积已达 93.2 万公顷,总产量 102.5 亿千克,其中,无公害蔬菜产量达 50 亿千克。

　　但这远远满足不了国内外日益增长的对有机食品和无公害农产品的需要。就国内而言,随着人们生活水平由温饱型向小康型的转变和生态环境意识的增强,消费观念不断发生变化,人们对农产品的需求不再只是结构多样性,而且日益关注农产品的质量,特别是消费卫生安全质量。因此,无公害农产品在农产品消费结构中的比重越来越大。在我国发达地区(特别是大城市),居民的农产品消费结构中无公害农产品消费是呈现不断上升趋势。据对北京、上海的调查,80%以上的消费者有购买无公害农产品的愿望,而目前我国无公害农产品生产量还远远满足不了市场需要,无公害农产品的市场前景十分广阔;国际市场上有机食品潜力无限。据统计,欧共体各国有机食品的消费量占世界有机食品总量的 3/4,但有机食品的生产是劳动密集型农业,需要大量的劳动力投入。大多数国家对有机食品的需求量远远超过本国的生产能力,这意味着他们需要从国际市场上大量进口。据有关资料显示,目前英国有机食品消费的 80%依靠进口,德国有 98%依靠进口。因此,无公害农产品和有机食品的国际市场潜力无限。

3) 无公害农产品的显著特点

　　在我国当前的社会经济条件下,大力发展有机农业及有机食品是不现实的。而重视生态农业建设,发展 A 级为主的绿色食品(无公害农产品)将是必经之路。无公害农产品是指将有毒有害物质的含量控制在安全允许范围内、且符合《无公害农产品生产技术规范》要求的可安全食用的农产品以及加工产品的总称。农产品是指种植业和养殖业生产的产品及野生天然食品等。无公害农产品与普通农产品相比,具有 3 个显著特征:

　　一是产自良好的生态环境。无公害农产品生产从控制基地环境入手,通过对基地及周围的生态环境因素(水、土、气)的监测,判定其是否具备无公害农产品生产的环境质量,从而保证无公害农产品产自良好的生态环境,实现其无污染、无公害的目标。

　　二是生产的全过程质量控制。无公害农产品生产从改善农业生态环境入手,对农业实现纵向一体化质量管理,通过产前环节的环境监测,产中环节生产操作规程的落实,以及产后产品质量和卫生指标的监测、包装、储运等环节的控制,保证无公害农产品的质量。

　　三是产品要无污染、安全、优质。无公害农产品既要有优质农产品的营养品质,又要有健康安全的环境品质,无污染、安全、优质是其重要特征。在营养品质上强调优质和富营养,在环境品质上突出安全、无公害。

第8章 农产品商品

8.1 粮食生产与供给

8.1.1 世界粮食日

"民以食为天",粮食在整个国民经济中始终具有不可替代的地位。1972年,连续两年气候异常造成了世界性粮食歉收,加上苏联大量抢购谷物,出现了世界性粮食危机。联合国粮农组织于1973年和1974年相继召开了第一次和第二次粮食会议,想以此希望世界,特别是第三世界关注粮食及农业生产问题。督促各国政府和人民采取行动,增加粮食生产,进行更合理的粮食分配。但是,问题并没有因此得到解决,世界粮食形势依然严重。关于"世界粮食日"的决议正是在这种背景下提出的。1979年11月,第20届联合国粮农组织大会决定,将1981年10月16日(联合国粮农组织创建纪念日)定为"首届世界粮食日",此后每年的10月16日都作为"世界粮食日"。其宗旨在于唤起全世界对农业生产的高度重视。

1) 世界粮食日的意义

在人类居住的地球上,动植物和农作物的品种都在日益减少。古代先农们种植过多达数千种的农作物,而现在只有大约150种被广泛种植,成为人们主要的食物来源。其中,玉米、小麦、水稻约占60%,而大多数其他农作物品种已处于灭绝的边缘。随着农作物品种日趋单一和世界人口的爆炸性增长,全世界粮食供应正变得日益紧张。

自马尔萨斯于1798年发表《人口论》,提出人口增长将超过生活资料生产的观点之后,人们对他的预言持不同观点。1968年,保罗·爱赫利奇发表了《人口炸弹》;1972年,罗马俱乐部发表了《增长的极限》。这两部著作都进一步表示,无限制的人口增长将导致大规模的饥荒。也有人持不同观点,他们认为:人不仅仅会消费,而且还能生产出比消费多得多的东西。20世纪70年代末,美国华盛顿世界观察研究所的来斯特·布朗争辩说:世界各地的农场主和农民已经用尽了能够提高产量的办法,但稻谷和小麦的产量还在下降。在亚洲的其他地区,水稻研究人员 20 多年来也未能大幅度地提高作物产量。

世界人口正以每年约 9 100 万的速度增长,许多国家政府对于举办"世界粮食日"活动都很重视,有的国家首脑在这一天发表了演讲,有的国家举行了纪念会或发表了纪念文章,有的国家的科研机构发表了粮食和农业科研成果,举办了科学讨论会等,以提高人们对粮食以及粮食引发的一系列问题的重视。

2) 世界粮食日历年主题

(1) 20 世纪 80 年代

此段时期注重农业、农村发展。

1981 年——粮食第一;

1982 年——粮食第一;

1983 年——粮食安全;

1984 年——妇女参与农业;

1985 年——乡村贫困;

1986 年——渔民和渔业社区;

1987 年——小农;

1988 年——乡村青年;

1989 年——粮食与环境。

(2) 20 世纪 90 年代

此段时期注重粮食生产与环境发展的关系。

1990 年——为未来备粮;

1991 年——生命之树;

1992 年——粮食与营养;

1993 年——收获自然多样性;

1994 年——生命之水;

1995 年——人皆有食;

1996 年——消除饥饿和营养不良;

1997 年——投资粮食安全;

1998 年——妇女养供世界;

1999 年——青年消除饥饿。

(3) 进入 21 世纪

此段时期注重在保护环境减少粮食产量背景下的粮食供给与食品安全。

2000 年——没有饥饿的千年;

2001 年——消除饥饿,减少贫困;

2002 年——水:粮食安全之源;

2003 年——关注我们未来的气候;

2004 年——生物多样性促进粮食安全;

2005 年——农业与跨文化对话;

2006 年——投资农业促进粮食安全以惠及全世界；

2007 年——食物权；

2008 年——世界粮食安全：气候变化和生物能源的挑战；

2009 年——应对危机，实现粮食安全；

2010 年——团结起来，战胜饥饿；

2011 年——粮食价格：走出危机走向稳定；

2012 年——办好农业合作社，粮食安全添保障；

2013 年——发展可持续粮食系统，保障粮食安全和营养；

2014 年——家庭农业：供养世界，关爱地球。

8.1.2 我国粮食发展战略

粮食安全始终是关系我国国民经济发展、社会稳定和国家自立的全局性重大战略问题。保障我国粮食安全，对实现全面建设小康社会的目标、构建社会主义和谐社会和推进社会主义新农村建设具有十分重要的意义。

1）我国粮食生产演进与挑战

（1）我国粮食生产进程与产量

新中国成立以来，由于农村政策波动变化和自然灾害的影响，我国粮食生产经历了 3 个时段。

1949—1979 年的 30 年间，在农业集体经济组织优越性的作用下，粮食年均增长率为 4.72%。

1979—1999 年的 20 年间，粮食年均增长率为 2.38%。联合国粮农组织统计：在 20 世纪 80 年代，中国占世界粮食增产份额的 31%，而在 20 世纪 90 年代，则占 56%。

进入 21 世纪后，我国粮食产量虽然从 2003—2015 年实现"十二连增"后，2016 年首次回落，全国粮食总产量为 61 623.9 万吨，比 2015 年减少 520.1 万吨。2017 年我国粮食总产量居世界第一位，广义粮食总产量为 66 160 万吨（超 6.6 亿吨），其中谷物类粮食产量为 61 790.7 万吨（接近 6.18 亿吨）；同年美国的谷物类粮食产量高达 4.4 亿吨，全球排名第二，约为同期中国粮食产量的 71.2%；同年印度的粮食产量为 3.136 亿吨，尽管相当于中国的一半，但印度却是全球最大的大米出口国，年出口量在 1 100 万吨左右。2018 年我国粮食总产量为 65 789 万吨，比 2017 年减少 371 万吨，下降 0.6%。2019 年我国粮食产量为 66 384 万吨，比上年增加 594 万吨，同比增长 0.9%。2014 年以来，我国粮食进口量一直维持在 1 亿吨以上，2017 年以来粮食进口量下降明显。2019 年我国累计进口谷物和谷物粉 1 785.1 万吨，进口大豆 8 851.1 万吨，合计 10 609.2 万吨，较 2018 年下降 9.2%。

我国在粮食方面的巨大成就，不仅解决了 14 亿左右人民的吃饭问题，而且使人民的生活水平逐步提高，特别是为世界范围内消除饥饿与贫困做出了重大贡献。但我国是一个人口众多的国家，粮食安全问题仍然是国民经济发展中的突出问题。

（2）制约我国粮食安全的因素

我国人口众多，对粮食的需求量大，粮食安全的基础比较薄弱。从今后发展趋势看，随着工业化、城镇化的发展以及人口的增加和人民生活水平的提高，粮食消费需求将呈刚性增长，而耕地减少、水资源短缺、气候变化等对粮食生产的约束日益突出。我国粮食的供需将长期处于紧平衡状态，保障粮食安全面临严峻挑战。

一是我国粮食需求呈刚性增长状态。这主要是因为人口总数量庞大、基数大，居民生活结构进一步改善，消费食物的多样化、优质化趋势加强，动物蛋白食品的消费数量越来越大。随着粮食和主要食物需求量的不断增长，粮食生产日趋重要。

二是水土资源的约束性越来越强。在农业和粮食科技没有取得根本性突破之前，粮食的种植面积和粮食的单产是粮食总产量不断增长的决定性因素。目前不断缩减的耕地面积是我国粮食生产的一个重要制约因素。粮食生产不仅受耕地、水资源等自然要素的约束，也受劳动力、技术和资金等经济社会要素的影响。随着工业化、城镇化进程的深入推进，优质耕地资源多被配置到非农生产领域，特别是非粮生产领域。水土资源匹配失衡成为新时代粮食安全的核心制约因素，且这种制约呈现出日益增强的趋势。粮食主产区都严重缺水。而这些地区正是我国最大的粮食基地，是提供商品粮的主要来源。水土资源全面影响粮食安全，数量的多少影响粮食产量，质量的好坏影响粮食品质，而后者恰恰是新时代人们日益增长的美好生活需要的重要内容。当前，我国水土资源流失严重、利用效率低下等问题并存，粮食生产面临严峻考验。

三是农业面源污染依然严重。化肥、农药、杀虫剂和除草剂等化学用品的大量投入，以及非科学性施用，导致严重的农业面源污染，严重损害了粮食生产的生态基础。中央广播电视总台中国之声《全国新闻联播》2019 年 12 月 18 日报道：2019 年我国水稻、玉米、小麦三大粮食作物化肥利用率为 39.2%，农药利用率为 39.8%，未能得到有效利用的成分进入土壤和地下水体，造成土壤质量下降和水环境污染，对粮食品质构成了新的威胁。农业增产靠天、靠化肥农药的局面并未得到根本改变，农业增产增效的长期机制还没有完全建立。

四是农业废弃物资源化利用率较低。据有关报道及相关研究，我国每年大约有 40 多亿吨农业废弃物资源未得到合理使用，其中包括 7 亿多吨农作物秸秆和 30 多亿吨畜禽粪便，而畜禽粪便的 COD（化学需氧量）排放是工业和生活污水排放的 5 倍。此外，认知不足、机制缺失等，导致废弃农用塑料薄膜、农药包装物等农业废弃物的回收及资源化利用率低下，农业生产环境遭受二次污染的趋势不断加剧。

五是农业抵御自然风险的能力不足。农业生产面临的自然风险类别较多，特别是在全球气候变暖的背景之下，极端气候发生的频率更高、影响的范围更广、造成的破坏程度更大。近年来，旱涝灾害频发，导致粮食大幅度减产，进而影响国家粮食安全。除此之外，病虫害、冰雹和台风等自然灾害，也会对农业生产造成严重的危害。面对这些自然灾害，我国农业生产抵御自然风险的能力明显不足。随着工业化、城镇化快速推进，在越来越严格的环境规制之下，城镇对工业生产的环保要求越来越高，倒逼大量的高污染工业企业从城镇向农村地区迁移，导致工业企业占用了大量优质土地资源，工业废弃物对农业生产环境造成了破坏和污染，影响了粮食等主要农产品的数量和质量。

2）我国粮食安全的战略选择

中国特色社会主义进入新时代，更应该站在新的战略高度，遵循新的粮食安全观，以《国家粮食安全中长期规划纲要》（2008—2020）为依据，切实提升粮食综合生产能力，确保国家粮食安全。

（1）从国家战略高度强化粮食安全风险意识

习近平总书记指出："保障国家粮食安全是一个永恒的课题，任何时候这根弦都不能松。"因此，应加强对国家粮食安全的领导，全面提升粮食综合生产能力。强化粮食安全责任意识。各级政府应树立粮食安全的责任意识，将粮食生产作为工作的重中之重，特别是粮食主产区的各级政府更应如是。强化粮食安全风险意识。新时代，影响粮食安全的风险因素依然存在，影响的程度可能愈来愈深，要随时关注影响粮食安全的风险因素及其变化态势，并制定切实可行的预案，确保国家粮食安全。强化生态基础意识。农业发展应将为 14 亿人民提供粮食等优质安全农产品作为最根本的出发点与最终的目标。从根本上来讲，粮食等主要农产品的数量与质量安全的前提是必须有水土资源的数量和质量作为保障。为此，必须树立生态基础意识，这是关乎健康中国战略能否实现的重大战略问题。

（2）加强水土资源保护，为粮食生产提供保障

在确保耕地数量稳定的前提下，实现耕地资源质量的提升。坚持最严格耕地保护制度和最严格节约用地制度，全面落实耕地占补平衡、永久性基本农田划定等政策措施，确保耕地面积的稳定。尤其要做好政策与制度的绩效评价，对造假等不良行为进行追责。保护优质耕地资源，改善耕地土壤的质量。通过改造中低产田、改善耕地土壤质量，提升耕地生产率，确保国家粮食安全。以水生态建设为着力点，实现水资源的高效利用。实施水生态治理，为粮食生产提供用水保障。立足于系统论思维，统筹自然生态要素，将治水与治山、治林、治田有机结合，协调解决水资源问题，提升水资源对农业发展的保障能力。实施最严格水资源管理制度。在严格执行水资源管理"三条红线"的同时，根据区域农业发展的需要，划定农业用水红线，确保农业生产对优质灌溉用水的需求。推广农业节水措施，提高农业用水效率。根据不同区域水资源禀赋、农业种植结构的实际情况，选择适宜的节水措施，实现农业节水的目的。以环保执法为手段，严格控制工业企业对水土资源的污染。完善环保制度，规范工业企业的排污行为，从达标排放转向总量控制，从限制性制度转向激励性制度、引导性制度。严格环保执法，根据企业所造成的环境污染程度，追究其法律责任，并处以重罚。

（3）加强农业面源污染防治，改善粮食生产环境

以绿色发展理念指导农业面源污染的防治工作。加大宣传力度，提高全民对农业面源污染严重后果的认识。利用各种信息技术手段，积极推行环境宣传下乡、监测下乡和执法下乡，在防治农业面源污染的同时，还要严防工业污染从城市向农村转移。清楚认识农业面源污染防治的艰巨性。我国农业面源污染的形势非常严峻，要通过推进农业面源污染防治，提升农业生产系统质量，为农产品质量安全提供基础保障。推动农业面源污染防治行动计划的实施，并对实施效果进行评价。全面实施农业农村部推行的相关行动计划。围绕"一控两减三基本"目标，实施化肥农药使用量零增长行动、推进养殖粪污综合治理行动等。加强行动计划实施效果的监测与评价。在全国范围内选择典型区域，对农业面源污染防治行动的实施效果

进行监测及评价,并剖析实施过程中存在的问题,提出进一步完善的建议。

（4）重构产业发展模式,提升农业生产系统的质量

重构产业发展模式,减少面源污染。按照生态农业原理,构建循环型生态农业生产体系,将种植业与养殖业之间的生态链衔接起来,以实现二者的协调发展。强化市场监管,倒逼农资生产与使用走向绿色化之路。根据农业绿色发展的要求,积极引导农资生产主体行为,强化对农资生产、流通环节的监管,以此保障农资合理、稳定供应,在源头上遏制假冒伪劣农资产品对农业生产环境的潜在危害。加强对农业生产主体行为的监督和管理,督促其严格按照农产品质量标准体系进行生产,减少农业生产过程造成的面源污染。建立农业废弃物回收和资源化利用各个关键环节的链接机制。如果不能及时回收农药包装物、农用废弃塑料薄膜,将会对水土资源环境导致严重的二次污染。因此,需要高度重视农业废弃物的回收及资源化利用,根本解决农业废弃物造成的面源污染。努力实施"科教兴粮"战略,力争逐步缩小中国与世界发达国家在农业科技开发上的差距,力争到 2030 年科技进步对粮食的贡献率达 70%。这对中国粮食生产将起巨大的推动作用:粮食单产至少可提高了 50% 左右,届时我国的粮食总产量会大幅度增加。20 世纪 50 年代,江苏劳动模范陈永康培育的水稻"老来青"品种,使水稻产量提高了 30%;我国国家最高科学技术奖获得者——袁隆平培育的"杂交水稻"新品种,使水稻的产量几乎翻了一番。我国人口多、耕地少,保障粮食安全,必须通过科技进步提高单位面积的产量。有不断涌现的科技创新,才能为中国粮食安全保驾护航,让中国人从"吃饱"走向"吃好"。

（5）完善制度和机制,保障粮食生产能力提升

继续实行耕地轮作休耕制度。根据农业高质量发展要求,提升粮食综合生产能力,逐步推动轮作休耕补偿的制度化和法制化建设,统筹国家粮食安全和生态安全,实现"藏粮于地、藏粮于技"的目的。建立健全粮食主产区耕地资源生态补偿制度。加快推进农业生产方式由过度依赖资源环境的粗放发展向绿色生态可持续发展转变,建立与完善对粮食主产区的生态补偿力度,尤其是对东北黑土地的保护更应该加大补偿力度。加强农业资源环境监测,建立科学的防范体系。建立可持续的政策监测和评估流程,通过对各省、市、县农业绿色发展状况进行评价和考核,激励各地努力提高农业绿色发展水平和速度。"一带一路"倡议为我国粮食产业的发展提供了历史机遇,但是,我国粮食在"走出去"的同时,也将面临沿线国家粮食产品"引进来"的竞争与挑战。近年来,我国对农产品的需求呈现较为显著的增长趋势,与此形成鲜明对比的是我国粮食产业的比较优势呈现下降的态势,这使得农业资源将逐步向经济作物或非农业部门转移,并最终导致国内粮食供给无法满足我国粮食需求的增长。

当前,国内粮食的供求矛盾主要依靠粮食的进口予以解决。大豆等粮食作物的大量进口对国内粮食生产形成一定影响,一旦这种趋势普遍影响我国的粮食产业,则势必会影响我国粮食产业的可持续发展,进而危及我国粮食安全。

8.1.3　食品商品的主要特征

随着广大人民群众收入水平和消费意识的逐步提高,消费观念也在不断变化。因而,对食品的需求不仅是数量的需求,而且呈现出种类多样化,人们尤其注重食品的质量和营养。

正因如此,有必要对食品商品进行科学、合理的分类,并对食品的营养成分及特性进行必要的研究。

1) 食品商品的分类

食品商品按不同分类方法有好多种分类形式。

(1) 根据食品的来源不同分类

按此可分为:植物性食品(如米、面、菜、果等)、动物性食品(如肉、禽、蛋、水产品、乳制品等)和矿物性食品(如食盐、食用碱、矿泉水等)。

(2) 根据食品的加工程度不同分类

按此可分为:初加工食品,如米面、油脂、肉类、食糖等;再加工食品,如糖果、面包、糕点、酒类、酿造的调味品等;深加工食品,如各种功能性食品(婴幼儿食品、老年食品、保健食品,以及部分方便食品等)。工业发达国家的深加工食品品种不断增加,而我国目前初加工的食品还占相当大的比重。

(3) 根据我国饮食的习惯不同分类

按此可分为:主食类,由米、面加工的产品,如米饭、馒头、面条等,它们是人体热量的主要来源;副食类,该类包括的食品种类很多很广,它们是人体获得蛋白质、油脂、维生素、矿物质的主要来源;嗜好品类,主要有烟叶制品、酒类、茶叶、咖啡、可可等,它们都含有某种特殊的成分,能引起生理产生兴奋刺激作用,以满足有特殊爱好的消费者的需求。

(4) 根据食品含水量的差异分类

按此可分为:高水分食品,它们多属于生鲜食品,其含水量都在60%以上,如菜果、鱼肉、水产品、鲜蛋等,适宜在低温下储藏;中湿食品,水分含量在10%~40%,如面包、糕点、被加工的鱼肉制品、苹果制品和烟叶制品等,储存中湿食品必须控制适宜的温湿度;干燥食品,水分含量在10%以下,如饼干、食糖、乳粉、豆腐粉和粉状调味品等,适宜在干燥条件下储藏。

食品中还有一些属于鲜活食品,它们仍具有生命活动,在经营中需要创造必要条件,维持它们的生命活动。此外,食品按出现时间的先后,有传统食品和新兴食品之分,传统食品中多数为我国的名特优食品,受到国内外消费者的青睐;新兴食品是采用新技术和新工艺生产的食品,如方便食品、功能食品、绿色食品等,它们具有广泛的需求前景,需要加强研制与开发。

2) 食品的营养成分

食品商品的营养成分是决定食品营养价值的主要方面,也是评价食品商品质量的重要依据。食品中的营养成分主要有6类:碳水化合物、蛋白质、油脂、维生素、矿物质和水分。食品商品的种类不同,其营养成分的含量及种类也不一样,有的以蛋白质为主,而有的则以碳水化合物为主。至今还未发现有一种食品能含有人体所需的全部营养成分,所以人类对食品的需求是多种多样的。

在研究食品商品的营养成分时,除了要分析它们的种类和含量外,还要知道它们的消化吸收情况,只有易被人体消化吸收的营养成分,才能达到有效的营养价值。此外还应了解这些营养成分在加工、储运中的有关性质,它们不但为保证和提高食品商品质量提供科学的依据,而且能为开发食品新品种提供有用的信息。

3) 食品商品的色、香、味、形

食品的颜色、香气、滋味和外形是评价食品质量的一个重要方面。它们不仅使人产生愉快感、美感和占有欲，而且能促进食欲，有助于食品的消化吸收。人们还通过食品的色、香、味、形来直接判定食品的新鲜度、成熟度、加工精度以及品种特征。

（1）颜色

食品的各种颜色主要来源于本身固有的天然色素和化学合成色素。天然色素按来源的不同，又分为植物色素（如叶绿素、胡萝卜素、番茄红素、姜黄素、花青素等）、动物色素（如血红素、虾青素等）和微生物色素（如红曲色素）三类。化学合成色素品种众多，色彩鲜艳，使用方便，但多数都有毒性。我国允许使用的化学合成色素有胭脂红、苋菜红、靛蓝、柠檬黄 4 种，使用量规定不得超过 0.05 g/kg。

（2）香气

香气是食品中多种挥发性香味物质作用于鼻黏膜感受体所引起的感觉。目前已发现决定这种香气的物质超过 2 500 种。在香气形成中起重要作用的香味物质有 200~400 种，有些存在于原料中，有些则在加工过程中产生。香味物质在食品中的含量甚少，其总含量大致在 1~1 000 mg/kg。香味物质的含量与原料的种类、成熟程度、采摘季节、加工方法和工艺条件等因素有关。早在 1965 年，约·戴维斯将香气分为 10 种基本气味：麝香气味、龙涎香气、雪松气味、辣椒气味、花香气味、扁桃气味、樟脑气味、醚的气味、水果气味和醇的气味。食品的气味都与上述 10 种基本气味的组合有关。

（3）滋味

食品中的可溶性滋味物质溶于唾液或水，刺激舌表面的味蕾，再将刺激传递至中枢神经，就产生不同的味觉。我国将味觉分为酸、甜、咸、苦、辣五味，再加上鲜味和涩味，称为七味。世界各国对味觉的分类并不一致。从生理学上，通常以酸、甜、咸、苦 4 种为基本滋味。试验证明，咸味感觉最快，然后是甜味和酸味，而苦味感觉最慢。当食品中含有不同滋味物质时，就会感觉到复杂的滋味，如酸甜（水果）、酸咸（酸白菜）、甜苦（巧克力糖）等。

（4）外形

食品商品外形不但要求美观、和谐，以适应消费者心理，而且要求外形稳定以适应生产、运输、储存和食用。广义的外形还包括食品的物理结构，如组成的微细粒子的大小、形状、配列状态等，它们与食品的软硬度、黏度、弹性、咬感、滑溜程度等口感因素有着密切的关系。

8.2 蔬菜与鲜果

8.2.1 蔬菜的分类

蔬菜种类及品种繁多，为了系统地进行研究，必须把它们进行科学的分类，现在采用的分类方法有 3 种。

1) 植物学分类

根据植物自然进化系统,按科、属、种和变种进行分类,其优点能了解各种蔬菜之间的亲缘关系,凡进化系统和亲缘关系相近的各类蔬菜在形态特征、生物学特性以及栽培技术方面都有相似之处,这对病虫防治杂交育种、选留种都有重要现实意义。但是同科的蔬菜其食用器官、生物学特性未必完全相似,甚至有很大差异,如番茄和马铃薯。按此法分类主要的蔬菜有十字花科、豆科、茄科、额芦科、伞形科席科、百合科等。

2) 食用器官分类

根据不同的食用器官来分类,因为在栽培上同一食用器官形成时,对环境条件的要求大体相似,因而采取的措施也较为一致。但食用器官相似的蔬菜,如高笋和支瓜、洋花菜和黄花菜,它们的生长习性、栽培方法相差甚远。水果一般是食用其果实。

3) 农业生物学分类

这种分类方法综合了上述两种分类法的优点,克服了其缺点,从农业生产实际出发,将生物学特性和栽培技术基本相似的蔬菜归为一类,共分为 12 类,比较适合农业生产上的要求。

8.2.2 鲜果的分类

对鲜果而言,市场上品种繁多,就果实的构造可分为:仁果类、核果类、浆果类、坚果类、柑橘类、复果类、瓜类等七大类。每类水果又有若干品种。按产地又将长江以南地区产的果实称为南果,把长江以北地区产的果实称为北果。

1) 仁果类

仁果类果实的外面有一层表皮,里面有一层很厚的果肉,再里面有 4~5 个种子室,室内有种子。这类均属于蔷薇科果树的果实。如苹果、梨、沙果、香果、海棠、木瓜、山楂、枇杷等。其中经济价值最大的是苹果、梨、山楂等,而沙果、海棠、枇杷、山楂、木瓜等又是果制品的重要原料。仁果具有较好的耐储性,在国内外果品市场中占有重要地位。

2) 核果类

核果类果实的外面也有一层表皮,中部是果肉,再里面有一层坚硬的木质化核层,内部有一个种子。果实成熟后果肉变软,柔嫩多对,采摘期又正值炎热季节,因而不适于长期储藏,除及时运输以外,一般多制成果干、果脯和罐头等供应市场。核果类主要包括蔷薇科的桃、杏、李、樱桃、枣等,其中经济价值大的是桃、杏和枣。

3) 浆果类

浆果类果实的外部有表皮,果肉成熟后呈浆状。如葡萄、柿子、猕猴桃、无花果等。

4) 坚果类

坚果类以种仁作为食用的部分。果实特征是外覆木质或革质硬壳,成熟时干燥而不裂开,故又称为壳果类。如核桃、板栗、松子、榛子等,具有很高的营养价值,含水量低,耐储藏。其中核桃和板栗经济价值最大,是我国广大山区的重要果品。

5) 柑橘类

柑橘又称柑果或橙果,由外果皮、中果皮、内果皮及种子构成。外果皮与中果皮粘连,分界不明显,其外层为黄皮层,外覆蜡质,内含油泡(含芳香油)。外皮颜色有鲜黄、淡黄、橙黄及橘红等。内层为白皮层,系白色海绵状组织,内含大量果胶,并有维管束(橘络),其厚薄因品种不同而有很大差异。内果皮组成瓤瓣状果肉。

6) 复果类

复果类果实由整个花序组成,是以肉质的花序轴及苞片、花托、子房等作为食用的。果肉柔嫩多汁,味酸甜适口。此类果实主要有热带的菠萝、波罗蜜等。其中菠萝的经济价值较大。

7) 瓜类

瓜类主要是西瓜、甜瓜、哈密瓜、白兰瓜、沙金蜜瓜等。其含糖量在 10% 以上。瓜类中的哈密瓜、白兰瓜还为国家出口换汇,是在国际市场上受欢迎的品种。

8.2.3 蔬菜的商品特点

为了搞好蔬菜商品经营,不仅要了解蔬菜在人民生活中的重要性,而且还要了解和掌握蔬菜商品的特性。

1) 鲜嫩易腐性

蔬菜最基本的特性是它的鲜嫩易腐性,特别是叶菜类。蔬菜失去了鲜嫩性,也就失去了它的存在与食用价值,人们生产和经营它也就没有任何意义。易腐性与鲜嫩性是紧密相连的,是由鲜嫩性派生和决定的,所以蔬菜经营最重要的是保持其鲜嫩品质。

2) 生产的季节性

蔬菜商品的季节性很强。旺季品种多、数量大,往往供过于求;淡季品种少、数量少,供不应求。云南省地形复杂、气候各异,各地淡旺季出现的时间有先有后,加上生产条件和技术水平的差异,季节性问题在边疆民族地区更显得突出。为解决季节性生产与全年均衡供应的矛盾,蔬菜经营者必须组织好生产、调运及供应。

3) 需求的常年性

蔬菜含有人体需要的各种维生素、矿物质、纤维素,并具有助食及防病功能,几乎人人要吃,天天离不开它,但由于它的鲜嫩易腐性不易长远久储,蔬菜经营者应致力于常年四季组织生产,全年供应。

4) 货源的不稳定性

农业生产受自然气候变化影响很大,且受高温、霜雪、冰雹、雨涝、干旱、病虫等的危害,常常减产歉收,加上蔬菜品种多、茬口复杂、技术性强,所以有较大的变异性和风险性,货源不稳定。蔬菜经营者必须把握这一特点统筹规划,合理安排,促进生产发展,稳定市场供应。

5) 价值的低值易耗性

蔬菜商品水分多、数量大、易耗易腐、劳动耗费大、难度大、产值低。蔬菜的这些特性,决定了蔬菜经营上的独特的流通规律,只有把握这些特性,掌握其规律,才能把市场搞好、搞活,更好地满足城乡人民对蔬菜消费的需求。

8.2.4 鲜果的商品特点

为了便于研究鲜果商品的特点,大多按果实的结构划分,这里我们选择南方的柑橘和北方的苹果作为代表,重点介绍这大类鲜果具有的特色、经营知识等。

1) 苹果的品种及特点

我国苹果栽培历史悠久,品种资源丰富,优良品种有 20 多个,是鲜果中的大宗果品之一,产量居鲜果首位,而且供应期又较长,在鲜果市场经营中占有重要比重。有些品种在国际市场上享有极好的声誉。

苹果在我国分布很广,但主要产地是辽宁、山东、江苏、山西、河南、河北、陕西、甘肃、新疆、四川、安徽等地,其中辽宁产量最多。按成熟期分为早、中、晚熟 3 种。

①早熟种。最大特点是成熟早,在 7 月上旬—8 月上旬即可上市,生长期短,内在组织不够紧密,耐储性较差。优良品种有:辽伏、伏锦、甜黄魁等。

②中熟种。成熟期在 8 月—9 月上旬,耐储性较强。优良品种有:祝光、红玉、金冠等。

③晚熟种。成熟期在 9 月—10 月下旬,是品质较好的品种,有后熟作用而耐储藏,在产销中占的比重较大。优良品种有:元帅系列(包括元帅、红星、新红星、红冠等)、鸡冠、赤阳、青香蕉、甜香蕉、胜利、秦冠、富士、国光等。

2) 柑橘的品种及特点

我国栽培柑橘已有 4 000 多年历史,柑橘品种资源丰富,长江以南有 14 个省区适宜柑橘类果树生长。我国的柑橘集中在 11 月—1 月上市,有早、中、晚熟优良品种。鲜果上市集中,给经营运销上造成了一定压力。为了避免果实采收后的腐烂损耗,延长供应时期、提高经营管理水平、搞好包装储运是非常必要的。柑橘的主要种类有柑橘属,其次是金柑属和枳属。

①柑橘属。这是柑橘果树中最重要的一个属,有 20 多个品种,目前,我国柑橘属主要有枸橼类、柚类、橙类及宽皮桔类。

②金柑属。以浙江宁波地区栽培较多,主要供加工蜜饯及观赏用,也有可供鲜食的品种。金柑果实小,皮厚而甜,果肉微酸,维生素 C 含量高。此外还有金弹、金枣、圆金柑等品种。

③枳属。仅有一种称为枳,又叫枸橘,分布广东、广西、福建、中国台湾等地。果实呈扁圆形或圆形、倒卵形,果皮为柠檬黄色,皮上密布绒毛,果肉带黏性,味苦辣,不堪入口。

8.2.5 蔬菜鲜果的组成物质

鲜果蔬菜具有鲜美的色泽、特有的风味和人体所需的营养物质。在营销中评价其质量优劣主要按果实个头的大小、质地饱满、色泽鲜艳、香气浓郁、酸甜适宜等指标,分级论等而进行。而这些质量指标又与鲜果含有的不同物质成分有关。化学物质在果实生长、成熟以及储藏过程中会产生一系列的变化,因而在营销管理中控制果实所含各种物质成分的变化,以及掌握这些物质特性变化规律是十分必要的。

鲜果蔬菜的类别、品种因受产地的气候、土壤等各种因素的影响,其所含的物质成分的差异较大。但鲜果蔬菜的基本物质成分有以下几种。

1) 水分

新鲜果实蔬菜的成分中,水占最大比重。各种果实含水量的多少因种类不同而异,一般在 80%~85%。含水量高的如西瓜、草莓等可达 90% 以上,含水量少的如山楂也有 60% 的水分含量。水分的多少标志着果实的新鲜度和食用价值。

果实中除水分外的其他物质统称干物质。干物质中有一部分溶于水的物质称为水溶性物质或可溶性物质(也称可溶性固形物或可溶性固体),如糖、有机酸、果胶、单宁、某些色素及维生素等;另一部分不溶于水的物质称为非水溶性物质或不溶性物质,如淀粉、原果胶、纤维素、脂肪和一些色素及维生素等。

2) 糖类

糖是反映果实味道的重要物质成分,供给人体所需的热能,也是果实生理过程中变化明显的成分之一。果实中普遍存在的有蔗糖、葡萄糖和果糖。不同种类的果实含糖种类也不同。仁果类的苹果、梨等含果糖较多;核果类的桃、杏、李等含蔗糖较多,含单糖较少;浆果类的葡萄、草莓又以含葡萄糖和果糖为主,甚至不含蔗糖;柑橘果实含蔗糖较多。各种果实的含糖量一般为 10%~20% 不等,有些果实如枣、葡萄、苹果等含糖可达 20% 以上,西瓜含糖 5%~10%。水果甜味的浓淡与含糖总量有关,也与含糖的种类有关,同时还受其他物质如酸、单宁等的影响。在评定果实风味时常用糖/酸比值来表示。

果实在储藏过程中,糖分含量逐渐减少。储藏愈久回味愈淡,其变化程度的快慢与储藏条件和储藏时间有关。

3) 有机酸

酸味是影响果实风味的重要标志,果实中的酸味是由其所含有机酸表现的。它们一般是苹果酸、柠檬酸和酒石酸。大多数种类的果实都含有苹果酸和柠檬酸;柑橘类果实只含柠檬酸;葡萄中主要含酒石酸,也含有苹果酸。

果实酸味的强弱与总酸量有关,也决定于果汁酸碱度(pH 值)的高低,新鲜果汁液的 pH 值为 3~4。果汁液包含有蛋白质、氨基酸等成分,能起一定的缓冲作用。因此,新鲜果汁总酸量稍有差异,酸味的差别尚不明显,但一经加热,汁液中蛋白质因凝固失去了缓冲能力,引起 pH 值显著下降。

一般果实含酸在 0.1%~0.5%时比较适口,含酸在 0.5%~1%时酸味较浓。苹果、梨等含酸常在 1%以下,草莓含酸在 1%左右,柠檬含酸量可达 1%~6%,只能用于加工或作饮料食用。有些果实中还含有少量的草酸,个别种类如草莓等含有微量的水杨酸。

果实在储藏中其含酸量会逐渐减少,含酸量变化的快慢因储藏条件不同而异。

4)淀粉

许多未成熟的幼果中含有淀粉。未经催熟的香蕉其淀粉含量大约有 20%,经催熟后淀粉水解成糖味道变甜。苹果在成长期淀粉含量可达 12%~16%,逐渐成熟后,淀粉开始水解成糖,在采收时仍含有大约 2%的淀粉,经过储藏后才完全转化成糖。淀粉转化过程的快慢与储藏条件密切相关,所以苹果经过一段时间储藏后,味道往往会变得更甜;梨也有类似现象。苹果和梨中淀粉的减少或消失,是从果心部位开始逐渐蔓延及外部果肉。因此,不同部位淀粉的变化与果实成熟的程度相关。

5)纤维素和半纤维素

纤维素是构成果实"骨架"的物质,也是反映果实质地的物质之一,它与半纤维素结合成为果实细胞壁和输导组织的主要成分。果实表皮细胞中纤维素还与本素、木栓质和果胶等结合成为复合纤维素,它们和表层的角质都对果实起着保护作用。所有这些物质都不溶于水,只有在特定酶的作用下才被分解。人体胃肠中没有这些酶,因此,不能消化纤维素等。纤维素能促进肠的蠕动,刺激消化腺的分泌,起着间接消化的作用。许多霉菌含有分解纤维素酶,被霉菌感染而腐烂的果实往往呈软烂状态,这是因为纤维素和半纤维素被分解了。

果实中含纤维素、半纤维素等大多吃起来有渣多、粗老的感觉。有些品种的梨含有多量的石细胞,质地粗糙,是由含纤维素和半纤维素的细小厚壁细胞聚集而成的。有些品种的梨成熟后吃起来感觉柔软,这是因为石细胞壁进行了"木质还原",纤维素相应分解,石细胞减少甚至消失了。

6)果胶物质

果胶物质是植物组织中普遍存在的多糖类物质,是构成细胞壁的主要成分,也是反映果实质地的重要物质。通常以原果胶、果胶和果胶酸 3 种不同的形态存在于果实组织中。各种形态果胶物质具有不同的特性。

未成熟果实中的果胶物质大部分以原果胶的形式存在,它不溶于水,与纤维素等将细胞与细胞紧紧地结合在一起,果实便显得坚实脆硬。随着果实的成熟,原果胶在果实中原果胶酶的作用下,分解成为果胶,它是溶于水的物质,果胶与纤维素分离进入果实细胞液中,因此细胞之间的结合散开,果实便显得柔软。当果实进一步成熟时,果胶在果实中果胶酶的作用下,分解成为果胶酸和甲醇。果胶酸没有胶粘能力,有的果实便成了水烂状态,有的则变得软绵,苹果的所谓"返沙"现象就是这一变化的结果。果胶进一步分解成为半乳糖醛酸,果实也就解体了。

7)单宁

单宁物质是几种多酚类化合物的总称,存在于大多数种类的树体和果实中。它们易溶于水,有涩味,果实中含量低时使人感觉有清凉味,含量高时有强烈的收敛性涩味。柿子中单宁含量高,每 100 g 果肉有 0.5~2 g 单宁,若不经脱涩则不堪食用。脱涩的柿子中单宁凝固成不溶性,才不会有涩味。

苹果、梨切开后,不久就会变色,这是因为果肉细胞中的单宁物质在多酚氧化酶的作用下,生成褐色的氧化物。果实中单宁含量越多,与空气接触时间越长,变色越深。变色的快慢与深浅又与果肉中酶的活性有关,抑制酶的活性就可控制果肉变色。

8)酸式

果实中的酸式是糖与醇、醛、酚或单宁等构成的脂形化合物。酸式溶于水,有强烈的苦味,有的有毒。在果实中常见的酸式有苦杏仁式和橙皮式等。

苦杏仁式存在于苦杏仁、甜杏仁、桃、李等种子和枝叶中,苦杏仁中的含量最多,苹果种子中也有少量存在。苦杏仁式味苦,水解生成氨氰酸和苯甲醛。吃苦杏仁易中毒。

此外,橙皮式存在于柑橘、柠檬、柚子等果实中,具有柑橘类果实的苦味。

9)芳香物质

果实中普遍含有挥发性芳香油。它们化学结构复杂,往往由几种化合物混合而成,其中包括醇、醛、酯、酸、酚、烷、烯等,表现为各种果实特有的芳香。例如,草莓的香味是由丁酸乙酯表现的;葡萄的香味来自氨茴酸甲酯;柑橘皮中产生芳香椿皮油,它是由柠檬油醛和沉香油烯醇的混合物构成的。

10)色素

色素反映出果实的各种颜色。大体上可分为两类:非水溶性色素和水溶性色素。

(1)非水溶性色素包括叶绿素和类胡萝卜素等物质

①叶绿素:未成熟的果实呈绿色是由于果皮细胞内含有大量叶绿素。它不溶于水,存在于叶绿体中。随着果实成熟,叶绿素在酶作用下水解生成叶绿醇和叶绿酸盐等溶于水的物质,于是绿色逐渐消退而呈现黄色或橙色。这个变化称为果实底色变化。在许多果实成熟以至衰老的过程中,这个由绿转黄的底色变化非常明显,因而常被用来作为成熟度和储藏质量变化的标准。

②类胡萝卜素:绿色果实中除了叶绿素之外,还含有类胡萝卜素。当叶绿素被分解之后,便会呈现出类胡萝卜素的颜色。类胡萝卜素是胡萝卜素、叶黄素、稳黄素和番茄红素等的总称。它们的颜色可从黄色到橙红色。如柑橘、柿子、杏、李、黄肉桃等所表现的橙黄色,都是类胡萝卜素的颜色。

（2）水溶性色素包括花青色素和花黄色素两种

①花青色素：溶于水，呈溶液状态存在于果皮、果肉中，表现为红色至紫色。果实进入成熟时，逐渐生成花青色素，覆盖在底色上面，这被称为面色或彩色。面色的产生与阳光照射有关，也与含糖量有关。人们还发现果肉内产生乙烯，能促进花青色素形成。因此，苹果在采收前喷洒乙烯有增色作用。

②花黄色素：与花青色素性质相类似。某些白色或黄色果实如葡萄和柑橘果实的皮除了含有类胡萝卜素外，还含有花黄色素，花黄色素一般不被注意，对果实颜色的影响也不大。

11）维生素

维生素对人体正常新陈代谢起着重要作用。各种果实是人体中维生素的重要来源之一。维生素一般需要量很少，但缺乏时就会引起各种疾病。

维生素种类很多，果实中所含的维生素也是多种多样的。如维生素 A，维生素 B_1、B_2，维生素 C，维生素 D，维生素 P 等。果实中值得强调说明的是维生素 C 和胡萝卜素。

（1）维生素 C

维生素 C 有防治人体坏血病的作用，也称为抗坏血酸。它参与人体的新陈代谢活动，能促进各种酶的活性，加强人体对蛋白质的利用，有软化血管、保护心脏的作用。缺乏维生素 C 时微血管容易破裂，产生"坏血病"现象。成年人每日正常维生素 C 需要量为 50～100 mg。

新鲜水果是供应人体维生素 C 的主要来源之一，其含量因种类品种不同而异。每 100 g 鲜果中含量较多的是柑橘、柠檬、草莓、山楂、大枣、酸枣、猕猴桃。

维生素 C 易溶于水，易被氧化而失去作用。而果实本身含有促使维生素 C 氧化的抗坏血酸酶，因而在储藏过程中，维生素 C 逐渐被氧化而减少，其损失的快慢与储藏条件有关。若在低温中储藏，维生素 C 的氧化可以得到减缓；晒制的果干，维生素 C 几乎损失殆尽。

（2）胡萝卜素

类胡萝卜素中的胡萝卜素，又称为维生素 A 原体。它被人体吸收后可在肝脏内转变为维生素 A。维生素 A 在人体中能促进正常生长，保护眼睛和皮肤，加强对疾病的抵抗力。缺乏维生素 A 的儿童易患软骨病，成年人易患夜盲症。在储藏中果实内的胡萝卜素损失不显著，只有在过分失水或干制情况下，损失量才显著增加。

此外，果实中还普遍含有矿物质、蛋白质、氨基酸等，对人体都有重要意义。核桃、榛子、杏仁等干果中含有大量的油脂，营养价值极高。

鲜果的化学成分都是构成果实色、香、味、质地及营养的物质基础。这些成分的性质与变化，不但影响食用品质，也与果实的耐藏性密切相关。

8.2.6 蔬菜鲜果的储藏环境

1）蔬菜鲜果的呼吸作用与气候环境的关系

在蔬菜鲜果的营销保管中，鲜果的生命活动主要表现为呼吸代谢作用，它可影响果实有机物质的消耗，使果实的风味质量变化，降低营养成分及储藏性。因此，蔬菜鲜果在营销保管中要采取一定的措施,在维持蔬菜鲜果正常生理活动的条件下,要将呼吸作用降低到应有的限度。

(1)蔬菜鲜果的呼吸作用

蔬菜鲜果的呼吸作用是在酶的参与下进行的一种缓慢氧化过程,该过程分解有机物质释放出热能。鲜果的呼吸作用有两种类型。

一是有氧呼吸,即在氧的参与下进行,反应式为:

$$C_6H_{12}O_6 + 6O_2 \Longrightarrow 6CO_2 + 6H_2O + 674\ 千卡(热)$$

另一是缺氧呼吸(又称分子间的呼吸),即在没有氧或缺氧的情况下进行,反应式为:

$$C_6H_{12}O_6 \Longrightarrow 2C_2H_5OH + 2CO_2 + 28\ 千卡(热)$$

有氧呼吸比缺氧呼吸所产生的热量高出 24 倍多,其产生的大量热能使库容的环境温度升高。在缺氧呼吸时,鲜果要维持生命就得消耗大量的营养物质,同时产生乙醇。如果乙醇积累过多将引起细胞中毒,造成在库鲜果生理病害。例如,苹果乙醇积累量超过 0.3% 就会受害,乙醛浓度在 0.004% 以上,细胞组织会被杀死,并且会影响鲜果的保存期。缺氧呼吸在不适宜的条件下,会破坏鲜果的正常代谢作用。

蔬菜鲜果在保管期间由于呼吸作用,果实的营养成分会不断被消耗,进而重量减轻、组织衰老。同时,库存的二氧化碳气体和热量会改变,为此,要求蔬菜鲜果库保管条件要适应所储藏的品种,将呼吸作用降到最低限度,以确保蔬菜鲜果正常的新陈代谢活动。

(2)蔬菜鲜果的呼吸强度

呼吸作用进行的快慢常用呼吸强度来表示,即 1 kg 的果实 1 h 放出的二氧化碳毫克数。蔬菜鲜果在保管期间呼吸强度的大小,直接影响蔬菜鲜果的保管期和营养物质消耗。呼吸强度大,消耗养料多,会加速衰老,缩短保管期。呼吸强度低,会影响正常的新陈代谢,降低蔬菜鲜果对微生物的抵抗力,易造成储藏期的生理病害,使保管期缩短。因此,控制蔬菜鲜果在库窖内的低呼吸强度,是搞好储藏保管的关键。

2) 蔬菜鲜果呼吸强度受品种及环境影响

(1)品种与呼吸强度的关系

在相同条件下,不同品种的果实其呼吸强度是不一样的,核果类的果实比仁果类的果实呼吸强度大,一般说呼吸强度越大耐藏性越低。

(2)呼吸强度与温度的关系

温度对呼吸强度影响极为显著,温度高呼吸强度大,营养物质消耗快,储藏保管期短,高峰出现越早,果实衰老越早。温度达到 35~40 ℃ 以上呼吸强度反而降低,如果温度继续升高,酶的活动会受到干扰破坏,则呼吸停止。温度骤然变化,能引起呼吸强度的增高,因此在储藏保管时应尽量使温度稳定,避免波动过大。

低温可抑制呼吸强度,降低营养物质的消耗和微生物的侵染。一般说北方鲜果如苹果、梨等采用低温储藏保管见成效,但对南方鲜果如柑橘、香蕉、荔枝等就不能采用低温而应采用较高的温度来储藏保管,方能安全保鲜。因此,储藏保鲜必须因品种或地区而异。

(3)空气成分与呼吸强度的关系

在库存中氧和二氧化碳含量的多少与呼吸强度有密切关系,空气中氧的含量高,呼吸强度就大;若氧的含量减少到一定限度时,呼吸强度会急剧减退,此时呈缺氧呼吸,容易引起储藏中的果实生理病害。二氧化碳浓度高时有抑制呼吸强度的作用,但过量时又易引起果实的生理病害。

合理控制氧和二氧化碳的适当比例,既可保持蔬菜鲜果的较低呼吸作用,又可延长蔬菜鲜果的新鲜度和保管期。目前,利用塑料薄膜进行气调储藏就是一种控制氧和二氧化碳含量、延长鲜果储藏期的有效措施。

3) 鲜果呼吸作用与物理、生物环境的关系

鲜果的组织结构柔嫩,在生长、采收和流通过程中会受到摔、碰、压及各种刺伤等,这些都会破坏产品的完整性,使质量降低。又由于新伤口不易愈合而容易被微生物浸染,呼吸作用的增强,使鲜果劣变,不利于营销储藏管理,由此引起的鲜果数量的损失和经济损失是很大的。为此,对物理环境与生物环境进行控制与管理具有重要意义。

8.2.7 蔬菜鲜果的经营特点

1) 多渠道少环节流通

蔬菜鲜果和其他商品不同,它们的自然特性是鲜嫩易腐,尤其是绿叶菜存在着"早蔫、午蔫、隔夜烂"。所以要求及时采摘、及时上市。如果经营渠道单一、环节过多,不仅保不住鲜嫩品质,而且极易造成损失。因此经营鲜嫩商品必须突出一个"快"字,加快流通运转速度,打破独家经营,实行多渠道、少环节、多形式的流通格局。只有这样,才能经营好蔬菜鲜果商品。

2) 就地就近购销为主

只有坚持以经营地产菜为主,以外地菜作淡季及品种余缺调剂才是一种较为有效的蔬菜经营策略,也是解决城镇蔬菜供应的有效办法。蔬菜是鲜活商品,难以久储。蔬菜市场开放以后,价值规律起主导作用,但也容易大起大落,所以要实行计划指导、宏观调控,根据市场需求安排生产,出省蔬菜应根据交通程度、运输能力发展生产。

3) 组织均衡供应销售

蔬菜鲜果的生产要做好安排,增加淡季商品来源,搞好余缺调剂;旺季做好储藏加工、组织外销、以旺补淡;冬春季节要发展温室大棚,生产"反季节"的蔬菜鲜果;或者安排一些干菜、咸菜、豆制品供应市场。

4) 善于管理,降低成本

以蔬菜为例,要坚持叶菜扎把、根果菜装筐(箱),避免散装及野蛮装卸,实行责权利结合,调动蔬菜职工的积极性,改善经营管理,保证市场供应、降低经营成本,以"双赢"策略达到互惠互利。

5）发展基地保障供应

生产决定流通,生产发展了流通才能扩大,流通对生产又有反作用。蔬菜鲜果的供给水平依赖于货源的充足程度。因此,努力扶持和发展生产基地,是保证蔬菜鲜果供应充足的必要条件。否则,生产受挫、流通阻塞,居民"菜篮子"成为问题,会直接影响居民生活水平与社会稳定。所以,蔬菜鲜果经营管理的核心是在稳定"菜园子"的基础上,尽力丰富"菜篮子"。

6）灵活经营,吞吐调节

在购销形式上要采用多渠道、少环节的经营方式。以蔬菜为例,要允许菜农进城直销;在零售供应上要根据方便合理的原则,建立销售网点,组织一定量的流动售菜车及个体户走街串巷;在经营方式上要按商品化经营,允许顾客挑选;在价格上要灵活应变,不论是什么形式的蔬菜经营公司,都应该运用购、销、调、储等手段以均衡供应、余缺调剂、储旺补淡、吞吐调节。

7）储藏加工,反季销售

现代化的蔬菜鲜果批发市场都应有自己的冷藏设备,商品较多时可采用暂时储存或进行速冻外运,有些蔬菜鲜果是季节生产,可保存较长时间可延长供应。随着社会经济的发展和人民生活水平的提高,应将蔬菜鲜果进一步加工成罐头、饮品等,以适应快节奏生活时代的需要。

8）环境不同,质量各异

蔬菜鲜果的生物学特性是在原产地的环境条件下形成的,不同种类的蔬菜鲜果,有不同的生长发育时期,对环境条件的要求也不相同。蔬菜鲜果的生长发育都要求一定的环境条件,如温度、光照、水分、气体、土壤营养等。

8.2.8　蔬菜鲜果的质量要求与影响因素

1）蔬菜鲜果的质量要求

蔬菜鲜果的质量要求主要表现在以下几个方面:果形、果实重量与大小、色泽、成熟度、损伤度和病虫害等。

①果形。形状是鲜果品种特征之一,每个品种都具有其典型形状,如果形状不完整或畸形,不但外观不美,而且质量也差。

②果实重量与大小。重量与大小是质量分级的标准:重量是按果实的轻重分级;大小则是按果实的直径大小分等级。个形大的要比个形小的发育充分,质量优良,可食部分多。重量多的结构紧密,质量较好,商业价值大。

③色泽。果实的颜色是表明品种的一个特征,并能反映果实的成熟度和新鲜度。果实成熟过程中,由于某些色素的分解或合成,色泽会产生变化,因此,果实中的营养物质也随之变

化。如果实由绿色变为红色或紫色,而且红色面积日益扩大,说明成熟程度充分,其食用价值就大。所以,评价果实质量可从表色面积的大小来定等级。

④成熟度。它是反映鲜果可食部分及营养价值的重要指标。成熟度对鲜果的风味质量和耐储性有显著影响。鲜果成熟度由于品种和用途不同,要求也不一致,分为采收成熟度、食用成熟度和生理成熟度。成熟度可根据色泽、肉质硬度、可溶性固形物的含量、糖酸比值、果体大小等指标来确定。

2)影响蔬菜鲜果质量的因素

蔬菜鲜果质量的好坏,不仅与其生长过程有关,还会受到采收与运输过程的影响。

①采收。采收是生产经营的一个重要环节。它是使果实离开母树开始销售储藏的始点,是进入流通领域的第一关。采收技术的好坏直接影响蔬菜鲜果的质量,而且还会影响销售储藏效果。故在采收时须注意以下两点:

一是必须保持完好的外皮。鲜果的腐烂大多是由病菌侵染而引起的。在果园中或采收后果实的腐烂,主要是病菌从伤口入侵所致。因此,从采收开始就要避免造成机械伤,以保持外皮的完好。机械伤除导致鲜果腐烂外,伤口在愈合时会不同程度提高果实的呼吸强度,加速果实衰老,从而降低果实的耐藏性。同时伤疤也会影响蔬菜鲜果的外观,降低蔬菜鲜果销售价格。

二是避免两期采收。在阴雨天、浓雾天、露水未干时采果,果实细胞充水,不耐储藏,果皮鼓胀极易碰伤,引起腐烂;中午阳光照射猛烈时也不宜采收,因田间热度高,采后果温也高,不利于储藏。宜选择晴天露水干后进行。良好的包装可以有效地减少上述不良现象的出现,提高蔬菜鲜果的商品价值和食用价值。所以,在产地采收的蔬菜鲜果,在短期内运往市场销售的只需装入普通的外包装即可,若需储藏的,则必须在采收后先经药物处理,晒干后进行储藏包装,尤其是进入常温库储藏的蔬菜鲜果,包装尤为重要。

②运输。蔬菜鲜果包装后要经过短途或长途,水、陆、空等各种运输工具送达目的地。无论采用什么运输途径都必须做到快装快运,避免日晒雨淋,注意轻拿轻放,防止蔬菜鲜果受到任何机械性伤害。

蔬菜鲜果实运输阶段,实际上是储藏的开始,运输所要求的条件与储藏条件基本相同,应尽可能做到夏季降温、冬季防寒。随着交通事业的发展,多数蔬菜鲜果的长途运输已采用现代化的调温运输工具,这为适合蔬菜鲜果的生理特性创造了良好的运输环境,以减少途中损耗,保证了蔬菜鲜果的质量。

8.2.9 食用菌类菜肴

食用菌商品味道鲜美,营养丰富,它含有蛋白质、脂肪、碳水化合物、矿物元素及多种维生素,并具有高蛋白、低脂肪的特点。主要类别有:香菇、蘑菇、木耳、银耳、猴头蘑、榛蘑、元蘑、蕨菜、薇菜、黄花菜等。为使消费者对食用菌商品有所了解,这里主要对香菇、木耳和地衣的价值与营养做介绍。

1) 香菇

香菇是世界上最著名的食用菌之一,产量在世界栽培的食用菌中占第二位。它营养丰富、滋味鲜美,具有独特的香味。宋朝诗人杨万里诗云:"香留齿牙麝莫及,荪羔楮鸡避席楫。"《吕氏春秋》中有"味之美者,越骆之菌"的说法。可见很早以前,香菇就是筵席和家庭烹调的佳肴了。

现代烹饪大师利用香菇的特点制作了各式菜肴。例如,色调清雅、软酥脆的"烧香菇托"和"香菇肉饼",被中外人士誉为两大中国名菜;"香菇鸡球"和"香菇色拉"具有西餐风味,胜过牛排、鸡块及其他色拉类菜肴;即使只有香菇加少量精盐、猪油和葱花烧成的"原汁菇汤",其味也鲜美无比,令人胃口大开。

香菇还含有多量谷氨酸及各种糖分、鸟尿圜等营养物质,构成了香菇固有的独特鲜美的风味和其他食品没有的清香,造就了香菇无愧于"山珍"的美名。

香菇还是一种药用价值很高的传统中药。明代李时珍在《本草纲目》中指出:香菇乃食物中的佳品,味甘性平,能益味助食及理小便不禁,并具有"大益胃气""托痘疹外出"之功。故在我国民间,常用香菇清热解毒、降低血压及辅助治疗小儿天花、麻疹等疾病。香菇在提高人体免疫力、预防癌症方面也有一定的功用。日本东京大学一个研究小组还证实,从香菇中提取的水溶性木质素,具有刺激巨噬细胞的功能,有助于血液中骨髓细胞的增殖,对艾滋病病毒的繁衍有较强的抑制作用。

2) 木耳

木耳分为黑木耳(黑菜)和白木耳(银耳)两种。黑木耳被人们誉为"素中之荤",营养价值较高。每百克干品木耳中大约含蛋白质 10.9 g、脂肪 0.2 g、碳水化合物 66.5 g、铁 185 mg、钙 357 mg、磷 201 mg、胡萝卜素 0.03 mg、维生素 B_1 0.05 mg、维生素 B_2 0.55 mg、维生素 PP 2.7 mg、维生素 C_1 2.03 mg。木耳脆嫩可口,滋味鲜美,是一种营养丰富的副食品。木耳的药物作用有滋润强壮、清肺益气、补血活血、镇静止痛等功效,并能治疗痔疮出血、崩漏产后虚弱、寒湿性腰腿疼痛等。由于木耳有润肺和清涤胃肠的作用,它也成为纺织工人和矿山工人的重要保健食品之一。据美国明尼苏达大学医学院的研究发现,木耳有减低人体血凝块的作用,对冠心病和心脑血管患者更为有益。

银耳除食用外,尚有很好的药用效果。从我国汉代的《神农本草经》,到明代杰出的医学家李时珍的《本草纲目》,以及近代《中国药学辞大典》对银耳药用的功效都做过记载,书中公认银耳甘平无毒、润肺生津、滋阴养胃、益气和血、补脑强心。银耳在医疗上有广泛疗效作用。

3) 地衣

地衣是一类由真菌和藻类共生在一起的很特殊的植物。真菌的菌丝缠绕藻细胞,从外面包围藻类,夺取藻类光合作用制造的有机物,使藻类与外界隔绝,只能靠菌类供给水分、CO_2 和无机盐。因此,它们之间是一种利益不均等的特殊共生关系,若将它们分离,藻类能生长、繁殖,而真菌只能饿死,所示地衣是在弱寄生的基础上发展起来的。在大城市虽然很少见到地衣,但我们对它其实并不陌生,我们最熟悉的酸碱指示剂石蕊试液(或石蕊试纸)就是从地衣中提取的。地衣还可应用于许多方面。

①药用,如松萝能疗痰、催吐,石蕊能生津润咽、解热化痰,还可作茶饮。

②食用,如石耳、石蕊、冰岛衣等,许多地衣还用作动物饲料,能提取出淀粉、蔗糖、酒精等。

③做香料、染料等,如扁枝衣属、树花属、石蕊属、梅花衣属、肺衣属等含有芳香油,可制作化妆品、香水、香皂等,也可用于卷烟,有的可作染料、指示剂等。

不过地衣也有害处,它能寄生在一些树木特别是柑橘、茶树上,森林中的云杉、冷杉也挂满地衣。地衣影响了植物的光照和呼吸,还是害虫的藏身地。某些壳状地衣能生长在古老的玻璃窗上,侵蚀玻璃。因此,在利用地衣的同时,还要防止它的危害。

8.3　茶叶

茶、咖啡、可可是世界上的三大饮料。而茶则是这三大饮料中唯一不具有副作用的保健饮料。从神农发现、利用茶叶开始,到陆羽《茶经》的问世,这一古老而又文明的饮料,经过炎黄子孙的代代相传,至今已有 5 000 多年的历史,并且已经风靡全球。中国是茶的故乡,湖北是茶的源头,中华民族的国饮就是茶。饮茶是人类生活中的一件大事,是文化艺术的一种高品位的享受。茶可疗病,茶可解暑,茶可提神,茶可代酒,茶可为礼,茶可佐食,古往今来,妙用无穷。

我国茶区面积辽阔,根据茶树适宜生长的情况和地形、地势、气候、土壤等因素,全国大致可划分为四大茶区。

①江南茶区:包括江西、浙江、湖南、广东和广西的北部、福建的大部分、湖北的南部、安徽的南部和江苏的南部。

②江北茶区:包括陕西、甘肃、湖北和安徽的北部、江苏、河南的一部分和山东的临沂地区。

③华南茶区:包括中国台湾、福建的中部、广东的中部及南部、广西的南部和云南的部分地区。

④西南茶区:包括云南中、北部及贵州、四川的大部分地区。

8.3.1　茶叶的化学成分与质量关系

茶叶的化学成分不仅决定着茶叶的质量,而且与饮茶的功效有重大关系,更直接影响茶叶的销售。茶叶中含有人体必需的维生素、蛋白质、糖类、矿物质等,实践证明这绝大多数都具有促进身体健康或防治疾病的功效,实验分离和鉴定的茶叶内有机化合物有 450 种以上,无机矿物质有 15 种以上,茶叶质量的优劣,最终都反映在其化学成分的差异上。茶叶的化学成分除水外,还有茶多酚、生物碱、芳香油、蛋白质与氨基酸、茶色素、糖类和维生素等。

1) 茶多酚

茶多酚是一种多酚类的混合物,由儿茶素、黄酮、花青素、酚酸缩合而成。其中以儿茶素的数量最多,约占茶多酚总量的 60%~80%。因此,在茶多酚中常以儿茶素作为代表。茶多酚的功效主要表现在药理作用上:能够降低血脂,抑制动脉硬化;增强毛细血管,降低血糖;抗氧化,抗衰老;杀菌消炎;抗癌和抗突变。饮茶对人体健康的功效与茶多酚有直接的联系。

茶多酚是茶叶质量构成的一个重要因素,它使茶叶别具一种特殊的味道,其含量幼芽嫩叶比粗老叶要多要好,而一芽一叶的含量又最高。从新梢的不同叶位来看,幼芽含 24.38%,第一个叶含 24.61%,第二个叶含 22.18%,第三个叶含 20.11%,第四个叶含 17.65%,茶梗含 11.22%。在茶叶成品中,一般红茶含 7%~16%,绿茶含 12%~20%,花茶同于绿茶。在不同等级的茶叶中的茶多酚含量也有较大差异。比如珍眉茶,高档茶 16.16%,中上档茶含 14.64%,中档茶含 14.27%,中下档茶含 14.3%,普通茶只含 14.03%。

茶多酚是容易氧化的化合物,在有氧的供给和酶的催化作用下,起氧化作用并呈红色。红茶的红色及独特香气和滋味,就是茶多酚氧化聚合的结果。

2) 生物碱

茶叶中的生物碱主要是咖啡因、茶碱和可可碱等。其中咖啡因含量较高,其他碱类物质含量较少。咖啡因又名茶素,它是一种植物碱。咖啡因为白色针状有光泽的长条状晶体,无臭味,而稍有苦味,在茶叶中含量很少,其溶解度随水温升高而增加。在 16 ℃时 100 mg 可以溶解咖啡因 1.35 g,65 ℃时可以溶解 4.55 g。咖啡因虽与茶叶的色香味无直接关系,但都具有兴奋神经的作用。据分析,细嫩的叶条比粗老的叶条含咖啡因要多,芽叶的不同部位其含量也有差别。芽含 3.89%,第一叶含 3.71%,第二叶含 3.29%,第三叶含 2.68%,第四叶含 2.28%,茎梗含 1.68%。

茶叶中的咖啡因对人体健康的主要贡献是:加强中枢神经兴奋,提高尿液中的水滤出率,加速血液循环,有利于人体对食物的消化,解除体内有害物质,防止动脉硬化。

3) 芳香油

芳香油,又名茶香精,是赋予茶叶香气的最主要成分。它呈柠檬黄色的油状,是酯类、醇类、醛类、酮类等有机物的混合。芳香油是茶叶中最高贵的物质,它决定着茶叶的香气,是评定茶叶品质的重要指标。幼芽嫩叶制成的茶,含芳香油高。随着叶片的生长,芳香油逐渐转化为树脂,所以粗芽老叶制成的茶芳香油含量就低。据测试,芳香油的含量,高山茶多于平地茶,红茶多于绿茶。同时茶叶不宜保存较长的时间,以免芳香油挥发,而且温度越高,挥发得越快,保管时间越长,挥发得也越多。根据这一特点,冲茶叶时要盖好盖,防止芳香油挥发。

4) 蛋白质与氨基酸

茶叶中含有较多的蛋白质,占 17%~20%(干茶)。蛋白质在茶叶加工过程中与茶单宁化合而产生沉淀,并受热凝固,在茶叶泡制时也不会再恢复。茶叶中游离氨基酸的含量一般在 2%~5%,因品种不同而异,一般是高级茶多于低级茶,绿茶多于红茶,依次为白茶、黄茶、乌龙茶和黑茶。氨基酸有强心、利尿、扩张血管、松弛支气管和平滑肌的作用。谷氨酸能与人体内的氨结合,使血氨下降,治疗肝昏迷。谷氨酸以绿茶中含量最多,其次是乌龙茶和红茶。

5) 茶色素

茶色素是构成干茶、茶汤、叶底颜色的主要物质,绿茶的茶色素物质主要是叶绿素,能使茶绿、汤绿、底绿;红茶的色素主要是儿茶素的氧化物茶黄素和茶红素等,能导致茶红、汤红、底红。茶色素具有抗氧化、降血糖血脂、防止心血管疾病及抗衰老的功效。

6) 糖类

茶叶中糖类含量较为丰富,占 20%~30%,有单糖、双糖以及淀粉、纤维素、果胶质等多糖。单糖和双糖能使茶汤具有甜醇味,还有助于提高茶香;可溶性果胶质能使茶汤具有醇厚感。有研究表明,茶多糖在对糖代谢方面具有与胰岛素类似的作用,故中低档茶叶中含有的较多茶多糖可以降血糖,对慢性糖尿病患者的治疗有所帮助。

7) 维生素

维生素是人体维持正常代谢功能所必需的。茶叶中的维生素不但含量高,而且种类多,有维生素 A、B、C、D、E 等,其中最多的是维生素 C,它能防止坏血病,能促进脂肪氧化排除胆固醇,从而治疗因血压升高而引起的动脉硬化。每 100 g 红茶中大约含 10 mg 维生素 C,优质绿茶中维生素 C 的含量大多在 150~200 mg。B 族维生素在茶叶中的含量也十分丰富。维生素 B_1 能维持神经、心脏及消化系统的正常机能。每 100 g 干茶中约含 0.07 mg 维生素 B_1,含 1.2~1.3 mg 维生素 B_2。

8.3.2　茶叶的分类及质量特点

我国产茶历史悠久,茶叶种类繁多,其分类方法更是多种多样。按鲜叶加工方法不同分类,有绿茶、黄茶、黑茶、白茶、青茶和红茶六大类;按销路不同分类,有外销茶、内销茶、边销茶和侨销茶四类;按茶叶的生产季节分类,有明前茶、雨前茶、春茶、夏茶、秋茶五类;按茶叶产地不同分类,有云南红茶、浙江龙井等;按茶叶加工制造工艺不同分类,有炒青、烘青、蒸青、花茶、砖茶、速溶茶等。2014 年 6 月,国家正式发布了《茶叶分类》标准(GB/T 30766—2014),该标准以茶叶加工工艺、产品特性为主,结合茶树品种、鲜叶原料、生产地域,确定了茶叶的分类原则,并将茶叶划分为绿茶、红茶、黄茶、白茶、乌龙茶、黑茶和再加工茶七大类。

1) 绿茶类

绿茶是我国产量最多的一种茶叶,生产历史悠久,产区辽阔,18 个产茶省区都产绿茶。其中,以浙江、安徽、江西三省产量最高,质量最优,它们是我国绿茶生产的主要基地。我国绿茶花色品种之多,居世界之首,占世界茶叶市场绿茶贸易量的 70%。我国传统绿茶,以香浓、味醇、形美、耐冲泡闻名,深受消费者欢迎。绿茶的初制过程是:鲜叶→杀青(炒或蒸)→揉捻→干燥(炒干或烘干或晒干)→绿毛茶。绿茶的品质特点是干茶色绿,冲泡后清汤绿叶,具有清香或熟栗香、甜花香等,滋味鲜醇爽口,浓而不涩。

（1）炒青

炒青是我国绿茶中的大宗产品,包括长炒青、圆炒青、扁炒青和名目繁多的特种炒青等。长炒青是长条形的炒青绿茶,经过精制以后称眉茶,是我国主要的出口绿茶。如江西"婺绿炒青",安徽"屯绿炒青""舒绿炒青",浙江"杭绿炒青""遂绿炒青""温绿炒青",湖南"湘绿炒青",河南"豫绿炒青",贵州"黔绿炒青"等。扁炒青外形扁平光滑,包括龙井、旗枪、大方等,其中"龙井"就以"色绿、香郁、味甘、形美"四绝著称。圆炒青外形呈圆形颗粒,包括珠茶、前岗辉白茶、涌溪火青茶。其中珠茶细圆紧结,形似绿色的珍珠。特种炒青属高级炒青,主要有江苏"洞庭碧螺春""雨花茶",安徽"六安瓜片""松萝茶",湖南"安化松针""古文毛尖""江华毛尖",河南"信阳毛尖",广西"桂平西山茶""凌云白毫",贵州"都匀毛尖"等。

（2）烘青

炒青采用炒干的方法使茶叶干燥,而烘青则用烘干的方法,因此茶叶的色泽往往较黄绿,条索紧结度不如炒青。烘青分普通和特种两类。普通烘青通常用来作窨制花茶的茶坯。烘青主要包括福建"闽烘青"、浙江"浙烘青"、安徽"徽烘青"、江苏"苏烘青"、湖南"湘烘青"等。特种烘青多数是采摘细嫩、做工精细的名茶,主要有安徽"黄山毛峰""敬亭绿雪",福建"天山烘绿",浙江"华顶云雾""天目青顶",湖南"高桥银峰"等。

（3）晒青

晒青茶是利用日光晒干的。一部分晒青以散茶就地销售,一部分晒青被加工成紧压茶。晒青包括云南"滇青"、四川"川青"、贵州"黔青"、广西"桂青"、湖北"鄂青"、陕西"陕青"等,其中以云南"滇青"品质最好。

（4）蒸青

蒸青绿茶是杀青时用热蒸汽处理鲜叶而后进行揉捻、干燥而制成的。我国目前的蒸青绿茶有煎茶、玉露两种。玉露茶以湖北"恩施玉露"品质最佳。"恩施玉露"保持了蒸青绿茶的传统风格,采摘细嫩、制工精巧,其加工过程分蒸青、摘凉、初焙、揉捻、再焙、造型六道工序。

2）红茶类

红茶的品质风格与绿茶大不相同:绿茶是清汤绿叶,而红茶则是红汤红叶。红茶的加工工艺流程是:鲜叶→萎凋→揉捻→发酵→干燥。红茶的品质特点是红汤红叶,优质红茶的干茶色泽乌黑油润,冲泡后具有甜花香或蜜糖香,汤色红艳明亮,叶底红亮。

（1）小种红茶

小种红茶是我国最早出现的红茶,产地福建。小种红茶是采用揉捻等特定工艺经熏松烟制而成的条形茶叶,主要有正山小种、假小种和烟小种,其中,正山小种品质最好。小种红茶红汤红叶,有松烟味,味似桂圆汤。

（2）工夫红茶

工夫红茶因做工精细而得名,其条索紧细,香气馥郁纯正,滋味醇厚,汤色红亮,叶底呈古铜色。工夫红茶是我国红茶类中的主要品种,产品远销东欧、西欧等60多个国家和地区。有安徽"祁红"、云南"滇红"、江西"宁红"、湖北"宜红"、福建"闽红"、浙江"越红"、广东"粤红"、湖南"湖红"、四川"川红"等。其中以"滇红""祁红""川红""宜红"质量为佳。"滇红"是用云南大叶种的芽叶加工而成的,制出的红茶外披金黄毫,香高、汤红、味浓。"祁红"条索细紧美观,具有特殊的"甜花香"。

（3）碎红茶

碎红茶是用机器将叶片切碎呈颗粒型碎片,然后经发酵、烘干而制成的红茶。碎红茶对外形要求不高而重内质,要求汤色红艳明亮,香高,味"强、浓、鲜",富有收敛性。碎红茶在国际市场上销量很大。我国云南、广东、广西、贵州等10多个省区都生产碎红茶,而云南、两广的碎红茶品质最好。

3) 乌龙茶类

乌龙茶又称青茶,属半发酵茶类。以发酵程度而论,它是介于红茶与绿茶之间的茶类,既有绿茶的鲜浓之味,又有红茶甜醇之甘。青茶冲泡后,叶片中间呈绿色,叶缘呈红色,有"绿叶红镶边"之美称。青茶的制作工序是:晒青→摇青→凉青→杀青→初揉→初烘→包揉→复烘→烘干。其品质特点是:外形条索粗壮,色泽青灰有光,茶汤橙黄清澈,香气馥郁芬芳,花香明显,有如花茶一般,滋味浓爽。

（1）闽北青茶

闽北青茶中最出名的是"武夷岩茶"。这种茶在青茶中采制技术最为精细,质量也最好。岩茶外形要求粗壮、紧实,色泽油润,红点明显,不带梗;香味高,浓而持久,具有花香;汤色深,颜色橙黄而明净,叶底红色比例多于铁观音和水仙。岩茶的花色品种很多,多以茶树品种命名。属于名岩名丛的品种有大红袍、肉桂、白鸡冠等;属于普通名丛的有千里香、金钥匙、铁罗汉等。

（2）闽南青茶

最著名、品质最好的闽南青茶是"安溪铁观音"。这种茶条索粗壮弯曲,色泽黑绿乌亮有光,香高而秀,汤色金黄明净,滋味浓厚,入口微苦而后转甜。闽南青茶的品种有乌龙、水仙、奇兰、毛蟹、梅占等。

（3）广东青茶

广东青茶以潮安"凤凰单枞"最为著名。这种茶从茶园中选择优株,进行单株培育、单株采制而成,有天然的花香,条索卷曲紧结而肥壮,色泽青褐,汤色黄淡而带绿,滋味鲜爽甘醇,叶底"绿叶红镶边",耐冲泡。广东青茶主要有"凤凰单枞""凤凰水仙""饶羊乌龙"几种。

（4）台湾青茶

台湾青茶因加工工艺及发酵程度的不同,分为"台湾乌龙"和"台湾包种"两类。台湾乌龙白毫较多,呈铜褐色,汤色橙红,滋味醇和,尤以馥香的清香著名,台湾包种发酵程度较轻,品质接近绿茶。台湾气候温和,一年四季都可采茶。春茶因雨水过多,质量较次;夏茶晴天多,质量最好;秋茶次于夏茶;冬茶的质量与春茶接近。

4) 白茶类

白茶是我国的特产,主要产于福建的福鼎、政和、松溪和建阳等县。这种茶呈白色,是人们对所采摘的细嫩、叶背多白绒毛的芽叶,加工时不炒不揉,晒干或用火烘干,使白绒毛在茶的外表完整地保留下来。白茶的品质特点是:毫色银白,具"绿装素裹"之美感,芽头肥壮,汤色黄亮,滋味鲜醇,叶底嫩匀。其主要品种有:银针、白牡丹、贡眉、寿眉。

（1）银针

银针是完全用大白茶的肥壮芽头制成,成茶色白如银,形状挺直如针。其茶汤汤色浅黄,鲜醇爽口。

（2）白牡丹

白牡丹是以初展的一芽二叶为原料。摊叶萎凋后,直接烘焙至干。成品茶芽头挺直,叶缘垂卷,芽叶连枝,叶背披满白绒毛,叶面银绿色,成朵外表形似牡丹,汤色橙黄。

（3）贡眉

贡眉以一芽二、三叶作原料,有摊叶萎凋和烘干两道工序,芽叶比白牡丹稍小,色香味也逊于白牡丹。

（4）寿眉

寿眉以制作银针时抽去茶芽后的幼嫩叶片为原料。其制作方法是:待叶片萎凋后,用文火焙干,使每片叶片的叶缘微卷曲,完整地保留叶背的白绒毛,其味道鲜醇清甜。

5）黄茶类

黄茶独具一格,其黄色是制茶过程中进行闷堆渥黄的结果。黄茶的品质特点是黄叶黄汤,多数叶芽细嫩、显毫,香味鲜醇。黄茶的品目有黄芽茶、黄小茶和黄大茶 3 类。

（1）黄芽茶

黄芽茶包括湖南"君山银针"、四川"蒙顶黄芽"和安徽"霍山黄芽"3 种。君山银针制茶工艺精细,分杀青、摊黄、初烘、摊放、初色、复烘、摊放、复包、干燥、分级十道工序。这种茶全是肥壮的芽头,金黄光亮多绒毛,冲泡后芽尖朝上,根根竖立于杯中,形态优美,汤色浅黄,味甜爽。蒙顶黄芽和霍山黄芽都是采摘一芽一叶的细嫩芽叶加工而成的,前者有杀青、初包、复锅、复包、三炒、四炒、烘焙等工序,制出的茶外形扁直肥壮,金黄显毫,汤黄清澈,味甘醇。后者的制作有炒茶、初烘、复烘等工序。

（2）黄小茶

黄小茶包括湖南"北港毛尖""崂山毛尖",浙江"平阳黄汤"和湖北"运安鹿苑"。"北港毛尖"和"崂山毛尖"都是采摘细嫩芽叶,制作过程中都要闷黄操作,将锅炒的茶叶堆积盖布闷黄,前者需 15~30 min,后者需 6~8 h,从成品的角度来说,前者条索紧结卷曲,金黄显毫,香气清高,味醇耐冲泡;后者条块状显金毫,滋味甜醇有松烟香。平阳黄汤的制作有杀青、揉捻、初闷堆、炒二青、复闷堆、干燥六道工序。其成品汤色橙黄,味鲜爽口,是黄茶上品之一。

（3）黄大茶

黄大茶包括安徽"霍山黄大茶"和广东"大叶青"等。黄大茶的制作有炒茶、初烘、堆积和烘焙等工序,其成品外形粗大,叶大梗长,呈金黄色,汤色深黄,显蕉香,味浓厚。广东大叶青的制作有萎凋、炒青、揉捻、闷堆、干燥等工序。其成品条索肥壮,卷曲重实,青褐色显毫,滋味浓醇。

6）黑茶类

黑茶主要供边区少数民族饮用,是藏族、蒙古族、维吾尔族等兄弟民族日常生活的必需品。黑茶原料粗老,制作过程中堆积发酵的时间较长。黑茶的品质特点是:色泽黑褐油润,汤色橙黄或橙红,香味纯正不苦涩,叶底黄褐粗大。黑茶产区广阔,花色品种很多,主要有湖南黑茶、湖北老青茶、四川边茶、滇桂黑茶等。

（1）湖南黑茶

湖南黑茶是采割下来的茶叶,经过杀青、初揉、渥堆、复揉、干燥五道工序制成,包括黑砖、花砖和茯砖3种。黑砖以三级黑茶为主,配入一部分四级黑茶压制成砖形,每块重2 kg。这种茶色乌黑,叶底亦暗褐,汤色红黄且暗。花砖用三级黑毛茶压制而成,每块重2 kg。茯砖有特制和普通两种,前者用湘三级黑茶压制而成,后者用湘四级黑茶压制而成,每块重2 kg。这种茶内生黄色霉菌称为"黄花",黄花多是质量好的标志。

（2）湖北老青茶

湖北老青茶的茶叶一般都比较粗老,是经杀青、揉捻、初晒、复炒、复揉、渥堆、晒干而制成,每块重2 kg,这种茶呈青褐色,叶底暗褐粗老。

（3）四川边茶

四川边茶分南路和西路两种。南路边茶主要在西藏销售,有"康砖"和"金尖"两种。康砖的原料为上等优质细茶,每块重0.5 kg;金尖的原料为中等粗茶,每块2.5 kg。西路边茶主销四川阿坝及青海、甘肃、新疆等省、区,有伏砖和方包两种。

（4）云南黑茶

云南黑茶由毛茶滇晒青和粗老茶加工制成。其中普洱散茶和方茶最为出名。广西六堡茶由初制毛茶经渥堆加工蒸后,装篓紧压而成。这种茶黑褐色,汤色紫红,陈茶气味重,有松烟味。

7）再加工茶

再加工茶是以上述几类茶叶为原料,采取特定工艺加工的、供人们饮用或食用的茶产品。根据GB/T 30766—2014中的分类,再加工茶主要包括花茶、紧压茶、袋泡茶和粉茶4类。花茶是依据茶叶和香花具有吸香和吐香的特性,经二者并和窨制而成,茶的种类多以花名命名,如茉莉花茶、珠兰花茶、玫瑰花茶、桂花茶等。苏州的茉莉花茶是我国茉莉花茶中的佳品。紧压茶是以红茶、绿茶、乌龙茶等为原料,经压制而成的各种形状的茶块,砖开居多,其他还有碗形、饼形等。各种紧压茶加工工艺不完全相同,因而品质也会有所区别。由于制作过程使用了压紧工艺,茶叶成品密度大、硬度高,便于储存。

8）小罐茶

小罐茶是中国文化复兴和消费升级趋势下,诞生的一个全品类高端中国茶品牌,是用创新理念,以极具创造性的手法整合中国茶行业优势资源,联合六大茶类的八位制茶大师,坚持原产地原料、坚持大师工艺、大师监制,独创小罐保鲜技术,共同打造的大师级中国茶。小罐茶顺应时代变革,以满足现代人的生活需求为核心,坚持唯一等级和唯一价格,为中国茶做减法,还原茶叶真相,彻底解决茶叶消费买、喝、送的三大需求痛点,让茶真正回归生活,美化生活。小罐茶作为行业公认的高端中国茶品牌,最近也推出了金骏眉红茶产品,这款金骏眉在拥有59年历史的世界食品权威大奖——"世界食品品质评鉴大会"上荣获了"2020年度MONDE SELECTION 金奖"。

北京小罐茶业有限公司创立于 2014 年,是互联网思维、体验经济下应运而生的一家现代茶商。

企业愿景:打造世界级的中国茶品牌。

品牌定位:现代派中国茶。

品牌使命:做中国好茶,做好中国茶。

8.3.3　影响茶叶品种和质量的主要因素

茶叶摘自茶树芽叶,经过精心加工而成,茶叶的经营与购买具有一种文化的内涵,因此,影响茶叶品种与质量的主要因素,可以从芽叶的采摘、茶叶的加工过程和包装与保管 3 个方面来论述。

1)茶叶的采摘

采茶,就是采摘茶树新长出的幼芽嫩叶。每年开春后芽苞上的鳞片脱落逐渐形成新梢。新梢最先展开的是鱼叶,叶细小,片硬厚,所以不宜制茶,应留下让它在叶脉间抽发新芽。鱼叶以上展开的是真叶,是制茶的基本原料。茶梢顶端的芽,是制茶的上等原料,是高级茶的茶源。采茶主要在成年期的茶树进行。对于幼年茶树,应以养为主,不能多采或者强采,眼前的"养"是为了今后更多的"采"。对于成年茶树,要以采为主,多采茶,采好茶,做到该多采的不少采,应早采的不迟采。如果该采而不采,就失去了养树的目的,而且也不利于芽叶的再度萌发,正如"茶谚"所说:"前季不采,后季不发""前季少采,后季少发"。因此,对成年期的茶树要根据新梢发育的情况,进行合理的采与养,做到采中有养,采养结合。

在一年之中,由于季节气候条件的不同,茶树新梢的生长分为"春梢""夏梢""秋梢"三轮。每轮新梢从芽萌发到停止生长需 40~60 天,新梢上叶片从展叶到定型约 30 天。制作高级茶,可采一芽一叶、一芽两叶或一芽三叶,以一芽一叶为最佳。如银白毫、高级龙井茶或高级碧螺春采的都是一芽一叶。制作一、二级茶,一般是一芽三到五叶。在一天之内采茶的时机也大有讲究。早晨采的是早菁,因露水多,品质较次;中午采的是午菁,润而不湿,品质最优;傍晚采的是夜菁,品质也次。总之,在一年之内采茶,以春茶最佳,夏茶次之,秋茶又其次;在一天之内采茶,以午菁最佳,晚菁次之,早菁又其次。

春茶是由春梢上采下的芽叶经加工而成。由于茶树在越冬期间养分消耗少,而积蓄的养分一到春天,气候转暖,雨水增加,芽叶就会萌发得比较壮实,叶片较柔软,叶绿素、氨基酸、蛋白质的含量较多,是制绿茶的好原料。制成的绿茶外形紧结匀齐,毫多而壮,身骨重实,色泽翠绿而富有光泽。由于春茶的采摘是在新梢发育到有真叶展开时进行,因此宜采用"留叶采摘"的办法。

夏茶是由夏梢上采下的芽叶加工而成。茶树经过春茶的大量采摘后,至采摘夏茶的时间较短,立夏以后气温高,雨水多,芽叶萌发快,鲜叶中有效成分的合成和积累不及春茶多,因而夏茶一般身骨轻飘,易碎,净度差。制成的绿茶色泽青绿发暗,涩味重;制成的红茶色泽欠红润而带褐,汤色黄亮,味淡薄。由于夏茶与春茶采摘的间隔时间较短,因此也可采用"留叶采摘"的办法。

秋茶产自 8 月前后,气温仍较高,茶树蒸腾旺盛;但立秋后雨水减少,水分供应不足,对茶树生长影响较大,所以芽叶萌发较差,制成绿茶时色黄绿欠润,叶片小较硬,芽小而少,对夹叶多,香气低,味平淡。由于秋茶是一年中最后一轮,因此采摘时可只留下鱼叶,把真叶全部采下。

2)茶叶的加工

茶叶加工水平直接关系到茶叶色、香、味、形的形成。茶叶的色泽分为干茶的色泽、茶汤的色泽和叶底的色泽 3 部分。这 3 种不同的色泽,是由于有不同的化学成分和加工方法。鲜叶的色泽基本上是绿的,从嫩度的变化来说,是中间绿、两头黄。嫩度越高,绿色越浅而嫩黄,粗老的则带枯黄。红茶干茶和叶底主要是儿茶素的氧化产物,茶汤色泽主要是由水溶性的茶红素、茶黄素和少量的茶褐素形成的,它们主要是茶多酚氧化聚合的产物。绿茶的色泽与红茶完全不同。由于绿茶采取杀青工艺,排除了酶对茶多酚的氧化,因此绿茶干茶和叶底的色泽主要是叶绿素和干燥中美拉德反应产生的类黑素。其汤色主要是由茶多酚中的黄酮类产生的黄绿色的色素,另外,儿茶素在热作用下发生少量自动氧化,也能增加绿茶汤色的色素。

茶叶香气的形成主要有 4 条途径:

①由鲜叶中原有的青气散发,有的带清香,还有的带花香。

②发展鲜叶中原有的芳香物质。

③在加工过程中形成芳香物质。

④吸收鲜花中的香气。

鲜叶中青气成分的沸点在 160 ℃ 左右,用高于 160 ℃ 的高温杀青,能使青气绝大部分在几分钟内挥发,留下的微量青气在高温下转化为清香。鲜叶在加工中形成的香气有的带苹果香,有的带玫瑰花香,有的带甜香,有的带蜜糖香,有的带蕉糖香,有的馥郁,有的浓烈。

形成茶叶滋味的物质都是水溶性的,有多酚类及其氧化物、氨基酸、咖啡因、糖类、水溶性果胶、有机酸等。多酚类及其氧化物是决定茶叶滋味的基本成分。多酚类的滋味是涩的,具有较强的收敛性,多酚类中约有 70% 是儿茶素类。各种儿茶素的滋味也不同,结构简单的收敛性强而比较可口,结构复杂的则涩味较重。

茶叶的形状千姿百态,就散茶而言,有扁形、针形、卷曲条形、颗粒形、粉末形以及花朵形等。用散茶加工的产品,有紧压茶、速溶茶以及形形色色的其他茶叶制品。各种各样的茶叶形状,都是不同的加工工艺的结果,比如龙井茶那扁平光滑的外形,是用双手在锅中炒出来的,只有熟练的制茶技工才能炒制出优质的龙井茶。

3)茶叶的包装与保管

在流通过程中,茶叶的包装与保管是十分重要的一环。如果包装不好,保管不善,就会引起茶叶水分增加,加速茶叶的质变,当水分超过 12% 时,就会出现茶叶霉变。因此,应针对茶叶的主要特性,选用恰当的包装材料,制定合理的保管措施,尽可能地减少或防止茶叶的质量变化。

(1)茶叶的基本特性

①吸湿性。茶叶中的一些成分如糖类、蛋白质、茶多酚、果胶质等有机成分都是一些亲水

性成分,能引起茶叶吸潮。茶叶干燥后,形成了多孔性组织结构,也能引起茶叶吸潮。因此当空气中的相对湿度超过茶叶水分的平衡状态时,茶叶就会从空气中吸收水分,超过其原来正常的水分含量。

②陈化性。茶叶一般都以新茶质量最好,但随着存放时间的延长,尤其在不适宜条件下,茶叶就会出现陈味。不仅新茶香气消失,而且因茶叶的收敛性,茶味会变得淡薄广,茶汤色泽变暗、变深,透析度降低,茶汤中的茶多酚和固形物含量也明显下降。

③吸附异味性。茶叶的多孔性组织和亲水性胶体成分,使茶叶具有较强的吸附性。吸收鲜花的香气可以窨制花茶;与其他物品放在一起,茶叶就会粘上相应物品气味。茶叶吸收异味后,异味就不容易消失,严重时会完全丧失茶叶的饮用价值。

(2)茶叶的包装材料

茶叶的包装非常讲究,主要有3种:一是外销包装;二是内销包装;三是零售包装。一般来说,外销包装非常严格,必须使用木箱、胶合板箱、锡缸或铝缸。内销包装主要是就地取材,用木箱、胶合板或纤维板箱均可。零售包装分为两种:一种是在茶厂包好的,一种是在营业上直接包装的。随着人们物质生活水平和审美要求的提高,人们对零售包装的要求也就越来越高,茶叶包装除技术要求外,关键还要看包装材料的选择和确定。

(3)茶叶的储存保管

茶叶的储存保管主要有下述几种:

①仓库保管。仓库保管适于长期储存。储存茶叶应选择地势较高、排水容易、向南或向西的仓库,应设有遮阴物,附近没有恶劣的气味,仓库门窗力求严密,与外界有较好的隔绝。进出库的茶叶应严格执行验收和检验制度,避免有水分过高、包装破漏等茶叶入库和出库。库内堆码茶叶包装,应按类分别码垛。垛与垛间、垛与墙间、垛基与地面都应相隔一定距离。包装完好的茶箱可以堆垛较高,而篓装、袋装茶叶不宜堆码过高。库内应尽量保持干燥,相对湿度控制在65%以下,温度不超过30 ℃。

②零售保管。零售保管适于短期储存。零售茶叶多数经过分装,应尽可能减少与空气直接接触。所以小包装的茶叶应放在干燥清洁和具有一定密闭条件的容器内,把它们堆放在干燥、无异物的场所。在货架或橱窗中陈列的茶叶,不宜过多,宜随销售随陈列,并防止日晒。高档茶叶应装在密闭的铁皮罐中存放。

③抽氧充氮、避光冷藏保管。这种保管是预先将茶叶水分干燥至4%~5%,装入不透光、不透气的容器中,进行抽氧充氮密封,并储藏在专用的茶叶冷库中。由于茶叶处在无氧、干燥、无光、低温的条件下,茶叶的陈化基本上可以制止。用这种方法保管的茶叶经3~5年仍然能保持原来的色、香、味特性。

8.3.4 茶叶质量的感官审评

茶叶的质量审评,主要依靠视觉、嗅觉、味觉、肤觉等对茶叶的色、香、味、形诸方面做全面的鉴定。茶叶质量的感官审评,是目前国内外普遍采用的方法。

茶叶质量的感官审评分为外形审评和内质审评两个方面。外形审评包括外形、嫩度、色泽、净度4项指标,主要反映原料鲜瓣的老嫩程度和制茶工艺是否恰当。内质审评包括香气、汤色、滋味和叶底4项指标。茶叶的外形和内质关系十分明确。只有把两者有机地结合起来,才能全面地说明茶叶的质量。

1) 茶叶质量的外形审评

将茶叶倒入审茶盘中,双手转动审茶盘,使茶叶均匀地平伏在审茶盘中。由于茶叶轻重程度不同,因此能按大小、长短、碎末等有次序地分布在不同层次。一般粗大的茶叶多浮于上层,重实较细小的茶叶或碎末多分布在下层,而中层多为较均整的茶叶。用这种方法可以检查下脚茶、粗老茶占的比例,并观察茶叶的外形是否合乎标准规格的要求。

(1)茶叶外形的审评

评定外形的主要标志是条索(或颗粒)紧结,身骨重实,这是嫩度和做工的结合。工夫红茶要求外形成条索,以紧结者为优,鲜叶细嫩,制茶精细者条索紧结;条索卷曲者说明揉捻过重或火工过高。绿茶和花茶种类多,其外形差别也较大。珍眉要求条索成眉状,紧结光滑者为优;珠茶外形要圆结,越圆越细越重实者质量越好。内销茶中的龙井、旗枪、大方属于扁平茶,外形扁平挺直者为优。片茶要瓜子形,成条者次。烘青、毛峰等绿茶要求条索紧结,白毫多为佳;条索粗松、质轻、毫少者为次。乌龙茶中的岩茶,其条索虽较粗松弯曲,但其长短要适中,以紧细、质重实者为优。水仙的条索较粗大疏松,其他乌龙茶的条索要细小紧实。

(2)茶叶嫩度的审评

嫩度指茶叶的老嫩程度。茶叶嫩度的审评,主要用手指触觉辅助评定,其方法是,将浸泡过的湿叶,倒在木盘或杯盘上,排平后,查看茶芽叶的老嫩度。凡柔软的比粗硬的嫩,肥厚的比瘦薄的好,细嫩、细紧为最好,粗老、粗松为最差。中间为尚细、尚嫩、尚紧或稍粗、稍老、稍松等。

(3)茶叶色泽的审评

主要看茶叶的色泽是否纯正,是否具有该茶应有的色泽。除此而外,还要看茶叶颜色的深浅、枯润、明暗,有无光泽,是否调和,有无杂色。凡色泽调和一致、明亮光泽、油润鲜活的茶叶,一般品质优良;凡色泽光杂,枯暗无光的茶叶,品质较次。绿茶要求油润、碧绿、光滑,枯黄或昏暗的质量差。乌龙茶要求乌黑油润,黄绿无光的质量差。工夫茶要求乌黑油润,芽尖呈金黄色者为优,黑暗者发酵过度,青灰者发酵不足,鲜叶粗老者色泽枯红。珍眉要求绿而带银灰光泽者为优,珠茶以深绿而带乌黑光泽者为优。

(4)茶叶净度的审评

茶叶的净度指茶叶中杂质含量的多少。茶叶中韵杂质有两种:一是茶类杂质,有茶梗、茶籽、茶片、茶末等;二是非茶类杂质,有杂草、树叶、泥沙、石子、竹片、棕毛等。茶叶净度是判定茶叶质量优劣的一个重要指标。正品茶叶中不允许夹有任何杂质,副品茶叶中不允许夹有非茶类杂质。

2) 茶叶质量的内质审评

审评茶叶的内质时,先从审茶盘中在不同部位称取一定数量的茶样,样品的重量根据茶类和沏水量的不同有所区别。一般红、绿、花茶称2.5~3 g,每克沏水50~60 mL;毛茶取样较多,一般为5 g,沏水250 mL;乌龙茶称取茶样5 g,沏水80 mL;紧压茶取煮茶法,取样3~5 g,

沥水 150～400 mL。沥茶需有容量一致的审茶杯。沥茶水要煮沸,并在杯中冲泡 5 min,然后将茶水倾于茶碗中,叶底先留在杯中,并依次审评茶叶的香气、汤色、滋味和叶底 4 个因子。

(1)茶叶香气的审评

香气是评茶的重要标志。评内质,首先就是要评香气。审评的方法是:一手拿碗,一手拿盖,半开半掩,用力短促嗅其香气,以辨别香气的好坏。香气以清高、浓烈持久的为最佳,清平不持久的为次,低淡有不正气味的最差。评香气时一般要闻 3 次。第一次是热嗅,主要嗅香气的高低,要求鲜灵,同时还要分辨是新茶还是陈茶,有无烟蕉气味或霉味。第二次是温嗅,主要判别香气的强弱,有无独特的气味。第三次是冷嗅,主要看香气能否持久。红茶的香气与制茶工艺有较密切的关系,萎凋和发酵中产生的氨基酸与茶多酚结合形成红茶特有的醇香,高级红茶还具有甜香。绿茶的香气与鲜叶的老嫩程度有关,细嫩鲜叶制成的绿茶具有栗子香。乌龙茶要求有绿茶的清香和红茶的醇香,并要求具有火功较高的香气。花茶的香气要求纯正、持久、鲜灵。

(2)茶叶汤色的审评

茶叶的汤色主要取决于茶多酚和叶绿素的变化。经过发酵的茶叶,茶多酚受不同程度的氧化聚合而产生数量不等的茶红素、茶黄素和茶褐素。红茶的变化最深刻,所以红茶的汤色以红艳明亮者为优,茶褐色的增加会使汤色深暗。绿茶的汤色主要是由茶多酚中的黄酮类产生的黄绿色,有少部分是叶绿素分解的绿色。在热能的作用下,儿茶素也会因自动氧化而产生黄色。绿茶的汤色以碧绿清澈者为优;乌龙茶以橙黄或金黄明亮者为优;花茶以浅黄明亮者为优。审评茶汤的方法是将审评茶杯中的茶汤倒入审评碗中进行。

(3)茶叶滋味的审评

茶叶的滋味是茶多酚、咖啡因、氨基酸等多种成分的综合反应。审评茶汤主要是判别茶汤滋味的浓淡、强弱、甜苦等。审评茶汤的方法是:从茶碗里舀一匙茶汤送入口中,不要直接咽下,用舌头在口腔内打转 2～3 次后,再吐出。质量好的茶叶,其滋味入口后稍有微苦涩之感,但很快就有回甜清爽的感觉。绿茶滋味以鲜醇浓厚者为优,欠鲜浓纯正者为次,平淡粗涩者为差;红茶滋味以鲜醇甘醇并带有蜜桃香者为佳,欠鲜浓纯正者为次,粗淡者为差。乌龙茶滋味以醇强韵长并带有兰花香者为佳,欠鲜醇纯正者为次,平淡粗老者为差。

(4)茶叶叶底的审评

叶底指浸泡后的茶叶。叶底的色泽和老嫩度综合反映鲜叶原料的老嫩。质量好的红茶,叶底细嫩、多芽、红艳,具铜板色明亮。质量好的绿茶,叶底细嫩、整齐,叶肉厚而柔软,有明亮的橄榄色;质量好的乌龙茶,叶缘、叶脉为红色,其余部分为绿色,叶肉厚软。

8.4　中药材

8.4.1　我国中药材具有明显优势

中药材一般包括植物中草药和动物类中药材两大类。从山地资源型商品角度来认识中药材,主要指植物类(或草本类)中药材。

1)我国中药材资源丰富

我国西部素有"国家天然药库"之称,从古至今一直是我国中药材的主要产地,西部药用植物达1 300多种,国家规定的364种重点中药材,西部至少有280多种;《中国药典》收集的主要品种有800个,西部就有360多种。具有规模产量的草本药材有百合、白附子、牡丹皮、党参、大黄、川芎、藁本、蛇床子、柴胡、白及、地芋、白芍、赤芍、鹿寿草、薯蓣、黄姜子、天南星、虎杖、羌活、独活、黄芩、苍术、细辛、贯叶连翘、败酱、天麻、汉野菊、冬花、板蓝根、泡参、贯仲、枸杞等;具有规模产量的木本药材有连翘、桑寄生、杜仲、黄檗、厚朴、五味子、神仙豆腐、梭罗果、接骨木、枇杷、柏子、芮仁、土茯苓、金银花、通草等;真菌药材有猪苓、茯苓、马勃、地星、桑黄、蛹虫草、竹荪、黑木耳等。其中天麻、杜仲、西洋参、猪苓产量居国内之首,成为全国三大中药材基地之一,具有明显的资源优势。

2)中药现代化刻不容缓

在《中医药创新发展规划纲要(2006—2020年)》的基础上,对我国中药现代化发展的战略措施及相关问题进行了深入思考后认为,中药现代化进程中的核心仍是提高中药的质量,保证中医、临床用药的安全性和有效性。中药现代化是指在继承发扬中医药优势特色的基础上,充分利用现代科学技术,推动中药现代化和国际化,以满足时代发展和民众日益增长的医疗保健需求。中药现代化是一件功在民族、利在国家、造福人类、继往开来的伟大事业,中药产业发展有着的巨大推动力。正因如此,应继承和发扬中医药学理论,运用科学理论和先进技术,推进中药现代化发展;立足国内市场,积极开拓国际市场;以科技为动力,以企业为主体,以市场为导向,以政策为保障,充分利用中医药资源优势、市场优势和人才优势,构筑国家中药创新体系;通过创新和重大关键技术的突破,逐步实现中药产品结构调整和产业升级,形成具有市场竞争优势的现代中药产业。

由于国情不同,中药与西药在对待疾病和人体等问题的认识、治疗方法甚至世界观都不相同。我国中药在生产工艺上一直沿用传统的制作方法,而这样生产出来的中药产品进入国际市场,与美国FDA要求的手段、控制标准等近23项指标差距甚大;另外,"辨证施治"是中医的灵魂,方剂是根据"症"来设计的,而现代医学则以"病"作为衡量疗效的标准,二者又有着明显的不同。同一种病,中药会有多种"证"或"型"。这样,中药虽然能治好西药难以治愈的疑难病,但同一种病用同样的药,张三有效、李四却无效,不像青霉素那样对几乎所有人都有用。时间一长,西方人就形成了"中药有效却重复性差"的固有观念,这严重影响了我国中药进入欧美主流市场的进程。

正因如此,我国中药现代化要具有系统工程的思想观念。首先,在开发研究上应引入风险投资机制,有关部门要制定相关政策,才能促进中药研究的高新产业化发展。其次,严格执行GAP(药材生产质量管理规范)和GMP(药品生产质量管理规范)。从高质量绿色原药材种植的源头抓起,对品种、产地、用肥、用药、采摘等制定严格而细致的标准与规程,切实保证其成分、含量的一致性,避免或最大限度地减少重金属和农药的污染问题。国际上已把是否实行GMP看成是药品质量有无保障的先决条件,而我国达到GMP标准的制剂企业还不到

10%,药品质量的可靠性得不到国际社会认可。因此,很有必要强制技术约束,全面推行制药企业施行 GMP 管理,并实现中药开发条件与生产方式的标准化、处方标准化、工艺标准化、质量检验标准化和药效鉴定标准化。再次,将高科技的手段与技术应用于中药质量的检测控制之中,使中药质量控制逐步从定性走向定量,从古老走向现代。最后,要以"田忌赛马"的系统思维,开发、研制与生产中药,根据我国国情、科技力量和中医药的特点,扬中药预防性为主的优势,在病种上采取普通病与疑难症并举的方针,充分发挥中医药辨证施治的"证"与复方的"方"的精髓,才能加快我国中医药现代化的步伐,走我国中医药强国的道路。

8.4.2 杜仲是西部经济的增长点

杜仲树是我国特有的名贵经济树种,是第四纪冰川孑遗植物,仅一科一属一种。根据有关文献,在我国东部北纬 25°~32°,东经 120°~128° 之间发现有早第三纪古新世时的杜仲花粉化石;在我国广东三水、日本北海道、美国阿拉斯加都发现有早期中新世时杜仲的果实化石。中新世早、中期杜仲主要分布在北高加索、莫尔达维亚、波兰中部、俄罗斯、德国、法国、罗马尼亚、荷兰和意大利。晚第三纪时,全球地质剧烈运动,海陆发生强烈变化,到第四纪冰期来临,杜仲树便在欧洲消失,只在亚洲中国的秦巴山区、贵州西南部和湖南中部存活至今。杜仲是传统的中药材,早在汉代《神农本草经》就记述了杜仲的药用价值。杜仲性温味甘,微辛无毒,药性平稳,具有补肾益肝,消炎镇痛,强志安神,补中益精,安胎利尿的功能。

1)杜仲树是很有价值的经济林木

杜仲树木材坚韧、有光泽、纹理细,不易翘裂,无边材之优劣,不遭虫蛀,手感软绵,是制造高档家具、工艺品、舟车的上佳材料。杜仲树干通直,树形优美,叶片密集,叶色浓绿,遮阴面大,抗性强,病虫害少,是城市园林绿化的优良树种。杜仲树的根系发达,有很好的防沙固土作用,耐低温,耐干旱。成片栽植杜仲,既能起到保特水土、绿化荒山的作用,又可以获得可观的经济效益。

杜仲是名贵的中药材,除树皮入药外,杜仲叶中有多种药用有效成分,它可以明显地增加冠状动脉血流量,具有抗衰老、降血压、调节免疫功能等作用,国外研究还表明,杜仲有促进骨细胞和肌肉纤维生长的成效,用杜仲叶开发药品、保健品对促进人类健康具有战略意义。杜仲叶还是较好的功能饲料,可以制成优良的饲料添加剂,杜仲叶中的蛋白质、氨基酸、维生素、矿物元素等,可以明显提高喂养动物的抗病能力,促进生长,提高产蛋、产奶率,降低肉、蛋、奶中的胆固醇,增加胶原蛋白,改善产业动物的品质。

杜仲树可以生长在广阔的温带地区,对土壤的适应性很强,但不同土壤上杜仲树的生长发育效果差别很大,适合杜仲生长的土壤质地,以沙质壤土、壤土和砾质壤土为最好。pH 值以 5.0~8.4 为最佳,因而可以在西部地区广泛种植,是温带具有开发价值的经济林木。

2)杜仲胶是新型天然高分子材料

杜仲胶开发提取主要是以树叶、籽等可再生性植物垃圾为原料。杜仲胶是介于橡胶与塑料间的过渡体,具有其他高分子材料所不具备的橡、塑二重性,它的单一组分可以形成热塑性功能材料,低温形状记忆材料和橡胶弹性材料3种不同微观结构及宏观性能的材料。此外,杜仲胶与橡胶和塑料有极好的共混性,共混后还可以形成一系列新型共混改性材料。

杜仲叶提完胶后,叶渣还可以加工成胶渣板,该板具有绝缘、耐酸碱、抗腐蚀等特点,是建筑外墙上等装饰材料和实验室、电工室等特殊场合装饰材料;同时,胶渣还可以用作土壤有机肥,起到疏松和改良土壤结构的作用。因此,杜仲胶高技术产品产业化,可以形成一个能带动机械制造、种植养殖、橡胶,塑料新型材料等行业共同发展的新的经济增长点。

橡胶是重要的战略物资。近百年以来,三叶橡胶树作为唯一的工业橡胶原料为各国的经济建设做出重要贡献。随着经济建设的不断发展,人们对高分子材料的要求越来越高,因此开发新型材料是21世纪国际四大科技发展趋势之一。

杜仲胶为21世纪提供了一种新型天然高分子材料。杜仲胶具有橡、塑二重性,但既不是传统的橡胶,又不是传统的塑料,而是独具特点的天然高分子材料。利用杜仲胶的低温可塑性,可用于代替石膏的骨科外固定材料、运动员护具、保健护具、临时性假肢等;利用形状记忆功能,可以制成异型管道接头、真空泵接头;利用其吸收能量的特性,用于制造抗震动固定材料等;作为弹性材料,可以制成飞机、汽车、摩托车高质量轮胎;利用抗腐蚀特性可制造海底电缆。利用中国具有自主知识产权的生产技术,实现杜仲高技术产品产业化,是一项应用现代高科技技术,把过去扔掉的数量巨大的杜仲树叶、籽进行综合开发利用的系统工程,是当今中国正在崛起的一个从理论到实践在国际上都属创新和领先的民族高科技产业。

③ 杜仲树栽种符合"两山"理论

习近平总书记在浙江工作时就提出:"绿水青山就是金山银山。"因此,西部山区大面积栽种杜仲树,可以起到良好的防风固土、保持水土的作用,还可以改善生态环境与气候条件。充分保护与开发利用杜仲资源,能够维护森林资源平衡,创造持续利用的林特产业,是西部经济增长、形成"金山银山"、农民脱贫致富的有效举措,对改变林业经济增长方式的精神,改变长江上游汉江、嘉陵江两大支流生态环境有着十分重要的意义。

中国杜仲协会资料显示:以陕西略阳、宁强为中心的陕、甘、川交界地区,是杜仲的原生地、适生区,目前,杜仲总量达16.7万公顷,约占全国杜仲总量的一半,是国内目前规模最大而且最集中的杜仲资源地。根据中国科学院化学所对略阳产杜仲叶系统测定,叶片自然含胶量在2.8%~3.2%,杜仲胶生产原料符合现代工业化生产对原料的质量要求。因此对杜仲进行系列化深度加工,符合技术发展趋势,在贫困山区发展杜仲树种植,通过林产收入拉动贫困地区经济的增长,对于改善东西部差距造成的经济发展不平衡、促进贫困地区经济发展,实现共同繁荣具有重要的战略意义。

8.4.3　天麻——最名贵的中药之一

天麻是一种奇特的药用植物,也是一味具有传奇色彩的中药。它没有汲取养料的根须,也没有进行光合作用的绿叶,只有一个长圆形的块茎在土里生长。由于它在地上无叶,地下无根,又喜生长在密林深处,自古以来被披上了一层神秘的面纱。千百年来,由于天麻奇特的生长繁殖方式,不为人们所知,因而,在民间流传着种种传说:"天麻,天麻,天生之麻,老天爷播种,土地爷发芽";"天麻天麻,神仙播种,深山发芽";还有人传说:"天麻叫仙人脚,不能稼栽,栽了就会跑";"天麻会走,种下没有"等。就连我国中医先驱李时珍也认为天麻是"茎如箭杆,根如人足"的"神草"。

经过科学家们的研究与探索,终于揭示了天麻生长的秘密。原来,天麻具有一种特殊的生存方式,它过着真菌营养性的寄生生活,它靠"吃"一种真菌——蜜环菌而生活,哪里有蜜环菌,哪里才会有天麻,没有蜜环菌的地方,是断然找不到天麻的。因此,天麻没有绿色的叶和根,只有茎和茎上长着的一些鳞片,不能进行光合作用,而靠吸收蜜环菌内部的营养物质生活。天麻块茎的大小,是与它所吃的蜜环菌的多少成正比的。

1) 天麻的药用及膳食与禁忌

天麻是一种名贵药材,球茎含有天麻苷、对羟基苯甲醇等物质,能镇痉、养肝、止晕。经科学分析,天麻含天麻素、琥珀酸、β-谷甾醇、甙类等多种化学成分。味辛、性温、无毒,有息风、定惊功效,主治头痛、眩晕、肢体麻木、半身不遂、小儿惊厥等症。自古以来,人们就对天麻的药用功效赞誉有加,三国时期的名医华佗的大弟子吴普,称它为"神草",东晋的葛洪称它为"独摇芝"。许多人还认为它能治百病,这使市场上假货充斥,一些人借此牟取暴利。实际上,天麻虽然是一味良药,具有一定的补益作用,但也并不可能包治百病。天麻,性微温,味甘,入肝经,有平肝熄风、祛风定惊、通经活络、除湿止痛之功,常用于小儿的惊风癫痫、老年人的中风,还有头痛眩晕、高血压、肢体麻木、手足不遂等症,它最大的特点是治"风",它既可治内风,又可治外风。熄内风以止惊止痉,逐外风而除湿止痛,为中医风病之良药。但要注意的是,对于阴虚的病人和中风者均应慎用,否则会对身体造成伤害。

药膳又称"食补",是指以药物和食物为原料,烹调加工而的,具有食物和药物特点的膳食。它以传统的烹调技艺烧、炒、熘、焖、炖、煨、蒸、熬、煮为手段寓药于食,寓性于味,食物的药物的偏性来矫正脏腑机体的抗病力和免疫力。从食物的角度来说,它具有为人体提供营养的作用。但却又不同于一般膳食营养,它供给的人体营养素是有特定结构的营养素,这种营养素在蕴含物作用下易被人体吸收,进入人体后在药物参与下合成人体最缺乏的成分,使病变细胞恢复加速。有些成分用以合成人体免疫细胞或激发吞噬。药膳除了具有普通膳食的"美味"外,还具有滋补强身、治疗疾病的功效。

食补有很多禁忌。食补及补虚之法,不可滥用。药膳中加入了药的成分,有一定的治病内涵,但也带有一些毒素。应有选择地食用药膳。中医将体虚分为阴虚、阳虚、气虚和血虚4种类型,如黄芪和人参是补气虚,如用来补血虚,会引起胸闷等症状。同样,阴虚者不可吃助阳药,否则会适得其反。同时,药膳也要"食饮有节"。重视禁忌是饮食疗法的重要内容之一。用于食疗的任何食物,因其性味的偏颇,也会产生致病作用,正所谓"水能载舟,亦能覆舟"。此外,食物之间在疗疾方面有时互相抵抗,在这里也是应有禁忌的。

2) 天麻的种植经营特点

天麻产地很广,从北至南,甚至西藏都有分布,但以四川、云南、贵州、陕西、湖北等省产量最多。近年来,由于人们掌握了天麻的生长习性,因此,各地人工种植业蓬勃开展,天麻作为一种名贵中药已畅销国内外。天麻是一种无根无绿色叶片的奇特植物,为兰科多年生寄生草本植物。《神农本草经》将其称为"赤箭",因为寄生性植物不含叶绿素,所以全株不呈绿色,而只有一根黄褐色的直立茎,高约 80 cm,叶片退化成不绿的膜质鳞片,在茎上部呈穗状开着一串黄绿色的壶状小花,直立茎下方泥土中,总是藏着一个长圆形带环纹的地下块茎,直径 3~4 cm,长 5~10 cm,很像土豆。最新报道认为,天麻和蜜环菌之间,初期是天麻"吃"蜜环菌,而后期是蜜环菌"吃"天麻。可见蜜环菌和天麻确有一种特殊的共生关系。

天麻虽无根、叶,却能开花结实,并用种子繁殖后代。它喜欢凉爽湿润的气候,生态环境中必须有蜜环菌,蜜环菌喜微酸性土壤,常生长在针叶树和阔叶树的根部、树干基部及倒或伐木桩上,因此,天麻多生长在海拔 600~1 300 m 的针阔混交林下、腐殖质肥厚的潮湿土壤中。天麻的药用部分是它的地下块茎,每年 4—10 月都可以采到天麻,但 4—5 月春麻产量较多,夏季产的天麻质量较差,而 9—10 月采的冬麻则质量最佳。作为商品的天麻干品是长椭圆形的,表面呈淡黄棕色,上有纵皱纹,也有把皮去掉加工成明天麻的。天麻的加工方法主要是挖出后除去地上茎和根须,洗净泥土,用清水泡,及时搓去粗皮,随即放入清水或白矾水中浸泡,再水煮或蒸透,取出晾干或烘干即为成品。干燥的块茎以质坚硬、不易折断、截面黄白色或淡棕色、有光泽、半透明、嚼之发脆、有黏性者为佳。由于天麻名贵,因此伪品多,需仔细观察。

8.4.4　人参——不可多得的滋补用品

人参,有"药中之王"的美称,为具纺锤状或圆柱状的肉质根,掌状复叶,轮生。初夏着花,以淡黄色的伞形花序单个顶生。果实为扁球形,红色。早在 2 000 多年前的药书《神农本草经》中已指出,人参能补五脏,安精神……现代医学上应用广泛,主治虚脱、虚喘、崩漏失血、惊悸以及一切元气虚耗等症,更有延年益寿之效。人参含量成分复杂,计有人参酸、人参素、人参宁、人参倍半烯、植物甾醇、维生素等。人参的原产地在我国长白山,小兴安岭以及辽宁省东部地区,特别是在阴暗的原始森林中所产之千年人参,其药效更甚。为此,我国于 1978 年发行的特种邮票,"药用植物"系列之一"人参"。

1) 人参的药用价值及用法

近代临床验证,人参是一种滋补强壮药物,具有镇静大脑、调节神经、刺激血管、增进食欲、促进代谢、消除疲劳、增强肝脏解毒功能、改善骨髓造血能力、活跃内分泌系统、加强机体免疫反应等功效。它的主要成分是人参皂苷。此外,还含人参炔醇、氨基酸和有机酸等多种成分。人参历来是珍贵的补益药,有补气固脱、安神益智等功能。对气血不足、神经衰弱、阳痿、糖尿病、冠心病等都有一定疗效。另外,现代生理、药理试验和临床应用也证明,人参对神经系统、消化系统、循环系统、血液和造血系统、内分泌系统、呼吸系统,以及促进代谢功能、抗衰老作用等方面,都有极为显著的调节和医疗作用。人参对中枢神经系统具有明显的双向调节作用,一方面,人参是抗兴奋剂,对中枢神经系统有抑制、安定、镇痛作用,另一方面,人参又对中枢神经呈兴奋作用,能减轻中枢抑制药的抑制作用。人参对人和动物神经系统的作用,取决于神经系统当时的功能状态、个人的体质状况、服用剂量的大小以及人参的不同成分。滥用人参反伤身体,人参作为滋补药必须与其他药物配合,才能避免一些副作用。特别是老人如用人参滋补,最好在医生指导下服用。

人参的药用历史久远,不仅如此,近些年来人们更多地把它应用于日常饮食中,如药膳食中的人参火锅、人参煲雏鸡等。人参的用法:

①炖服。将人参切成 2 cm 厚片,放入瓷碗内加满水,封密碗口,放置于锅内蒸架上,蒸炖4~5 h 即可服用。

②嚼食。以 2~3 片人参含于口中细嚼,生津提神,干凉可口,为最简单的服用之法。

③磨粉。将人参磨成细粉,每日吞服,用量视体质而定,一般每次服 1~1.5 g。

④冲茶。将人参切成薄片,放在碗内或杯中,用开水冲之,闷盖约 5 min 后既可服用。以同样的方法重复冲服,直至没有参味为止。

⑤泡酒。将整个人参切成薄片装入瓶内,用 50~60 度白酒浸泡,每日服之。

⑥炖煮食品或小菜。不喜爱参之苦味者,亦可伴以瘦肉或鸡或鱼等烹炖,除滋补强身外,更美味可口。参之精华可被伴煮之肉类吸收,散发人参之甘香及肉类的香甜味,为高级保养佳肴。

⑦配成中药服用。人参配成中药应用,适应范围甚广。传统著名补益方剂有:四君子汤、六君子汤、补养中益气汤、八珍汤、人参养容汤等。做成丸剂的如人参再造丸、人参健脾丸等。此外,尚有治疗各种疾病的配方,均有良好效果。

秋冬季是进补的好时机。提起补益品,人们首选的是人参,人参大补元气,不管是单独煎煮还是浸酒、煲汤、炖肉,人参都具有很好的补益气血的作用,经研究发现人参还具有抗衰老、防癌的作用。

但服用人参时应注意以下问题:

①有火不宜补。中医历来有"虚则补之,实则泻之"的治病原则,凡有高热、烦躁、大便干、小便黄的人,不宜用人参进补。儿童服用人参和人参类补品可引起性早熟,不利于生长发育,所以也应给予注意。

②睡前不宜服。人参对大脑皮层有兴奋作用,睡前服人参易导致失眠和饱闷。中医认为服用人参最好在早晨空腹服用,稍做活动后再进早餐,既利于吸收也不会滞气。

③勿忘忌口。自古就有人参与萝卜不宜同服的说法。经现代药理研究发现萝卜中的胡萝卜素有分解和降低药效的作用,茶叶、咖啡中的成分可与药物中的某些成分发生化学反应,产生沉淀,降低药效。所以服用人参时,应注意勿与萝卜、浓茶、咖啡等同服。

④不可滥用。研究发现人参中含有达玛烷二醇糖和三醇糖甙的成分,长期大量服用可使人患"人参滥用综合征",出现失眠、心悸、血压升高、烦躁、易于激动等中枢神经兴奋症状,或出现性情抑郁、头痛、食欲减退、低血压、性功能减退、体重减轻、过敏等一系列功能低下的症状。

2) 人参的命名与化学成分

人参为五加科人参属多年生宿根性双子叶植物。人参英文名为:Panax Ginseng。由俄国学者 C.A.Meyer 于 1843 年命名,Panax 是拉丁语,是"总"的意思,Ginseng 由汉语"人参"音译而来。人参则因根形似人而得名。

人参的化学成分比较复杂,除含有各种人参皂苷成分外,还含有挥发油、人参酸(软脂酸、硬脂酸、油酸和亚油酸的混合物),植物甾醇和胆碱,各种氨基酸、肽类、葡萄糖、麦芽糖、蔗糖、果胶以及维生素 A、B_1、B_2 和 C 等。对人参皂苷类化学成分的研究,20 世纪 90 年代初我国学者在国内外研究基础上,对人参根及其地上部分的皂苷成分又深入地进行了分离鉴定,对单体皂苷的代谢化学、半合成、碱水解及分析方法进行系统研究,自人参茎叶中得到 10 种新的皂苷成分,分别为 20(R)-ginsenoside-Rh2、-Rh3、-La、-F4、25-hydrox-y-ginsenoside-Rg2、25-hydroxy-ginsenoside-Rh1、-Ia、-Ib、koryoginsenoside-R1 和-R2〔1~3〕。到目前为止,从植物人参中已分离并确定了结构的皂苷成分计 40 余种。

人参根、茎叶及花蕾各部分挥发油不仅含量不同而且性状和化学组成也各不相同。陈氏根据三者挥发油中都含有 β-金合欢烯,提出人参皂苷生合成途径的初步设想。到目前为止,已从人参挥发性成分中鉴定了 90 余种化合物。

人参含有的糖类成分主要有单糖、低聚糖和多糖。有一定生理活性的人参糖类成分为人参多糖,人参果胶中分出的有生理活性的多糖有 SA、SB、PA、PN 等。人参中含有 12 种以上生物碱,如 N9-formy1、harman、norharman、腺苷、胆碱等以及天冬氨酸、苏氨酸、丝氨酸、谷氨酸等 20 种以上的氨基酸,其中有些是人体所必需的氨基酸。此外还含有具有生物活性的低聚肽及多肽等成分。除上述成分外,人参中还含有多种对人体有益的微量元素、维生素及酶类物质。人参茎叶中还含有山萘酚、三叶豆苷、人参黄酮苷等黄酮类化合物以及酚酸类、甾醇类成分。

人参具有多种化学成分,每种成分在药理方面又有其各自的特点。人参皂苷是人参中的主要活性成分,目前它的全合成还未成功,仍需从人参根、茎、叶等部位提取以满足医疗需要。因此,对于某些含量较低、活性较强的单体皂苷的新药开发还比较困难,如前述人参皂苷-Rh2 有较强抗癌活性,国内外学者已采用不同方法半合成人参皂苷-Rh2 及其类似物,这项工作有待于进一步研究。合成工作的另一方面意义在于对已阐明活性的化合物进行结构修饰与改造以寻找活性更强的化合物,而且也能改善某些人参皂苷的性质,增加其生物利用度。

现代医学研究证明,人参不仅含有人参皂苷,而且还含有糖类、多种氨基酸、蛋白质、多种维生素及微量元素等营养物质,具有滋补强壮、提高体力和脑力劳动能力,降低疲劳、调节中枢神经系统的作用。对于治疗心血管疾病,胃和肝脏疾病,糖尿病以及不同类型的神经衰弱症等均有较好的疗效。人参周身是宝,都具有良好的药用价值。人参的参芦、参条、参须、参花、参叶和参子,虽同生在一株上,但是其功效主治却不尽相同。人参除主根作药用外,其他部分也有很高的药效。人参果,补元气、返魂魄;人参叶,主治补目,浸水洗头,令发光黑不落,醉后食之解酒,且可润肤、养颜;人参花,清香,善于生津又不耗气,可代茶用;人参芦,功能上行,又能治泻利浓、血崩、精滑等症,尤对泄泻日久,阳气下陷者颇为有效;人参籽,有催生作用等。可见,人参的每个部位都有其特定的功效。

3) 中国人参和西洋参的发展

人参是祖国医药宝库中一颗璀璨夺目的明珠,从古至今,一直闪烁着迷人的光彩。我国是人参的发源地,早在 2 000 多年前,我们的祖先就发现并利用人参防治疾病了。我国最早的药学典籍《神农本草经》称,人参"主补五脏,安精神,定魂魄,止惊悸,除邪气,明目,开心益智,久服轻身延年"。此后,在《明医别录》《伤寒论》《唐本草》以及《本草纲目》等医药书籍中都有详细的记述。

人参不仅在中国,而且在远东其他国家的民族医学中也占有重要的地位。日本江户时代的《药徽》、朝鲜的《东医宝鉴》等,都有人参的记载。人参经历了任何药物所不曾经历的漫长的神话时代。许许多多美丽动人的人参故事,从中国流传到朝鲜、日本、印度尼西亚、新加坡以及世界各地。

从 1800 年开始,日本、德国、朝鲜和中国的科学工作者,对人参的化学成分进行了研究。20 世纪初,日本和朝鲜的学者开始研究人参的药理作用。1960 年以后,人参的研究进入了飞速发展的新阶段,日本学者在人参皂苷的化学结构研究中取得了出色的成就;人参药理学研究亦进入了生化药理学和分子药理学阶段;人参的栽培、加工及临床应用也获得了前所未有的发展。

我国科学工作者在人参栽培、加工、化学、药理及临床等方面也做了大量的研究工作。特别是对人参地上部分(茎、叶、花、果)的化学和药理方面做了广泛而深入的研究,为开发和利用人参地上部分奠定了科学基础。在人参药理研究方面,我国学者首先报告了人参多糖的生物活性,系统地研究了人参多糖和人参皂苷对免疫功能的影响。这些研究工作不但为人参的临床应用开辟了新的领域,而且也为阐述中医"扶正固本"理论做出了贡献。

世界上最好的人参生长在朝鲜和中国东北,但是在北美洲也生长着另一种人参,中国人称西洋参。西洋参在印第安人眼中,也具有神奇的色彩。印第安人用它来治疗胃病、牙龈肿痛和其他疾病,他们把西洋参叫作"人形",因为它的分叉状的根部有点儿像人体形状。也正是由于这一原因,古代中国人相信人参能治身体中的各种疾病,他们相信,人参的形状决定了它能治疗人体的病痛。约 300 年前西洋参运销到中国,被当时我国医药家首先认定为凉性补益七血药,以中药学理论为指导将西洋参应用于临床治疗阴虚热证,其后西洋参逐渐成为名贵滋补药。西洋参的临床应用,最早记载于我国医药书籍中。野生西洋参,产于加拿大大西洋沿岸丛林中而得名,后来美国也发现有产,命名花旗参,均为同科同属同种植物,统称西洋参。因大量采集,日渐稀少,物以稀为贵,当时与黄金等价,甚至高于黄金价。百年前逐渐有人工移栽或种植栽培,美国威斯康星州及加拿大魁北克、蒙特利尔是变野生为家种较早的地区。

西洋参原产美国和加拿大,其主要消费者是中国人,我国药用西洋参历史约 200 多年。近年来全国已有多个省市成功地引种栽培西洋参,产量已占世界总产量的 5%。科学研究结果表明:国产西洋参内在质量与进口西洋参基本相同。专家同时指出,要消除对进口西洋参的迷信心理,大胆使用国产西洋参。美国、加拿大虽产西洋参,但本国用量很少,且不列为药典品种。绝大部分外销到我国和东南亚国家和地区。我国人民随着生产发展,生活改善,医疗保健要求日益提高,对西洋参的应用量逐年增加,每年需花大量外汇进口大量西洋参。为适应我国人民保健事业的实际需要,我国科学工作者经过多年努力,开展了一系列科研工作,终于先后由北京、黑龙江、吉林、辽宁、山东、陕西、河北等省市引种成功,开创了我国不产西洋参的历史。收获引种的西洋参多数可以与进口西洋参质量媲美。在有关西洋参栽培、育种、植保、药化、药理、药材加工、质量标准、临床应用、药剂、保健品开发等诸方面都取得了一系列科研成果。

近年来一些地区西洋参畅销,一些消费者对西洋参产生迷信心理,有的经销商也怀着商业目的鼓吹西洋参而贬低人参。为此,一些著名的人参、西洋参研究专家近日指出,西洋参固然有独特其功效,但仍不能取代人参的作用和"百草之王"的地位,应实事求是地认识人参、西洋参的功效,不必厚此薄彼。

专家们指出,人参这些显著的医疗作用,是当代任何一种西药或任何一味中药所不能及的,无论在历史上和现代,在国内和国外,其作用都是不可动摇的。中国农科院特产所所长、西洋参专家廉浩哲说,西洋参与人参同科同属不同种,均是名贵药材,但两者在药性活性成分和中药入药上有些不同。西洋参富含二醇型 Rb 单体皂苷,药性寒凉,镇静降压,适合于长期进补;人参多含有三醇型 Rb 单体皂苷,药性温热,兴奋调压,两者在用药上不同,各有千秋。西洋参对冠心病、高血压、贫血、神经官能症等疾病有确切的疗效。

人参与西洋参的鉴别。关于二者的主要鉴别方法有:形体鉴别、显微鉴别、红外光谱鉴别、荧光光谱鉴别以及同工酶谱法等,但这些方法对于区分西洋参和人参的制剂显得力不从心。作者在国内外研究基础上,发现人参皂苷-Rf 是人参的特征成分,而-24(R)假人参皂苷-F11 是西洋参的特征成分。因此通过检查这两个特征成分可区分人参和西洋参。这种方法不仅适用于生药鉴别,也适用于其制剂的鉴别。

4)人参的同科植物产品——五加参神茶

五加参神茶是我国龙飞公司用传统工艺和现代科学精制而成。五加参,它生长于黑龙江深山,100%纯野生,《神家本草经》列为上品,《本草纲目》谓其功效:坚筋骨、强意志,久服轻身耐老。故历代都把它当作"长寿之药"。有"宁得五加一把、不用金玉满车"之说。

现代国内外大量的实验证实,五加参确有如下保健作用:调解中枢神经、增强记忆力、抗疲劳、抗心肌缺血、扩张血管、降血压、改善冠状动脉血液循环、抗辐射、有抗癌防癌作用,能防止肿瘤发生,能阻止肿瘤转移,对糖尿病能降低尿糖和血糖;本品主要作用:明目健脑、调节神经、饮用十日明显改善睡眠。

五加参茶是以其嫩叶加工而成,有效克服了茶叶存在的弊病,又能满足千百年来人们饮茶习惯,是人人可饮用的上等饮料,尤宜于中老年人、重体力劳动者、运动员、教练员、糖尿病、癌症病人以及经常接受辐射(使用电脑、手机、传呼、长时间看电视)的人们饮用。长期饮用五加参茶对人们的神经系统、消化系统、内分泌系统均有良好的调节和促进作用,能提高睡眠质量,增强机体功能,有利于各种慢性病的恢复;有利于减少各种辐射给人类带来的危害,增进人体健康,延缓衰老。

饮用法:用开水冲泡,四次至五次。将残叶嚼食最佳,可与牛奶、可可、白酒、啤酒、饮料同饮,可热饮,也可冷饮。

5)人参的质量判定与伪品鉴别

人参是很珍贵的一味药材,市场上的人参种类很多,质量各异,学会一点鉴别知识是有必要的。在人参中只有野山参是珍贵药材,生长年限由几十年到百余年不等,价格昂贵。由于山参产量稀少,以假充真、以次充好的现象时有发生,所以应注意鉴别。要想鉴别好人参,必须掌握好以下要点:既要看清"五形",又要识别"六体"。

(1)"五形"是指须、芦、皮、纹、体

①须:长条须,老而韧,清疏而长,其上缀有小米粒状的小疙瘩称为"珍珠点"。色白而嫩脆(俗称水须)者,则不是纯野山参。

②芦:芦较长,分为二节芦、三节芦、线芦、雁脖芦。二节芦有马牙芦和圆芦两种。三节芦有马牙芦、圆芦和堆花芦。所谓马牙芦,是根茎上的茎痕明显,形如马牙状,多在根茎上段。所谓圆芦,是根茎上的茎痕因年久而长平,形如圆柱状。所谓雁脖芦,是根茎细长,稍弯曲,如雁脖状。所谓线芦,是因年限久远,根茎上的芦碗长平,根茎又细又长。

③皮:老皮,黄褐色,质地紧密有光泽。皮嫩而白者,则不是纯山参。

④纹:在毛根上端肩膀头处,有细密而深的螺丝状横纹。横纹粗糙,浮浅而不连贯者则不是纯山参。

⑤体:指毛根。

(2)"六体"是指灵、笨、老、嫩、横、顺

①灵:指人参体态玲珑,样子好看,体腿明显可分,腿多具两个,且分叉角度大。按形态分为"菱角体"和"疙瘩体"。

②笨:指人参根形挺直,体态笨拙而不美观,即使有两腿,两者粗细或长短也不匀称。

③老:指山参皮老,色黄褐,横纹细密而结实。皮嫩色白者不是纯山参。

④嫩:指皮色嫩白,横纹粗糙浮浅,须根嫩脆、色白易折断者,则不是纯山参。

⑤横:指人参根粗短。两条腿多向旁伸展者,多为野山参。

⑥顺:指人参根顺理且直。单腿或双腿并拢者,多不是野山参。

(3)选购人参时要认清真伪

常见的人参伪品有:

①野红豆根:气微臭,味淡,有豆腥味,表面为黄棕色。蒸后变为红棕色略透明。外形近似人参,但根茎顶部则是草质茎的平直断痕,没有真人参的深陷环状横纹。有似皱纹和横向皮孔样的疤痕,以及极细微的纤维伸出,似棉花状。质地坚实,不易折断,断面为角质性,有含淀粉样的筋脉点。

②商陆根:无臭气,味淡,略有麻舌感。形似人参,主根呈圆锥形,下部分枝多,顶端有地上茎的残基。断面呈数层同心性木化环纹,角质性,半透明状质地坚实,不易折断。

③华山参:气微臭,味甘而微苦。主根呈圆柱形或圆锥形,头部粗,有横向细密环纹,下渐细,有分枝,顶端有短的根茎。表面为棕褐色,有横向皮孔状的疤痕,隐约可见内部纵向的纤维营束。断面角质性,半透明,质地坚实。

④山莨菪根:气微臭,味微甜而后苦。根呈圆锥形,多自顶端分枝,顶端有圆盘状的芽或芽痕。表面为灰黄色或灰褐色,有细纵皱纹和横向点状须根痕。加工蒸煮后呈黄棕色,半透明状。质地坚实,但易折断,断面较平坦,略显出不规则的环状形成层,有的有放射状裂隙。

⑤栌兰根:无臭气,味淡,略有黏滑感。表皮为灰黑色或灰黄色,有纵皱纹和点状突起的须根痕。隐约略显出内部纵向的纤维管束。主根为圆锥形或长纺锤形,有的分枝,有的不分枝。顶端有残留的木质茎基。质坚硬,断面较平坦,角质性,半透明状,中心常有空腔。

⑥紫茉莉根:味淡,有刺喉感。主根呈圆柱形,分枝少,顶端有残留的茎痕,表面为黄白或淡黄棕色,有纵皱纹笔须根痕,断面角质状,并散在有细小的白色晶点。质地坚实。

⑦莨菪根:气微臭,味淡而微苦。表面为灰黄色或淡黄色,有明显的横向突起皮孔状疤痕。根为圆柱形,顶端有残留的芽痕。质地坚实,易折断,断面呈淡黄色,不平坦。

⑧桔梗根:呈圆柱形或长纺锤形,顶端有根茎,皱缩扭曲。上部有横纹,通体有明显的纵

沟,并有类白色或淡棕色皮孔样根痕。质坚而脆,易折断,断面为黄白色或紫棕色,有明显的形成层环,气微臭,味微苦而后甜。

⑨金钱豹根:气微臭,味淡而微甜,表皮为灰黄色,质坚而脆,易折断,断面为黄色,木化性较强。根略似四方柱形,多不分枝,扭曲不直。顶部有密集的点状茎痕,四棱上多有明显的突起点,全体有纵皱纹。

6) 人参制品的发展趋势

人参及其制品目前在世界上已达数百种之多,随着人们保健需要,人参及其制品将有一个更大发展,其发展趋势如下:

①发展标准化的人参标准提取物。前述人参单体成分某些药理作用截然相反,这些成分在制剂中差别较大,势必会影响疗效。目前有些药理活性研究结果相互矛盾,如有些人认为人参总皂苷有溶血活性,而有人却报道无溶血活性。这主要是因为所用原料及提取方法不同。另外人参制品虽多,但质量差异较大。因此为确保疗效,要发展标准化人参提取物。

②发展无农药残留、无重金属残留的人参制品。世界卫生组织明文限制植物药的农药和重金属残留限量,我国为同世界接轨,在2000年版药典中对部分药材增加重金属及农药残留量限量的规定。

③单体化合物制剂也是一个发展趋势。如现在已证明抗心律失常以 Re 和 Rg2 较强,抗肿瘤 Rh2 和 Rg3 较强。正由于单体皂苷作用不同,有必要制成单体皂苷制剂。

8.4.5 我国中药事业发展与知识产权保护

1) 我国中医药事业的现状

中药作为我国的国粹,在国际市场上却难与日本、韩国的药品竞争,究其根本原因,是我国的中药产品在研究、生产、经营过程中缺乏相应的质量管理规范,以至于产品的质量最终无法得到控制和保障。因此,中药现代化的关键在于建立符合中医药特色的、达到国际标准的各环节的质量管理规范,从而保证中药产品的有效性和安全性,使之能被药政部门乃至世界各国人民所接受。

中药材的药效与其品种、产地和产期有关,常有一名多药和一药多名的现象。中药的有效成分随产地而异,相差可能是几百倍。有效成分含量的高低,也因不同的生长期而异。因此,在实施《中药材生产质量管理规范(试行)》时,要在地道药材研究的基础上,选择适当的品种并在其最适宜生长的地域种植或饲养。通过对中药材最佳采收期的动态研究,确定每种中药材的最佳采收期。现代中药必须严格保证所用的药材原料无污染,农药残留和重金属含量在十分安全的范围内,药效物质的含量稳定可靠并有严格的质量标准。

传统中药产品的疗效经过长期临床实践,从整体上应当予以肯定。但是,由于缺乏采用现代药物临床研究常用的"随机分组""对照""双盲""双点观察"等科学实验方法获得的科学数据,因此对中药产品的适应证、功效与用途等中医理论的深奥说明很难用现代医学理论做出科学的表达,故难以为各国卫生行政主管部门、医学工作者及患者所理解、掌握和接受,这直接阻碍了中药产品进入国际主流市场。如果中药的研制是按照《药物非临床研究质量管理规范》和《药物临床试验质量管理规范》标准进行的,就比较容易为世界各国所接受。

近30年来,中药制药技术大量吸收和利用了现代制药的先进理论、工艺、设备、技术和质量管理观念,同时对这些方法与技术进行改革完善,以适应中药制药的特点。中药的剂型已经由传统的汤、膏、丹、丸、散等发展到片剂、胶囊剂、颗粒剂、注射剂等现代制药的主要经典剂型;制药技术上,已经基本形成适宜中药功效及成分特点的提取、分离、浓缩、纯化、精制、干燥、成型等较为成熟的工艺与相应设备。技术的进步也促进了中药产业化的发展和国际化的进程,中药制药由传统的作坊加工逐渐过渡到现代化、规模化生产,并逐步实施了各种规范管理。

2) 完善中药知识产权保护体系

中药的进一步国际化必须要有足够的知识产权保护。某些品种即使能通过严格的技术审评壁垒,通过经济贸易市场保护的障碍,进入了国际医药主流市场,但如果缺乏足够的保护策略与对策,也是难以站稳市场的。要解决这一问题,可以从两方面突破。

(1)完善中药知识产权保护体系

由于中药自身的特殊性、研究与开发水平、生产流通使用的现状,尚难以找到能切实维护研究开发者和生产者权益,同时又符合现代国际知识产权、保护惯例的有效措施,因此中医药的知识产权,包括中医药特色技术、老中医经验等,还缺乏有效的、明确的保护,有关的法律法规也不够健全,主要还是依靠行政保护(如行政法规、新药保护、中药品种保护等)。行政保护力度小、范围窄,这些行为在国外则失去意义。这样的现状不利于鼓励研制者开发高水平的创新药物。因此,我们要加大对中药知识产权保护策略、对策、措施和法规的系统研究,并将这类软科学的研究成果尽快应用于中药创新药物的研究、开发、生产和流通领域。

(2)尽快拥有自主的知识产权

我们不仅拥有祖先留下的大量宝贵的中医药知识财富,而且还有现代中医药科技人员创造的新成果。但这些成果多数尚未进入知识产权的保护状态,更像是一个免费的信息资源库,我们能使用,国外企业也能使用。我国加入WTO后,医药市场逐步对外开放,庞大的国内中药市场开始引起外企的高度重视,国外也加大了对中医药的研究,从中获取本应属于中国的知识产权。"青蒿素"就是国人心中永远的痛:这种20世纪60年代由我国自主开发的唯一一个一类植物药,治疗疟疾的效果远胜奎宁,但因为当时还没有知识产权保护意识,被其他外国公司抢先注册了专利。好在诺贝尔奖具有公正性,2015年授予了我国女科学家、青蒿素的第一发明人屠呦呦她应有的荣誉。

3) 加强我国中医药研究开发

虽然中医药研究是我国固有的优势,但我们同国外科研机构相比还有一定差距:一是科研思路单一,创新思维不足;二是技术落后,缺乏有力的资金支持。当国外企业和科研机构携带巨额资金、先进的研究技术和管理方法进入中药研发领域的时候,我们的优势将荡然无存。应用祖国医学的知识,加强对中药的现代化研究,其发展方向应该从以下几个方面着手。

（1）单味药的研究

分离、纯化单味药的有效单体或有效部位，以明确物质基础、提高疗效，是目前世界上通行的研究方法。如治疟疾的青蒿素，止痛的延胡索乙素，活血的丹参酮、川芎嗪等，都是在传统中医药学的指导下，通过现代工艺分别从青蒿、延胡索、丹参、川芎中提取出来的，其药理作用和这些中药的传统用法基本一致。但也有很多研究超越了前人的认识，发现了新的用途。如薯蓣的传统作用是健脾渗湿，而从中提取有效成分制成的"地奥心血康"主要用于治疗心血管疾病。单味药整体入药也是一条研究思路，单味药的研究成果可以申请品种、工艺、适应证专利或中药一、二类新药保护。

（2）复方制剂的研究

配伍、复方是中医药的特色，通过配伍、复方的作用远远超过了单味药的作用，或出现单味药所没有的作用，与此同时，毒副作用也得到了极大的控制。可见，复方的研究关键在于：一是阐明各组分的相互作用，寻找其中新的有效单体。例如，四君子汤是由党参、茯苓、白术和甘草组成，前3种分煎或合煎，药物成分的总溶出量变化不大，加上甘草则会大大地增加这3种药物成分的溶解量，因为甘草中的皂苷类成分有助溶作用。疗效的提高，即来源于此。至于减低毒性，也有例可查。二是阐明复方的药理作用，通过这方面的研究可以加深对疾病的认识，给治疗理念带来飞跃。如治疗腰膝酸软、骨质疏松等疾病从肾论治，并指出肾脏功能和骨质代谢有密切关系。复方的研究成果可以申请品种、工艺、适应证专利或中药一、三类新药保护。

（3）剂型的研究

剂型研究的关键在于更新的剂型能更符合临床治疗的需要，要根据中药的功效主治，借鉴现代缓（控）释、自调式、脉冲式、靶向给药的理论与技术，针对临床应用特点开发合理适宜的剂型。一般来说，用于急性病、慢性病急性发作阶段的药品需用速释剂型，而用于慢性病或滋补的中药更适合用缓释剂型。中药本身具有起效慢、作用缓和的特点，因此，开发中药速释剂型具有重要的意义。中药注射剂的出现使中药在急症、重症中的应用占有了一席之地。随着临床用药的需要，我们要不断地研制出新式的剂型，像最近出现的闪崩剂具有掩味、速释的特点，必将使中药遇到新的发展机遇。剂型的研究成果可以申请工艺专利或中药二、四类新药保护。

总之，目前的形势是：国内中药要走出国门还比较困难，而国外企业进入国内市场却势在必行，从长远来看，中药的前景是光明的，但近期的形势是严峻的。我们的对策是加快中药现代化进程，使中药能尽早走出国门，进入国际市场；尽快拥有自主知识产权，以便在激烈的市场竞争中占领制高点。

8.5 饮料酒

8.5.1 饮料酒概述

饮料酒泛指所有含酒精的饮品。酒是宴请喜庆礼品的吉祥商品，是一种饮料食品，它有着几千年的历史,是人类文化的结晶。纵观世界,酒和政治、经济、文化以及人类的生活、交流活动密不可分,不同国家、不同民族都有着不同的饮酒习惯。酒文化博大精深,有着深厚的学问。

饮料酒自古以来就为人们所喜爱,适量饮酒具有兴奋神经、增进食欲、舒筋活血、祛湿御寒等作用。低度酒如黄酒、啤酒、葡萄酒等还含有大量易被人体吸收的具有营养价值的成分。当然,饮酒不可过量,否则会引起酒精中毒,对身体健康有害无益。

我国是世界上最早发明酿酒的国家。从我国考古学研究成果分析,距今四五千年以前就已有各种酒器。远在龙山文化时期,我国劳动人民就掌握了酿酒技术。《素问》一书中提到的“醴酪”,就是用谷芽酿制的一种古老的酒,到了商代中期出现了利用天然微生物制曲的方法,用曲酿的酒比用谷芽酿的酒不仅酒精含量高,而且酒的风味也提高了。周代初期,我国已有了一套比较完善的科学的酿酒工艺。如《札记月令仲秋》中提到的“作稻必齐,曲荣必时,湛炽必洁,水泉必香,陶器必良,火齐必得”就是后来所说的古遗六法。汉武帝建元初年,张骞出使西域,带回了葡萄和葡萄酿酒技术。中唐时期,出现了世界上最早的蒸馏酒——烧酒。到了宋朝,我国有了关于制曲酒的专门著作《北山酒经》,该书不仅详细介绍制曲方法,而且还提到煮酒和火迫酒等保存酒的灭菌法。

从我国古代酿酒业的发展历史看,我们的祖先在酿酒方面也为人类做出了许多宝贵贡献。由于我国劳动人民的智慧和勤劳积累了丰富的酿酒经验,酿造出了许多驰名中外的美酒佳酿,如历史悠久的传统酒类有黄酒、白酒和药酒等。此后西方国家又酿制出一些世界性酒类,如啤酒、白兰地、威士忌、金酒、老姆酒、伏特加等酒类传入我国,使我国的酒类丰富多彩。新中国成立以后,我国酿酒工业获得了飞速发展,酒类品种和产量不断增加,质量精益求精。据初步统计,目前我国全国性名酒、优质酒和地方性名酒、优质酒已近 2 000 种,这些酒不仅深受国内消费者欢迎,有的还远销世界许多国家和地区,享有极高的声誉。

8.5.2　饮料酒的化学成分

饮料酒所含的化学成分主要有以下几种。

1)酒精

酒精,学名乙醇,为无色透明液体,有特殊的辛辣气味,具有较强的渗透力和刺激性,易挥发和燃烧,有杀菌能力,化学性质较稳定。它可按任何比例与水混合。酒精是饮料酒的基本成分,无酒精的饮料就不能称其为酒。各种酒的酒精含量一般为:白酒均在35%以上;黄酒为11%～18%;果露酒为 14%～18%;啤酒为 3.5%左右。酒精含量越高刺激性越强,越易保管。我国规定,酒液温度为 20 ℃时,每 100 mL 酒液中含 1 mL 乙醇酒度为 1 度。酒度可以用酒精计直接测出。如 100 mL 的酒中测得酒精含量为 50 mL,则此酒的度数为 50 度。

各种酒的度数,一般是指酒液中酒精含量的体积百分比。但啤酒例外,它的度数是指原麦汁浓度的质量百分比。饮料酒的酒度既不宜过高,也不宜过低,而要适中,适合消费习惯。一般讲,我国南部地区习惯饮用低度酒(40 度左右),北方地区习惯饮用高度酒(55 度左右),国外大部分喜饮低度酒(40 度以下)。

2）有机酸

饮料酒中如果酸量过大其口味就会变得粗糙,一般酒中的有机酸含量以 0.13 g/100 mL 为宜,要求酸不露头。虽然有机酸含量不大,但种类较多,约有几十种酸类物质,其中以醋酸、乳酸和玻璃酸为主。

有机酸在饮料酒中有着重要的作用。主要表现在如下几方面:①成味。各种酸都具有一定的酸味,有的还稍带咸味、苦味,是饮料酒中重要的成味物质。不同种类的酸及其含量的不同,构成酒的不同风味。许多评酒专家认为,我国白酒风味独特,是由于酒中乳酸含量高。②成酯。酸和醇反应生成酯,如醋酸与乙醇作用生成乙酸乙酯,乳酸与乙醇作用生成乳酸乙酯,使酒具有一定的脂香气味,并掩盖了酒的涩味,使酒的味道变得柔和。

3）酯类

酯类由饮料酒中的酯在其发酵、蒸馏或储存过程中生成。因此,发酵时间越长的酒,香气越浓。

饮料酒的成分十分繁杂,仅中国白酒就可以列出 80 余种不同的成分,尽管如此,人们还没有完全掌握酒的所有组成成分。好的白酒中的酯类物质就有 30 多种,酯类物质的多少是构成不同风味白酒的基础。例如乙酸乙酯是清香型白酒的主体香成分;乳酸乙酯是浓香型白酒的主体香成分等。一般来说,酒中酯类含量越多,口味就越好。储存时间越长,香气越浓,酒的品质越高。但若人工加入的酯类物质,就容易使酒液发生浑浊现象。酒度高的酒可以容纳较多的酯类,所以高度酒比低度酒的口感香气要浓。

4）醛类

饮料酒中的醛类,大多是一些低分子的醛。各种醛在酒中的作用差异很大。一般来说,醛类对人体的健康有害。常见的醛有以下几种:

①乙醛。它是酒精发酵的中间产物,它会使酒有一种苦杏仁味,还会使酒有暴辣感。乙醛含量越多质量越次。

②乙缩醛。它是由乙醛和乙醇缩合而成的,乙缩醛大部分在储存过程中形成。乙缩醛本身有一种特殊的清香味,还有助香作用,故酒中含有乙缩醛有助于酯类香味的放出。

③丙烯醛。它是在发酵过程中,由葡萄糖在腐败细菌的作用下产生的。它毒性大,刺激性强,会使人流眼泪。在酒中丙烯酸含量越少越好。

④糠醛。刺激性很强,有硝苦味,燥辣酒中含量多,故质量差。若其含量控制在 0.03% 以下,会使酒有一种特殊香味,是形成异香型白酒的基础。

5）高级醇

它是多种高分子醇的混合物,习惯上称它为"杂醇油"。它在酒中的作用,一个是生成酯类,另一个是使酒具有一定的滋味。白酒中的甜味就来自高级醇。优质酒中的高级醇有十几种。但高级醇含量过高会使酒有苦涩感、刺鼻感。由于高级醇具有强烈的刺激性和麻醉性,因此会使饮者头晕和呕吐。

6) 甲醇

它无特殊气味,与乙醇相似,但它的毒性很大,能使视神经受损。

8.5.3 饮料酒酿造的基本原理

饮料酒的种类很多,但其酿造所用原料都离不开糖类物质,糖类既包括结构比较复杂的淀粉,又包括结构简单的葡萄糖。但无论所用糖类多么复杂,都要经过处理变成单糖,然后再由单糖制得酒精。大多数酒都是以淀粉类物质作为原料,需要经过两个主要过程:一是淀粉糖化过程,二是酒精发酵过程。

1) 淀粉的糖化过程

淀粉在催化剂淀粉酶的作用下水解为单糖。淀粉酶来源于糖化剂中的微生物,糖化剂就是平时所说的酒曲。其反应过程可用下式表示:

$$(C_6H_{10}O_5)_n + nH_2O \xrightarrow{\text{淀粉酶}} nC_6H_{12}O_6$$

2) 酒精发酵过程

淀粉在淀粉酶作用下转化为葡萄糖后,随即进入发酵阶段。发酵就是葡萄糖在酒化酶作用下转化为酒精的过程。酒化酶是由酵母菌分泌出来的,对于大多数酒的酿造来说,酵母菌也是靠酒曲带入的。

理论上,100 g 葡萄糖可生成 51.14 g 酒精,此外还有许多其他产物。但实际上,在发酵条件良好的情况下,100 g 葡萄糖可生成酒精 0.3 g、二氧化碳 46.4 g、甘油 2.5~3.6 g、高级醇 0.4 g、有机酸 0.5~0.9 g、醛类 0.05 g、酯类微量等。据科学实验,一些名白酒中可检出微量成分已达 50 多种。各种微量成分的含量不同,构成了不同风味的酒,并使酿造酒与兑制酒之间产生了质的区别。

8.5.4 饮料酒的分类

饮料酒的品种单从我国来说,就有不下千种,而且酒的名目繁多,风味各异。如何对饮料酒分类,世界各国标准不一,但我国的酒品分类,一般有以下几种方法。

1) 按酿制方法分

按此可将饮料酒分为蒸馏酒、发酵原酒、配制酒 3 种。

①蒸馏酒。原料经过糖化和酒精发酵后,用蒸馏法制成的酒。这类酒的度数较高,其他固形物含量较少,刺激性较强。如白酒、白兰地酒、威士忌酒等。

②发酵原酒(或称压榨酒)。原料经过糖化(或不经糖化)发酵后直接提取或用压榨法而制成的酒。这类酒的度数较低,固形物含量较多,刺激性较小,具有一定的营养价值。如啤酒、葡萄酒、果酒等。

③配制酒。用白酒或食用酒精与一定比例的糖料、香料、中药材等配制而成的酒。这类酒含有糖分、不同量的固形物,其酒精含量也有区别,如竹叶青、五加皮、虎骨酒、青梅酒等。

2）按酒精含量分

按此可将饮料酒分为高度酒、中度酒、低度酒3种。

①高度酒。酒精度在40度以上,并用蒸馏法制成的酒。如白酒、白兰地等。

②中度酒。酒精度在20~40度,如部分白酒和配制酒。

③低度酒。酒精度在20度以下,如葡萄酒、果酒、黄酒、啤酒等。一般来说,原汁酒保留着有益于人体的营养成分。

近年来,白酒的度数普遍向低度发展,呈现出明显的低度化趋势。目前国内白酒产品酒精度已普遍降低了10度,60度以上的白酒已不多见。世界各国普遍将40度以上的酒精饮料定为烈性酒,并征收高关税。

3）按商业习惯分

按此常分为白酒、黄酒、葡萄酒、果露酒、啤酒等。

（1）白酒按香型分,可表现出不同的香型和风味等特点

①清香型。酒气清香芬芳,醇厚绵软,甘润爽口,酒味醇正,代表着传统的老白干风格。它的芳香成分主要是乙酸乙酯和乳酸乙酯。以山西杏花村汾酒为代表,又称汾香型。西凤酒、宝丰酒、衡水老白干等属于此类。

②浓香型。芳香浓郁,绵柔甘洌,入口甜、落口绵、尾子净,回味悠久,饮后尤香,香气艳郁是其特点。芳香成分主要是乙酸乙酯和适量的乳酸乙酯。以四川泸州特曲和五粮液为代表,又称泸香型和窖香型,古井贡酒、剑南春、洋河大曲、双沟大曲、全兴大曲等均属此类。

③酱香型。香而不艳,低而不淡,回香绵长,留杯不散,醇香幽雅,郁而不猛。酱香的成分比较繁杂,主要是挥发性的酚元化合物,此外还有多元醇和多元酚等。酱香、窖底香和醇甜三类成分融合可组成独特风味。以茅台酒为代表,其又称为茅香型,郎酒、武陵酒、龙滨酒等皆属于此类。

④米香型。蜜香清柔,幽雅纯净,入口绵甜。香气是由乳酸乙酯和乙酸乙酯、高级醇共同形成的。以桂林三花酒为代表,全州湘山酒等属于此类。

⑤复香型。又称兼香型,即兼有两种以上香型的白酒。凌川白酒、西陵特曲、白沙液等属于此类。

⑥其他香型。以上5种香型外的不同类型的酒属于其他香型。贵州董酒、老龙口酒等属于此类。

（2）黄酒一般按产区、风味等不同可分为五大类

①糯米粳米黄酒。以长江以南地区为主产地。原料使用糯米、粳米,以酒药和麦曲为糖化发酵剂酿制的黄酒。有加饭酒、花雕酒、善酿酒、香雪酒等。

②红曲黄酒。产自福建、浙江、中国台湾等地。原料使用糯米(粳米),以大米和红曲霉制的红曲为糖化发酵剂酿成。有福建红曲黄酒、闽北红曲黄酒等。

③浙江红曲黄酒。以乌衣红曲或红曲与麦曲为糖化发酵剂酿制。有温州乌衣红曲黄酒、

金华踏板黄酒等。

④黍米黄酒。华北和东北地区以黍米(糯小米)为原料,用米曲霉制成的鼓曲为糖化剂酿制而成的。如山西黄酒、山东即墨黄盾等。

⑤大米清酒。它是一种改良的大米黄酒,特有清香味,为日本的特产。如吉林清酒、即墨特级清酒等。

(3)啤酒的分类

啤酒营养丰富,酒精含量少,有"液体面包"之称。啤酒通常依据不同要求分类。

啤酒按色泽分为:①淡黄色啤酒:酒液淡黄,口味淡爽,香气好,酒液透亮,色度在 0.4 mL 碘液以下。②金黄色啤酒:酒液金黄,口味清爽,香气突出,色度为 0.4~0.7 mL 碘液。③棕黄色啤酒:酒液褐黄、草黄,香气有焦味,口味稍苦醇爽,色度在 0.7 mL 碘液以上。④浓色啤酒:酒色棕红,麦芽香气较浓重,口味醇厚,色度在 1~3.5 mL 碘液。⑤黑色啤酒:酒液红里带黑,颇似咖啡色,酒香明显,麦芽香气浓重,口味醇厚,色度在 5~15 mL 碘液。

啤酒按麦汁浓度分为:①高浓度啤酒:原麦汁浓度为 14~20 度,酒精含量为 4.9%~5.6%。②中浓度啤酒:原麦汁浓度为 11~12 度,酒精含量为 3.1%~3.8%。③低浓度啤酒:原麦汁浓度为 7~8 度,酒精含量一般在 2%左右。

啤酒按杀菌与否分为:①鲜啤酒:又称生啤酒。在生产中未经杀菌,味鲜美,营养价值高,稳定性差,多为桶装啤酒。②熟啤酒:装瓶后经过巴氏杀菌,防止酵母继续发酵和微生物造成的质量变化。稳定性好,不易发生浑浊,易保管。多用瓶或听包装。

啤酒按国外风味分为:①慕尼黑啤酒:德国慕尼黑地区产,质量好,有浓酿焦香麦芽味,口味微苦后甜,爽适淡雅。②多特蒙德啤酒:德国产,酒品最佳,酒花较少,酒精含量较高,苦味轻。③跑特啤酒:英国伦敦脚夫喜饮,又称"脚夫啤酒"。口味较淡,泡沫浓调,酒液色浅。④司都特啤酒:主产地为英国和爱尔兰,酒色黑棕,酒花香味浓。⑤艾尔啤酒:产自英国,仅为鲜啤酒。⑥拉格啤酒:产自美国,市场中多销售这种酒。

(4)葡萄酒分类

葡萄酒是国际市场主销品种,在生产中占有重要地位。其历史悠久,品种繁多,我国生产的葡萄酒可分为 6 类。

①干葡萄酒。干葡萄酒:色泽有红和白等,酒度为 10~13 度,还原糖在 0.5 g/100 mL 以下。有沙城白葡萄酒、民权干白葡萄酒。半干葡萄酒:色泽有红和白等,酒度为 10~13 度,还原糖为 0.5~1.2 g/100 mL。有王朝半干白葡萄酒、沙城半干葡萄酒。

②助甜葡萄酒。甜葡萄酒:色泽有红和白等,酒度为 10~20 度,还原糖为 5 g/100 mL,有中国红葡萄酒、烟台红葡萄酒、民权白葡萄酒等。半甜葡萄酒:色泽有红和白等,酒度为 10~13 度,还原糖为 1.2~5.0 g/100 mL,有通化红半甜葡萄酒等。

③含气葡萄酒。葡萄汽酒:酒温 20 ℃时,二氧化碳压力 0.15~0.25 MPa(兆帕),酒度为 3.5~4度,还原糖在 8 g/100 mL 以下。起泡葡萄酒:酒液在 20 ℃时,二氧化碳压力为 0.35~0.5 MPa,酒度为 10~13 度。该酒为起泡葡萄酒代表。

④山葡萄酒。山葡萄酒是我国特产,酒度为 15 度左右,属甜葡萄酒。

⑤加料葡萄酒。加入各种芳香物质和各种药材及蔗糖等制成的葡萄酒。如味美思,主要成分是葡萄酒约 80%,加入多种原料制成的。有干味美思、白味美思、红味美思、都灵味美思

等品种。我国烟台、青岛生产的味美思中加有名贵中药材。

⑥蒸馏葡萄酒。蒸馏葡萄酒是以葡萄为原料,用蒸馏方法制取,主要品种有白兰地,酒度为40~43度,初品为无色,在橡木桶中储存形成金黄色,酒液透明,浓郁清香,口味醇厚。烟台张裕金奖白兰地,口味醇厚,微苦,爽口,余香绵长。

(5)果酒的分类

以各种水果发酵配制的蒸馏酒为原汁酒,酒度为14~15度,含有较高糖分。有山楂酒、苹果酒、杨梅酒等。

(6)配制酒分类

配制酒的配制工艺有两种:一是酒与酒进行勾兑配制,二是以酒与非酒植物物质进行调兑配制。以葡萄酒基或蒸馏酒基为主配制各种调香物品,露酒和药酒也属配制酒。

8.5.5 中国名酒的特点

1)茅台酒

茅台酒称为国酒,产于贵州省仁怀县西部赤水河中游的茅台镇。茅台酒有独特的"茅香",香气柔和幽雅,郁郁不猛,持久不散,留香不绝。酒液清亮透明,口感醇厚,酒度为53~55度,无烈性刺激感觉。茅台酒是由酱香、窖底香和酸甜三大因素融会而成,这3个因素由70多种化学成分组成。精选高粱为原料,用曲多,发酵期长,取用山谷中深井水,水质清澈纯净,形成了独特的酒品风格。

2)汾酒

汾酒产于山西省汾阳市杏花村酒厂。酒液纯净,雅郁,清香,为清香型白酒。入口绵香,甜润醇厚,回味悠长,酒度为60度,有酒劲无刺激性。汾酒味美与酿酒水质有关,杏花村水质无色透明,无悬浮物,无邪味,可以酿制成独特的风格。

3)五粮液酒

五粮液酒产于四川省宜宾市五粮液酒厂,集聚五谷(高粱、糯米、大米、玉米、小麦)蕴积而成,无色透明,酒香浓郁,香溢满口,余香悠长,口味柔和甘美,醇厚净爽,为浓香型酒中第一流。五粮液用料和水要求严格,酿造用水取自于印尼江江心,水质纯净,陈年老窖发酵,被誉为国宴专用酒。

4)泸州老窖特曲酒

泸州老窖特曲酒产于四川省泸州市曲酒厂。酒液无色透明,芳香浓郁,清洌甘爽,回味悠长,饮后尤香。该酒选用原料为糯高粱,小麦制曲,使用龙泉井水。口尝微甜,呈弱酸性,能促进酵母繁殖,有利于糖化和发酵。产量大增后,随之改用纯净沧江水,水中悬浮物极少,也是优良酿酒用水,是泸州老窖特有风格的重要因素。

5) 西凤酒

西凤酒产于陕西省凤翔城西柳林镇。酒液清澈透明,香气清芬,幽雅葱郁,酒味醇厚,绵软甘润,饮后醇和回甜,香芳久长,酒度为 65 度。其选料为当地产高粱、大麦、豌豆制曲,以井水为酿造用水,因而决定了酒品风味。

6) 剑南春酒

剑南春酒产于四川省绵竹酒厂。酒色无色透明,晶亮,芳香浓郁,口味醇厚回甜,清冽净爽,余香悠长。选料精良,麦曲质优,泉水纯净,具有独特风格。

7) 董酒

董酒产于贵州省遵义城郊的董公寺。酒液晶莹透明,香气扑鼻,清爽醇香,属酒香型,兼有大曲(麦曲)、小曲(米曲)两类酒的风格。它以糯高粱为原料,使酒形成特有的大曲酒的浓郁芳香。小曲酒的醇和回甜,别有一种风味。

8) 古井贡酒

古井贡酒产于安徽省亳县古井酒厂。酒液清澈透明,香气纯净,酒液黏稠挂杯,属于浓香型。酒味醇和,回味悠长,酒度为 60~62 度。其选料为上等高粱,以小麦、大麦、豌豆为曲,使用的是有 1 400 多年历史的古井之水,水质甜美,酿制的酒甘美醇和,称为上乘佳酿。

9) 洋河大曲酒

洋河大曲酒产于江苏省泗阳县洋河镇。酒液清澈透明,醇香浓郁,口感味鲜,质厚而醇,甜润软绵,余味爽净,回味悠长,属浓香型大曲酒。洋河土质红黏,含有较多的丁酸菌和乙酸菌,能促进乳酸乙酯和乙酸乙酯等香气成分生成,用这种土质做发酵地,可以使酒酿蒸出特有的香甜风味。

10) 双沟大曲酒

双沟大曲酒产于江苏省沁洪县双沟镇。酒液清澈透明,芳香扑鼻,入口甜美,回香悠长,酒度为 65 度,香醇而不烈。选用优质高粱,麦、豆为大曲糖化发酵剂,使用淮河水,经老窖适温缓慢发酵,分级密封储存,以保持优质风格。

11) 全兴大曲酒

全兴大曲酒产于四川省成都酒厂。酒液无色透明,醇香浓郁,和顺回甜,饮后感到有特殊风韵,酒度为 56~60 度,醇和不烈。其以优质高粱为原料,小麦制曲。曲质优良,成品酒曲香显著。

12) 郎酒

郎酒产于四川省古蔺县二郎镇,取郎泉酿酒。酒液色清透明,酱香纯净,酒质醇厚,口感甜润酸爽,回香满口,属酱香型。高粱为酿酒原料,小麦制曲,由于使用山泉水,陈酿于山洞中,酒香风味出众。

8.6 新型食品

为了满足人们的生活需要,近年来世界各国千方百计地研制、生产新颖别致的食品投放市场。现介绍一些新型食品的发展动态。

8.6.1 世界食品发展趋势

据科学家研究分析,近年来世界食品发展趋势有六大特点:一是多样化。从以单一的淀粉类食品为主食,发展到以畜产品、水果、蔬菜等多种食品为主食。二是方便化。目前,世界上的方便食品已超过 1.2 万种,大有发展为主流食品的趋势。三是多功能化。不但要求食品营养丰富、美味可口,而且要求食品对慢性病具有疗效,同时具有防病保健等方面的功能。四是组合化。有些国家已开始生产按比例搭配的、符合标准化要求的、富有营养而又符合卫生要求的组合食品。五是高转化率化。利用丰富的植物资源,直接生产转化率高、能被人体迅速吸收的食品。六是无害卫生化。近年十分强调食品的卫生、无害和安全问题。

另外,在食品来源方面,还开展了研究以找寻新的食品来源。科学家早就发现,长在葡萄树上的真菌,是吃石油的能手。石油有不少衍生产品,其中之一叫"正烷烃"。真菌食之就可将其变为"石油蛋白"。石油蛋白中含有丰富的脂肪、糖类,多种维生素和矿物质等人体不可少的营养成分。现今的研究已取得了重大突破。对石油蛋白进行特殊加工,就可做成"火腿、牛排、香肠"。这种用微生物制造人造"蛋白"的方法,开辟了新的食物来源。法国的生物化学家还能把含有纤维的物质(如破布废纸、杂草绿叶等),利用高科技进行特殊加工,制造出可食的高蛋白物质,从而丰富了人类食品的来源。

8.6.2 边缘食品

目前,世界各地陆续发明、制造出了一些新奇的"边缘食品"。这种食品,吃起来不但滋味颇佳,而且还大大有益于健康,将"食补"和"药补"妥善地结合起来了。故"边缘食品"在国外非常流行,主要有以下几种。

1) 美味鸭鸡

巴西风迪首公司运用遗传工程的基因移植法,培养出非鸡非鸭的"鸭鸡"新品种。幼雏出生后,喂养 3 个月,平均体重达 3.5 kg,即可上市供应。这种美味鸭鸡,胸肉质厚,肉味鲜美,方便烹调,在市场上颇受青睐。

2) 记忆面条

美国医师查德·沃尔德发明的"记忆面条",吃了以后可以使人的记忆力增加,不会健忘。

医学科学已查明,人体血液中"乙酸胆碱"这种生化物质,可以提高记忆力。查德·沃尔德在面粉中加入了胆碱,做成面条。当进入人体后,人体内的乙酸酶 A 便和胆碱起了化学反应,生成"乙酸胆碱",故可提高人的记忆力。

3) 催眠饼干

美国发明生产了一种催眠饼干,只要在睡前吃几块,便可很快入睡,犹如吃安眠药,又没有药物副作用。吃这种饼干,入睡时间比不吃饼干可提前 5~9 min,原因是,在制作饼干时加入色氨酸。人体内的色氨酸多了,可以在血液中产生"5-羟色胺",而这种物质入脑,不但促进睡眠,还可提高睡眠质量。

8.6.3 脱水食品

脱水食品近年来已在西方市场上兴起。蔬菜、水果、肉类等均可制成脱水食品。这些食品经脱水处理后既可充分保持原形、原色、原味和原有营养成分,又能在常温常压下保存 1 年,因而越来越受欢迎。

所谓脱水,就是在短时间内将食品快速冷却至低温,然后在高真条件下逐渐升温,由于脱水过程中的温度受到严格控制,因此不会破坏维生素、叶绿素、生物酶和氨基酸,食物跟新鲜的一样,而新鲜蔬菜水果经过速冷真空升华脱水后,香味和糖分被浓缩,会比原来更香甜可口,处理后的肉味道更鲜美。

8.6.4 玉米食品

近年来,世界上许多国家对玉米的开发利用途径越来越广,出现了许多受消费者喜欢的新型玉米食品。

①方便玉米饭。在加拿大、美国等,将玉米气蒸、漂白、干燥后便成了玉米方便饭,食用时只需水煮 6 min 即可。

②玉米花菜。在日本、美国、加拿大等,将玉米爆成花,然后加上牛奶、牛油或奶油做成菜,不仅味美可口,而且易消化。

③玉米啤酒。德国、苏联、美国等,以脱皮后的玉米为原料,加上玉米芽酿制啤酒。这种啤酒别有风味,营养丰富。玉米面包,在日本和德国等,将玉米粉浆输入膨化机,粉浆经加压加热后,再经过分离出口喷出,使玉米粉迅速膨胀,成为膨化玉米粉,然后加入一些辅料制成面包。

8.6.5 大豆食品

近年来,国际市场上大豆食品除豆腐、豆乳外,用大豆蛋白制成的冷冻甜食、饮料、酸豆乳以及仿肉禽制品等新产品不断出现,并以其物美价廉的优势迅速占领了部分市场。

①风味豆乳。国际上流行的有:香草、牛奶、鸡蛋、水果、巧克力、咖啡、杏仁、芝麻、蔬菜等

风味的豆腐。一般还添加维生素和矿物质,最普遍的是添加钙质。豆乳质量标准中有一项指标是蛋白质含量。如日本将豆乳蛋白质的含量定为3.8%,调制豆乳为3.0%,豆乳饮料为1.8%。

②冷冻甜食。以大豆蛋白质为基料制成的冷甜食在色、香、味、组织方面都能和冰激凌媲美,能让不宜食用奶制品的人们一饱口福。这些冷甜食在美国是以大豆分离蛋白为基料。美国以豆乳树为基料,其生产工艺和加工设备与制作冰激凌相同,熟化时间比起冰激凌,不能少于12 h。

③软包装杀菌豆腐。随着软包装材料的发展,美国和日本等国的市场上的杀菌豆腐逐渐增多,许多大厂商采用杀菌带水包装豆腐,其方法是:热豆腐切块后随即和热水一起装入塑料软盘,密封,再浸入一长方形水槽中,槽中水温62 ℃左右,保持20~60 min,然后冷却,制成的产品新鲜明亮,储藏期可达28天。

④合成饮料。以大豆为原料制成几种各具功能的饮料以适应各种人群饮食的需要。主要有:全脂豆粉是将大豆洗净、蒸熟、干燥、压碎、研磨成粉,脱脂豆粉是将大豆洗净、压碎、脱皮后用正己烷脱提油脂,脱脂后的碎豆粒再研磨成粉;浓缩蛋白是将脱脂碎豆粒或豆粉经酒精浸泡、稀酸渗出(pH=4.5)、热水浸洗、中和、浓缩、干燥;分高蛋白是将脱脂豆片或豆粉用稀碱脱提(pH=7~9),再用欧调节至pH=4.5,使蛋白质凝块,再经稀释、水洗、中和、喷雾干燥。肌纹组织化蛋白是将用磁波分离出的蛋白质挤压至酸溶液中成丝而得。

⑤配方食品。如用豆树作为面包营养强化剂(比例为5%~10%),可弥补面粉中氨基酸之不足,并增加产品的保温性和松软度,起到与奶固形物相似的作用;粒状分高蛋白吸收两倍水后可做成肉馅增量剂,或鱼糕和鱼肠的增量剂。美国市场上有加大豆蛋白的牛肉饼、汉堡包。

8.6.6　转基因食品

所谓转基因食品,就是通过基因工程技术将一种或几种外源性基因转移到某种特定的生物体中,并使其有效地表达出相应的产物(多肽或蛋白质),该过程叫作转基因。以转基因生物为原料加工生产的食品就是转基因食品。

根据转基因食品来源的不同可分为植物性转基因食品、动物性转基因食品和微生物性转基因食品。

从1983年诞生的世界上最早的转基因作物(烟草),到1994年美国孟山都公司研制的延熟保鲜转基因西红柿在美国批准上市,转基因食品的研发发展迅猛,产品品种及产量也成倍增长。转基因作为一种新兴的生物技术手段,它的不成熟和不确定性,使转基因食品的安全性成为人们关注的焦点。

转基因食品有较多的优点:可增加作物产量;降低生产成本;增强作物抗虫害、抗病毒等的能力;提高农产品耐贮性。例如,转基因食品——土豆。我们应缩短作物开发的时间、摆脱四季供应、打破物种界限、不断培植新物种,生产出有利于人类健康的食品。

转基因食品也有缺点:在栽培过程中,可能通过基因漂流影响其他物种;可能会引起过敏等。

　　转基因食品投入生产之后,最早提出转基因食品安全问题的人是英国的阿伯丁罗特研究所的普庇泰教授。1998 年,他在研究中发现,幼鼠食用转基因土豆后,内脏和免疫系统受损,这引起了科学界的极大关注。1999 年,英国的权威科学杂志《自然》刊登了美国康乃尔大学教授约翰·罗西的一篇论文,文中指出蝴蝶幼虫等田间益虫吃了撒有某种转基因玉米花粉的菜叶后会发育不良,死亡率特别高。对转基因食品,主要有以下争论:支持者认为转基因食物是安全的,并且具有传统食物所不具备的特性,可以解决包括全球饥荒在内的多个问题。反对者认为,对转基因食物进行的安全性研究都是短期的,无法有效评估人类几十年进食转基因食物的风险;反对者还担心转基因生物不是自然界原有的品种,对地球生态系统来说是外来生物,而种植转基因生物会导致外来品种的基因传播到传统生物中,造成传统生物的基因污染。许多环境保护组织,包括绿色和平组织、世界自然基金会和地球之友等国际机构都持有该种观点。

　　为了统一转基因食品安全性的评价标准,联合国粮农组织和世界卫生组织所属的国际食品规定委员会也已决定制定转基因食品的国际安全标准。中国先由原国家科学技术委员会制定了《基因工程安全管理办法》(后废止),随后原农业部在此基础上制定了《农业基因工程安全管理实施办法》(后废止),并同时成立了农业生物工程安全委员会,以负责全国农业生物遗传工程体的安全性审批。2015 年 10 月 1 日起正式施行新修订的《中华人民共和国食品安全法》,该法规定生产经营转基因食品应当按照规定显著标示,并赋予了食品药品监管部门对转基因食品标示违法违规行为的行政处罚职能。

第 9 章 工业品商品

商品学中的工业品概念与市场营销学中的工业品概念有所不同。所谓工业品商品是指生产不受季节影响,由工业部门经过大机器加工生产、并用于交换的有形产品,是工业企业进行工业生产活动的直接有效成果。它既包括居民所需的消费资料,也包括产业各部门的生产资料。但工业生产资料的需求是一种派生需求,因而,从生产经营的角度看,消费资料(即消费品)是工业品商品研究的一个基本范畴。由于工业有轻工业、纺织工业和重工业之分,则工业品商品可划分为一般日用工业品、耐用工业品和纺织工业品三大类。

9.1 日用工业品商品

随着市场经济的深入发展,不仅生活资料、生产资料是用于交换的商品,而且技术、信息、商品品牌与企业形象也是商品的范畴。商品类别的扩大,使我们无法逐一分析其特征,本节仅以工业生产的吃、穿、用消费品中,"用"的商品(包括日用工业品和耐用工业品)为例,对其类别和特征进行研究。

9.1.1 日用品类商品的特征

日用品类商品是人们在日常生活中大量应用的一类必需品,如日用器皿、洗涤用品、护肤化妆品、鞋类商品、日用小商品及其他日用杂品等。

1) 日用品类商品的种类

日用品类商品尽管种类很多,功能各异,但从自然属性角度分析它们都有一定的成分、结构和性质。以化学成分为标志分类,则有无机物和有机物两类。

(1)无机物日用品

其代表品种有搪瓷、玻璃、陶瓷等硅酸盐制品和铝、铁、合金等金属制品。其性质较为稳定,不易在流通或使用过程中发生质量变化。如各种硅酸盐制品化学性能稳定、硬度大、不易腐蚀和磨损,在搬运储存中只要注意轻拿轻放,勿重压碰撞,除平板玻璃不宜在露天长期存放以免风化失透等问题外,一般不会出现其他质量问题。硅酸盐制品因其具有清洁卫生又精致美观,且价格低廉等特点,宜用作各种餐具;各种金属制品经久耐用,尤其是不锈钢炊具,它具有表面光洁,易于洗刷,黏附菌率低且具抗腐性,有良好的使用性能等特点。金属制品在流通和使用过程中应注重的主要质量问题是防锈蚀。

(2)有机物日用品

它是以有机物为主要成分的商品。其中以低分子有机物为主要成分的商品,其代表品种有洗涤用品及护肤化妆用品;以高分子有机物为主要成分的商品,其代表品种有塑料、橡胶、皮革制品等。以有机物成分为主的商品,其性质比较复杂,在外界因素的作用下,易产生质变现象。肥皂的酸败就是由于在外界因素的作用下,肥皂的有机成分(不饱和的脂肪酸)氧化分解,产生了低级的脂肪酸、酮类、醛类,这些物质具有刺激性和不良的气味。类似的质变现象在护肤用品中也有,如香脂的酸败。

2)日用品类商品的特征

日用品类商品的成分、结构决定了商品的性质、质量和使用性能。但有些日用品如鞋类、帽类商品的使用性,则首先是由其结构(形状、大小、部件装配等)是否科学合理所决定。不管怎样,日用品类商品的生产经营与使用的特征表现在以下几个方面。

(1)更新换代快,寿命周期短

尤其是日用小商品,有的一年一变,有的一年几变,翻新快,如手提包等。由于日用品的品种花色、规格型号繁多,与食品类商品相比,人们对这类商品需求的伸缩性较大、选择性较强。

(2)原料较广泛,生产更稳定

人们在日常生活中用的消费商品大多是轻工业产品,也有一小部分手工业的日用土特产品。它们基本上不受地理、气候条件的影响,商品所反映的民族、地域性不强。但有的日用品是民族特需商品及民族手工业品。如藏族人民用的藏柜、藏桌和藏刀,做工精细,富有民族风格。一些少数民族的茶碗、酥油壶、饭锅等,也与一般日用商品不同。

(3)使用日用品,环保更重要

某些日用品商品,如塑料制品中的增塑剂、稳定剂及游离甲醛等对人体健康有一定影响,不宜用作餐具;合成洗涤剂中的硬性活性物毒素排入下水道后,不易被微生物所分解,如果大量存在,将会造成泡沫泛滥,污染河道危及鱼类,影响生态环境。

(4)流通渠道需广泛,选择购买图方便

日用工业品商品的流通特点是由集中到分散,商业部门对日用品中价格低、易消耗、消费者对其选择性不大而又必需的商品,如肥皂、牙膏等要保证供应,不可脱销断档。日用工业品商品市场竞争性强,经营中必须重视商品的品种、规格、花色齐全,方便选购,适销对路,并要做好售前、售中和售后的服务工作。

9.1.2　耐用工业品类商品的特征

耐用工业品类商品主要指使用周期较长、价值较高、结构复杂、技术性强的消费性商品。

1) 耐用工业品类商品的种类

耐用工业品类商品主要包括日用机械类商品、日用电器类商品、家具类商品三大类。

（1）日用机械类商品

主要品种有自行车、缝纫机、钟与表等。

自行车又分为普通用车和特种用车。普通用车分男式、女式两种,这种自行车结构坚固,骑行平稳舒适。在此基础上扩展的品种有:轻便车、载重车、运动车和赛车等。特种用车是具有特种用途或按照用户要求特制的自行车。

缝纫机缝纫速度快、工作效率高,分为工业用缝纫机和家用缝纫机两类。工业用缝纫机专用性强。家用缝纫机用途广泛,其品种类型较多,以动力源划分的有脚踏式、手摇式、电动式三种;以结构区分的有 JA 型、JB 型、JC 型、JH 型、JY 型五种,分别代表各自内部结构的不同。这些不同类型的缝纫机可用不同的台板装配,所以也可根据台板结构进行分类。缝纫机广为群众所喜爱,目前正向微型化、多能化、无针或电子程序控制的方向发展。

钟表按结构特点可分为:

①机械计时器,其摆动系统是机械的,基本组成部分均为机械零件,如机械手表、机械闹钟等;

②电机械计时器,其组成部分有机械零件,也有电子元件,如晶体管钟、音片钟、音叉手表、摆轮游丝电子表、石英电子表等;

③电子计时器,其基本部分全为电子元件,如石英数字显示的钟表等。钟表属于精密计时仪器,利用周期性的摆动过程来测量时间。钟表运用摆锤或摆轮游丝系统作为摆动系统。要使摆动系统不停地摆动下去,就要不断地补充能量。机械表采用发条或起重锤所储备的位能作为能源;电子钟和电子表则利用电磁能作为能源。

（2）日用电器类商品

门类很多,范围很广,按结构原理可分为电子器具、电动器具、电热器具和制冷器具四大类。本章第 9.2 节将对其类别与特征进行详细论述。

（3）家具类商品

近年来,随着人们生活方式的变化与消费水平的提高,家具生产经营迅速发展,品种增多。按其结构不同可分为:组合式、拆装式、折叠式、悬挂式等现代化的各式成套家具品种。

2) 耐用工业品类商品的特征

耐用工业品是综合性强的一类商品,除以机械、电子工业的产品为主要部件外,还涉及冶金、化工、塑料等多方面的先进工艺和技术,这一类商品的发展水平,在一定程度上反映了一个国家工业生产技术水平和人民生活水平的高低。耐用工业品由于有使用周期长而又能减轻人们的家务劳动、改善生活环境、丰富人们的物质文化生活等功能,因此,在我国消费商品构成中,消费者购买力投向的比重逐年上升,并成为家庭中不可缺少的生活用品。

耐用工业品类商品的主要特征表现在以下几个方面。

（1）耐用工业品类商品的各种使用性能

主要由商品的不同原理与结构所决定，其质量水平主要取决于生产技术水平和加工精度。对这类商品的使用总的要求是：安全、可靠、适用性强、容易维修等。

日用机械、电器商品必须在机械能和电能的作用下才能正常使用。这类商品的框架、零配件等多是用金属制作；日用电器多用交流电作为能源，因此，安全性是衡量其质量的主要指标。所以必须有良好的防护设施，以保证安全使用。家具类商品要求结构合理、安全稳固、美观、实用。

耐用工业品类商品结构复杂，可靠性要求高，每种商品都是由若干甚至多达数百个、上千个零部件组装而成的，其质量不仅与每一个组成部分的质量有关，而且还与装配水平密切相关。因此，可靠性是衡量该类商品的主要指标。

（2）耐用工业品类商品的产销、流通特点

生产技术要求高，原材料要求严格，质量管理科学化，产品的社会需求量随着人民生活水平的提高逐年递增。商品的流转方向一般是由集中到分散，由城市到农村。

耐用工业品类商品一般价格较高，在经营中要注意质量保证及零配件维修服务工作。此类商品竞争性强，市场容量有限，寿命周期较短，更新换代速度快。

（3）耐用工业品类商品的消费特点

其消费过程与诸多社会因素有着直接或间接的联系。主要表现为：

①社会配合型消费。有些耐用工业品类商品的消费需要社会其他组织的配合，其消费过程即是某种社会活动展示的过程。如电视机消费，不仅与电视信号传播水平有关，也与电视剧的创作相关联。

②社会辅助型消费。几乎所有的耐用消费品的消费都需要社会提供辅助，一旦社会辅助不足或不当，消费效果就会下降。社会辅助范围十分广泛，有社会劳务、社会公用设施、住宅条件、法规等。如日用电器商品需要稳定的电压及电流强度，才能保证消费的正常进行；家具的消费受住房条件的限制等。

③耐用工业品类商品由于使用周期长，价格高，消费者在购置时不仅严格要求使用功能好，而且要求造型新颖别致，轻巧美观，搬运方面，色彩格调配套，并与整个生活环境相协调。一般消费心理是：重产地、重名牌优质、重质量保证的商品。

9.2　家用电器

家用电器是家庭或个人使用的各种电器用品。它是一种综合性工业商品。家用电器现已形成了专业化市场，已广泛深入到千家万户，成为改善人民生活环境、丰富人们的物质和文化生活、促进人类文明进步的现代化商品。据有关资料报道，美国一个家庭中，家用电器总数已达 72 个之多，我国居民家庭中家用电器的数量也会随着居民生活水平的提高迅速增长起来。因而，研究家用电器的有关特点，将有助于经营（或消费）好不断增长的家用电器。

9.2.1 家用电器的分类及特点

1) 家用电器的分类

为了购买和使用的方便,从用途方面分类是比较符合消费需求的。

①空调器具类。指调节室内温度、湿度,加速空气流动和排放室内污浊气体的电器用品。如空调器、电风扇、排换气扇、抽油烟机等。

②制冷器具类。指人们在日常生活中能获得低温的电器用品。如电冰箱、电冰柜、冷冻机等。

③清洁用具类。指为改善和净化家庭卫生环境与清洗用的电器用品。如洗衣机、吸尘器、电熨斗等。

④取暖用具类。指为提高室内温度和产生取暖效果的电器用品。如电暖炉、电热毯等。

⑤厨房用具类。指应用于厨房炊事烹调和清洗方面的电器用品。如电烤炉、微波炉、电饭煲、洗碗机、绞肉机等。

⑥声像器具类。指各种电子音响及影、视、像电子用品。如电视机、录像机、收录机及音响等。

⑦文化办公用品类。指用于文化教育和办公方面的电子用品。如电子打字机、复印机、计算机等。

⑧照明器具类。指各类照明及艺术装饰的灯具。如各种吊灯、壁灯、闪光灯等。

此外,还有整容、医疗、娱乐、保安、节能等方面的家用电器。目前世界家用电器产品已超过 200 种,新产品不断涌现,日趋智能化、多功能化。

有些国家将全部家用电器划分为家用电子器具和家用电器器具两类。当然,随着家用电器的不断发展,新产品将更多更快地问世,目前的分类必将不断充实和完善,甚至有可能以新的标准进行划分,以适应家用电器工业高速发展的需要。

2) 家用电器的特点

①家用电器与一般日用工业品不同。必须在有电能的条件下才能正常运转使用。根据家电结构原理,有的商品是由电能转换成机械能,有的是由电能转换成热能,或者是通过各种电子线路进行工作。

②家用电器一般都要带电工作或操作。这类商品的安全性是列入首要的质量指标,必须重视其电绝缘性以及防护设施等。

③结构比较复杂,要求电器元件可靠性高,要达到质量需要的规定值。如电冰箱的制冷性能必须达到星级的规定值。

④外观艺术美。家用电器既是家庭用品又是美化环境的艺术装饰品,应造型美观,装饰新颖,色调柔和,外形结构合理等。

⑤耐用性消费品。家用电器要求使用寿命长,可靠性要求高,与一般日用品不同,它不是用几次就可消费掉的用品,消费者往往要求一件用品能使用 10 年或更长的时间。

⑥经济性。要求耗电量少、维修费用低等经济性质量指标。

⑦售前售后服务。家用电器在销售过程中,消费者对于选购、使用、维修等方面都想得到优质服务保证。因为家用电器不同于一般日用消费品具有一般消费知识即可,而需要具备电器、机械等方面的专门知识和技术,可是使用者大多数不具备这一条件,所以售前售后的服务是非常重要的。

9.2.2　常用家电的品种与质量

1)家用电冰箱

家用电冰箱是家用制冷器具中最有代表性的商品。电冰箱一般设有冷藏室和冷冻室两部分。它的结构是由箱体、制冷系统和控制系统等组成。家用电冰箱普及率在发达国家已达95%以上。电冰箱的未来需求将呈现求新、求实、求全、求精的特点。

(1)家用电冰箱的分类

①按制冷原理可分为压缩式、吸收式和半导体电冰箱 3 类。

压缩式电冰箱。这种电冰箱制冷效率高,它是利用电动压缩机的动力与低沸点制冷剂,在一个封闭的制冷系统中连续的形态变化,即液态制冷剂在蒸发器中经吸热变为气态,气态经冷凝器冷却放热又变为液态,循环变化达到制冷目的。目前,家用电冰箱约有 90%以上是属于这一类型的。

吸收式电冰箱。这种电冰箱是采用连续吸收—扩散式制冷系统实现制冷循环的。它是在制冷系统中利用制冷剂(氨)、吸收剂(蒸馏水)和扩散剂(氢)这三种物质的作用,液氨在一定条件下蒸发吸热气化进入冷凝器,在冷凝器散热管的作用下,氨蒸气被冷却放热又变成液氨,如此周而复始地循环实现制冷效果。我国生产的电冰箱绝大部分是电机压缩式,吸收式仅少批量生产,个别厂生产电磁振荡式的。此外,还有半导体冰箱和太阳能冰箱等,这些只在一些特殊场合下应用,尚未进入家庭。

半导体冰箱。这种电冰箱是利用半导体的温差电效应实现制冷的冰箱。这种冰箱无机械运动部件,结构简单、重量轻、制造方便、无噪声、无振动、维修方便;但制造成本高、制冷效率低,而且必须是直流电源,因而不太普及。

我国目前制造与销售的家用冰箱主要是以电力为能源的压缩式电冰箱。

②按冷冻温度分类。按国际标准化组织的规定,依据冷却性能分为四星级:一星级冷冻室温度应不高于-6 ℃;二星级的冷冻室温度应不高于-12 ℃;三星级的冷冻室温度应不高于-18 ℃;四星级除冷却性能同三星级外,还具有速冻功能。日本标准增加一个高二星级,其冷冻室温度不高于-15 ℃。星级的标志在箱体正面上方处显示,如冰箱上没有标明星级符号的,一般可看作一星级冰箱。

③按箱门形式分,可分为单门、双门、三门、四门以及对开门等。一般家庭使用的多为单门式和双门式两种。

单门式电冰箱主要用于冷藏食品。它的冷冻室和冷藏室共用一个外箱门,冷冻室温度低于 0 ℃,冷藏室高于 0 ℃。由于开门影响箱内温度,故冷冻冷藏食品效果较差。

双门式电冰箱,通常上门为冷冻室,下门为冷藏室,两层各有其独立箱门,温度互无影响。冷藏室温度在 0~4 ℃,储藏效果比单门好。冷冻室温度则视星级而定。

三门或四门式冰箱,多增设一只 6~8 ℃的果菜储藏室或增加一个-1~0 ℃冰温室。

④按冰箱有效容积分:电冰箱按容积分为 50 L、100 L、130 L、150 L、170 L、180 L、200 L、220 L 等规格。目前比较畅销的电冰箱以 180~220 L 为主。有效容积是指关上门后冰箱内部实际可供使用的空间容积。

此外,电冰箱还可按冷冻室是否结霜分为:有霜冰箱(又称直冷式冰箱)和无霜冰箱(又称间冷式冰箱,也可称为风冷式冰箱)。有霜冰箱又分为:自动化霜和半自动化霜两种。

(2)电冰箱的质量要求

电冰箱的质量要求,主要通过以下质量指标来反映:

①冷却性能是指电冰箱负荷制冷能力的指标。检测的方法是:在规定的工作条件下,当环境温度为 15 ℃时,温度控制器放在"二挡",冷藏室的温度高于 0 ℃;当环境温度为 3 ℃或 4 ℃时,温度控制器置于最冷位点,此时冷藏室温度不应高于 5 ℃或 10 ℃。在不同环境条件下,冷冻室应达到相应的星级规定值。

②冷却速度是反映电冰箱制冷效率的质量指标。在规定的检测条件下,关上箱门,当环境温度为(32±1)℃时,启动压缩机连续运行,使冷藏室温度降到 10 ℃,冷冻室温度降到-5 ℃时所需的时间为冷却速度。国家标准规定,压缩式电冰箱的冷却速度应不超过 3 h。

③启动性能:在规定的环境中,电源电压降到 180 V 或升至 240 V,压缩机均能正常启动和运行。

④耗电指标:电冰箱运行 24 h 的耗电量。它与电冰箱容积、制冷系统、门封性能、开启次数等有关。检测时,在环境温度为(32±1)℃,相对湿度为 5,测定时箱内无负荷,按国家标准规定的冷藏室和冷冻室的要求指标,在 24 h 所耗的电量。

⑤振动与噪声:电冰箱的振动振幅应不大于 0.05 mm,噪声一般不应大于 50 dB。

⑥外观不应有明显的缺陷。箱体表面不能有划痕、麻坑。擦纹、漆膜颜色应一致,结合牢固等。

(3)电机压缩式的制冷原理

电机压缩式电冰箱的工作原理,主要是在一个密闭的制冷系统中,利用制冷物质作为吸热和放热的媒介来完成低温制冷。

当压缩机开始运转时,将来自蒸发器内已吸收了热量而变成低温低压气态的汽化制冷剂吸入压缩机汽缸中,压缩成高压、高温(高出室温 25 ℃)气体制冷剂,然后通过排气管送入冷凝器中冷却散热,液化成液态制冷剂,经干燥过滤器,除去其中污物和水,再经毛细管节流降压后进入蒸发器,在蒸发器内由于压力突然降低,液态制冷剂即刻沸腾蒸发,将冰箱内部的热量大量吸去,从而使冰箱内的温度降下来,实现了冰箱的功能。

(4)压缩式电冰箱的基本结构

在众多品种的电冰箱中,最常见的是电机压缩式冰箱。它在生产和销售中占绝对优势,其他品种的冰箱仅在个别地方才有使用。压缩式电冰箱主要由制冷系统、控制系统和箱体 3 个部分组成。

①制冷系统:由压缩机、干燥过滤器、冷凝器、毛细管、蒸发器等部件组成。

　　压缩机是制冷系统的关键部件,是冰箱的心脏。它是在电动机的推动下启动运转的。压缩机的功能是把来自蒸发器的低压制冷气体吸进汽缸中,经压缩形成高压高温气体排送到冷凝器中。使制冷剂不停地在制冷系统中循环往复,达到制冷要求。压缩机的质量直接影响电冰箱的制冷效果、耗电量以及噪声等性能。

　　冷凝器是一种特殊散热器件。它接受从压缩机送来的高压高温制冷蒸气,经它散热后成为高压常温液态制冷剂。现代家用电冰箱的冷凝器都采用空气冷却式。

　　干燥过滤器,一般为直径 10~15 mm 的金属管,内装粗细铜滤网和分子筛(如硅胶)用来过滤液态制冷剂中的杂质和吸附其中的微量水分。

　　毛细管是一根较细的紫铜管,在制冷系统中起调节阀的作用,作用是节流降压。

　　蒸发器是完成制冷效果的直接热交换器件。它把冰箱中的大量热吸走,降低箱内温度达到制冷的要求。

　　②控制系统。包括温度控制器、除霜控制器和启动与安全运行装置。

　　温度控制器是使冰箱内部温度按照人们的要求保持在某一预定范围之内。通过感温元件和动作开关去控制压缩机的开与停,从而控制冰箱内部的温度。

　　除霜控制器。冰箱内存放的食品常含有一些水分,当冰箱运行时食品中的水分就会被蒸发而附着在蒸发器表面形成霜,因霜是“冷”的不良导体,所以当霜的厚度达 5~6 mm 时就会使热交换能力降低,影响制冷的效果,缩短压缩机的寿命,所以要适时除霜。除霜分为人工除霜、半自动除霜和全自动除霜。目前除霜装置除人工外大都采用电热除霜。

　　压缩机启动与安全装置:压缩机的原动力是电动机,它与压缩机装在同一机壳内,用启动继电器和热保护继电器进行启动和控制超负荷。当电动机启动不正常运行时电流增大,电热丝温度升高,热继电器接点断开,切断电路,从而安全保护电动机不被烧毁。

　　③箱体。外壳用冷轧薄钢板材料,内胆用 ABS 或改性聚丙烯塑料制作,在外壳与内胆之间填充聚氨酯泡沫塑料等绝热材料,门封是用软质聚氨乙烯,封条内装入磁性材料,使箱门与箱体接触完好,防止冷气泄漏。

2)洗衣机

(1)洗衣机的分类及其特点

①按洗涤原理可将洗衣机分为 3 类。

　　滚筒式洗衣机。这种洗衣机的主要部件是滚筒。滚筒在电动机的带动下绕水平轴旋转,滚筒内壁上装有许多凸缘,旋转时带动衣物升高和落下,在洗涤剂的作用下达到洗涤洁净的效果。

　　搅拌式洗衣机。这种洗衣机为立式圆筒,其中心有一垂直立轴,轴上装有搅拌叶片,在电动机带动下,叶片做 120°~180° 的正反交替旋转摆动而翻动水流和衣物,以洗净衣物。

　　波轮式洗衣机。这种洗衣机为立桶式,桶底中心或稍偏中心处有一个表面有几条凸筋的波轮,通过电动机驱动波轮转动形成涡流,衣物受到搅拌、冲击、摩擦产生洗涤作用,洗涤效果好。目前,我国洗衣机多为这种结构。

　　除上述 3 种外,还有喷流式洗衣机、振动式洗衣机等。

②按自动化程度可将洗衣机分为 3 类。

普通型洗衣机:也称单桶洗衣机,这种洗衣机用定时装置控制波轮的正反旋转与洗涤时间,以完成预洗、洗涤、漂洗3项功能。但不能脱水甩干。

半自动型洗衣机:这种洗衣机有两个缸体,一为洗涤缸,另一为甩干缸,故又称为双缸半自动洗衣机。它以定时装置控制预洗、洗涤、漂洗、甩干等功能,衔接程序由人工完成。

全自动型洗衣机:启动运行后,其洗涤程序及功能转换无须人介入,即能完成洗涤全过程,达到洗净要求。

(2)波轮式洗衣机的工作原理

波轮式洗衣机,对洗涤衣物产生机械作用的是波轮。由于波轮的高速旋转,波轮上的凸缘对水产生剧烈的涡旋,带动衣物翻滚搅动,同时洗涤剂与衣物在与洗涤桶、波轮间撞击、摩擦的综合作用下,达到洗涤洁净的效果。

(3)波轮式洗衣机的结构

波轮式洗衣机主要由洗衣桶、波轮、甩干桶、箱体、传动和控制系统、给排水系统等部分组成。

①洗衣桶是盛放洗涤液和衣物的容器。有圆形和方形两种,各有特点。一般说圆形水力损失小,形成的涡旋和冲击力缓和;方形水流冲击力较圆形桶为强。洗衣桶的材料有:搪瓷、塑料、铝板和不锈钢板等。

②波轮一般用塑料注塑成型,在传动系统推动下拨动洗涤液呈涡卷状,具有洗涤功能,为洗涤作用的主要部件。

③甩干桶的作用为脱水、甩干,半自动和全自动洗衣机都设有此部件。甩干桶的壁上有许多小孔,在高速旋转时由于离心力的作用,衣物内的水分从小孔排出洗衣机而被甩干。

④传动和控制系统。传动机构以电动机为动力,皮带与波轮轴相连进行运转。双缸洗衣机有的由两个电动机分别驱动波轮和甩干桶,也有的共用一台电动机。

控制系统主要部件是定时器。全自动洗衣机进行程序控制有的是用计算机。

⑤给排水系统:一般洗衣机用外接水管人工控制给水,用旋钮控制排水阀放水。全自动洗衣机给排水都是用电磁阀来控制,给水方式有顶部淋洒和底部喷涌两种,排水有上部溢水和底部排水,给排水过程全由电气系统控制。

(4)洗衣机的质量要求

①耗电量和耗水量。洗衣机的消耗功率是实际耗电量。在洗涤桶内加入额定洗衣容量的衣物和额定水量,在额定电压和频率的条件下运转以测定洗衣机的消耗功率。电动机的输入功率比较接近实际消耗功率。耗水量是指在最大洗衣量时的用水量,单位以升表示。洗衣机的额定用水量与额定洗衣量之比称为浴比,一般波轮洗衣机的浴比小于20。

②洗涤性能。洗衣机的洗涤性能是指洗净衣物的程度。一般用洗净度和洗净比来表示。

洗净度一般用洗涤前后衣物的反射率来表示。百分率越高表明洗净度越好。

洗净比是指某型号待测洗衣机,在标准使用状态下的洗净度与标准参比洗衣机洗净度的比值。

③漂洗性能。它用漂洗比来表示。漂洗比是指标准状态下漂洗衣物上残留洗涤剂和污垢的能力,可通过测定洗涤液漂洗用水的导电率来计算求得。

④磨损率。在标准使用状态下测定试验布洗涤前后的重量,以计算磨损率。波轮式洗衣

机的磨损率应不大于 0.2%。

⑤噪声。洗衣机启动后,在洗衣过程中其噪声应低于 65 dB,用耳听无烦躁感。

⑥电器安全性。洗衣机金属外壳的电阻应小于 0.2 Ω,整机带电部分与外露非带电金属部分应能承受 1 500 V/min 的介电强度试验,无击穿或闪烁现象。在温度为 25 ℃、相对湿度在 90%～95% 的条件下,放置 24 h,擦去机壳表面水分,绝缘电阻不小于 2 MΩ。

3) 电视机

所谓电视,概括地说就是利用人眼的视觉特性,用电的方法,远距离、实时传送活动图像技术。电视机的发展大致经历了三大阶段,即机械黑白电视机、电子黑白电视机、彩色电视机阶段。近年来,随着电视技术和信息传输手段的迅速发展,传统的 3 种彩色制式(NTSC、PAL、SECAM)已不能满足广播电视高质量的要求。随之而来的是高清晰度电视,它具有清晰度高、显示屏大、真实感强等特点。新的显像器件——液晶显示(LCD)屏出现后,由于 LCD 具有驱动电压低、功耗小、被动显示、体积小、重量轻、无 X 射线辐射等突出优点,因此,由 LCD 技术发展起来的液晶电视(LCDT)将成为电视机的主流商品。

我国黑白电视机从 1958 年诞生到 1976 年普及,用了 18 年时间,而彩色电视机自 1973 年诞生,则只用了 12 年时间就得到了普及。由于现存的模拟电视机数量巨大,SDTV 电视机完全取代模拟电视机要用 10～15 年,而 HDTV 电视机的诞生和推广普及,随着数字芯片和生产成本的下降,数字电视已经完全进入家庭使用。我国高清晰 HDTV 数字电视的实现和推广具有更大的市场前景。

(1)电视机的分类及其特点

①按图像显示的颜色分:电视机按其显像管屏幕上图像画面的颜色分为黑白电视机和彩色电视机。

②按显像管屏幕对角线尺寸长短分:

小屏幕:2.5 cm[1 in.(英寸)]、23 cm(9 in.)、35 cm(14 in.)、40 cm(16 in.);

中屏幕:43 cm(17 in.)、47 cm(18 in.)、51 cm(20 in.)、56 cm(22 in.);

大屏幕:63 cm(25 in.)、72 cm(29 in.)、86 cm(34 in.)、96.52 cm(38 in.)。

③按电视组装元件分:有电子管式、晶体管式、集成电路式。其中晶体管式电视机优于电子管式电视机,它具有体积小、重量较轻、耗电量省、可靠性较高、成本适中等特点。集成电路电视机在性能上更优于晶体管电视机。

(2)彩色电视机的基本工作原理及其结构

彩色电视机所显示的彩色活动景物图像,是根据红、绿、蓝三基色原理,将自然界中绚丽多彩千差万别的颜色景物分解成“红”“绿”“蓝”3 种单色光,再按不同比例调配即可合成各种不同颜色,将这种不同色光转换成 3 种基色图像电信号,再由电视台加工后发射出去。

彩色电视机:由天线接收到含有彩色景物信息的电信号后,经电视机电路进行一系列变换,把这种彩色电信号分解为三基色电信号,送至彩色显像管去控制 3 个电子束,荧光屏上涂有三基色荧光粉,每一个电子束只击中相应的一种荧光粉,发出一种基色光。3 种荧光粉点构成三幅基色画面,通过人眼合成为一幅彩色逼真的景物画面,也就是重现了发射端景物的彩色图像。

（3）电视机的质量要求

电视机的主要质量指标是：内在质量与外观质量。

①内在质量。电视机的内在质量主要反映在图像和伴音上，其主要性能有：

灵敏度是表示电视机接收微弱电视信号的能力。若在电视信号较弱的地方，能够收到所选频道的电视节目，而且图像清晰稳定，伴音纯正，无杂音，则表明灵敏度高。

选择性是指抑制邻近频道电视信号干扰的能力。在选择某一频道时，图像清晰，若再调至相邻频道不出现原来频道的图像和伴音，即是选择性优良。

图像分辨力又称图像分解力，是图像清晰度的指标。通常用图像分辨力线数表示，线数越多分辨力越好，清晰度越高。

图像重显率是电视台播出画面在电视机屏幕上可完整显示的程度。甲级机的图像显示率不小于95%，乙级机不小于90%。

亮度鉴别等级又称灰度等级，是指显示图像层次的多少。亮度鉴别等级多，图像层次丰富，画面柔和，收看效果好。

图像几何失真是电视机图像保真度指标。有图像轮廓与矩形比较失真、梯形失真、平行四边形失真、桶形失真、桃形失真等。这是由扫描电路非线性元件的扫描畸变引起的图像失真，失真越小越好。

彩色质量：彩色电视机的白色平衡、色纯度、电子束会聚误差等质量指标都影响图像彩色质量。高质量彩色电视机应能复现与原景物十分接近的彩色图像。

②外观质量。电视机外壳应无损伤，塑料壳无老化现象，显像管上无裂纹，荧光屏上无气泡，旋钮完好无损，使用轻便灵活，金属件无锈蚀变色现象。

（4）新型电视机

随着科技的飞速发展，新型电视，如数字电视、3D电视等已经登上了历史的舞台。

①数字电视。"数字电视"概念，不仅指我们家中的电视接收机，还包含了从发送、传输到接收全过程的信号数字化。因而，数字电视的节目质量可以达到与演播现场一样的效果。数字电视与模拟电视相比较，就如同CD唱片与留声机相比一样。数字电视是一场技术革命，它绝不仅仅是图像效果的提升，更重要的是，数字电视应用了计算机和信息技术，可以进行交互式的双向信息传输，赋予电视许多全新的功能，包括节目点播、浏览Internet、发送电子邮件、实现网上购物和网上银行等，成为名副其实的信息家电。

②3D电视。3D（Three-Dimensional）电视是三维立体影像电视的简称。它是利用人的双眼观察物体的角度略有差异，因此能够辨别物体远近、产生立体的视觉的原理，把左右眼所观察的影像分离，从而令用户借助立体眼镜或裸眼体验立体影像。3D显示技术分为眼镜式、裸眼式两类。裸眼3D主要用于公用商务场合，甚至还会应用到手机等便携式设备上；而在家用消费领域，无论是显示器、投影机或者电视，大多还是需要配合3D眼镜，才能观看3D影像。

9.2.3 家电的经营特点与发展趋势

家用电器在我国是一个新兴的行业，是日用工业品中新添的一个商品家族。近年来，随着电子工业、塑料工业和轻工业生产的发展，人民群众生活水平的提高，家用电器的普及率与日俱增。现在,家用电器商品族形成了一个独特的系列,广泛地进入机关办公室、宾馆、商店等行业领域,并在千家万户的电器消费中占有重要的地位。

家用电器市场的繁荣,标志着一个国家的科学技术和生产发展水平,反映了人民生活的富裕程度,展现出人民文化需要和素质,显示了国家和家庭的现代化程度。当我们步入商场,所见到的家用电器有电视机、录音机、录像机、电唱机、扩音机、音响、电风扇、洗衣机、电冰箱、空调器、电子琴、计算器、家用灯具、电熨斗、吸尘器、抽油烟机、电吹风机、电热水器、电饭锅、电热梳、电热褥、电动剃须刀等,真是物色各异,百器斗艳,家用电器市场格外繁荣,品种琳琅满目,新品层出不穷,形成五彩缤纷的市场景观,充分展示了改革开放和科技进步对国民生活带来的无限好处。

1)家用电器商品的经营特点

了解家用电器商品的特点,对于消费者和经营者都是必需的,这有助于扩大销售,指导消费,搞好优质服务,及时做好质量信息反馈,使供销双方均可在市场竞争中取得经济效益、求得发展。家用电器商品有它独特的经营特点,主要表现在以下几个方面。

(1)家电是美化生活、追求享受的商品

家用电器和人们的衣、食、住、行密切相关,是人们渴望需求的商品,它对解放家庭劳动力、增强人们的文化生活、美化家庭环境、促进家庭的和谐美满等方面都起到了一定的作用。随着生产的发展,生活水平的提高和消费观念的更新,每个家庭对家用电器的需求量越来越大,品种要求越来越多,无疑会直接影响市场供求,更新和开发广阔的家电市场,向城乡市场纵深发展是商业经营实践的必然趋势,把握住家电热的市场规律,是经营家电商品的一个极其突出的特点。

(2)家电的升级换代及新品种开发趋势

家用电器是新兴的商品族,随着科学技术的发展,品种开发、升级换代、更新的节奏加快,而且人们也在追求新开发、高档化的精品。据商务部(内贸部)有关资料分析,未来两年国产电冰箱的发展就具有精、全、实、新的特点。求新:将采用微电脑技术控制冰箱室温。国内首创便携式旅游冰箱已经问世,节能可达 42% 以上的超节能无氟电冰箱也已研制成功。求实:无霜冰箱和大冷冻室冰箱已面市,180~220 L 电冰箱销售比例增加,深受欢迎。求全:应用除臭、智能模糊控制等技术的多功能电冰箱,市场畅销。求精:根据居室条件选购不同类型电冰箱,如放在厨房的"应小巧",放在卧室的冷藏室容量要大,可便于放水果、饮料等。要求冰箱造型艺术化,起到装饰的作用。

(3)家用电器售前售后服务,指导消费

家电属于耐用消费品,使用寿命长,价格较高,结构复杂,操作技术性强。因此,这类商品要求销售者售前介绍商品性能,售后指导消费者使用及维修。购置时挑选严格是其销售的一个特点。

(4)依据家电特性,把好运输、保管关

家电大部分是由电子元器件和电子线路组装而成的,电路连接多采用焊接方法,最怕移动中震动,有的配件是金属结构,怕潮湿、碰撞,有的电器内部装置有重液体(电冰箱),搬运时不能超过 40 度角,更不能倒置。正因为有这些特性,搬运时应轻拿轻放,包装良好,以避免碰撞、挤压等。

2) 家用电器的未来发展趋势

我国家用电器主要商品的年增长速度都超过了20%,名优商品在质量、使用功能、工业设计等方面又有新的提高,并向精细化、高档化方面发展。

家电市场主要发展趋势表现为:

①计算机化、无害化。人们因生活水平的提高,更加关注于那些对环境无害,不污染水、空气等自然环境的家用电器。

②节能化。家电增多必然对节能提出更高要求,利用太阳能作为能源的电视、空调将陆续问世。

③多样化。即功能、品种、花色、款式多样化,以适应不同消费层次的需要。

④遥控化。为了使用灵活方便,大部分家电将采用遥控器。遥控电视机将大为普及。

⑤装饰化。要求家电不仅有使用价值,还要美观大方,具有观赏价值,成为美化家庭环境的一部分。

9.3 手 机

9.3.1 手机演进与分类

我们已经进入信息时代,信息的交流离不开通信工具。为了满足交流的广泛化,无线通信开始受到重视。在电话突破空间障碍进行信息的传递的基础上,手机(严格地说,是移动电话)的出现,打破了人们通话的时空限制,人们可以随时随地借助手机,与外部世界保持联系。从人类通信器具发展进程看,手机的通信方式无疑具有革命性意义。我国自1994年在广东设立GMS实验网以来,目前手机已成为非常普遍的个人通信工具。

现代移动通信的发展经过了模拟移动通信、数字移动通信和第二代数字移动通信3个阶段。手机是作为移动通信系统的终端设备,可划分为5代。

1) 第一代手机

移动通信的兴起可以追溯到20世纪20年代,但真正快速兴起应该是20世纪70年代的事了。当时大规模集成电路技术及计算机技术的迅猛发展,解决了一直困扰移动通信的终端小型化和系统设计等关键技术问题。

第一代手机是模拟移动通信系统的终端设备,所以常称为模拟手机。模拟系统是指射频载波发送前的语音信号为模拟信号,即语音信号没有进行数字编码,但系统指令和控制信道可以是数字的。

模拟移动通信主要的不足有三:频谱利用率不高,有限的频率资源和无限的用户容量之间的矛盾日益突出;业务种类比较单一,主要是语音业务;保密性差。正因如此,模拟移动通信系统在经历了 20 世纪 80 年代的辉煌之后,很快就被 90 年代出现的数字移动通信系统取代了,因而第一代手机也被淘汰出局。

2) 第二代手机

随着大规模集成电路、低速语音编码及计算机等技术的发展,数字代处理技术的优势愈加显现出来,移动通信由模拟系统向数字系统转化,进入了现代移动通信阶段。

1992 年,欧洲推出了第一个数字蜂窝移动通信系统(Global System for Mobile Communications,GSM),该系统在全球范围内以令人吃惊的速度发展,成为全球最大的蜂窝移动通信网络。随后,美国的 DAMPS 系统和日本的 JDC(现改为 PDC)系统等相继问世,这些系统均采用时分多址方式。1995 年,美国高通公司推出采用码分多址接入方式的 Q-CDMA 系统。

第二代数字移动通信系统与第一代模拟移动通信系统相比,具有很多优势,主要体现在频谱利用率高、系统容量大、通话质量高及保密性能好等方面。由于第二代蜂窝移动通信系统是数字式的、时分多址的 GSM 系统和码分多址的 CDMA 系统,与此相对应,第二代手机也分为两种,即 GSM 手机和 CDMA 手机。

3) 第三代手机

第三代手机(简称 3G 手机)与前两代的主要区别是在传输声音和数据的速度上提升明显,并能够处理图像、音乐、视频流等多种媒体形式,提供包括网页浏览、电话会议、电子商务等多种信息服务。3G 通信的名称繁多,国际电信联盟(ITU)采用"IMT-2000"(国际移动电话2000)的标准,欧洲的电信业巨头们则称其为"UMTS"通用移动通信系统。标准规定,移动终端以车速移动时,其传输数据速率为 144K bit/s,室外静止或步行时速率为 384K bit/s,而在室内时为 2M bit/s。但这些数据并不意味着用户可用速率就可以达到 2M bit/s,因为室内速率还依赖于建筑物内详细的频率规划以及组织与运营商协作的紧密程度。

4) 第四代手机

4G 是第四代移动通信及其技术的简称,是集 3G 与 WLAN(无线局域网)于一体并能够传输高质量视频图像的技术产品,其图像传输质量与高清晰度电视不相上下。4G 手机就是支持 4G 网络的手机,比 3G 手机上网速度更快。

4G 系统能够以 100M bit/s 的速度下载文件,比拨号上网快 2 000 倍,上传的速度也能达到 20M bit/s,并能够满足几乎所有用户对无线服务的需求。

5) 第五代手机

5G 也就是第五代移动电话行动通信标准,指的是第五代移动通信技术。5G 手机需要在 5G 技术推出之后才有出现的可能,也就是说,5G 手机将依附于 5G 技术而产生。

5G 网络主要有三大特点:极高的速率、极大的容量、极低的延时。相对 4G 网络,5G 网络传输速率提升 10~100 倍,峰值传输速率达到 10G bit/s,端到端延时达到 ms 级,连接设备密度增加 10~100 倍,流量密度提升 1 000 倍,频谱效率提升 5~10 倍,能够在 500 km/h 的速度下保证用户体验。

与 2G、3G、4G 仅面向人与人通信不同,5G 在设计之时,就考虑了人与物、物与物的互联。全球电信联盟对 5G 提出了八大指标:基站峰值速率、用户体验速率、频谱效率、流量空间容量、移动性能、网络能效、连接密度和延时时间。

9.3.2　手机的心脏——用户识别卡

用户识别卡,简称 SIM(Subscriber Identity Module)卡,它包含所有属于用户的信息,是一张符合 ISM 规范的"智慧卡"。由于 SIM 卡包含了所有用户信息,使用 GSM 标准移动台都要插入 SIM 卡。使用时要格外的小心,因为它是由一块大规模集成电路芯片制成的。

只有当处理异常的紧急呼叫,才可以在不用 SIM 卡的情况下操作移动台。GSM 系统通过 SIM 卡识别移动电话用户,实现了"认人不认机"的构想。

1)SIM 卡的内容

SIM 卡的内容包含了与用户有关的、被存储在用户这一方的信息,包括:鉴权和加密信息 Ki(K 算法输入参数之一:密钥号);国际移动用户号 IMSI,即:IMSI 认算法;AS:加密密钥生成算法;AS:密钥生成前,用户密钥生成算法;呼叫限制信息、缩位拨号信息。此外,为了网络操作运行,SIM 卡还应存储一些临时数据,包括:临时移动台识别号(TMSI)、区域识别码(THL)、密钥(KC)。

SIM 卡包括 5 个模块:微处理器、程序存储器、工作存储器、数据存储器、串行通行单元。最少有 4 个端口:电源、时钟、数据、附件。

GSM 手机需要插入 SIM 卡才能使用。当然使用"112"是可以不用 SIM 卡的,这在维修中非常有用,如果可以使用"112"就说明手机的接收发送电路没有大的故障。SIM 卡的应用,可以使手机不固定"属于"一个用户,若将别人的"SIM"卡插进手机拨打电话,营业部门只收该卡产权用户的话费,换句话说,就是插谁的卡打电话,就收谁的费。GSMI 系统是通过 SIM 卡来识别 GSM 手机用户,而不是靠手机来识别用户。

2)SIM 卡的大小

SIM 卡分为"大卡"和"小卡",大卡尺寸为 54 mm×84 mm(约为名片大小),小卡尺寸为 25 mm×15 mm(比普通邮票还要小)。其实"大卡"上面真正起作用的还是它上面的一张"小卡","小卡"上起作用的部分只有小指甲盖那么大。目前在国内流行样式是"小卡",小卡也可以换成大卡,只要购买个卡托就可以。首次使用 SIM 卡请按下列步骤进行:关掉手机电源,将 SIM 卡插入手机内的正确位置,打开手机电源开关,待网络接通后,即可按键拨号,打出您的第一个电话。

3)SIM 卡的鉴别

每当移动用户重新开机时,GSM 系统与手机之间要自动鉴别 SIM 卡的合法性,即和手机对一下"口令",只有在系统认可之后,才为该移动用户提供服务,系统分配给用户一个临时号码(TMSI),在待机、通话中使用的仅为这个临时号码,这就增加了保密度。个人识别码 PIN

是 SIM 卡内部的一个重要信息,错误地输入 PIN 码,将会导致"锁卡"现象。设置 PIN 码可防止 SIM 卡未经授权而使用。若知道 SIM 卡密码可以解销卡,否则,应回电信局解锁。在使用 PIN 码时要注意,如果二次输错 PIN 码将锁卡,十次输错 PIN 码卡将永久损坏,所以在输错码造成锁卡后要回电信局解卡,否则会造成 SIM 卡损坏。

手机密码是用来锁手机的,防止手机被非法使用,它存于手机中。各种手机的密码长度不同。SIM 卡有两个 PIN:PIN1 和 PIN2。我们通常讲的是 PIN 就是指 PIN1,它用来保护 SIM 卡的安全,是属于 SIM 卡的密码。PIN2 也是 SIM 卡的密码,但它跟网络的计费和 SIM 卡内部资料的修改有关。

4) IMEI 的作用

IMEI 为 TAC + FAC + SNR + SP。IMEI(International Mobile Equipment Identity)是国际移动设备身份码的缩写,国际移动装备辨识码,是由 15 位数字组成的"电子串号",它与每台手机一一对应,而且该码是全世界唯一的。每一部手机在组装完成后都将被赋予一个全世界唯一的一组号码,这个号码从生产到交付使用都将被制造生产的厂商记录,一直到手机被用户购买后,通过 SIM 卡登入网络,才改由电信公司记录。

IMEI 的用途主要是提供信息给网络系统,让系统知道目前是哪一只手机在收发信号,它的主要目的是防止被窃的手机登入网络,及监视或防止手机使用者蓄意干扰网络。在网络系统中,将手机 IMEI 码分为白名单、灰名单、黑名单。

目前,运营商没有对手机的国际移动设备识别(IMEI)码实行鉴别,如果实行鉴别,带机入网的用户数量可能会下降,不利于吸引更多的用户使用 GSM 手机。

9.3.3　手机使用与维护

1) 巧用机身按钮

利用手机提供的功能,可以在轻轻松松使用通话的同时,体验新的感受。

现在流行的手机在其机身左侧都有音量按钮,该按钮主要用于调节耳机、按键和铃声的音量。在以下一些情形下,这个按钮格外有用:

①在通话时,对方声音太小或太大,可以随时上下按动音量调节按钮进行调节,而不需要借助其他功能选项。

②直接按音量按钮,显示屏上的音量计将显示当前的音量大小,可以利用音量按钮进行调节设置。

③在进行电话号码的查询时,可以直接按下智能按钮,进入手机电话号码本,这时按动音量调节键就可以进行电话号码搜寻,这种查询比通常"电话本"—"电话号码本"—"按姓名查找",要简单得多。

④调节来电提示铃音音量。值得指出的是,直接按下音量按钮调节的是话机和按键的音量,而不是来电铃声的音量。要调节来电铃音音量,需到"话机设置"中或是"快捷键"中找到"调铃音音量",然后再用音量按钮设置需要的音量。一个简单的调节铃音音量的方法是:

"↑",再按音量按钮。

⑤音量按钮的一个有趣而实用的用法是:当你接到一个电话但不希望立即应答,你可以按下音量按钮,使话机停止响铃或振动(假如你设置了振动提示的话)。这个功能对翻盖手机最为实用,因为它使你无须打开翻盖就可以消除铃音或振动。

2) 手机省电六妙法

①尽量关闭显示屏和按键的照明,以便节省用电。

②在网络覆盖边缘区关闭手机。因为在覆盖边缘区移动电话网络信号比较弱,甚至收不到,所以在此边缘区开机使用纯属浪费,如需使用可到信号强的区域再开机,可做到省电和快通。

③冷天带手机最好用振动功能。冬春气温低,人们着装厚实,如在户外活动带手机,来话铃声往往不易被听见,响铃时间长和接通率低,会白白消耗电量。

④少在户外或寒冷处使用。一般来说手机电池适应温度为 10~40 ℃。

⑤在宁静的场所可使用短电话铃声。一般手机都具备长短电话铃声的功能,这样当你在宁静的场所或怕干扰的环境使用时,应启用较短的电话铃声,既省电又减少对环境的干扰。

⑥数字手机用省电模式发话。数字手机大部分机型都具备 DTX 非连续性发射省电模式的先进功能,为了省电,当手机处在暂时不发话状态时,可降低手机发射电波的功率。实测证明,DTX 省电模式,最多可以延长通话时间的 30%~50%。

3) 手机省钱五招

①在手机上设置 50 s 提示。由于手机通话时间是以分为单位,不足一分按一分收费。利用大多数手机可设置每 50 s 发出提示音的功能,通话时可掌握时间,还有助于渐渐养成说话简捷的习惯。

②按时缴纳话费。话费若超过缴纳期限,电话部门收取的滞纳金是非常惊人的,通常是按每超一天加收 3‰ 费用。

③充分利用来电显示功能。手机响了先看看来电号码,如果是市内电话则关机或拒接后用有线回拨。

④申请呼叫转移功能。目前手机绝大多数还是双向收费。利用呼叫转移功能,在您到达一相对固定的场所时,可将您的手机转移到有线电话上。一省钱,二省电,三可延长电池寿命,四对身体有好处,可谓一举四得。

⑤别以为手机一定比有线电话贵。事实上目前用市内电话打郊县电话或农话均比用手机要贵。

4) 手机的简单维护

①手机声音时有时无时,要检查电源开关、电池是否接触不良,若有,可清洁开关或用细砂纸轻磨接触部分的锈与脏物,使之接触良好。

②手机灵敏度下降的自检判别,使用手机时间久了,就会发现手机屏幕的灵敏度下降,或者出现其他问题,比如坏点。对手机屏幕坏点进行检测,既可以下载专门的坏点检测软件进

行检测,也可以用最简单的方法,即使用纯色图片进行测试。如果你很认真,还可以使用放大镜之类的工具对结果进行验证。

③手机不能开机时,应检查电池是否充电,放置是否正确,电极是否清洁、干燥。如果手机不能呼叫应检查天线是否全部伸展开,检查显示屏上的信号强度计,若信号弱应移到开阔的位置。手机电池不充电应检查充电器连接是否正确,电池温度若过热应在充电前先自然降温。

④电池充不足电。使用手机要防止在电池未耗尽电量的情况下充电,否则会使电池产生"记忆效应"而导致电池容量下降,电池的寿命也会缩短。若发生这种情况应采用慢速充电或连续三次充电放电的方法,使电池恢复正常。

9.4　纺织品

纺织品是以物美价廉、新颖实用为核心内容而展开的。因此,观察与研究世界纺织技术发展潮流,使纺织品生产经营能够适销对路,是商品学研究不能忽视的问题。据纺织工业专家称:世界化学纤维的数量,在 20 世纪 90 年代初已超过天然纤维,目前化学纤维正向多样化和多功能化发展。因此,自古以来的"纺纱织布"概念正在发生深刻变化。工业发达国家已经掌握了多种化纤长丝纺纱的加工技术,化纤可以不经过纺纱而织成布或加工成针织品。与此同时,纺织品的消费也向着三大消费领域拓展,一是用于衣着,二是用于装饰,三是用于工农业生产。其中衣着纺织品所用的化学纤维正向着仿毛、仿丝、仿麻、仿毛皮、仿皮革等方面发展。所以,衣料品种多花色、流行快、周期短的特点十分明显。

正是由于纺织品未来趋势是扩大服装化、装饰化、针织化,因此对于新品种开发则要求多系列、多档次、多花色、多功能。为此,研究纺织品商品学,一是要注重纺织品质量与品种的研究;二要认真对待纺织品生产经营的科学化。为此更有必要抓住国内外纺织品市场的变化特征,做出科学的经营决策,才有助于促进消费,扩大销售。

9.4.1　纤维分类

我国的纺织工业具有悠久的历史。纺织品多用于人们的穿着和日用消费必需品,或者是用于工业、交通运输业等方面。纺织品分为以天然原料加工制造的纺织品和以化学纤维为原料加工制造的纺织品两大类。

1)天然纤维的成分、性质与质量关系

天然纤维作为纺织原料的主要有:棉花、等麻、亚麻、蚕丝、羊毛等品种。

(1)棉纤维的主要成分、性质与质量关系

棉纤维的成分是纤维素,成熟的棉纤维在正常状态下含有 5%~8% 的水分,完全失去水分的棉纤维成分组成如表 9.1 所示。

表 9.1　完全失去水分的棉纤维成分组成

成分	含量/%
纤维素	94.5
蜡质	0.5~0.6
果胶质	1.2
含氮物	1~1.2
矿物质	1.14
其他(糖类、有机酸等)	1.36

由以上成分看出:棉纤维是一种近于纯纤维素的纺织纤维。所以纤维素的性质也就决定了棉纤维的理化性质。棉纤维的重要理化性质如下。

①吸湿性:棉纤维具有吸湿性,吸湿能力随空气中相对湿度增长而增长。当空气中相对湿度增大时,其吸湿能力也加大,最高含水量可达 20% 左右。但在温度升高时其吸湿能力会减弱,当温度超过 105 ℃时,棉纤维中所含水分便全部挥发散失。如将棉纤维置于固定温湿度条件下保持一定时间后,其含水量会保持稳定,这种现象称为水分平衡状态。外界环境中温湿度的每一变化都会影响棉纤维含水量的相应变化,最后达到新的水分平衡状态。

②棉纤维具有吸湿性的原因,主要取决于纤维素的结构。因为在纤维素中各个分子的排列是极不规则的,这样棉纤维就成为一种多孔性的物质,它不仅具有中腔,而且在纤维素间也存在很多孔隙,由于毛细管的作用,棉纤维就会具有吸湿性。另外,纤维素的分子结构存在亲水基(羟基,—OH),这也是棉纤维具有吸水性的原因之一。

③保温性:棉纤维是热的不良导体,因而具有良好的保温性。棉纤维还具有一定的弹性,又是多孔性物质,所以很容易松散开来,这样其纤维间就存在大量的空气,使棉纤维及其制品具有良好的保温性能。

④不导电性:棉纤维为电的不良导体,故可作为电线包皮原料。棉纤维的导电率与其含水量成正比,因此,可以通过测定棉纤维导电率的大小而推测出其含水量。

⑤空气和日光对棉纤维的作用:棉纤维长期在日光照射下会逐渐发生氧化变脆,强度降低。实验证明,经过日光照射 940 h 后,其强力会下降 50% 左右。这是由于纤维素本身开始变为氧化纤维素,其大分子解体而丧失了机械强度。但在隔绝空气的环境中棉纤维虽受日光照射但纤维素不会损坏。若把棉纤维放在暗室中,其氧化过程也很缓慢,所以在储存棉纺织品时要根据这个原理进行保管。

⑥热对棉纤维的作用:在不同程度长期加热时,纤维就会发生类似于受光时发生的变化。它在受热后的显著表现是:湿润力减低,吸附能力减弱。棉纤维在 11 ℃以下不受损坏,当温度达 15 ℃时会分解,温度高达 25 ℃时开始变色,即由棕色变为暗褐色,温度再升高时则会燃烧。

⑦碱对棉纤维的作用:棉纤维对碱的耐力较强,即使用沸碱液浸泡棉纤维,其破坏过程也

较缓慢,所以棉织品可用碱水洗涤。这是因为纤维素分子结构中的葡萄糖甙键对碱不活泼。

在常温下,将棉纤维浸在 18%~25% 苛性钢溶液中,则能引起特殊变化,使其膨胀失去拈曲而恢复管状,纤维长度缩短,产生强烈光泽,强力增支,易于染色漂白,呈现"丝光化"。丝光化的棉纤维在伸张的情况下进行干燥,会有丝的光泽,极易吸收染料。

2)化学纤维的分类与特点

化学纤维简称为"化纤",可分为两类:一类叫人造纤维,另一类叫合成纤维。人造纤维和合成纤维都是通过化学方法加工制造出来的。人造纤维是取自含天然纤维素的物质,如木材、棉短绒、芦苇、甘蔗渣等,经过化学处理及机械加工而制成的。这类纤维有粘胶纤维、醋酸纤维和铜氨纤维。其特点是强度较差,吸湿性好,染色容易。而合成纤维则是用煤、石灰石、水、空气、天然气、石油等为原料,经过化学合成及机械加工而制成。这类纤维有:涤纶、锦纶、腈纶、维纶、丙纶、氯纶等。其特点是强度高、弹性好、耐磨、不易霉、不易虫蛀,但吸湿性差,染色一般比较困难。

9.4.2 织物的形成与组织

1)织物的分类

从工艺角度看,织物大致可分为有梭织物、无梭织物、针织物和无纺布。

（1）有梭织物

有梭织物主要是用有梭织机,将已经准备完梭的织轴和纤子,按织物要求进行组织排列,把经纬纱线纵横交叉,依顺序交织成具有一定组织、密度和宽度的织物。织机运动主要是由开口、导纬、打纬、卷数和送经组成的一个循环。有梭织物具有外观好、布边形成好、织品的品种多等优点。

（2）无梭织物

无梭织物是利用气流、水流、箭杆等织机完成。这种织物具有产量高、织机噪声小的特点。

（3）针织物

针织物也叫编织物,是由一个系统的纱线自相套扣编结而成的织物。针织物又分为纬编和经编两种。纬编由一组纱线横向转圈或横单向编织,成品为筒子布或小片布,如毛衣、背心等。经编由经向系统的纱线同时弯曲自相套结,织成品与交织物相同,为有一定幅宽和任意长度的布匹创造了条件。针织物柔软、弹性好,但不挺括、容易变形、坚牢度差,一处断线会造成成片脱损。其优点是设备简单、工效高。随着科技发展和工艺改进,定型处理效果不断提升,针织物作为服装面料的应用也越来越多了。

（4）无纺布

无纺布不属于无梭织物,严格说来它不能称作"纺织品"。无纺织物是利用各种纤维的下脚料或再生纤维为原料,用胶液如聚乙烯醇及天然橡胶为胶粘剂,通过气流成网、浸浆、熔烘工艺而形成的制品。虽然没有经过经纬交织,但这种织品具有平整、硬挺、组织细密和缩水等特点。制造简单、工效高、成本低,无纺布有大好发展前景。

2) 交织物的组织

交织物中的经纱和纬纱的组织结构叫织纹组织或织物组织。可分为原组织(基本组织)、小花纹组织、复杂组织和大花纹组织。其中,原组织包括平纹、斜纹、缎纹等组织。

（1）平纹组织

平纹组织是由两根经纱与两根纬纱组成的一个完全组织,即有两个经交织点、也有两个纬交织点,经纬交织按一上一下的规律进行,可用 1/1 来表示。平纹组织的交织点比其他组织交织点多,纱线弯曲度较大,所以织物表面平坦紧密、坚牢耐磨,但手感不够柔软。品种有各种平纹布、凡立丁等。

（2）斜纹组织

斜纹组织是最少由 3 根经纬纱组成的一个完全组织。斜纹组织的交织点相连续并构成倾斜纹路,分左斜纹和右斜纹。斜纹组织根据用纱根数不同,可分 1/2、1/3,由于斜纹组织的经纱交错次数比平纹组织少,因而可增加单位长度内的纱线根数,使织物更加紧密、厚实而硬挺,且这样可以有较好的光泽、手感柔软。但在纱支、密度条件相同时,其织物强力不如平纹织物结实。常见的斜纹组织有斜纹布、卡其布、华达呢等。

（3）缎纹组织

缎纹组织的交织点不连续,其经纱与纬纱在织物中交叉,形成一些单独连续的经交织点或纬交织点。这种组织最少需由经纬各 5 根才能组成一个完全组织。如果完全组织中有 5 个经交织点,其余为纬交织点,则称纬面缎纹,其反面则为经面缎纹。五枚三飞缎纹组织,可用 5/3 表示。

缎纹织物由于经纬交叉次数少,浮纱较长,百枚数越多纱线浮长越长,因此织物光滑而富有光泽,手感柔软、厚实。但缺点是不太牢固,尤其不耐磨,表面易起毛。品种如缎子、贡呢。

（4）其他组织

小花纹组织是以原组织为基础,把交织点加以变化而来,如平纹变化、斜纹变化、缎纹变化。也可以两种以上的原组织或变化组织联合而成,如皱组织、蜂巢组织、透孔组织等。复杂组织由两个以上系统的经纱和纬纱所构成,如双层组织、起毛组织等。大花纹组织又称提花组织,可织大型复杂图案,如提花被面、提花毛毯等。

9.4.3 纺织品的质量要求

纺织品商品一般来说,使用次数与周期都是比较长的。因此,对纺织品的质量要求不仅要考虑用途,还要考虑使用条件与因素。纺织品商品的质量要求可概括为舒适性、耐用性、安全性、方便性、美观性和经济性等。

1) 舒适性

衣着商品的穿用舒适性包括合体舒适性、微气候舒适性和触感舒适性。

（1）合体舒适性

合体舒适性要求衣着商品能适应人体的大小和形状,有适度的伸缩性和宽裕度,并且重量较轻,尽可能不压迫人体,尤其是不压迫人体的软组织部分,避免人体呼吸运动和血液循环受阻,或内脏器官变形、移位,从而让人体自由活动而不感到拘束。据研究,人体动作时,皮肤伸长范围大致增长 20%~50%。一般伴随动作,服装的伸长较皮肤的伸长少,其减少的程度取决于服装的宽裕度和皮肤与织物间的滑动。伸长率大的织物,若在穿着中反复伸长,容易起拱变形。各类服装要求的伸长率因用途而异,如衬衣应为 10%~15%,男女成套服装为 10%~25%,男运动衣为 25%,游泳衣为 50% 等。

（2）微气候舒适性

微气候是指衣服内层与人体皮肤之间空气层的温湿度状态。微气候舒适性要求衣服在任何气候环境中,其微气候都能使人体保持生理热平衡,从而有舒适的感觉。舒适状态下,衣服内层与皮肤之间空气的温度为 (32 ± 1) ℃,相对湿度在 $50\%\pm10\%$ 左右。在微气候调节中,衣着材料的保温性、透气性、透湿性、吸水性以及衣着商品的式样与组合都起着重要的作用。

所谓保温性就是阻止人体热量通过衣着材料向外界流失的性质。衣着材料的保温性主要取决于其内部所含静止空气的量。一般纤维若卷曲多、弹性好、织物厚且膨松,则含气量大、保温性好。起绒、起毛织物和毛皮含气量大、保温性好,但使用中毛绒被逐渐磨断,保温性会逐渐下降。衣着材料的保温性还与辐射热有关,材料表面越不平滑、光泽越弱、染色越深,吸收辐射热就越多。

透气性是指气体从衣着材料气孔中通过的性质。透气不仅可以排出人体皮肤表面的二氧化碳和汗气,还可以向外界散热。材料的透气性大小决定于直通气孔的大小、厚度、组织结构等因素。通常棉、麻、丝制品透气性较好,而羊毛制品的材料厚度大、层数多,透气性差;组织结构较疏松的,透气性较好。衣着商品的透气性要求因气候而异,如夏季服装要有较大的透气性,才能穿着舒适;而冬季内衣宜透气性大,外衣宜透气性小,这样既透气又保温。

透湿性和吸水性是衣着材料从人体皮肤表面吸收水汽（汗气）和液态水（汗液）,并向外界散发的性质。人体皮肤表面的湿度常常比外界空气高,水分通过材料向外扩散若不充分,人就会产生不舒服的感觉。天然纤维制品的透湿性和吸水性较好,宜用作内衣。合成纤维制品透湿和吸水性较差,穿用时有闷的感觉,多用作外衣。另外,衣着商品尤其是服装,其式样不同,覆盖人体部位和表面积不同,保温或散热重点也不同。一般,身体覆盖面积越小,散热效果越好,但人体露出面积超过全身表面积的 25% 以上时,若辐射热较强或气温高于皮肤温度,外界热量反而易侵入机体。

（3）触感舒适性

触感是人体皮肤与衣着材料接触时的感觉,如压感、温冷感、黏感、刺痒感等。触感是决定衣着舒适性的一个重要因素。压感是指人体皮肤因衣着压迫所产生的感觉。实验表明,当压迫力超过 $30\ \mathrm{g/cm^2}$ 时,人体就会感到不舒适;压迫力越大,还会产生胃下垂、消化不良、呼吸加快等病态反应。压迫力的产生在于衣着商品重量过重或宽裕量、弹性不足,因此只要适当就可以减轻或避免压迫产生的不舒适感。温冷感是皮肤接触衣着时,由于接触部位的材料从皮肤吸收热量的速度不同,接触部位的皮肤温度与其他部分皮肤温度就不同,从而产生冷或暖的感觉。黏感是指由于衣着玷污,人体会产生不舒适的感觉。及时洗去污物（皮屑、皮脂、汗液、尘垢等),不但能消除黏感,而且有利于阻止细菌、霉菌的生长繁殖,避免皮肤病,并且改善衣着商品的透气性、透湿性和吸水性。质量较差的羊毛纤维制品、毛皮制品和经过化学整理的某些织品(含有柔软剂、增白剂、防缩和防皱整理剂或杀菌剂等化学物质),还会刺激皮肤,引起不舒适感。新内衣或其他衣着穿用前用清水浸泡,洗去残留化学物质,可以增加柔软度、舒适感。

2)耐用性

衣着商品的耐用性是指它在穿用和洗涤过程中抵抗外界各种破坏因素作用的能力。耐用性决定着衣着商品的使用期限、寿命,它的内容主要有抗张强度、撕裂强度、顶破强度、抗疲劳强度、耐磨牢度、耐日光性、耐热性、染色牢度、耐霉性和耐蛀性等。

抗张强度是拉断规定尺寸的衣着材料试样所需的最大外力。撕裂和顶破强度分别表示规定尺寸的织物试样被撕裂和顶破时所需的最大外力。顶破强度反映衣服的肘、膝部、手套、袜子和鞋子头部的坚牢程度。上述3种强度指标的大小都取决于织物中纤维的种类及其强度、纱线结构和纱线密度,它们反映了衣着商品在大于破坏力的外力一次性作用下的牢固性。但在实际穿用和洗涤过程中,衣着商品往往是经受远小于破坏力的外力的多次重复作用,其最终被破坏是多次重复作用累积的结果,这就是强度的疲劳现象。商品抵抗疲劳的能力称为抗疲劳强度,它对耐用性更具有普遍意义。磨损是衣着商品在使用过程中损坏的一个重要原因,如衣物之间、同一衣服的各部位之间以及洗涤时发生的磨损等。商品抵抗因外物反复摩擦而损坏的能力,称为耐磨牢度。将天然纤维与锦纶、涤纶等进行混纺,可大大提高其耐磨牢度。

耐日光性是指衣着商品对日光中紫外线的抵抗能力,通常用一定日晒时数后商品强度的下降百分率来表示。耐日光性以腈纶制品为最好,锦纶、丙纶、真丝制品较差。衣着商品在洗涤和熨烫时要达到理想的效果,从理论上说温度高一些较好,但实际上往往受到材料耐热性的限制,材料对于热作用的抗力称为耐热性。染色牢度是指染料与纤维结合的坚牢程度以及染料对外界因素的抵抗程度。在穿用、洗涤、熨烫过程中,染料数量会减少或起化学变化,产生褪色或变色现象,结果严重影响外观和使用,它与缩水、起球一起,是消费者关心的三大问题。由于作用因素很多,染色牢度通常用多项指标表示,如内衣对汗渍牢度和皂洗牢度要求较高;外衣对日晒牢度、摩擦牢度、熨烫牢度和刷洗牢度等要求较高。各项染色牢度的好坏,除日晒牢度按1~8级评定外,其余都按1~5级评定,1级最差,8级或5级最好。耐霉、耐蛀性是衣着商品抵抗生霉变质和虫蛀的能力。纤维素纤维(棉、麻、粘纤)制品易吸湿霉变,丝绸及其服装耐霉性强于纤维素纤维制品,但不如呢绒及其服装。纯合成纤维制品耐霉性好,但其混纺制品可能生霉。羊毛及其混纺制品被害虫蛀食,真丝绵、麻、粘纤等制品虽非害虫喜爱的食料,但常常遭到外包装上害虫蛀咬。在染整加工中加入防霉剂或防蛀剂,或者在保管中注意通风防潮和放置纸包卫生球,可获得防霉、防蛀效果。

3)安全性

衣着商品的安全性直接关系着人体的健康和安全,它包括耐燃性、抗静电性和染整后有害物质的残留量等内容。

近些年来,无论国内或国外,衣着商品引起火灾伤亡的事件有所增加。很多工业发达国家都对衣着商品制定了严格的防火性能标准,有的还结合法律强制执行。我国现已着手研究这方面的标准。一般,衣着商品所用的纺织纤维都属于易燃或可燃纤维。棉、麻、粘纤、丙纶、腈纶等容易点燃且燃烧速度快,属于易燃纤维;而羊毛、蚕丝、锦纶、涤纶等易点燃但燃烧速度慢,属于可燃纤维。衣着商品抵抗燃烧的能力称为耐燃性,通常用极限氧指数 LOI 值表征,它是指样品在氧气和氮气的混合气体中,维持完全燃烧状态所需的最低氧气体积浓度的百分数。极限氧指数越大,维持燃烧所需的氧气浓度越高,即越难燃烧。一般来说,耐燃制品的 LOI 值应超过 26%。提高耐燃性的方法,一是制造阻燃纤维,二是对易燃、可燃纤维制品进行阻燃整理,使纤维制品在火焰中能降低可燃性,减缓蔓延的速度,离开火焰后能很快自熄。

合成纤维的衣着商品在穿用中易产生静电,有很强的吸尘作用。当静电压高到一定程度时,还能产生火花,若工作场所或室内有易燃、易爆气体还会引起火灾和爆炸事故。近年来医学界的研究还表明,静电量太高的衣服,能影响人体健康。此外,计算机和精密电子仪器的工作准确性,也会受到操作人员服装静电的干扰。目前在对防火、防尘、防爆工作服的要求中,各国均很重视抗静电要求。表示衣着材料抗静电性的指标通常有表面比电阻、静电半衰期、摩擦带电荷密度、摩擦带静电压、黏附性等。抗静电整理方法有抗静电树脂整理、纤维化学改性和嵌织导电纤维 3 类。

衣着材料在染整加工中,要使用染料及其助剂、荧光增白剂、防缩和防皱整理剂、柔软剂、防霉剂、防蛀剂、杀菌剂等各类化学物质,它们在衣用商品上残留量过大,也会危害人体。例如染色中使用的重铬酸盐、膨润剂等,漂白布上的荧光增白剂,柔软剂中硫酸酯、多元醇脂肪酸酯等,若超过一定浓度,都会刺激皮肤,引起皮炎。尤其是防缩、防皱整理剂中的甲醛树脂会缓慢释放甲醛,引起皮肤的接触性反应,产生丘疹和红斑。日本厚生省已颁布《家庭用品中有害物质含量限制法》,对指定的有害物质种类及残留量制定了标准,不符合标准的不准出售。我国也在研究制定这方面的有关标准。

4) 方便性

方便性要求衣着商品在缝制加工和穿用过程中,具有易缝纫(如缝纫针贯穿阻力小、压脚和织物间的动摩擦系数小、织物间动摩擦系数大、织物中纱线移动容易等)、易整烫、易洗涤、易干燥、易保管、易修补等特性。

5) 美观性

决定衣着商品美观性的基本因素是衣着材料、色彩和式样。

美观性要求衣着材料首先没有外观疵点;其次要有良好的刚柔性、悬垂性、抗起毛起球性以及较小的缩水率。外观疵点包括织疵、杂质、破损、斑渍、染色不匀、条花、错花、纬纱或花型歪斜等缺陷,它们可能是原材料质量不良或织造、染整中处理不当所造成的,会严重破坏美观甚至影响耐用性。刚柔性主要是指材料抵抗弯曲形变的能力,也称抗弯刚度。抗弯刚度越大,材料越刚硬;反之,材料越柔软。抗弯刚度适中则材料挺括。通常外衣材料要求有一定的挺括,内衣材料则要求一定的柔软。悬垂性是指衣着材料因自身重量及刚柔性影响在自然悬垂时表现的特性。衣料的刚柔性越小,各个部位的柔软程度和垂褶越均匀,越容易形成平滑和曲率均匀的曲面,其外观轮廓越优美,悬垂性越好。衣料在穿用和洗涤过程中不断摩擦,使表面的纤维端露出,呈现许多毛茸,称为"起毛"。若这些毛茸在继续穿用中不及时脱落,就会相互纠缠,揉成汪球,称为"起球"。它们严重影响织物的美观,大大降低了使用价值。一般而言,通过改进纤维的纱线性能,增大织物紧密度,染整中采用烧毛、热定型和树脂整理等措施,可以提高抗起球性。质地是衣料中纤维、纱线和组织结构显露在表面的视觉和触觉特性,又称风格,如光泽、布面平整度、纹路清晰度、光洁度、匀染度、滑涩感、糙细感、松紧感、爽暖感、硬软感、厚薄感、轻重感等。

色彩在衣着商品上的运用,既有其普遍性,又有其特殊性。所谓普遍性是指其色彩配合要遵循一般的对比、调和与规律,并且其色彩的感觉功能和情感功能也没有特殊性。所谓特殊性是指衣着商品的色彩有其特殊的运用方法。由于衣着商品既是生活用品,又是装饰、美化人体的工艺品,因此衣着商品的色彩美,不仅要求色彩与所处的环境(季节转换、城乡差异、工作环境、运动场所、旅游胜地、风俗习惯以及特定的社交活动等)相协调,还要求色彩与人的体型、容貌、肤色、发色、年龄、民族、社会地位以及个人性格与气质等特征相统一。

衣着商品的式样美是由点、线、面、体等要素构成,是按形式美的法则以及人体体型和活动特征组合而表现出来的美学特性。衣着商品经常变化的只是其外观特征,如组合的表现手法、线条、饰物、色彩等,这些习惯上被称为动机构件。而固定构件如材料组织结构、商品总的形态、各部分的比例关系等都比较稳定,不会有急剧的变化。与色彩相同,衣着商品的式样还必须与人的体形、脸形、年龄、民族、社会地位、气质、性格以及时代潮流、生活环境相协调,才能使人产生美的感受。

总之,衣着商品的美观性就是其材料美、色彩美和式样美的有机统一,是"人、服装、环境"的高度和谐。

6)经济性

衣着商品的经济性(是指其使用价值与价值的比值)要高,那么成本和价格在满足用途需要的基础上要尽可能低。这就要求尽量避免烦琐的设计和生产工艺,应该节省的材料与能耗一定要压缩下来,同时又要注意美观、大方,适应市场需要,还要避免盲目生产与经营而造成的积压浪费。

9.4.4 纺织品品种的鉴别

纺织品种鉴别方法大致有感官鉴别、燃烧鉴别两种,当然对具体的纺织品商品还有一些特色的鉴别方法。

1)感官鉴别法

感官鉴别是利用人的感官来判断纺织品种类的鉴别方法,比较简便、常用。首先通过手感、目测可判断纺织品的柔软性、弹性、光泽度以及褶皱情况;再从纺织品中拆出纱线、抽取纤维观察其长度、粗细、弯曲以及强力等。

①棉纤维:较细短,弹性较差,手感柔软,无光泽,用于能攥起折痕。

②羊毛纤维:弹性好,卷曲柔软,用手摸有温暖的感觉。

③蚕丝:丝细而长,手感柔软,富有光泽,用手摸有凉的感觉。

④合成纤维:弹力大,用手不易扯断,弹性好,手感光滑挺括。手攥后涤纶较羊毛涨手,恢复很快不留折痕;锦纶次之。掂量时,锦纶、腈纶轻;粘胶纤维重;涤纶次之。

2)燃烧鉴别法

将织品分别抽出数根经纱和纬纱,用火点燃,观察纤维的燃烧特性。各种纺织纤维因主要化学成分不同,在燃烧时会产生不同的燃烧现象,可据此确定是纤维素纤维(棉、麻、粘胶纤维)、蛋白质纤维(毛、蚕),还是合成纤维(涤纶、锦纶、腈纶、维纶、丙纶、氯纶)。具体判定可参照有关标准规定进行。

3)毛毯的鉴别

一是用眼观察和手摸来判定。凡手感柔软有弹性、表面绒毛长、毛波清晰的为优质正品纯毛毯;反之则是假毛毯或者为混纺毛毯。

二是抽取几根毛毯纤维用火点燃,如冒黑烟并呈长灰状则是纯毛毯;若烧后有一股怪味、无灰,且有胶粘的黑色物质则为混纺或人造毛毯。

三是看商标。纯正高档毛毯的商标上都有国际羊毛局颁布的国际纯羊毛标志,无此种标志则不为正宗品。

4)丝绵的鉴别

真品丝绵由蚕丝加工制成,分 3 个等级:系红色商标牌的为一等品;系绿色商标牌的为二等品;系白色商标牌的为三等品。真品丝绵颜色为白色带虾肉色,有时带淡黄色斑点,光泽亮而自然,手感光滑,柔软,保暖性能好,可嗅到蛹味;点燃时,有毛发气味,呈灰质黑色小球状,用手轻轻一捏即成粉末。假丝绵由醋酸纤维仿制,颜色纯白均匀,无杂色,无天然形成的斑点,光泽暗淡,手感发硬,深嗅可感到醋酸味;燃烧时有亮光,呈黑色炭块状,伴有醋酸气味。

5)毛衫的鉴别

一是看外观。毛衫表面应平整而有毛型感,针路清晰,无明显粗细纱、厚薄档、毛粒、稀密路针、花纹错纹、污迹及烫迹等疵点则为优质品。

二是看螺纹。若袖口、下摆螺纹平整,口边齐直,不松不皱,手感丰满,摸上去有温暖感且弹性好则为优质品。

三是看色泽。纯毛或混纺的毛衫有柔和的光泽,色泽鲜艳、悦目,若各部位的色泽一致,无明显的色花、色差与色档等疵点则为优质品。

四是看缝线。若缝线坚固、针迹均匀、缝迹平直、无漏缝和明显稀眼等疵点则为优质品。

9.4.5　纺织品经营特点与发展趋势

纺织品是人类生存的基本条件之一,随着人民生活水平的提高,穿衣已成为人们生活中非常关注的问题。因此纺织品市场是十分活跃的,在经营过程中要从纺织品具有的特殊性来考察,掌握其经营特点与经营变化趋势。

1) 纺织品经营特点

纺织品是直接关系到人民保健、美化生活的商品,是美化市容的商品之一,也是市场上变化最多最快的商品之一;纺织品还是消费周期短、消费弹性大,易受市场冲击,造成积压的商品之一;它更是稳定市场、安定民心、出口创汇的主要商品之一。

正是由于纺织品商品有繁荣市场、美化生活等特性,在纺织品的生产经营中,要适应服装市场的变化,在纺织品设计、制造上要不断地与高科技相结合,在创新品种上下功夫。要紧跟时代潮流,使系列新品、优品层出不穷。实践证明,如果忽视纺织品经营特点就会失去市场。所以说,纺织品经营之道的关键是信息的掌握与运用,经营目标不仅要着眼于城市,还要群揽广阔的农村和边远地区。一般来说,纺织品的流行时尚是由城市蔓延到农村,城市退潮的纺织品商品,在农村可能正是新潮;甲地积压的滞销品,在乙地可能成为畅销品。正因如此,搞好市场信息调研与预测,对开发纺织品市场是极其有利的。当然,开发市场的本身是个系统工程,要有宏观开发战略和系列开发策略,要有明确的战略目标体系。只有这样,才能站在全方位的高度把握住纺织品市场的变化趋势。

2) 纺织品市场变化趋势

我国纺织品工业发展的成就是举世瞩目的,特别是改革开放以来,我国传统纺织品工业已经实现了从单纯生产型向生产经营型和出口创汇型的转变,实现了城乡纺织品市场空前繁荣、花色品种日趋丰富的大好局面。就生产能力来说,棉纺、棉织、丝织、印染等能力居世界首位,在国际市场上,我国纺织品和服装占据重要位置,这必将促进我国纺织品工业在新形势下持续健康发展。

随着市场经济的纵深发展和人民生活水平的提高,纺织品市场异常繁荣,有效需求进一步增加,新品种、新款式大量涌现,出现一些新的趋势;各种面料中纯棉布、涤棉布、中长纤维、呢绒四大类商品需求平稳,部分纯棉布的化纤布料稳中有升,呢绒粗纺好于精纺。服装总的需求稳步上升,各式服装、名优西装、牛仔服装需求呈现上升趋势,童装、休闲装市场销售甚佳。纺织品消费结构也发生变化,购布料做成衣的人数占24%,买成衣的人数占76%。在新品种、新款式不断推陈出新的情况下,消费者的购买更加理智,经营者将会取得更好的经营效果。

装饰布料市场走俏,室内装饰业逐渐在我国消费市场上占据重要位置,有效地推动了装饰布料需求的持续增长。有关资料显示,装饰用纺织品占纺织品总量的20%;中高档宾馆、饭店、商店铺面所用装饰纺织品配套率达到80%,而且室内装饰市场潜力仍然很大,前景广阔。在坚持走中国式装饰发展道路上,现代化、民族化、自然化、个性化的装饰越来越突出,这必将使装饰纺织品市场的容量日益扩大。

服装能美化生活,服装能穿出人的风采。因此,人们在着装风格上对面料的挑选要求新颖,花型具有时代感,能表现人的内在气质和文化修养,显示出健美的体态和潇洒的风度。面料要求淡雅柔和,活泼俏丽。正因如此,面料市场趋向于两大类:一类是涤纶纺丝绸,它是以各种改型变性的涤纶加工丝制成质轻料薄的仿真丝绸;另一类是纯棉水洗布,它是以中粗支棉纱为原料,经织造、染色、水洗而变成质软料柔的平纹布,有一种回归自然的感觉。这两类纺织品是市场上的主角,在纺织品中销量呈攀升的趋势。仿真纺织品的推出极大地促进了消费市场,扩展了纺织品科技的开发前景,丰富了人们多彩的物质文化生活。

9.5 新型材料

9.5.1 难燃纤维

难燃纤维也称阻燃纤维,是指在火焰中仅阴燃,本身不发生燃烧,离开火焰后,阴燃自行熄灭的纤维,广泛应用于服装、家居、装饰、无纺织物及填充物等。阻燃纤维与普通纤维相比可燃性显著降低,在燃烧过程中燃烧速率明显减缓,离开火源后能迅速自熄,且较少释放有毒烟雾。

1) 难燃纤维的需求

阻燃纤维是在国家"863"计划研究成果基础上开发的一种具有阻燃抗熔滴性能的高技术纤维新材料。该产品采用新一代纤维阻燃技术—溶胶凝胶技术,能使无机高分子阻燃剂在粘胶纤维有机大分子中以纳米状态或以互穿网络状态存在,既保证了纤维优良的物理性能,又实现了低烟、无毒、无异味、不熔融滴落等特性。该纤维及其纺织品同时具有阻燃、隔热和抗熔滴的效果,其应用性能、安全性能和附加值更高,可广泛应用于民用、工业以及军事等领域。

防火灾、难然纤维材料(简称难燃纤维)的需求量正在增长。随着我国经济建设的快速发展和高层建筑、大型超市以及现代化产业的兴起,火灾隐患开始增加;同时钢铁厂、烧焦厂、造船厂等厂内的高温作业人员不断增加,我国从事特殊环境作业的职工已达 30 多万人。耐高温的难燃防护服是必要的防护措施,每年需要的耐高温难燃特种防护服及相关材料达 500 t以上;另外,电力、化工、林业等行业也有较大的潜力与需求;同时,耐高温难燃纤维纺织品制成的防护服在国际市场也有具有广阔的市场前景。

2) 难燃纤维的种类

目前,对难燃纤维还没有统一的定义,通常用 LOI(极限氧指数)值作为评价它的指标。LOI 表示纤维燃烧时所含氧气的最低浓度(百分值),该值越大表示越难燃烧。普通的棉和丙烯的 LOI 值小于 20,LOI 值在 26 以上的纤维才能被称为难燃纤维。难燃纤维因离开火焰则自然熄灭而具有自灭火性,故燃烧不会蔓延。

难燃纤维从制法上可分为两大类:一类是"后加工难燃法",即采用难燃剂使普通纤维具备难燃性;另一类是"材料难燃",即在纤维内部借助与难燃剂的配合而具备难燃性。前者适用于棉和羊毛等天然纤维,后者则限于丙烯和聚酯等合成纤维使用。棉的后加工通常是使之附着磷系化合物;对羊毛则采用铅系化合物加工。

后加工难燃法除了用于天然纤维外,也可用于合成纤维。这种方法简便、费用少,但反复洗涤后,难燃剂会脱落而影响难燃性能且经不起漂白。以前经难燃处理后存在的影响纤维原来性能和不易染色等问题,现已通过改进工艺有所解决。对棉这一类天然纤维的难燃化处理,也从以前的后加工转向采用与难燃纤维材料混纺的方式。

根据国际的分类,难燃类纤维与树脂大体可分为四大类。

①在极限氧指数(LOI)<26的通用纤维和树脂中,加入卤素或含磷化合物,前者因其毒性而被限制使用,后者以有机磷化物代表今后的发展方向。

②具有通用纤维力学性能的难燃纤维与树脂,主要是含氯纤维与树脂,如聚氯乙烯、聚偏氯乙烯和丙烯腈-氯乙烯共聚物,由于烧结时能产生二噁英,因此应用也受限。

③具有耐高温的高性能阻燃纤维与树脂,第一种是耐高温有机纤维,如间位芳酰胺和聚苯硫醚纤维等,第二种是抗燃纤维,如酚醛、蜜胺和聚丙烯腈预氧化纤维;第三种是高强高模、耐高温和阻燃纤维,如对位芳酰胺、芳纶Ⅲ和聚苯并双噁唑纤维。

④无机和陶瓷纤维与材料,如碳纤维、碳纳米管、石墨烯和碳化硅、氧化铝等纤维和材料等。

近年来,无论民用还是军用难燃材料的选择,都已进入"量体裁衣"的时代,性能-价格比是选择的依据。

3) 难燃纤维的开发

从20世纪90年代起,我国先后完成了耐高温难燃TC型非织造布、防电焊飞溅不燃材料等项目,并已生产出耐高温难燃TC型毯及防火布。日本推出的相关商品有可耐可龙和科台纶。前者为丙烯股与氯乙烯的共聚物短纤维,而后者为聚乙烯酸与聚氯乙烯共聚纤维。但可耐可龙接触火时会产生不燃性气体,这种气体能覆盖子纤维表面而防止燃烧。科台纶接触火时也会产生不燃性气体而使周围的氧浓度和温度降低。这两种纤维已用于饭店、高层建筑、医院、学校等的窗帘等。

耐高温难燃防护织物开发趋势,已经由厚重型面料向轻薄型面料转变,由单一功能向多功能以及复合多层结构方向发展,开发方向是追求更高的安全性和轻量化、产品柔软、活动方便和穿着舒适,并符合人体工程学的要求。

4) 难燃纤维的应用

飞机、火车、汽车等为减轻重量和减少火灾损失,已采用聚酯难燃纤维作为内部装饰材料等。大型客机对于座位的难燃性有较为特殊的要求,内部采用聚氨基甲酸酯纤维制缓冲垫,外部采用难燃纤维制火焰阻挡层。今后的研究动向是:使客机座位免去火焰阻挡层而使纤维织物兼有缓冲和防火的功能。

在高速列车,为追求轻型化已开始用聚酯难烯纤维作为座位等车厢内部装饰材料,并对难燃纤维开发提出了更高的要求。列车窗帘也采用难燃聚酯,因此有易洗涤、外观耐久性好和表面不易起球等优点。

在地铁和大深度地下空间,由于地下有毒气体和火灾事故的严重性,也出现座位材料用聚酯取代羊毛的趋势,事实上部分地铁已采用哈伊姆聚酯纤维作为座位面料。

难燃聚酯(后加工品)已用于制作汽车座位面料。然而考虑到环境因素和燃费上涨,需减轻车体,故目前汽车座位采用的后加工品还将向材料难燃方向转移,即需采用比纤维材料与难燃树脂组合而成的更轻的材料。

9.5.2　聚合物发光材料

英国剑桥大学的科学家们发现,在电流作用下,半导体聚合物的发光能力可以通过微调其化学结构而发生改变。1990 年年底,美国科学家们首先发现了电致发光聚合物。现在他们除了研制出目前发光二极管所用的无机材料之外,还研制了数种新颖聚合物材料。这种聚合物是共轭聚合物,其中存在由每隔一个碳原子以双键结合而成的很长的主链,这样就提供了一条电子传递的通道。科学家从单体的基本构造单元出发制得了该聚合物。单体的共轭性能较弱。碳原子通常不是形成双键而只是与侧基原子结合形成一个单键。化学家通过剔除这些侧基原子以形成更多的双键。

英国科学家通过在单体联结过程中剔除部分或全部的侧基,以及通过改变单体的比例,调节聚合物的共轭程度及其方向,从而调节聚合物发光的颜色。具有较长共轭碳链的聚合物能发出较多红色的光,而具有较多侧基的聚合物则倾向于发黄色光。

为了达到电致发光的目的,研究人员把一块由上述聚合物组成的薄膜放置于两个电极之间,其中一个电极放出电子给聚合物薄膜,使其带负电,而另一个电极则把薄膜上的电子提出来,留下带正电的“空穴”,并向带负电的一端迁移。当电子与空穴相遇时,聚合物很快就到达激发状态,然后在恢复到原来状态的同时发光。

英国研究人员发明了一种新的化学技巧,可以提高正、负电荷相遇的效率。他们采用了能延缓正电荷移动速度的基本构造单元,另外,阻断聚合物主键的共轭也能阻碍电荷的迁移,与空穴相遇的电子数增多,聚合物的发光效率也因此提高了。理论上其效率可高达25%,而目前发光二极管的发光效率还远远达不到这个效率。

迄今为止,英国科学家制作出了能够发出黄绿、杨红和蓝绿色光的聚合物。奥地利科学家也制作出了一种能发出蓝色光的新聚合物。这预示着聚合物发光材料技术将走向辉煌。

9.5.3　分子组装技术

英国、美国和意大利的化学家现正在研制一种“分子积木”——分子结构单元。与以往人工合成分子量大的化合分子所采用的方法相比,他们研制的分子积木所应用的方法成本低、速度快,能使各种化学元素在发生反应后所产生的化合物的结合力变弱。鉴于此,人们就能够对其中的薄弱环节加以利用,把某些化合物组装成具有机械性能的分子结构。

目前,所能做出来的分子结构其实际形状就像机械构件;首先被做出来的是一种哑铃状的分子,然后是珠状分子(如串珠,可以往复移动)——一种分子机械构件的样板。之后,应用化学方法在串珠的小棍上安装上 2~3 个标志发生器,以便使珠状分子在这些标志发生器之间往复移动。其所起的作用如同转接开关,可应用于光脉冲或电脉冲信号以控制其开关。

这些分子机械构件及分子转接开关就像儿童玩具——“积木”那样,可以把它们一块一块地搭接起来,组成分子机械链,然后再把这些分子机械键结合起来,组合成分子量更大的分子结构。由此,将来使用的电子设备就可以利用这类分子机械构件(即预制的分子元件)来加以组装。

预制的分子元件类似于建筑行业的建筑预制构件;而用以制造分子积木的化学元素有氧、氢、碳、氮,它们都是存在于自然界的普通元素。对于这些化学元素之间的反应,化学家只需略加控制,就能把它们制成"分子积木"。

第 *10* 章　资源、生态与商品再生

进入 21 世纪以来,人们在为中国经济高速增长而兴奋的同时,也更加关注这些成绩背后的资源消耗、环境污染和生态破坏等问题。海外有舆论称中国"未富、先老、先衰"——经济社会还没有真正富起来,老龄化先行而至,资源日渐衰竭,生态严重失衡,环境不堪重负。事实也确实如此,按目前的技术水平,中国的现代化需要有 12 个地球的资源来支撑。而我们只有一个赖以生存的地球。由此可见,经济发展将面临自然资源和生态环境两大可持续发展的障碍,循环经济是变资源环境和经济发展两难为双赢的有效途径,资源再生是商品循环链的重要环节和措施。

10.1　自然资源

传统的工业经济是自然资源依赖型经济,又称资源经济。因此在传统工业经济中,资源是无穷的观念是错误的。人类从生态系统中索取自然资源好像从一个无穷宝库中取东西,仿佛取之不尽、用之不竭,任意掠夺。有些地方出现"发古人财"——过度利用名胜古迹,"断后人路"——过度消耗自然资源的现象,这些现象值得我们深思并进行遏制。另一方面生态系统中的自然资源也是一个系统,是互相依托、相互关联的。例如,取了土就毁了林,毁了林就造成水的流失,而水的流失又造成了更大的土壤流失,形成一个恶性循环。与此相反,适宜的植树造林就保住了土,也滋养水分,而水又使林更茂密,就形成了良性循环。但是,如果在地下水位不够的地域造林,林要成活就要吸水,造成地下水位的降低,树林就难以成活,或者形成"小老树林",其生态功能就会下降,环境就有可能异变,造林的目的就达不到。由此可见,人类如何利用构成系统的自然资源发展经济,值得认真研究科学,目前形成的这类学科称为自然资源系统工程管理学。

10.1.1　资源及其分类

资源就是资产和财产的来源,可分为自然资源和社会资源。人类把生态系统中可用于经济发展的自然物视为自然资源。

1) 对自然资源的认识

对自然资源的看法,历来都是以对人与自然关系的认识为基础的。在人类的历史上,人与自然的关系经历了天命论、决定论、或然论、征服论等多种认识阶段及其相应的处理方式,才进入到协调论的现代,也就是人、自然和技术这个大系统处于动态平衡的时代。过去人们认为自己是自然的主人和所有者,可以通过自己的力量去征服自然、统治自然、支配自然中的一切事物。这几乎成为工业时代的信条。由这个信条所支配的资源观实际上是征服主义,对资源采取了耗竭式的占有和使用方式,不断使人与自然这个大系统产生强扰动以至震动。人与自然不能协调发展,使经济不能持续发展,不断出现资源危机,导致人类生活不能稳步提高,时常出现巨幅涨落。直到现代,人们才逐渐悟出,人类只不过是人与自然这个大系统中的一个要素,必须和其他要素协调发展,力争在发展过程中始终处于动态平衡状态。因此,可以说实现可持续发展的关键在于协调人与自然的关系。

人类的生存和发展离不开生产与生活,人所需求的物质、能量、环境和信息完全取自于人类赖以生存的现实自然环境。技术是人类发明创造的开发自然的工具,人类在开发利用自然资源的同时应保护好自然生态的平衡。今天的环境状况就是人类用技术开发自然资源以后的状态。由此可见,环境的好坏取决于人类开发自然资源的方式。当今世界,人口、粮食、不可再生性资源、环境污染、工业化资金等问题,被许多专家看作是"土地最终决定和限制我们增长的基本因素"。这些因素在我国显得尤为重要。

自然资源具有可用性、有限性、整体性与区域性的特点。中国自然资源具有两重性。一方面,中国地大物博、资源总量大、种类齐全,是世界上少有的几个资源大国之一;另一方面,因人口众多,人均占有资源量少,部分资源相对紧缺。

2) 自然资源的分类

自然资源是人类可以利用的、天然形成的物质与能量,它是人类生存和发展的物质基础、生产资料与劳动对象,是一个国家经济发展和人民生活提高的重要条件,是生活财富的重要源泉。

全国人大环境资源委员会 1995 年的有关研究,将自然资源系统又分为土地、淡水、森林、草原、矿产、能源、海洋、气候、物种和旅游 10 个子系统。其中土地资源和淡水资源是基础资源,即这两种资源的配置是其他资源配置的基础,要通过对这两种资源的应用系统分析来实现科学的优化配置,通过信息反馈建立配置的控制和调节机制。

从资源的角度来看,最大的系统就是人类社会和自然界这两个巨系统。人类社会这个系统,可以分为人力资源、文化资源和体制资源。其中人力资源又可分为劳动力资源和智力资源,文化资源又可以分为文化资源和科技资源,体制资源又可以分为体制资源和管理资源。

自然界资源则形成一个矩阵资源系统,分为土地资源、水资源、海洋资源、矿产资源、能源资源、森林资源、草地资源、物种资源、气候资源和旅游资源 10 种主要资源。而多种资源从人类利用角度来看,都存在着物质资源、能量资源、环境资源和信息资源 4 个层次。

在对某种资源利用的时候,必须考虑利用层次的问题和各类资源的相互关系。在对不同种类的资源进行不同层次的利用的时候,又必须考虑地区配置和综合利用的问题。

10.1.2　资源观念

资源观念是关于资源的基本看法,是利用资源及解决资源相关问题的认识基础。

1) 资源系统观

资源系统观是资源观中最核心的观点。只有当人类充分认识到自己是人与自然大系统的一部分的时候,才可能真正地与自然协调发展。而且,也只有当人类把各种资源都看成是人与自然这个大系统中的一个子系统,并正确处理这种资源子系统和其他资源子系统之间的关系的时候,人类才能高效地利用这种资源。树立资源的系统观,要求我们从整体上把握各种资源所共同构成的大资源系统,并以其为指导,采取一系列的现实对策,系统地进行资源管理的法制建设,系统地进行资源管理的体制建设,系统地推进资源合理开发与科技进步。

①转变观念,利用市场,因地制宜,改造成百上千个小系统。单是矿产资源,现在我国在各地、各矿产开发主管部门都自成一种产业小系统。尽管各种小系统都为整个社会经济建设做出了贡献,但其自成体系、偏重短期局部利益、互设壁垒阻碍流通的现象,严重地阻碍了资源的优化配置与合理利用。所以强化资源系统观念是必要的、必须的。

②科学分析,依靠法制,宏观调控,建立一个大系统。就是要对全国各类自然资源、各地各部门的资源体系进行系统分析,要扬长避短、互通有无、优势互补、统筹规划,在力争战略性主体资源自给自足的同时,通过科学的动态分析,建立系统性能良好的资源管理机构,并以法规保证实现资源的优化配置和综合利用,保持各类资源的动态平衡。

③审时度势,合理定位,抓住机遇,利用全球巨系统。在全世界经济一体化的趋势下,力求把握世界政治经济与资源环境这个非平衡态复杂巨系统的特点,正确地选准方位角度,不失时机地利用国内、国外两个市场,开发利用国内、国外两种资源。

2) 资源辩证观

以辩证的观点看待资源问题时,我们能够正确处理以下主要的资源矛盾关系。

①资源的有限性与无限性问题。自然资源就其物质性而言是有限的,其中有许多是不可再生和耗竭性的。然而,资源系统是开放的,而且人类认识、利用资源的潜在能力也是无限的。因此,资源又具有相对无限的特点。我们既不能片面地持有限性的看法而抱着悲观论观点,也不能片面地持无限性的看法而盲目乐观。只有努力地把人类认识、合理利用自然资源的潜力充分地发挥出来,通过人类自觉地节约资源,通过科技进步不断地开发新资源,并始终注意到利用资源所带来的社会、环境等各方面的问题,才能够对资源支撑可持续发展的可能性持切合实际的乐观主义态度。

②资源大国与资源小国的问题。我国有广袤的国土和辽阔的海疆,从资源总量上看,我国属于世界资源大国,可以说是“地大物博”。然而,由于人口过多,就人均水平而言,我国又属于资源相对短缺的国家,是“人多物薄”。对此,我们既要看到宏观上综合经济潜力巨大的因素,又要清醒地认识到微观上人均可利用资源限度的现实问题,增强国民资源意识,大力节约、有效利用、再生利用资源。

③资源的有用性与有害性问题。资源只有在一定技术经济条件下,进入人类生产和生活利用的环节之中,才是有用的。污染物(如垃圾)分类处理利用后是资源。资源遭到抛弃,或不为人所利用、所识别为垃圾(污染物)。有些资源在一定技术条件之外,就只是一般物质而已。资源的这种双重性,要求人们最大限度地开发资源的有用性,最大限度地防御和转变资源的有害性。对某一种资源而言(如煤炭),应当在其经济资源价值最高的情况下,高效利用。错失这种时机或不能采取充分利用的途径,资源就可能成为一种公害污染物。

④资源的量与质的问题。资源品质既是绝对的,又是相对的,决定其优劣性的既在于其天然禀赋,又在于现实的技术经济水平。我国有相当多的资源,天然禀赋不够理想。比如说金属矿产,小矿多、贫矿多、共伴生矿多、难选冶矿多等。我们要正视现实的资源条件,推广适用技术,充分利用资源。由于资源有优劣,我们就必须改变以往那种简单地以"名义总量""名义人均量"来反映资源国情的状况,要以一定的技术条件为尺度,对各类资源进行标准计量,从而真正做到对资源国情有真实的了解。

3) 资源层次观

自然资源是客观存在的,是相对于人类认识和利用的水平来区分层次性的。在农业社会中,人对自然资源的认识仅限于肉眼看到的物体的程度。在工业社会中,随着科学技术的发展,人们对自然资源的认识已经到分子和原子的构成的程度,从而带来了工业革命。工业革命的原动力就是通过机械把物质转化为能量,利用煤和石油等新能源,把资源利用提高到分子—原子的水平上。在工业社会后期,人们对自然资源的认识到原子核的程度,开始利用原子能,获得了新的、巨大而高效的能源。把资源利用提高到原子核的水平上。同时,人们也开始认识到开发自然资源产生的环境效应,环境本身就是人们必须利用和保护的资源。在新技术革命中,人类对自然资源的认识达到微电子的程度,微电子学和计算机技术使人们广泛、深入和高效地利用信息资源。信息资源的广泛、深入和高效地利用是人类利用资源的一次新的革命。由于信息资源实际上是整个资源系统的联系介质,人类对资源的开发达到前所未有的广度和深度,对自然资源的利用达到前所未有的全面、综合、合理和高效的程度。

认识到资源的层次性,就要求人们由浅入深地利用资源。对资源的深度利用,正是科技进步的功能所在。从这个意义上看,提高资源利用的层次,发展社会生产力,必然要求极大地提高科技水平。

4) 资源发展观

在整个人类与自然系统或者说与经济、社会、资源和环境体系中,人口与资源的矛盾成为发展的内因,在不同历史时期这对矛盾关系的发展,构成我们在资源问题上的发展观。生态系统本身就是不断发展与进化的。但与人类相比,其周期要长得多。在过去漫长的农业时代,从刀耕火种到自给自足,自然资源不显匮乏。但发展到现代,我国存在庞大的人口基数的资源相对紧缺的严峻局面,人均耕地不足 1.5 亩(15 亩=1 公顷①,下同),人均水资源 2 200 m^3,以水、土为中心的农业资源将接近或达到承载力的临界状况,多数大宗矿产已开始出现短缺,

---

① 1 公顷=10 000 平方米,全书同。

45 种重要矿产中已有 10 多种供不应求,到 20 世纪末约有 1/2 矿产资源紧张。

从自然与人历史的角度来看待我国的资源问题,我们要对人力资源与自然资源加以优化组合,使两个系统耦合,实施"开源与节约并重"的战略。只有以正确的资源发展为指导,才能实实在在地把资源节约型的国民经济体系建立起来。在生产中节地、节水、节能、节材、节资,在生活中勤俭、适度消费并采取合理的消费结构。与此同时,我们要高度重视开发新资源、高新科学技术尤其是信息科学技术给我们开发新资源提供了前所未有的可能性与手段。开发海洋资源和热核聚变能、太阳能、风能、生物能等新能源对 21 世纪经济发展将有极其重大的意义。

5) 资源动态平衡观

资源的动态平衡观是资源系统观中十分重要的观念,是可持续发展的理论基础。在人与自然的大系统中,人的发展要依靠、开发、利用自然资源,因此自然资源系统也在发展变化。在发展过程中人与自然要达到动态平衡,人、技术、资源和环境也要达到动态平衡。在耕地、森林和草原的开发过程中,相互之间要达到动态平衡。在耕地的开发和利用过程中要保持的也是总量的动态平衡。一部分耕地被城市占用,应当相应地开垦荒地;一部分耕地被用来开矿,应该抓紧采矿后的复垦。

6) 资源价值观

资源本应是有价值的。然而,在传统的观念中,自然资源被视作可以取之不尽、用之不竭的东西,而不是珍贵的有价之物。由于资源的价值受到忽视,资源的开发和使用都是无偿的,企业对资源的破坏、浪费行为无法通过价格得到约束。资源不被当作资产、资源无价、资源性产品低价,加速了资源的过快消耗。人类资源开发的历史就说明了这个问题。人类开始认为耕地资源是无限的,不久就因争夺土地发生了战争。欧洲到 18 世纪还认为森林资源是无限的,然而不到 100 年,就有大批人因为森林资源殆尽远逃美洲。人们曾经认为水资源是无尽的,然而,目前世界上已全面发生水危机。人们现在还认为空气资源是无尽的,实际上,空气的污染已使空气蜕变为不完全是人们所需要的空气。人们曾经认为阳光资源是无尽的,然而臭氧层的破坏已使强辐射伤害了人类。

受"资源无价"思想的影响,新中国成立以来我国的经济增长远低于资源消耗增长的速度。1953—1986 年国民收入增长仅 6.8 倍,而同期能源消耗增长 14 倍,其中,生铁消耗增长 23 倍,有色金属消耗增长了 35 倍。资源开发利用率低(矿产资源采选回收率比发达国家低 10% ~ 20%)。资源价值观要求对资源的社会再生产进行经济核算,确定资源的价值与价格,形成补偿机制的良性循环。资源价值观念的确立,将从根本上保证我国资源管理体制符合社会主义市场经济的要求,用市场经济规则处理资源问题。

7) 资源开放观

资源开放观是从地区到全球,从微观到宏观,从局部到整体,在不同层次上都要确立的一种基本观点。我国地区差别很大,发展很不平衡,资源组合错位。东西部发展水平有差距(东部发达、西部相对落后)、南北方资源结构差别比较明显,地区之间的资源具有很强的互补性和动态交流的必然性。以资源的开放观为指导,打破地区经济封锁以实现资源优势互补,打破部门和产业资源子系统的经济封闭以实现产业结构动态优化,合理配置资源。

自然资源是由本土条件决定其布局的,像水、土、气候、矿产等。靠从国外进口之类的办法是不能改变这种资源布局的基本状况的,我们必须充分珍惜每一寸土地、每一滴水、每一座矿藏。但许多资源性产品又是无国界的,我们必须树立资源的全球观,输出优势、创汇资源性产品。并注意同有条件的国家进行互利合作,勘查开发我国所急缺的资源,在有利的时机进口我国短缺的资源,充分地利用国际资源。

8) 资源法制观

长期以来,国有资源的所有权在法律上得不到有效的确认和有力的保护,资源法制观念在人们的头脑中非常淡薄,致使在资源的综合利用、能源的节约使用等方面,由于无法可依,或者执法不严,破坏和浪费严重,环境问题日益突出,短缺资源也更加匮乏。

我国社会主义市场经济体制的建立,给资源的有效利用带来了新的契机。我们可通过价格杠杆和竞争机制的作用,实现资源的优化配置。但同时这又带来了新的问题,由于市场经济本身的局限性,如自发性、盲目性和唯利性等,企业对公共利益漠不关心,对公共物品如空气、水的消耗更加无所顾忌。解决这种现象单靠市场机制是难以实现的,必须借助于政府的适度干预,而政府干预必须依据资源法律和相关的环保法律,用法律的手段来约束企业的行为。把法律作为资源合理开发利用的最根本保障,才能使我国的可持续发展得到强有力的支撑。

所以说,树立正确的资源观,才能使我们的实际工作取得好的成效,才能"扩祖宗业,开子孙路",才能使资源问题长期受到忽视的状况得到改变。

10.1.3 我国十大自然资源概述

前面已经将自然资源分为土地资源、水资源、海洋资源、矿产资源、能源资源、森林资源、草地资源、物种资源、气候资源和旅游资源十大主要资源,现分述之。

1) 土地资源

土地是人类生活和生产的主要场所,具有滋生万物的能力,是淡水、森林、草地、大部分矿产、能源、物种和旅游资源的载体,是基础性的自然资源。从人类历史周期来看是不可再生的资源。

土地资源是除海洋产业和空间科学技术产业之外一切产业的支持。我国国土总面积 960 多万 km^2,居世界第三位,但人均占有面积仅为世界人均值的 1/3,耕地量居世界第四位,人均耕地面积仅及世界平均水平的 44%。耕地是我国土地资源中的重要问题,保护耕地是我国土地资源政策的关键。

荷兰这个地少人多、人口密度很高的国家高效利用土地资源的经验值得借鉴。荷兰有 1 600 万人口,3.6 万 km^2 土地,人口密度达 440 人/km^2。但是荷兰集约利用有限的土地资源,在 3.6 万 km^2 的土地上除阿姆斯特丹国际机场外不许再建第二个机场。其实并不是政府怕花钱,即使是私人投资的计划也屡屡被议会否决,其理由是荷兰土地资源有限,不是钱能买来的。从北面最远的格罗宁根市到阿姆斯特丹的斯基普国际机场不到 200 km,不过一个 0.5 h 的车程。因此,荷兰人认为花如此多的土地建了高速公路,没有道理再占地建国际机场。甚至围海造地在荷兰也不允许,因为荷兰的围海造地规模已接近生态极限,再造会破坏近海的生态系统。由此可见,一个国家土地资源的利用要从国家战略的高度进行科学合理的安排。

2) 水资源

水是所有生物的生命之源,是基础性的自然资源,又是战略性的经济资源。20 世纪下半叶以来,淡水已逐渐成为全球性的稀缺资源,这种问题在 21 世纪日益加剧。淡水资源与土地、气候、森林、海洋和草原资源互相影响,互为依托。

水资源不仅是农业的命脉,也是第二、第三和高技术产业不可或缺的资源。我国淡水资源平均总量为 2.8 万亿 m³,居世界第四位,但人均淡水拥有量仅为 2 200 m³,约为世界平均水平的 1/4,而且水资源时空分布不均,水旱灾害在我国频繁发生。

湿地是一种水土结合的资源,构成了独特的生态系统。湿地指沼泽地、湿草原、泥炭地和低潮时水深不过 6 m 的海滩和所有低水位时不超过 6 m 的淡水水域。湿地对水有净化功能,被称为大地之肾,是多种物种的繁衍生息地,还是水域和陆地的过渡带,对水域和陆地都有保护作用。

历史上八百里洞庭的主体,实际上是一片湿地,起着调节长江水量的作用。进入 21 世纪,杭州市开发建设西溪国家湿地公园。它位于杭州市区西部,距西湖不到 5 km,是罕见的城中次生湿地。这里生态资源丰富、自然景观质朴、文化积淀深厚,曾与"西湖""西泠"并称杭州"三西",是目前国内第一个也是唯一的集城市湿地、农耕湿地、文化湿地于一体的国家湿地公园。

3) 海洋资源

海洋是除陆地外人类仅有的活动场所,占地球表面积的 71%,总面积达 3.6 亿 km²,平均深度为 2 750 m,最深处为 11 000 m。海洋是部分矿产资源、能源、物种资源和旅游资源的依托,是淡水资源的重要补充,也是气候形成的主要决定因素。

海洋是渔业、矿业、交通运输业和海洋科学技术产业的资源支持。我国的海洋资源丰富,但海洋资源意识相对淡薄,历来沿用的"国土"概念把"海疆"排除在外,现在,如采用"疆域"的概念,就应把 300 万 km² 海疆包括进来。目前我国海洋产业产值仅占国民生产总值的 2.5%,大大低于 5% 的世界平均水平,海洋资源的利用不仅不够充分,而且在利用中还存在局部无度、整体无序和使用无偿的问题。

4) 矿产资源

自人类能够制造和使用工具以来,矿产一直是人类科学技术进步的依托资源,通过利用矿产和制造工具的进步,人类实现了农业和工业革命,并不断提高劳动生产率,改变了世界的面貌。矿产资源本身所具有的不可再生的特殊性,决定了矿产是一种耗竭性的资源。同时,矿产资源以土地和海洋为依托,与森林、草地和水资源相联系。

矿产资源是当代制造生产工具的主要原料。它为制造业提供了90%以上的能源,80%以上的工业原料,70%以上的农用材料。同时,它是新材料、科学技术等高技术产业的依托。但据有关专家估计,世界上一些有色金属资源,按现在开采能力可供人类开采的年限为铜53.1年,铝334.2年,铅21.4年,锌23年,锡41年,镍79年,钴67年,钨42年,钼89年。在天然能源中,除煤炭可开采350年外,其他优质能源如石油、天然气等只能维持到2060年左右。

我国矿产资源的总量丰富,居世界第三位,品种齐全,但人均占有量不足,不及世界平均水平的1/2。大矿少而中小矿多,富矿少而贫矿多,矿产分布不均,品位相对较低,而且共生矿多,高效利用难度较大,矿产资源地理分布不平衡、结构不理想。而且我国矿产资源消耗过多,单位产值铜的矿产资源消耗为世界平均水平的2.2倍。目前我国铁矿石进口为1.1亿t,居世界首位,铜消耗量为240万t,即将取代美国居世界第一位,而且主要依靠进口。

5) 能源资源

能源资源是指提供可用能量的资源。能源资源种类十分繁杂,与其他资源交叉,并不是一个独立的系统。以上主要资源中几乎都含有能源,如土地资源中有地热能源,森林和草原资源中有生物能源,水资源中有水能,海洋资源中有潮汐能源,气候资源中有太阳能和风能。最主要的能源资源为矿产资源,包括煤炭、石油和天然气等。

尽管能源资源组成如此复杂,但鉴于其作为战略性经济资源的重要性,按国际惯例,一般将能源资源单列为一类资源。我国单位产值的能源消耗为世界平均水平的4.8倍,石油消耗为2.0倍。

6) 森林资源

森林是人类的发源地,是陆地生态系统的主体,是大部分陆上野生物种资源和大部分旅游资源的依托,是水、土地资源保持的主要因素,也是气候形成的重要因素。森林系统主要包括针叶林生态系统,主要分布在北半球高纬度地;落叶阔叶林生态系统,主要分布在北纬30°~50°的温带地区;常绿阔叶林生态系统,主要分布在亚热带地区;季雨林生态系统,主要分布在东南亚和南亚地区;热带雨林生态系统,主要分布在热带。

森林是林业、农业、工业、旅游业和生命科学技术产业的资源支持。目前,我国森林面积为13 370万公顷,居世界第六位,但人均拥有量不到世界平均水平的1/6;覆盖率是16.55%,低于世界25%的平均水平和保持生态平衡的25%~30%的比例,而且分布不均,质量较差,造林护林的任务依然艰巨。

造林应该遵循循环经济的生态学,大批量退耕还林是恢复原有林区,是循环经济的政策,但也要考虑由于人口增加,第二、第三产业发展使生态水减少,并不只是退了农业用水就能够恢复原森林规模的。人工造林也要注意选择适宜当地的树种,如干旱地区可以引进国外类似地区的耐旱树种,同时要研究当地自然林的状况,要植混交林,单一树种的人工林生态效益会大大降低。

7) 草原资源

草原是保护水土资源的主要因素,往往是荒漠与森林的过渡带。草原是气候形成的重要因素,也是部分陆上野生物种资源的依托,具有保护、净化环境的功能。草原主要在温带,全球有 900 多万 km^2,主要分为高草草原或草甸、典型草原以及矮草草原或荒漠草原三大类。

近百年来,我国华北北部和西北部分地区存在着开垦草原为农田的问题,造成农区挤占牧区、牧区挤占草原与荒漠过渡带的状况。这种不符合生态规律的做法使牧区草原承载能力较低,牲畜又多,形成严重的过度放牧。而农区在原本适于草原生态系统的地区耕种,只能从黄河引水,加剧了水资源短缺,而且形成土地沙化,违背了生态规律。现在提出的"退耕还草""退牧还草"的政策是符合循环经济生态规律的。

草原是畜牧业和生命科学技术产业的资源支撑,对其他资源有重要的支持作用。因此,对草原资源绝对不能忽视。我国草原面积为 26 350 万公顷,居世界第二位,但人均拥有量仅及世界平均水平的 1/3,而且多数地区草原品质不高。

8) 物种资源

人是地球上最高级的物种,自人类产生以来,生物物种就是人类生存的基础——食物的全部(水除外)来源。生物多样性是生态系统赖以平衡的重要因素,所有生物物种组成的生物圈更是提供了人类生存的主要环境。

物种资源是农业、渔业、畜牧业和林业的依托资源,也是工业和第三产业的重要资源,在 21 世纪成为支柱产业的生物技术产业也以物种资源为依托。

我国物种资源拥有量居于世界前列,是我国相对富有的资源,现有高等植物 32 000 余种,居世界第三位。而人均概念对物种资源具有不重要性,因此大力开发我国的物种资源不失为一个好的渠道。

9) 气候资源

气候资源是指大气圈中的光能、风能、热量、气候、降水等可以为人们直接或间接利用,形成财富或具有使用价值的资源。太阳提供了地球可用能量的主要部分。气候和水资源、海洋资源、森林资源、草原资源相互作用,相互影响。气候对物种资源的保持起着决定性的作用。例如,降雨虽然是大气环流的作用,不是哪里蒸发的水分在哪里降雨,但是森林地区的小气候易于成雨也是生态规律。

气候资源对人类的农业生产起着决定性作用,全球的气候变迁将对人类产生巨大的影响。目前大气层的污染已经成为世界性的问题,我国大气污染也日趋严重。

10) 旅游资源

旅游资源分为自然景观和人文景观两类资源,其中人文景观属人文资源。旅游资源对经济发展有重要作用,可以循环利用,是一种特殊资源。它既有物质性又有文化性,是一种随着人类经济文化发展而发展的优势资源。旅游资源以土地、森林、水和物种资源为依托,被气候所影响。

旅游资源是我国的富有资源,在世界上屈指可数。以旅游资源为依托的旅游业在 21 世纪作为世界第一大"无烟产业"受到重视,但目前我国旅游收入仅居世界第十位,占世界市场的份额相对较低,低于许多旅游资源不如我国的国家和地区,大力开发旅游资源大有可为。

10.2 生态经济

资源与生态有着密不可分的关系,一般来说,资源的开发利用是以生态平衡为前提的。而全球的现状是资源短缺或者利用过度,导致生态环境遭到破坏,生态失衡问题引起高度重视。因此,树立合理利用资源,保护和恢复生态平衡观念,就需要我们对生态系统有所认识,对生态经济的研究有所了解。

10.2.1 生态系统概述

1866 年德国的海克尔在《自然创造史》一书中最先提出生态学一词。1895 年丹麦的瓦尔明以德文出版了《植物生态地理学为基础的植物分布学》专著。1909 年,该书译成英文,更名为《植物生态学》。它是世界上第一部划时代的生态学著作。1935 年英国的坦斯莱首先正式使用"生态系统"这个词,他把生物与其有机和无机环境定义为生态系统。早在 1923 年,他就出版了《实用植物生态学》一书,这也是最接近现代生态系统概念的著作。

1) 生态系统及其物质

综合国外学者和联合国有关机构对生态系统多次做出的定义,生态系统似应理解为"人与其他生物及其所处有机与无机环境所构成的系统",生态系统应该有明确的边界,系统内在通过资源循环达到动态平衡的前提下发展。生态学研究系统内各因素的关系,同时也研究系统与外界的物质、能量和信息交流的关系。

生态就是自然界中各种自然资源之间的依存关系。阳光、大气、水、土壤和矿物资源构成人类生存的自然环境。而自然物质又是由 6 种元素组合而成。这 6 种元素包括:

①无机物。包括氧、二氧化碳和各种无机盐类等。

②有机物。包括以糖、脂肪、蛋白质组织的各类化合物。

③太阳辐射能。包括形成的日照、大气环流和降雨等。

④生产因子。指能进行光合作用的各种绿色植物、藻类和细菌。

⑤消费因子。指以其他生物为食物的各种动物。

⑥还原因子。指分解动植物遗体、排泄物和各种有机物的真菌、细菌、原生动物和食腐类动物。

2) 生态系统的构成——食物链

在生态系统中,一种生物以另一种生物为食,彼此形成一个以食物供给链接起来的锁链关系,生态学上称为食物链。由于消费者往往不只吃一种食物,而同一种食物也可以被不同的消费者所吃,因此,各食物链之间又相互交错构成更复杂的网状结构,称为食物网。

在生态系统中通过食物链实现能量流动、物质循环和信息传递进行资源循环。如在淡水生态系统中蛋白质等营养物质滋生水草,小虾吃水草,小鱼又吃小虾,大鱼再吃小鱼,大鱼死后被细菌分解成营养物质又滋生水草。这就是通过食物链进行资源循环的典型例子。如果我们把鱼虾捕光,水草就会大量滋生,从而破坏了原有的循环和各种资源的动态平衡。

食物链上每一个环节代表一个营养级,位于同一营养级上的生物是通过相同的步骤,从前一营养级的生物获得食物和能量的。但每一营养级生物只能利用前一营养级能量的 10% 左右,所以最短的营养级包括两级,最长的通常也不超过 5~6 级。食物链越短,距食物链的起点越近,生物可利用的能量就越多。

处于食物链起点(第一营养级)的生物群落的生物个体数量比高一营养级的生物数量多,最高营养级的生物,其个体数量最少,即基数(第一营养级)最大,然后呈金字塔形逐级递减,最后一级最小。这种现象称为生态学金字塔。由于研究的对象不同,生态学金字塔又分为:

①数量金字塔。以第一营养级的生物个体数目表示,通常呈底部大、顶部小的正金字塔形。

②生物量金字塔。以生物干重来表示,每一个营养级中生物物质总量绝大多数呈正向金字塔形。

③能量金字塔。以进入各营养级的总能量来表示,这样的方法最能保持准确的正向金字塔形。

正是因为生态系统中各生物种群之间存在着这种食物链的关系,才能有效地控制生态系统中各生物种群的数量,即控制自然界的生态平衡。如果某个环节的生物减少或消失,势必会导致以它为食的生物种群数量锐减,而被它所食的生物种群数量肯定会大增。这样,生物界原有的平衡规律就会被破坏。例如,我国 20 世纪 50 年代曾将麻雀视为农业害鸟,大量捕杀。殊不知麻雀每年吃掉的农业害虫,要比它们吃掉的粮食多得多,结果因麻雀大量减少而发生了严重的虫害,粮食反而大面积减产。这正是没有研究食物链,不遵照自然规律办事所带来的后果。近年来,人们认识到了化学物质对环境的污染,因而在许多方面试图利用生物方法来解决,例如,引入一个新的天敌生物物种来消灭害虫等。但如果事先不对食物链进行仔细研究,盲目引进,结果可能会适得其反。

澳大利亚是一个孤立的大陆,是一个比较典型的巨大生态系统。在欧洲人到达澳大利亚之前,世界上的许多物种在那里都是不存在的,欧洲人有意或无意引入的物种一度破坏了澳大利亚生态系统的平衡。

人们熟知的例子是兔子。澳大利亚本没有兔子,1859 年,12 只欧洲野兔被带到澳大利亚。这里没有鹰等天敌,却有易于做窝的茂盛的草原、松软的土质,很快就造成了兔子恶性繁殖。在 100 年内达到 75 亿只,即平均 1 公顷草原上有 17 只兔子,大约 1 亩地 1 只,严重地破坏了生态平衡。而且 10 只兔子可吃掉相当于 1 只羊所需的牧草,75 亿只兔子就吃掉了 7.5 亿只羊的牧草,兔羊争草,严重地影响了当时澳大利亚赖以生存的畜牧业。后来,澳大利亚不得不用筑墙、捕捉的方法,但仍无济于事。于是又想到了引入兔子的天敌——狐狸的办法。

澳大利亚原来也没有狐狸,在 19 世纪 80 年代兔子成灾后,作为兔子的天敌而被大批量引入。到了 20 世纪初,因为没有天敌和适于繁殖,狐狸数量也迅速增加。由于狐狸繁殖速度低,不仅未能克制兔子的急剧增加,反而再次打破了原有的生态系统平衡。狐狸使 20 种澳大利亚动物灭绝、43 种濒危,于是澳大利亚又开展了消灭狐狸的运动。

由此及彼,20 世纪 30 年代传入我国的"水葫芦"(学名:凤眼莲),虽为绿化水面、提供猪饲料做过贡献,但它的生长速度极快,短时间就形成单一群落,堵塞河道,影响鱼类生长,成为南方许多地方的灾难。这也是没有按生态学规律事先研究,随意引入物种所受到的自然界的惩罚。

这些例子说明,包括物种资源在内的所有自然资源,人类可以改变,但正如恩格斯所说:"我们不要过分陶醉于我们对自然界的胜利。对于每一次这样的胜利,自然界都报复了我们。每一次胜利,在第一步都确实取得了我们预期的结果,但是在第二步和第三步却有了完全不同的、出乎预料的影响,常常把第一个结果又取消了。"美索不达米亚、希腊、小亚细亚以及其他当地的居民,为了想得到耕地,把树都砍完了,但是他们做梦也想不到,这些地方今天竟因此而成为荒芜的不毛之地。所以说,生态链的保护是生态经济与环境友好的基础。

10.2.2 水生态系统

地球上的生态系统主要分陆地生态系统和海洋生态系统。陆地生态系统存在的基础是淡水,有水才有有机物,才能构成生态系统,生态系统所必需的水就是生态水,"生态水就是生命水,有水就有绿洲,有绿洲才有人及生物种群,才能合理开发利用"。目前,国际上的共识是大范围的复合生态系统,最合理的划分办法是以河流的流域来划分,或者说是以水来划分。而水生态系统的良性循环标志是地下水位不降低。只有这样才能保证河流不断流、湖泊不萎缩、湿地不干涸、植被不枯萎。

1)水生态系统的概念

水生生物群落与水环境构成的生态系统称为水生态系统,它又可分淡水生态系统和海洋生态系统。

淡水生态系统,一般简称为水生态系统,是指一定淡水域内所有生物群落与该水环境相互作用,并通过物质、信息和能量流动循环共同构成的具有一定结构与功能的统一体。按照这一观点,小至一个山间小河、一片湿地,大至湖泊、水库、江河等,都可以是一个淡水生态系统。一个生态系统中生物的种类虽然多样,数量尽管巨大,但都可按其在生态系统中的功能,归纳为三大类,即生产因子、消费因子和还原因子,通俗地称为生产者、消费者和分解者。

(1)生产者

水生态系统中的生产者是指水中具有叶绿素的藻类和水生维管植物(包括蕨类、裸子和被子植物)。它们依靠体内叶绿素的特殊功能进行光合作用,制造有机物,不仅能养活自己,而且还为其他生物提供食物。同时,它们将太阳能转变为食物潜能,为系统中一切生命活动提供能量来源。

(2)消费者

水中的所有水生动物总称为消费者。这类生物自己不能制造有机物,靠吞食其他生物获得食物和能量来维持生命活动。它们按食性和取得食物的先后次序分为若干等级。

直接以浮游植物、水草为食的消费者叫草食性动物,如浮游动物、鲢鱼、草鱼等;而以草食性动物为食的消费者,叫肉食性动物,如鳙鱼;以浮游动物和鱼类为食的肉食性鱼类,叫一级肉食动物或二级消费者。

在水生生态系统中,主要食物链有两条:一是牧食性食物链,即绿色植物—草食动物—肉食动物,如藻类—甲壳类—鲦鱼—青鲈;二是碎屑性食物链,从死亡到有机物到分解者,然后到碎屑食性动物和它们的捕食者,如有机物碎屑(水草枝、叶碎屑)—微生物(细菌、真菌)—浮游动物—鱼类—凶猛鱼类。

（3）分解者

分解者主要由细菌、真菌等微生物组成,专门将有机物质分解成无机物质。由于微生物具有种类多,个体小、数量大、繁殖快、分布广及代谢强度高等特点,因此它们在有机物质矿化过程中,起着特别重要的作用。水中的生产者和消费者的排泄物、尸体、残骸等都是这类生物作用的对象。它们将各类有机物分解为无机物,归还环境,供生产者重新利用,实现物质循环。因此,分解者在整个生态系统中的地位是非常重要的。

此外,非生物的自然环境因素,如阳光、水、土壤和空气等,它们为系统中的生物提供能量、营养物质和生活空间,因而也是水生态系统的必要组成部分。

2）水生态系统的功能

水生态系统主要功能是生物生产力、能量流动、物质循环和信息传递。

（1）生物生产力

生物生产力是指水生生态中生产和贮存有机物质的速率。天然水体,或人工经营水体,都在进行生物生产过程。生产过程的强度用水体生物生产力来度量。

水体生产过程可分为初级生产过程与次级生产过程,用初级生产量和次级生产量衡量。

初级生产量是指单位时间和空间内生产者通过光合作用生产的有机物质的数量。

在富氧水域中,生产者主要是各种藻类;而在厌氧水域,光合细菌是主要生产者。在沿岸带和浅水区,水生高等植物也是主要的生产者之一。

初级生产是生态系统的能源基础,也是系统内能量流动和物质循环的基础。在初级生产过程中,太阳能不断地被转化为化学能,成为食物潜能。二氧化碳转化为碳水化合物需吸收约 47 万卡的太阳能。

生产者的初级生产速率,影响整个生态系统的活力。但生产速率又受系统的温度、光线、pH 值等物理、化学因素以及可利用的营养物质的种类和浓度的影响。初级生产过程是指消费者和分解者同化初级生产物的过程。它表现为动物和微生物的生长、繁殖和营养物质的贮存。在单位时间内由于动物和微生物的生长和繁殖而增加的生物量或所贮存的能量即为次级生产量。

在水体生物生产过程中,具有重大意义的次级生产量是细菌、浮游动物、两栖动物和鱼类的数量。

（2）能量流动

水生态系统生产者将太阳辐射中的一部分截获,经光合过程使其中一部分太阳能转换为化学能贮存在有机物中,这一部分能量称为食物潜能,它是水中一切生命活动所需要的能量来源。被生态系统截获的太阳能在系统内的流动符合热力学定律:能量既不能创造也不会消失,但可以从一种形式(如光能)转变成另一种形式(如热能),而总量保持不变。任何过程的能量利用效率都达不到 100%,总有一些能量转变成热能而散失。水生态系统中能量流动是单向的,要保持系统的运转,就必须靠太阳不停地补充能量。

水生态系统中各生物之间的能量传递是通过食物链进行的,能量流动的载体是食物。在能量沿食物链传递的过程中,大部分能量被生物用于各种生命活动而消耗,其中一部分最终以热能形式散失,一小部分能量被用以合成新的原生质,作为潜能贮存下来,能量传递的效率,可用食物链前后传递点的能量流之间的百分比来表示,这种比率通常称为"生态效率"。据研究,太阳能转化为生产者能量的同化效率平均为 0.4%,各营养级间的生态效率一般为 10%左右。由此可见,在能量沿食物链传递过程中,每通过一个营养级,有 80%~90%的能量损失。这主要是由于生物的呼吸损耗,以及动物对食料利用不完全。

（3）物质循环

自然界存在的 100 多种化学元素中有近 40 种元素是生物所需要的。这些元素构成物质,既贮存化学能,又是维系生命的基础。在生态系统中或生物圈中,它们总是按一定路线循环,即从环境到生物,然后又回到环境,这就是所谓的"生物地球化学循环"。水是生态系统中极为重要的物质,水循环是极其重要的循环,而且固体物质的循环和大气的循环都需要通过水循环作为支撑。

（4）信息传递

淡水生态系统内存在着各种信息传递系统,如营养信息、化学信息、物理信息和行为信息等。对水生生物来说,最为重要的是基因信息,像人一样,每种生物都能制出基因图谱。系统依靠这些信息,实现自我调节,以保持系统的稳定和发展。但系统这种自我调节能力是有限度的,当外部压力超过所允许的限度时,就会破坏系统的平衡,甚至造成整个系统的崩溃。人类活动使生态系统的平衡破坏,在很多情况下是目前的人类知识所难以预见的,有时生态系统是十分脆弱的,因此,对生态系统变化的信息必须及时得到反馈。

10.2.3　生态系统的基本规律

研究生态系统的目的在于认识和正确运用自然规律,正如恩格斯所说的:人类可以通过改变自然来使自然界为自己的目的服务,来支配自然界,但我们每走一步都要记住,人类统治自然界绝不是站在自然之外的,我们对自然界的全部统治力量就在于能够认识和正确地运用自然规律。在生态系统中,有生物与循环相互作用的规律、生物间相互依存的规律、物质循环与再生循环和生物同进化的规律等,其中最核心的规律之一就是生态系统的动态平衡规律。

1）自然生态系统平衡的规律

国际研究表明,近十几万年来地球上的自然生态系统是基本稳定的。冰川期过了,造山运动停止了,陆海格局基本稳定;大气温度、降雨量甚至大气环流和大洋暖流都基本稳定;就全球而言,森林、草原、湿地、半荒漠、荒漠和沙漠也基本稳定,这些自然状况就是几万年人类历史自然生态系统动态平衡的基础。正是由于自然生态系统没有发生剧烈变化——大扰动,人类才得以生存、繁衍和发展,因此自然生态系统内部的资源循环和动态平衡是人类应该认识和正确运用的最基本的规律。

（1）自然生态系统平衡的特性

按系统论的分类，自然生态系统是一个非平衡态、超复杂的巨大系统。因此，自然生态系统平衡表现出以下三大特性。

第一，不是简单的算术平衡，而是超多元的、复变的函数平衡。因此该系统具有自我调节能力。以塔里木河流域的森林子系统为例，不是有多少棵树的平衡，而是乔、灌、草复合森林系统的平衡。降雨少了，胡杨枯一些，红柳长一些，仍达到森林系统的平衡。降雨多了，又会恢复到原来的组合，体现了系统的自我调节能力。生态系统的调节能力使森林子系统的良性循环得以实现。

第二，不是瞬时的平衡，而是周期的平衡，因此自然生态系统具有自我修复能力。仍以塔里木河为例，这里年际雪山融水量和降雨量变化不小，但从 30 年的长周期来看变化是很小的，在向下游干枯的胡杨林输水后，枯萎了 30 年的胡杨竟发出了新绿，体现了生态系统的自我修复能力。生态系统的自我修复能力是水生态系统良性循环的基本保证。

第三，不是静平衡，而是动平衡。因此自然生态系统具有自我发展的能力。生态系统是一个微观非平衡态系统，或者说是不断变化与发展的。例如，河流下游形成的冲积平原，其作为流域自然生态系统有较大的承受能力（河大、冲沙多、冲积平原大、变化大，但流域生态系统大、承受能力大，总体还是处于总体平衡状态）。这种动平衡体现了系统的自我发展能力。动平衡是自然生态系统通过良性循环得以持续和发展的基本规律。

（2）自然生态系统对平衡破坏的自我修复能力

生态系统之所以能保持生态的平衡，主要是因为内部具有自动调节的能力，或称自我修复能力。如对污染物质来说，自动调节能力就是环境的自净能力。当系统的某一部分出现机能异常时，就可能被其他部分的调节所抵消。生态系统的成分越多样，能量流动和物质循环的途径就越复杂，其调节能力也越强。相反，成分越单纯，结构越简单，其调节能力也越小。因为在任何生态系统中，作为生物存在的各种资源，在数量、质量、空间和时间上都是有限的，所以一个生态系统的调节能力再强，也是有一定限度的，超出了这个限度，调节就不再起作用，生态平衡就会遭到破坏。如果现代人类的活动使自然环境剧烈变化，或进入自然生态系统中的有害物质过多，超过自然系统的调节功能或生物与人类可以承受的程度，那就会破坏生态平衡，造成系统的恶性循环，使人类和生物受到损害。

生态平衡的破坏有自然原因，也有人为因素。自然原因主要指自然界发生的异常变化或自然界本来就存在的有害因素，如火山爆发、山崩海啸、水旱灾害、地震、流行病等自然灾害。人为因素主要指人类对自然资源的不合理利用，以及工农业生产发展带来的环境问题。

人类破坏生态平衡，造成恶性循环，其后果是严重的。比如，为了扩大耕地随意开荒、破坏植被；围湖造田、吸干沼泽导致湖泊萎缩；盲目兴建水库，使河流断流，并引发各种灾害，得不偿失；乱砍滥伐造成水土流失，土壤贫瘠，河流淤塞，雨量减少，地下水得不到补充；任意向江河湖海排放废污水，倾倒废弃物，破坏水生态系统，引起"水华"和"赤潮"，生态系统平衡遭到迅速地破坏。

2）自然生态系统蜕变的主要原因

目前自然生态系统严重蜕变的主要原因有天灾，也有人祸。或者说，人祸、天灾二者兼有,甚至在大部分地区是以人祸为主。

（1）"天灾"实际是人类进步的表现

近十几万年来,地球上的自然生态系统基本上是在动平衡状态下发展的。这正是人类得以繁衍和发展的基本条件,否则,原始人是不可能在剧变的生态系统中持续发展到今天的。

史前原始人类和生态系统是依赖、微小干扰的关系。人类从自然界取得食物,又向自然界排泄废物,使生态系统的原始平衡和良性循环能够保持。大约1万年以前,人类开始了农业经济,浇草毁林,垦荒耕种,向自然界过度索取,形成了大干扰,开始改变生态系统的原始平衡。在公元1年,地球上有2.5亿人,人类的农业生产活动已经达到了相当规模。18世纪60年代的工业革命以后,人类的生产活动从农业经济发展为工业经济,机器的使用和煤与石油能源的开采使人类的生产力大大提高,加大了对自然界的破坏,造成环境污染,破坏了生态平衡。1950年后逐渐发展的新技术革命,更增强了人类破坏自然界的能力,生态系统开始恶性循环,环境质量严重恶化,环境问题已经成为人类不能回避的首要问题。1970年以后,随着高科技的发展,人类逐渐认识到:不能沿着老路走下去,高科技使用不当会给生态系统带来灾难性的后果,人类必须和自然和解,通过保护生态系统来恢复生态平衡。

有一种看法认为现在将是新干旱周期的开始。从自然发展史来看,即使这种看法有道理,降水函数的规律也有两点是应该肯定的:首先,这是一个长达几百年的长周期变化;其次,这个长周期函数是波浪式递减,而不可能在初始阶段直线下降。

（2）对人祸的影响不能低估

温室气体大量排放所产生的温室效应,已得到越来越多的承认。美国前总统克林顿和英国前首相布莱尔都引用了美国世界观察研究所网站发表的数据:20世纪最热的6年都在最后10年中,20世纪气温的上升幅度是1万年来最高的,大约为1.5 ℃（已经超过了统计平均值）,而2010年的平均气温将比1990年高出6 ℃。如果事实的确如此,则说明人祸将引起灾难性的后果。新疆天池从1971—2001年面积减少了1/3以上,其主要原因是过度开发和资源的滥用。

3）生态恢复与环境再造

所谓"人工生态系统",从狭义上来说,就是人类模仿自然生态系统建造的、自持的、闭路循环的生态系统。从广义上来说,就是有人的地方出现的社会、经济、环境和生态的复合生态系统。迄今为止人类还没有造出真正自持的生态系统,所有"人工生态系统"都没有创造出全新的物种,都靠的是水和能源的输入,也就是说靠的是其他自然生态系统的蜕变。

既然至今人类还没有造出良性循环的生态系统,对生态恢复与环境再造,可以从3个方面来理解。首先,要恢复严重蜕变的自然生态系统的良性循环。如退耕还林、退牧还草、退田还湖、封山育林,从水量相对丰裕的其他生态系统适当调水等来补充失衡的资源。其次是在已有的人类生存环境中尽可能提高资源利用率,实现资源循环的生态生产,如厉行节水和中水回用,千方百计降低生态成本,努力建造一个良性循环、准自持的人工生态系统。最后,在未来,如果真正实现了生态型的第一、二、三产业生产,用基因工程造出了耐旱的新物种,能建设人工生态系统是可行的。

但"人造生态系统"有一个教训是值得借鉴的,这就是在科技最为发达的美国生物圈二号实验。1991 年,美国科学家进行了一个耗资巨大、规模空前的"生物圈二号"实验。所谓"生物圈二号"是一个巨大的封闭人造生态系统,位于美国荒凉的亚利桑那州,大约有两个足球场大小。从外观看,它是一个巨大的球体,这个封闭生态系统尽可能模拟自然生态,有土壤、水、空气与动植物,甚至还有小树林、小湖、小河和模拟海。1991 年,8 个人被送进"生物圈二号",本来预期他们与世隔绝两年,可以靠吃自己生产的粮食,呼吸植物释放的氧气,饮用生态系统自然净化的水生存。但是,18 个月之后,"生态圈二号"系统严重失去平衡:氧气浓度从 21% 降到 14%,不足以维持研究人员的生命,补充输氧也无济于事;原有的 25 种小动物,19 种灭绝;为植物传播花粉的昆虫全部死亡,植物也无法繁殖。

事后的研究发现:细菌在分解土壤中大量的有机质的过程中,耗费了大量的氧气,首先失去了氧平衡,而细菌所释放出的二氧化碳经过化学作用,被"生物圈二号"的混凝土墙吸收,又打破了循环。

"生物圈二号"计划设计得巧夺天工,结果却一败涂地,说明人类对生态系统的知识还实在太少,不足以建立哪怕是实验的"人造生态系统"。其后,美国科学家总结经验,继续了这一实验,但直至 2000 年仍没有取得突破性的进展,至今还没有见到实验成功的报道。

10.2.4　生态经济学概述

在人类生态及生产活动与自然系统之间,始终存在着一种相互依赖、相互制约和相互作用的关系,也就是说,在人类改造和利用自然生态系统的同时,自然生态系统也在反作用于人类。因此,如何保持社会经济与自然生态的协调发展,提高人类生存环境的质量,已成为人类当前面临的迫切问题。生态经济学就是在此问题下出现的一门新兴学科。

1) 生态经济与生态经济学

生态经济是指让整个产品生产、使用和废弃的全过程像生态系统一样形成全封闭循环,最终达到资源的零输入和废物的零排放,使生产系统自持,也就是真正的可持续发展,是理想化阶段,在知识经济的后期才可能做到。就目前的科学技术和生态状态而言,有点像曾经出现的人们关于"永动机"的思考,还是可望而不可即。

生态经济学是研究由经济和生态两个子系统耦合而成的经济生态复合系统的结构、功能及其客观规律性的学科。生态系统中有生产者(植物)、消费者(动物)和还原者(微生物)。传统工业经济系统中有生产者和消费者,但没有还原者,显然不是生态型的系统,没有构成循环,因此是不可持续发展的。

生态经济学着重从人口、资源、环境的整体作用上,探索社会物质生产所依赖的社会经济系统与自然生态系统的相互关系,其中包括发展经济和保护环境的相互关系、利用自然资源和维护生态平衡的相互关系,以及生产活动的社会经济效益和环境生态效益的相互关系。生态经济学的研究目的是通过对上述各种关系的研究,把握其中的客观规律,建立经济系统中的还原因子,构成循环,从而指导社会经济在生态平衡的基础上,实现可持续发展。

2) 生态经济学的由来

最早提出生态经济学概念的是美国经济学家 K.波尔丁,他在 20 世纪 60 年代末提出的

"宇宙飞船经济理论"。这种理论把地球比作太空之中的一只小飞船,推断人口及经济的迅速增长终将耗尽飞船有限的资源,排出的各种废弃物也将充斥飞船的内舱,其后果是飞船因内耗毁灭。

同时也有另一种观点认为,生态平衡固然需要,但经济的增长更为重要。应该首先保证经济增长以及增长的条件,只有这样,维护和恢复生态平衡才有资金和技术上的保证。强求生态平衡而放弃经济增长,势必影响投资和就业,从而危及人们的生活。而且,只要经济能增长,某些资源即使一时短缺也不足为奇,增长所带来的技术进步将推动代用资源的出现。正是持续的经济增长和生活水平的提高,才促使人们关心起人类生存的环境问题,从而对生态平衡不断提出更高的要求。

这种以发展求平衡观点是有一定道理的,但在后来提出的生态经济学中也没有得到解决。

20 世纪 60 年代后期,美国经济学家 K.波尔丁发表了《一门科学——生态经济学》一文,提出了作为一门学科的生态经济学。1972 年,英国生态学家哥尔德·史密斯出版了生态经济学名著——《生存的蓝图》。同年,"罗马俱乐部"出版了研究总报告《增长的极限》,在世界上引起了很大反响。1976 年,日本坂本藤良出版了《生态经济学》一书,它是世界上第一部内容较完整的生态经济专著。

3) 生态经济学的特点

生态经济学具有学科综合性、区域特殊性和长远战略性。

①学科综合性。生态经济学除了经济学和生态学这两大基本组成部分外,它还与生物学、气象学、土壤学、水文学、数学、地理学、地貌学、政治经济学和技术经济学等学科有着普遍的联系。生态经济学理论体系的形成,反映了当今自然科学和社会科学多学科综合研究的趋势。

②区域特殊性。不同的自然条件与经济的发展有着十分密切的关系,由此决定了生态经济有明显的地区差异性。对一个国家来说,就是要以自己的国情为依据来研究生态与经济的关系。

③长远战略性。长远战略性是生态经济的另一个特点。生态经济学所研究的人口控制、资源保护、污染防治等,都是具有战略意义的重大问题,不仅要考虑近期的经济效益,更要考虑长期的生态平衡效益,从资源配置的边际均衡着想。

10.3　循环经济

2003 年中央人口资源环境座谈会强调:"要加快转变经济增长方式,将循环经济的发展理念贯穿到区域经济发展、城乡建设和产品生产中,使资源得到有效的利用。"要想让循环经济真正良性循环起来,就应大力发展废旧资源再生利用产业,然而这并不是一件容易的事情,我国能源使用状况问题严峻。要减少向自然界的过度索取和污染物的排放,必须从根本上改变直线型的生产范式,逐步实现循环经济生产。而资源回收利用产业正是实现循环经济的基础所在,是其现实的切入点。

10.3.1　循环经济的基本概念

最先明确提出循环经济(Circular Economy)一词的是英国环境经济学家戴维·皮尔斯。20 世纪 90 年代以来,循环经济开始作为实践性概念出现在德国。与此同时,日本也开始了与之含义相近的循环社会实践活动。90 年代末,循环经济概念和理论开始进入我国并开始广泛使用。我国自 20 世纪 90 年代中期引入循环经济概念以来,由于缺乏一个科学的界定,这一概念在一些场合出现了泛化与误用。导致循环经济是个筐,什么东西都朝里面装。这将不利于循环经济理念的增强与方法的操作。

1) 循环经济的基本概念

我国学者在对循环经济进行界定时,大都将国外的基本定义即"物质闭环流动型经济"作为关键词,但在进一步解释时,由于其各自立场和认知的差别,所给出的定义并不相同。以下是具有代表性的一些表述:

曲格平在《发展循环经济是 21 世纪的大趋势》一文中指出,所谓循环经济,本质上是一种生态保护型经济,它要求运用生态学规律而不是机械论规律来指导人类社会的经济活动。循环经济倡导的是一种与环境和谐的经济发展模式。它要求把经济活动组织成一个"资源—产品—再生资源"的反馈式流程,其特征是低开采、高利用、低排放。所有的物质和能量要能在这个不断进行的循环中得到合理和持久的利用,以把经济活动对自然环境的影响降低到尽可能小的程度。

解振华在题为《统一认识,加快推进循环经济发展》的访谈中指出,循环经济呈现"资源—产品—再生资源"的模式,从生产的源头和全过程削减污染,把废弃物作为放错了地方的资源,对最终产生的废弃物实行无害化处理,可以从根本上解决经济增长与资源环境的矛盾。循环经济以最有效利用资源和保护环境为基本特征。

马凯在 2004 年"全国循环经济工作会议"上发表了题为《贯彻和落实科学发展观,大力推进循环经济发展》,他指出循环经济是一种以资源的高效利用和循环利用为核心,以"减量化、再利用、资源化"为原则,以低消耗、低排放、高效率为基本特征,符合可持续发展理念的经济增长模式,是对"大量生产、大量消费、大量废弃"的传统增长模式的根本变革。

冯之浚在《论循环经济》一文中指出,所谓循环经济,就是按照自然生态物质循环方式进行的经济模式,它要求用生态学规律来指导人类社会的经济活动。循环经济以资源节约和循环利用为特征,也可称为资源循环型经济。

诸大建在《可持续发展呼唤循环经济》一文中指出,循环经济是针对工业化运动以来高消耗、高排放的线型经济而言的。循环经济是一种善待地球的经济发展模式,它要求把经济活动组织成"自然资源—产品和用品—再生资源"的闭环式流程,所有的原料和能源要能在不断进行的经济循环中得到合理的利用,从而把经济活动对自然环境的影响控制在尽可能小的程度。

周宏春在《循环经济:一个值得重视的发展趋势》一文中指出,循环经济是指通过废弃物和废旧物资的循环再生利用来发展经济,目标是使生产和消费过程中投入的自然资源最少,向环境中排放的废弃物最少,对环境的危害或破坏最小,即实现低投入、高效率和低排放的经济发展。

方莉华、张才国在《循环经济概念的科学界定及其实质》一文中指出,循环经济是对物质闭环流动型(Closing Materials Cycle)经济(物质流动在经济系统中所形成的闭合回路)的简称,是以资源的反复利用为核心,其依据是可持续发展的理论体系。所以,资源循环利用是循环经济的核心内涵,是指经济赖以存在的物质基础——资源在国民经济再生产体系各个环节中不断被循环利用。

周珂、迟冠群在《我国循环经济立法必要性刍议》一文中指出,循环经济是以资源的节约和循环利用为特征,运用生态学规律组织建立的,以构造无限接近于"资源—产品—再生资源"闭路循环为具体实施手段的,旨在最终实现环境、资源与社会经济可持续发展的经济运行模式。

陈德敏在《循环经济的核心内涵是资源循环利用》一文中指出,循环经济是为保护环境,实现物质资源的永续利用及人类的可持续发展,按照生态循环体系的客观要求,通过清洁生产、市场机制、社会调控等方式,促进物质资源在生产与生活中循环利用的一种经济运行形态。也就是说,循环经济是以资源的反复利用为核心,依托于科技进步之上的,促进经济、环境与人类社会协调发展的运行状态,其依据的是可持续发展的理论体系,是从总体上对经济发展与资源、环境进行协调,是从国民经济宏观体系上提出的新概念、新观点。

左铁镛在《发展循环经济构建资源循环型社会》一文中指出,循环经济是运用生态学规律来指导人类社会的经济活动,是以资源的高效利用和循环利用为核心,以"减量化、再利用、再循环"为原则,以低消耗、低排放、高效率为基本特征的社会生产和再生产范式,其实质是以尽可能少的资源消耗和尽可能小的环境代价实现最大的发展效益。

2) 循环经济的核心内涵

资源循环利用是循环经济的核心内涵。循环经济的中心含义是"循环",强调资源在利用过程中的循环,其目的是既实现环境友好,又保护了经济的良性循环与发展。"循环"的直义不是指经济循环,而是指经济赖以存在的物质基础——资源,在国民经济再生产体系各个环节中不断被循环利用(包括消费与使用)。

资源循环利用是指:自然资源的合理开发,能源原材料在生产加工过程中通过适当的先进技术尽量被加工为环境友好的产品并且实现现场回用(不断回用),在流通和消费过程中的最终产品的理性消费,最后又回到生产加工过程中的资源回用——实现以上环节的反复循环。

循环经济就是在可持续发展的思想指导下,按照清洁生产的方式,对能源及其废弃物实行综合利用的生产活动过程。它要求把经济活动组成一个"资源—产品—再生资源"的反馈式流程,其特征是低开采、高利用、低排放。循环经济本质上是一种生态经济,它要求运用生态学规律来指导人类社会的经济活动。

与传统经济相比,循环经济的不同之处在于:传统经济是一种由"资源—产品—污染排放"所构成的物质单向流动的经济。在这种经济中,人们以越来越高的强度把地球上的物质和能源开发出来,在生产加工和消费过程中又把污染和废物大量地排放到环境中去,对资源的利用常常是粗放的和一次性的,并把资源持续不断地变成废物来实现经济的数量型增长,导致了许多自然资源的短缺与枯竭,酿成了灾难性的环境污染后果。与此不同,循环经济倡导的是一种建立在物质不断循环利用基础上的经济发展模式,它要求把经济活动按照自然生态系统的模式,组织成一个"资源—产品—再生资源"的物质反复循环流动的过程,使整个经济系统以及生产和消费的过程基本上不产生或者只产生很少的废弃物,其特征是自然资源的低投入、高利用和废弃物的低排放,从根本上缓解和消除长期以来环境与发展之间的尖锐冲突。

简言之,循环经济就是按照生态规律利用自然资源和环境容量,实现经济活动的生态化转向。它是实施可持续战略必然的选择和重要保证。

发展循环经济必须基于三点认识:一是资源短缺和市场需求是资源综合利用的根本引导力量,二是资源循环利用的根本推动力是科技进步。每当新技术出现总会开拓出新的资源领域及新的使用方式,推动资源综合利用不断向广度和深度发展。三是循环经济遵循 3R(减量化、再利用和资源化)原则。"减量化"(Reduce),是指在生产和消费的过程中,尽可能减少资源消耗和废弃物的产生;"再利用"(Reuse),是指产品经多次使用或者修复、翻新或者再制造后继续使用,尽量延长其使用周期;"资源化",也称"再生利用"(Recycle),是指将废弃物最大限度地转化为资源,既减少自然资源的消耗,又减少污染物的排放。

10.3.2　循环经济的基本特征

根据对循环经济概念与核心内涵的理解,不难发现循环经济具有如下特征。

1) 客观性

客观性也称为内在规律性,是指循环经济的出现是人类社会经济发展进程中所必然出现的一种社会生产和再生产方式,是不以人们的意志为转移的社会经济发展的客观现象,是人类社会发展到一定程度之后面对有限的资源与环境承载力所做出的必然选择。

2) 科技性

循环经济的出现和发展是以先进的科技作为依托的。只有通过不断的技术进步,才能实现更大范围和更高效率的资源循环利用,同时不断拓展可供人类使用的资源范围,从源和流两个方面解决人类所面临的资源短缺和生态环境保护问题。

3) 系统性

循环经济是一个涉及社会再生产领域各个环节的系统性、整体性的经济运作方式。在不同的社会再生产环节上,它有不同的表现形式,但不能因此将其割裂开来看待。只有通过整个社会再生产体系层面的系统性协调,才能真正实现资源的高效循环利用。

4) 统一性

循环经济的统一性包括两个层面的含义。第一层含义是指通过循环经济的社会再生产方式,既可以解决人类目前所面临的资源、环境两大危机,又能实现人类社会经济的可持续发展,因此循环经济是人类社会经济发展和生态环境保护的统一。第二层含义是指循环经济无论是在社会再生产的宏观层面还是在产业和企业的中微观层面,其核心都统一于资源循环利用。

5)能动性

循环经济是人类对自身面临的资源和环境危机理性反思的产物,是人类对客观世界认识的进一步深化。

10.3.3 循环经济的 4 种模式

1)美国的杜邦模式——企业内部的循环经济模式

杜邦模式是通过组织厂内各工艺之间的物料循环,延长生产链条,减少生产过程中物料和能源的使用量,尽量减少废弃物和有毒物质的排放,最大限度地利用可再生资源,提高产品的耐用性等。杜邦公司创造性地把循环经济的三原则发展成为与化学工业相结合的"3R 制造法",通过放弃使用某些对环境有害型的化学物质、减少一些化学物质的使用量以及发明回收本公司产品的新工艺,到 1994 年已经使因生产造成的废弃塑料物减少了 25%,空气污染物排放量减少了 70%。

2)丹麦的工业园区模式

按照工业生态学的原理,企业间通过物质集成、能量集成和信息集成,形成产业间的代谢和共生耦合关系,使一家工厂的废气、废水、废渣、废热或副产品成为另一家工厂的原料和能源,建立工业生态园区。典型代表是丹麦卡伦堡工业园区。这个工业园区的主体企业是电厂、炼油厂、制药厂和石膏板生产厂,以这 4 个企业为核心,通过贸易方式利用对方生产过程中产生的废弃物或副产品,作为自己生产中的原料,不仅减少了废物产生量和处理的费用,还产生了很好的经济效益,形成经济发展和环境保护的良性循环。

3)德国双元回收体系

德国双元回收体系(Duals System Deutschland, DSD)是专门组织回收处理包装废弃物的非营利社会中介组织,1995 年由 95 家产品生产厂家、包装物生产厂家、商业企业以及垃圾回收部门联合组成,目前有 1.6 万家企业加入。它将这些企业组织形成网络,在需要回收的包装物上打上绿点标记,然后由 DSD 委托回收企业进行处理。任何商品的包装,只要印有它,就表明其生产企业参与了"商品包装再循环计划",并为处理自己产品的废弃包装交了费。"绿点"计划的基本原则是:谁生产垃圾谁就要为此付出代价。企业交纳的"绿点"费,由 DSD 用来收集包装垃圾,然后进行清理、分拣和循环再生利用。

4)日本的循环经济立法建设

日本在循环型社会建设方面主要体现在 3 个方面。

①政府推动构筑多层次法律体系。2000 年 6 月,日本政府公布了《循环型社会形成促进基本法》,这是一部基础法。随后又出台了《固体废弃物管理和公共清洁法》《促进资源有效利用法》等第二层次的综合法。在具体行业和产品第三层次立法方面,2001 年 4 月日本实行《家电循环法》,规定废弃空调、冰箱、洗衣机和电视机由厂家负责回收。2002 年 4 月,日本政府又提出了《汽车循环法案》,规定汽车厂商有义务回收废旧汽车,进行资源再利用。2002 年 5 月底,日本又实施了《建设循环法》。到 2005 年,建设工地的废弃水泥、沥青、污泥、木材的再利用率要达到 100%。第三层次立法还包括《促进容器与包装分类回收法》《食品回收法》《绿色采购法》等。

②要求企业开发高新技术。首先在设计产品的时候就要考虑资源再利用问题,如家电、汽车和大楼在拆毁时各部分怎样直接变为再生资源等。

③要求国民从根本上改变观念。不鄙视垃圾,反而把垃圾视为有用资源。堆在一起是垃圾,分类存放就是资源,可以加以利用。

10.3.4　循环经济的五种观念

循环经济的观念是在全球人口剧增、资源短缺、环境污染和生态蜕变的严峻形势下,人类重新认识自然界、尊重客观规律、探索新经济规律的产物。2015 年中共十八届五中全会首次提出"创新、协调、绿色、开放、共享"5 种观念,从更高层面诠释了循环经济的观念。

1) 新的系统观

循环是指在一定系统内的运动过程,循环经济的系统是由人、自然资源和科学技术等要素构成的大系统。循环经济要求人在考虑生产和消费时不再把自身置于这一大系统之外,而是将自己作为这个大系统的一部分来研究符合客观规律的经济原则,将"退田还湖""退耕还林""退牧还草"等生态系统建设作为维持大系统可持续发展的基础工作来抓。

2) 新的经济观

在传统工业经济的各要素中,资本在循环,劳动在循环,唯独自然资源没有形成循环。循环经济要求运用生态学规律,而不是仅仅沿用自 19 世纪以来机械工程学的规律来指导经济生产。不仅要考虑工程承载能力,还要考虑生态承载能力。在生态系统中,经济活动超过资源承载能力的循环是恶性循环,会造成生态系统蜕化。只有在资源承载能力之内的良性循环,才能使生态系统平衡地发展。

3) 新的价值观

循环经济在考虑自然资源时,不再像传统工业经济那样将土地视为"取料场"和"垃圾场",将河流视为"自来水管"和"下水道",也不仅仅视其为可利用的资源,而是视其为维持良性循环的生态系统。在考虑科学技术时,不仅考虑其对自然的开发能力,而且要充分考虑到它对生态系统的维系和修复能力,使之成为有益于环境的技术。在考虑人自身发展时,不仅要考虑人对自然的征服能力,而且更要重视人与自然和谐相处的能力,促进人的全面发展。

4) 新的生产观

传统工业经济的生产观念是最大限度地开发自然资源,最大限度地创造社会财富,最大限度地获取利润。而循环经济的生产观念是要充分考虑自然生态系统的承载能力,尽可能地节约自然资源,不断提高自然资源的利用效率,循环使用资源,创造良性的社会财富。在生产过程中,无论是材料选取、产品设计、工艺流程还是废弃物处理,都要求实行清洁生产。要实行 3R 原则。资源利用的减量化原则,即在生产的投入端尽可能少地输入自然资源。产品的再使用原则,即尽可能延长使用周期,并在多种场合使用。废弃物的再循环原则,即最大限度地减少废弃物排放,力争做到排放的无害化,实现资源再循环。例如,污水处理可用水中再生的资源替代不可再生资源,如利用太阳能、风能和农家肥,使生产合理地依托在自然生态循环之上。尽可能利用高科技,尽可能地以知识投入来替代物质投入,以达到经济、社会与生态的和谐统一,使人类在良好的环境中生产生活,真正全面提高人民生活质量。

5) 新的消费观

循环经济要求走出传统工业经济"拼命生产、拼命消费"的误区,提倡物质的适度消费、层次消费,在消费的同时就考虑到废弃物的资源化,建立循环生产和消费的观念。同时,循环经济要求通过税收和行政等手段,限制不可再生资源为原料的一次性产品的生产与消费。如宾馆的一次性用品、餐馆的一次性餐具和豪华包装等。

10.3.5 循环经济的八大原则

开展循环经济就需要遵循以下的八大原则。

1) 大系统分析的原则

循环经济是较全面地分析投入与产出的经济。它是在人口、资源、环境、经济、社会与科学技术的大系统中,研究符合客观规律的经济原则,均衡经济、社会和生态效益的。其基本工具是应用系统分析,包括信息论、系统论、控制论、生态学和资源系统工程管理等一系列新学科。

传统工业经济时代把经济生产看作一个与世隔绝的体系,只考虑经济效益,甚至简单归结为利润。这种片面的经济思维理念不符合实际情况,也违反自然规律。实际上,任何经济生产都要从自然界取得原料,并向自然界排出废物。而自然界中像石油、煤和淡水等多种战略性的经济资源都是有限的,甚至是短缺的,不考虑这一点就是竭泽而渔。生产向自然界排出废物而生态系统的容量是有限的,不考虑这一点就是自毁基础。因此,我们的经济生产必须把生态考虑进去。同样的道理,我们的社会消费也应当考虑在生态系统的承载能力之内。不把人口、经济、社会、资源与环境作为一个大系统来考虑,就会违反基本客观规律。

以用水为例,在农业经济中,人们就把一段河流既当"自来水"管又当"下水道"。这当然是违反客观规律的,但是由于取水量小,排污量也小,在河流生态系统的资源承载能力和自我修复能力之内,因此没有出现大问题。但是到了工业经济时代,生产力极大提高,取水量不断增加,就造成河流的断流。排污量也不断增加,超过了河流生态系统的自我修复能力,过量污染就使水质变坏,直至达不到使用要求。如果我们把河流生态系统纳入我们的经济生态系统来统一考虑,就会考虑到资源的承载能力和环境容量,避免上述结果的出现。

2) 生态成本总量控制的原则

如果把自然生态系统作为经济生产大系统的一部分来考虑,我们就会像传统工业经济考虑资本的投入一样,考虑生产中生态系统的成本。任何一个工业生产投资者在投资时,必须考虑自己有多少钱,如果借贷就要考虑偿还能力。同样,我们在向自然界索取资源时,也必须考虑生态系统有多大的承载能力,如果透支,也要考虑它有多大的自我修复能力,要有一个生态成本总量控制的概念。

所谓生态成本就是指,当我们进行经济生产给生态系统带来破坏后,再人为修复所需要的代价。仍以从河流取水为例,在传统工业生产取水时,只要考虑取水的工程、机械和人工的成本,而不考虑水资源的成本,认为水是天上来的,是取之不尽、用之不竭的。这种认识在水是富有资源时是对的,但如在取水后形成断流,破坏了下游生态系统,这样水资源不仅有成本,而且有高昂的水生态系统成本。向水中排污,破坏了水的质量是另一种用水,也有高昂的环境代价。

生态成本应该有一个总量控制的概念,仍以从河流取水为例。联合国教科文组织通过数百例统计研究,得出在温带半湿润地区从河流中取水不应超过河流总用水资源量的40%,也就是说,从整条河中取用总用水资源量40%以下的水时,不至于造成断流;在污水处理达标排放的情况下,可以保持河流的自净能力。

3) 资源循环的 3R 的原则

循环经济是一种生态型的闭环经济,形成合理的封闭循环,3R 原则能够使生产、生活成为生态系统良性循环的重要组成部分。3R 原则,即资源利用的减量化——在投入端实施资源利用的减量化,主要是通过综合利用和循环使用,尽可能节约自然资源。产品生产的再使用——与后工业社会一次性产品推广相反,循环经济强调在保证服务的前提下,产品在尽可能多的场合下,用尽可能长的时间而不废弃,如产品标准化,可以不断更换配件,一辆汽车可以在不同的地形和气候条件下使用等。废弃物的再循环——指在材料选材、产品设计、工艺流程、产品使用到废弃物处理的全过程,实行清洁生产,最大限度地减少废弃物排放,力争做到排放的无害化和资源化,实现再循环。如回收 1 t 废纸可以造 800 kg 纸、节约 3 m³ 木材、300 kg 烧碱和 300 kW·h 电,还可以少排造纸污水。目前发达国家的再生资源回收总值已超过 300 亿美元,占世界国民生产总值的1%,而我国再生资源的回收远远低于我国占世界国内生产总值的相应比例。

4) 尽可能利用可再生资源原则

自然界很多资源都是循环再生的,循环经济要求尽可能利用这类资源,替代不可再生资源,使生产循环与生态循环耦合,合理地依托在自然生态循环之上。如利用太阳能替代石油、利用地表水替代深层地下水、用农家肥替代化肥等。

太阳能是为数不多的取之不尽、用之不竭的可再生资源,应加以充分利用。随着转换技术的改进,太阳能将在能源中占有日益重要的地位。

人畜粪便等农家肥自古以来就是肥料资源,是古代人利用可再生资源实行循环农业生产的创举。今天,化肥的出现,人们不再利用农家肥,打破了这种与生态循环耦合的生产循环,农家肥反而成为污染物。目前,在江苏等地就出现这种现象,化肥的大量使用,使自古以来作为农家肥的河泥不再使用,河泥淤积在河中,造成严重的河水内源污染。

浅层地下水是可再生资源,但再生周期较长。地表水也是可再生资源,但再生周期很短,以年为单位。因此,为了维护生态循环,两相比较,城市取水应尽可能取地表水,否则,即使在水资源丰富的地区也会因补给不及时造成轻微地面沉降,在缺水地区后果自然更为严重。

5）尽可能利用高科技原则

国外目前提倡生产的"非物质化",即尽可能以知识投入来替代物质投入。如利用互联网替代大量相应物质产品的生产。就我国目前发展水平来看,即以"信息化带动工业化"。目前称为高技术的信息技术、生物技术、新材料技术、新能源和可再生能源技术及管理科学技术等都是以大大减少物质和能量等自然资源投入为基本特征的。

仅以管理科学技术为例,资源系统工程管理学就有特殊重要的意义。在设计建设大型资源利用工程时,必须在资源系统工程管理学的指导下进行大系统分析。如修建一座水库,不能只考虑水源的稳定性、选址的科学性和建成后取水的经济效益,还要考虑对下游地下水位、植被和物种等生态的影响,对下游经济发展的影响,对上下游气候的影响等。我国天津市是九河汇海的水乡,现在严重缺水,就是个比较典型的实例。

6）把生态系统建设作为基础设施建设的原则

传统经济只重视电力、热力、公路、铁路、水坝和堤防等基础设施建设。循环经济则认为生态系统建设也是基础设施建设,如狠抓"退田还湖""退耕还林""退牧还草"和"退用还流"等生态系统建设。通过这些基础设施的建设来提高生态系统对经济发展的承载能力。

传统工业经济认为只有电力、公路和堤防等建设才有经济效益,属于收益周期长的基本建设项目,而生态系统建设只有生态效益。其实,植树造林、退田还湖和退用还流等生态建设也是收益周期长的基本建设项目,但有些收益期比传统基建项目还短。

以在洞庭湖周边的退田还湖为例。历史上的八百里洞庭,到新中国成立前只剩 4 350 km²,蓄湖能力为 293 亿 m³。到 1998 年大洪水前,湖面只剩一半多,为 2 623 km²,蓄洪能力仅为 167 亿 m³。人们侵占了蓄洪区,自然洪水为患。1998 年大洪水时形势十分严峻。自 1999 年退田还湖后,现在湖面已扩大 554 km²,增加蓄洪能力 27 亿 m³。治水有疏和堵两种做法;从基本的数学概念来看,提高行洪能力也有加高筑堤和扩大横截面的宽、保护和建设蓄滞洪区两种做法。不断加高堤防并不断加固可能比退田还湖的代价更大,而且还可形成对人类有危害的悬河。而退田还湖,扩大蓄滞洪区是符合水循环规律的循环经济做法。

生态系统建设是传统基础设施建设的基础。如 2001 年由国务院批准实施的《塔里木河近期综合治理规划》,目标就是把水送到塔里木河下游,恢复 300 余 km 的断流河段。因为如果断流持续,在未来的 20~30 年,塔里木河下游绿洲将消失,库姆塔格沙漠和塔克拉玛干沙漠将合拢,在这一地区建设的所有公路都将被埋葬。

7）建立绿色国内生产总值统计与核算体系的原则

应建立企业污染的负国民生产总值统计指标体系,并以循环经济的观点来核算。目前我国防治环境污染的总投入已达到国内生产总值的 1.29%,如果企业只赚钱,治污国家承包,就难以实现循环经济。

以水污染为例,张某市的一个合资制药厂,其工业增加值和利税在这个经济不发达的市举足轻重。因此,建厂时,连外行都看得出来无法达标的治污方案竟能够通过。该厂被顺利批准建立、投产运行,结果污染超标,治理难度极大。这种情况,在国内绝不是特例。如此发展经济,污染怎么能不加剧,江河下游怎么能不受危害。

因此,如果建立一个"负"国内生产总值统计指标的参照体系,即从工业增加值中减去测定的与污染总量相当的"负"工业增加值(这种折算体系并不难建立),原则上"负"国内生产总值作为排污的补偿税(费)。建立了这一体系,地方政府就不会对建设"负"工业增加值高的厂有积极性。外商知道了我国的新法规,也不会投资这样的项目。即便有的厂能够建立,投产后既无高工业增加值可统计,又无利税,地方也不会再保护它。这样就可能从根本上杜绝新的大污染源的产生,并有效制止污染的反弹。

8）建立绿色消费制度的原则

以税收和行政等手段,限制以不可再生资源为原料的一次性产品的生产与消费,如旅馆的一次性用品、餐馆的一次性餐具和豪华包装等,促进一次性产品和包装容器的再利用。

自 20 世纪 90 年代中期以来,欧美的四、五星级高档宾馆已基本废弃了房间中的一次性用品,以持续使用的固定肥皂液、洗浴液容器来替代。相反,一些低档宾馆为招揽顾客反而使用一次性用品。"高档"和"低档"在一次性用品这个问题上是倒过来了,用一次性用品是不懂循环经济和环保,属档次低。一些国家还为此立法,如瑞典在 1983 年制定了《铝质饮料瓶循环利用法》。目前,我国的宾馆一天一换的一次性用品的浪费是惊人的,无意义的豪华包装更带来巨大的浪费,应该对其立法改革。

同时,一些发达国家还以循环经济的思想为指导,使用可降解的一次性用具。如瑞典在 20 世纪 80 年代末就试用马铃薯和玉米制的一次性快餐盒,既可食用,废弃后也会很快自然降解。瑞典政府还对这种循环经济产品实行免税,使之可以参与市场竞争。

10.4　资源再生及产业

随着我国经济持续快速增长,能源、资源紧缺压力不断加大,对经济社会发展的制约日益突出。要加快建设资源节约型、环境友好型社会,促进经济发展与人口、资源、环境相协调。大力发展资源再生产业,是解决我国资源短缺问题的有效途径,也是发展循环经济、建立节约型社会的必然选择。

10.4.1 废弃物与再生资源

目前中国政府倡导的经济增长方式转型,已经由"开采—产品—废弃"的"线性经济",转向"产品—废弃—再生产品"的"循环经济"之路。因此,如何利用"废弃物"再生资源和产品是值得研究的课题。

1) 废弃物

什么是废弃物?世界著名的生态工业倡导者、加拿大 Dalhousie 大学资源与环境研究院院长库泰认为,"废弃物其实就是资源放错了位置或未合理使用,也就是在错误的地点、错误的时间放置了错误的资源。"按照循环经济理念,垃圾只不过是放错了地方的资源,所有的废弃物都可以找到它的有效用途。这一界定对经济活动带来了深刻影响:传统意义上的废弃物,只是由于废弃物处理技术缺失或高昂的回收处理成本,它们不能被转变为再生资源,只要技术和成本允许,就应该"变废为宝",实现废弃物的再资源化。既然废弃物是一种资源,那就应该通过回收处理、循环配置,实现其价值增值,从而再创财富。废弃物资源化意味着我们在勘探自然资源的同时,也应该探索废弃物资源再生化的技术,把更多的废弃物转变为下一轮生产的原材料。

所谓的"废弃物"是相对于使用者的消费水平及处理能力而言的。有的废弃物对使用者来说是不用之废物。所以,高消费水平的废弃物品可以成为低消费层次的消费品。可以说,弃而不废是现代垃圾的一种特性。英国垃圾展览馆的一位馆员阿诺尔德说得好:"变废为宝的关键在于如何看待废物与财富。许多可用的东西,只是因为我们决定扔掉才使它变成废物和垃圾。"

专家们认为,废旧物资的再生与利用是全球唯一在增长、迟早要取代地下矿藏、俯拾皆是的"富矿"。但在我国,目前还有一些人对资源再生产业发展存在认识误区,往往把回收利用再生资源与假冒伪劣、污染环境画等号。把废旧资源当成"垃圾"进行堆积或填埋,不仅对土地资源和地下水资源和大气产生影响,也是对资源的极大浪费。

2) 再生资源

"再生资源"是指各种曾被制作成某种物品,但在该物品已失去其使用价值(或由于种种原因不再被以原有用途使用)的情况下,可以在具有技术可能性和经济可能性的基础上被再次用于相同目的或其他目的的物质或物品。

废弃物品要成为一种"资源"为人们所利用,必须具有 3 个条件:一是数量可观,具有产生和利用的规模。二是经济合算,具有可竞争的价格优势。这一点已经是无可非议的了,因为废弃物品的商业价值已经进入生产和消费成本中去了,不存在原有的商品价格。三是自然界环境的要求。这里有两个重要内容:一方面是地球环境中与人类社会生产相关的自然资源在迅速减少,特别是某些自然资源(如矿产资源)是不会再生出来的,同时开采自然资源还造成地球地壳千疮百孔,破坏了地层结构应力体系的平衡,于是塌陷、地震等灾难不时发生;另一方面是大量的人类生产和生活排泄物(如废气、废水、废渣等)肆意排放到自然环境中,不仅占用大量土地,其中有毒物品还严重污染着人类赖以生存的自然环境,造成一幕幕生物种属灭绝以及悲剧性公害疾病的发生。所有这些由人类造成的对自然界平衡的破坏,促使人类不得不对这些废弃物品进行反思,重新认识和重视对它们的处理利用。

人类对当代废弃物的认识和处理,西方国家称为"垃圾利用处理",以致形成了一种垃圾产业结构。我国在 20 世纪 80 年代前将其称为"废物回收利用",因为当时只有供销合作社系统从事这一行业。到改革开放后,原物资部系统也组建以金属回收为主的废物回收利用行业。但在对这一行业的命名上一直举棋不定。1989 年 6 月,著名科学家钱学森教授在对原物资部科教司关于再生资源《发展纲要》批语中明确指出:"这一领域的命名,我意仍宜用'再生资源'"。并指出:"社会主义要比资本主义更看到未来,更注意子孙后代的幸福,一定要使资源永续!"从此,"再生资源"这一名称不仅得以科学认定,其内涵也得到了深化。再生资源,顾名思义具有重新利用的含义,相对于一次资源(原生资源),又称为二次资源。

10.4.2　资源再生产业

对废弃物的资源化——再生资源的开发利用,是资源的循环利用,保护生态环境的重要组成部分;是集约利用资源、节约能源、减少环境污染、提高经济效益的重要措施。作为自然资源人均占有量不足世界水平一半的国家,我国主要资源的回收利用率很低,再生资源产业的发展还存在许多困难和问题。而在发达国家,废钢铁、废铜、废橡胶回收利用率都达到了90%,而我国废钢铁回收利用率仅为 45%,废铜回收利用率为 30%,废橡胶回收利用率为 40%。

1)资源再生产业

资源再生产业是指"专门或主要从事再生资源流通(即收购与销售作为各种再生资源赋存形式的物品)与加工利用(即以再生资源为原料生产制造各种成品、半成品,并加以销售)以及与其相关的科技开发、信息服务和设备制造等经济活动的企业集合"。

根据以上定义所描述的属性,并结合我国目前的实际情况,再生资源产业应主要包括以下经济组织与个人。

①废置物品回收企业。主要是由面向各企事业单位和居民进行废金属、废橡胶、废塑料、废纸等生产性废置物和生活性废置物回收的企业组成。

②以各类再生资源为主要原料或加工对象的加工制造企业。例如,以废纸为主要原料的造纸厂。

③各类拆解企业。例如,拆车企业、拆船企业。

④为再生资源加工利用从事科技开发,技术和管理咨询服务及信息服务的企业或市场组织。

⑤垃圾分拣企业和散布于街头巷尾的"拾荒者"。

再生资源产业具有不同于一般产业的属性与特征,主要表现在:

由于再生资源在总体上具有赋存形式的分散性、获得渠道与数量的不稳定性与使用范围的狭窄性等特征,资源利用仅仅依靠市场机制往往难以达到按照可持续发展要求所应达到的水平。因此,对这一产业的一部分经营活动必须采取必要的政策调控。

由于某些再生资源具有一定的环境外部性,若不对其进行必要的加工利用,将可能造成一定的环境损害。因此,对这一部分再生资源的回收和加工利用所产生的环境影响也应予以适当补偿。

由于再生资源的分散性和总量供给的有限性,其回收价格与回收服务质量对回收量的弹性很小。在这种情况下,为了不使某些废置物品因回收者的过度进入而达不到最小回收规模,从而使其所有者因得不到相应的回收服务,因此不得不将其作为垃圾处置,不得不对回收市场的进入做必要的控制。

2) 资源再生产业的国际经验

1992 年在巴西里约热内卢召开的"世界环境与发展大会"上通过的《21 世纪议程》中,明确提出了可持续发展方针,会后各国陆续颁布了本国的"21 世纪议程",西方一些发达国家陆续出台了循环经济法规并进行科技创新以保证可持续发展方针的贯彻,从而较好地推动了再生资源产业的发展。

在政策方面,德国在 1991 年颁布了《垃圾减量法》,对占生活垃圾容积 1/2 的包装容器废物实施了由协会负责回收和再生的生产者责任制试点,取得了原始垃圾减量和再生利用率上升的双重明显效果。据此在 1996 年颁布了《循环经济——废物处理法》的基础上和有关的行业协会就汽车、家电和建材等主要废物的再生利用达成由生产者负责的再生规范,有效地推动了再生资源产业的发展,使生活垃圾的再生利用率达 70% 以上,远高于其他欧盟国家,现欧盟正要求各国推广德国经验。

日本学习德国循环经济的经验,在 2000 年颁布了《建设循环型社会基本法》的同时,通过对《废物处理法》的修订进一步规范化。又将《资源再生法》修订为《资源有效利用促进法》,在废物再生基础上增加了减量和再利用共同要求,同时,又针对不同废物特性指出其有效利用的途径和措施,并对"用毕包装容器""报废家电""食品废物""建设废材"和"报废汽车"五大类废物先后颁布了各具特色的再生法。日本在废电池再生利用方面开发成功了对各种金属不经分离便可直接利用的技术,推广后很快将废电池的全国再生利用率由 20% 提高到 50%。

在科技方面,法国渥洛葛国际工程公司开发成功的有机垃圾的甲烷化处理技术,可产出优质堆肥和沼气,发酵时间和占地只为原堆肥法的 1/3,由于效益好,现已在欧盟 10 余个城市推广。

美国开发成功的百废变石油的高温解聚加工法,可将火鸡内脏、废轮胎、PET 瓶、港口淤泥、旧电脑、城市垃圾、玉米秸秆、纸浆废液和腐蚀性化学废料等各种废物再生为优质油、洁净煤气和纯净矿物质,美国已建成日处理 200 t 废弃物的工厂并已进行生产。

3) 资源再生产业发展国内概况

目前,在"长三角""珠三角"已经有上千万家拆解企业,形成了"进口废旧产品—再生成新产品出口—进口废旧产品",成为名副其实的"循环经济",解决了几千万人就业,节约了国家上万亿投资,每年减少上百亿吨的资源消耗和几十亿 t 的废弃物排放。

这种"廉价再生资源+廉价二手设备+廉价劳动力＝廉价产品"的电子产业模式,使东南沿海占尽低成本优势,如一只防风打火机,广东的售价为 6 元,日本出厂价就超过 60 元。

江苏泰仓、山东莱州、河北徐水、正定等地,形成了大批以加工进口"再生资源"为主要产业的村、乡、镇、市,并形成了从"废旧"到"商品"的产业链。

河北正定的束鹿村,以加工废塑料为主,从业者达 2 000 人,创造产值达 5 000 万元。他们的经营模式是:以户为单位,投入不足万元的设备,将进口废塑料分拣、造粒。一台机器可以加工 1.3 吨/日,每台机器配备 5 个劳动力,年收入 10 万元。许多村的产值超过千万元。

金属再生产业,则从大量进口废五金的沿海地区向内地辐射,形成了专业化的再生金属加工区:如河北正定、浙江永康、广东南海、河南郑州的再生铝;天津静海、浙江宁波、温州的再生铜;安徽泰和的再生铅等。这些加工区域的从业人员占了当地劳动力的 60%。

这些自发形成的、专业化的再生产业"园区"和专业化公司,几乎都是当地的富裕"大户"。如浙江台州,早在 2001 年就进口"废五金"100 万 t,获得钢铁 50 万 t、硅钢片 20 万 t、铜 10 万 t、铝 5 万 t、不锈钢 5 万 t、塑料 5 万 t。金属再生的规模化企业中如河北立中有色金属、浙江万泰铝业、力士达铝业等公司,都是产值逾亿的纳税和就业大户。

但目前还有一些人不加区分地把进口废旧物资视为"洋垃圾""丢面子""有损国家形象"等。在国外,资源再生产业的从业人员被尊为"创造未来的工程师",而在我国则被称为"破烂王""拾荒人""丐帮""扒拉大军"等,社会地位不高。一些地方还以回收废旧物资影响城市形象而取消"再生行业",这些都严重阻碍了我国资源再生产业的发展。

附录 伪劣商品的界定与消费者权益的保护

社会主义生产的目的是满足人们日益增长的物质与文化生活需要,这些需要是通过购买消费品和相关消费服务来实现的。保护消费者利益,就是为了确保消费者的合法权益得到更好的实现。但在我国消费者利益至上的环境和观念还没有充分形成的今天,损害消费者权益的行为屡有发生,加之一些经营者利欲熏心,唯利是图,置国家的法律、法规于不顾,生产、销售假冒伪劣商品,严重侵犯与损害消费者权益。因此,本附录有必要对伪劣商品的概念进行界定,并对消费者权益保护等问题展开讨论。

附录1 伪劣商品的界定

伪劣商品是指具有相对固定内涵的、具有法律意义的商品。首先,它具有商品的性质,是用来交换的劳动产品;其次,它还有一定的外延限制,根据《中华人民共和国产品质量法》的有关规定:本法所称的产品是指经过加工、制作,用于销售的产品(即商品);但不包括建设工程和军工产品,也不包括诸如毒品、淫秽物品等禁止自由流通的产品;更不能包括假冒伪劣商品。那么,什么是伪劣商品呢?

附录1.1 伪劣商品的概念

伪劣商品有广义、狭义两种含义。

1)广义的伪劣商品

广义的伪劣商品是指生产、销售的商品中,违反国家有关法律、法规的规定,其质量、性能达不到有关标准的要求,或冒用、伪造他人注册商标、商品质量认证标志、生产许可证以及丧失了一定使用价值的商品。根据《国务院关于严厉惩处经销伪劣商品责任者意见》的规定,我国所界定的伪劣商品包括:

①失效、变质的商品。

②危及安全和人身健康的商品。

③所标明的指标与实际不符的商品。

④冒用优质或认证标志和许可证标志的商品。

⑤掺杂使假、以假充真或以旧充新的商品。

⑥国家有关法律、法规明令禁止生产与销售的商品。

同时还规定,经销下列商品经指正不予改正者,即视为经销伪劣商品:

①无检验合格证或无单位允许销售证明的商品。

②未用中文标明商品名称、生产者和产地(重要工业品未标明厂址)的商品。

③限时使用却未标明失效时间的商品。

④实施生产(制造)许可证管理而未标明许可证编号和有效期的商品。

⑤按有关规定应用中文标明规格、等级、主要技术指标或成分、含量而未标明的商品。

⑥高标耐用消费品无中文使用说明的商品。

⑦属处理品(含次品、等外品)而未在商品或包装显著部位标明"处理品"字样的商品。

⑧剧毒、易燃、易爆等危险品而未标明有关标识和使用说明的商品。

以上属于广义的伪劣商品范畴。

2）狭义的伪劣商品

狭义的伪劣商品是指生产、销售的商品,违反国家法律、法规的规定,质量低劣、不合格或者失去使用价值的商品。

根据《中华人民共和国产品质量法》规定,狭义的伪劣商品主要包括:

①不符合保障人体健康,人身、财产安全的国家标准、行业标准的产品。

②掺杂、掺假、以假充真、以次充好或以不合格品冒充合格品的产品。

③失效、变质的产品。

3）伪劣商品与假冒商品

假冒是指行为人违反国家法律、法规的规定,假借名牌或名家旗号,生产、销售有关商品,坑害用户或消费者的行为。因此,从广义上看,假冒商品的内容与名称不符,也属于伪劣商品的一种形式。但从狭义上看,伪劣商品主要是指质量低劣不合格或失去使用价值的商品,假冒商品是假冒产地、厂名、厂址或认证标志、他人注册的商品,与伪劣商品有区别;但有时正是由于假冒他人名牌商品进行生产经营,而质量水平又不能"达到标准",就必然形成伪劣商品。

假冒劣质商品是披上了与真品逼真的包装装潢及商品标识的外衣后而骗人的。制造、销售假冒劣质商品的不法分子及其保护者,其思想根源是"为富不仁",假冒劣质商品是其物质表现。

一个时期以来,一些地方市场上出现假冒劣质商品,这不仅有损于优质名牌商品的信誉,还严重地损害了消费者的利益,这种损人肥私的现象已成为社会一大"公害",如何揭露和抵制、铲除这一"公害",除了国家以法律制裁,加强市场管理和行政监督外,还需要广大消费者学会识别什么样的是假冒劣质商品,什么情况下是假冒劣质商品,让假冒劣质商品无处藏身、失去市场,受到社会的惩罚。

为了惩治生产、销售假冒劣质商品的犯罪,保障人民健康和人身财产安全,保护用户、消费者的合法权益,维护社会经济秩序,于 1993 年 7 月 2 日第八届全国人大常委会通过《关于惩治生产、销售伪劣商品犯罪的决定》提出,有如下情况即为伪劣商品:

①生产者、销售者在产品中掺杂、掺假、以假充真、以次充好或者以不合格产品冒充合格产品。

②生产、销售假药、劣药,有下列情形之一的为假药、劣药。

A.假药。a.药品所含成分的名称与国家药品标准或者省、自治区、直辖市药品标准规定不符合的;b.以非药品冒充药品或者以他种药品冒充此种药品的;c.国务院卫生行政部门规定禁止使用的;d.未取得批准文号生产的;e.变质不能药用的;f.被污染不能药用的。

B.劣药。a.药的成分含量与国家药品标准或者省、自治区、直辖市药品标准规定不符合的;b.超过有效期的;c.其他不符合药品标准规定的。上述假药都是依照《中华人民共和国药品管理法》的规定归属的。

③生产、销售不符合食品卫生标准,造成严重食物中毒事故或者其他严重食源性疾患,对人体健康造成严重危害的;在生产、销售的食品中掺入有毒、有害的食品原料。

④生产、销售不符合保障人体健康的国家标准、行业标准的医疗器械、医用卫生材料,对人体健康造成严重危害的。

⑤生产、销售不符合保障人身财产安全的国家标准、行业标准的电器、压力容器、易燃易爆产品,造成严重后果的。

⑥生产、销售假农药、假兽药、假化肥或者已失去使用效能或是不合格农药、兽药、化肥、种子,造成生产较大损失的。

⑦生产、销售不符合卫生标准的化妆品,或明知是不符合卫生标准的化妆品仍然销售,造成严重后果的。

有上列情况之一的都为假劣商品,属于违法行为,应受到法律惩治。

附录 1.2　伪劣商品的表现形式

1)生产与销售伪劣商品的主要特点

生产、销售伪劣商品的犯罪活动,虽经打击,但是从总体看,扰乱市场经济,侵犯消费者权益的状况还没有从根本上得到解决。在我国生产、销售伪劣商品具有以下特点。

(1)品种多、数量大、范围广

随着市场经济的不断发展,商品的品种和数量日益丰富。因此,生产、销售伪劣商品的品种也在不断地增多,领域也在不断地扩大。从原先的日常生活用品逐步蔓延到生活消费的各个领域,小到日用品,大到成套设备、高科技产品,伪劣商品几乎无处不在、无孔不入,而且越是紧俏商品,越容易出现伪劣商品。

(2)产、供、销一体化

伪劣商品的生产、销售已经形成了"一条龙"服务网络系统。从制造伪劣商品到生产假冒商标标识、认证标志、生产许可证、卫生许可证,以及提供各种服务等都形成了网络化,而且有的地方制售伪劣商品已具相当规模,由原来的手工制作发展到现在的机械生产,由原来的分散、个别制作逐步转向专业化、集团化生产,形成了许多制假的专业村、专业镇。

（3）低价倾销与高额回扣

有些伪劣商品往往打着降价处理的幌子,误导消费者购买。同时,为了占领市场,除了用诱人的价格误导外,还利用对采购人员在账外暗中给予高额回扣、好处费、手续费等方法,冲击正常的商品市场。因此,广大消费者应提高对商品知识的认识,不给伪劣商品可乘之机。

2）伪劣商品的表现形式

目前,市场上伪劣商品猖獗,鱼目混珠,真假难辨。但其主要表现形式如下:

（1）以假乱真

就是以假的商品冒充真的商品,损害消费者利益。伪劣商品一般都假冒名优商品或名优商品的商标标识。根据《商标法》规定:注册商标在印刷时,在商标标识周围要加上"注册商标"或"注"。伪劣商品在外包装上没有商标标识或标志,而且,伪劣品由于技术原因,其图案色彩与真品比都显得比较粗糙。

再有,高价回收消费者已经使用过的名优商品的包装或通过不正当渠道得到名优商品的包装,装入伪劣商品混入市场出售,损害消费者利益。

（2）以次充好

就是以劣质商品冒充优质产品,以低档商品冒充高档商品,或者用废旧产品冒充新的产品欺骗消费者。例如:用处理的三等品衬衫冒充名牌衬衫,用国产"速效感冒胶丸"冒充进口的"救心丹"或"沉香丸"出售,坑害消费者,非法获利。

（3）掺杂、掺假

掺杂是指用含量不符合要求的原料、物质与符合要求的原料、物质混杂在一起。使用这种手段生产的伪劣商品,其成分未变,只是商品的成分含量、比例发生了变化,所以不符合质量要求。例如:在牛奶中掺入过量的水等。

掺假是指用其他别的原料、物质冒充符合要求的原料、物质与商品本来的成分混杂在一起,使成分本身发生了变化。使用这种手段生产出来的伪劣商品,成分本身不符合要求,导致商品丧失部分或全部效能。例如:在味精里掺盐,在豆奶粉中掺入面粉等。

（4）标注不规范

不按规定附检验合格证、使用说明书,不标明厂名、厂址、出厂日期、有效期限。根据"工业产品质量责任条例"的规定,出厂产品必须有检验机构和检验人员签发的产品合格证。根据不同产品的不同特点,必须有文字说明。如产品的名称、生产日期、生产厂家、厂址等。限时使用的产品应注明失效时间等。对于机器、设备、装置、仪表及耐用消费品,还必须有详细的产品使用说明书。伪劣商品往往没有这些内容或内容不完整。消费者可根据上述内容判断是否是伪劣商品。例如:食品根据国家的有关规定,应标明生产日期、保质期,但制售伪劣商品者往往不标生产日期、保质期。

（5）以不合格商品冒充合格商品

不合格商品是指商品质量不符合国家有关法律、法规规定的质量要求,或者不符合明示采用的产品标准、产品说明、实物样品或以其他方式表明的质量状况的商品。

不合格品可以分为处理品和劣质品两类。处理品是指产品质量未达到规定的使用性能要求,或者未达到明示采用的产品标准、产品说明、实物样品等方式表明的质量状况,但是产品不存在危及人体健康,人身、财产安全的危险,仍有使用价值的产品。这种产品经有关部门批准,可以标明"处理品""残次品""等外品"等字样后明示销售。劣质品是指产品质量不符合法律、法规规定的要求,产品存在可能危及人体健康,人身、财产安全的不合理的危险,或者丧失了原定使用性能的产品。

按标准衡量商品是否合格比较复杂,需要聘请专业人员进行鉴定,不符合标准的产品即为不合格品。例如:用不符合国家卫生标准的化妆品冒充合格的化妆品,生产中使用不洁水质冒充合格饮料等。

(6)伪造商品产地

商品产地是指商品的加工、组装、制造地或生产者所在地。商品的品质常常与其产地的地理气候特点、技术优势、地区信誉等联系在一起。有的地区因其特殊的气候或地理条件,使某些商品的质量特征和特性与一般商品不同,从而具有较高的品质、性能,受到消费者的青睐。例如:茅台酒。茅台酒的酿造离不开当地特有的土壤、水质和气候,如果离开这一特有的、极其稀少的土壤、水质和气候,即使是同一酿造工人和同样的酿造工艺,也酿造不出同样的茅台酒。有的地区具有较好的加工条件、技术优势,加工、制造的商品质量较高,深受用户信赖。由于商品的产地可以在一定程度上表明商品的质量和信誉,因此易为一些不法分子假冒,进行欺诈活动。

伪劣商品的具体表现形式,实践中往往交叉重合,很难严格地区分。例如:在感冒冲剂中掺入红糖,冒充合格品出售,既是掺假,又是以次充好,以不合格品冒充合格品。因此,应引起广大消费者的注意。

3) 识别伪劣商品要点

消费者都希望能购买到称心如意、质量可靠的商品。但是,由于伪劣商品大量充斥市场,消费者购买的商品很难都是百分之百的真货,为了避免少受伪劣商品的侵害,应掌握一些识别伪劣商品的方法。

①了解商标的有关知识。前面章节已经讲过,商标是商品的标志,是商品的生产者或者经营者使自己企业生产和经营的商品区别于其他商品生产者或经营者商品的一种专用标志。

目前,伪劣商品有很大一部分是假冒名优商品的商标,因此,区别不同的商标是我们减少侵害的关键。一般讲名牌商品的商标都有自己的特殊性,随着防伪技术的发展,一些名牌商品的商标印刷时,技术含量高难以伪造。只要消费者平时多了解这方面的知识,选择商品时善于辨别,就可以避免伪劣商品的侵害。

②积累和运用识别伪劣商品的辨别技术。平时多留意报刊、电视介绍的一些商品知识、识别技巧,在选购商品时才不会上当受骗。

③货比三家,仔细挑选。在市场经济条件下,受经济利益的驱使,大量伪劣商品充斥市场,消费者在选购商品时应货比三家,切不可盲目购买。即使决定购买,也应仔细挑选,多看多问,注意商品的包装,辨别商标的真伪。如有保质期限的,还应注意出厂日期、保质期,以免上当受骗。

总之,消费者对所选购的商品了解得越多,商品知识越丰富,其自我保护能力就越强,就越能够识别出哪些是伪劣商品,从而择优选购,免受伪劣商品的侵害。

附录2　生产、销售伪劣产品罪几个疑难问题界定

市场经济体制下,特别是在经济体制转型时期,不少生产者、经营者在利益的驱使下,践踏道德底线,做出违法甚至是犯罪的行为。为了维护一个良好的社会主义市场经济秩序,对生产者及经营者的法律约束就显得尤为必要。但是对生产、销售伪劣产品罪而言,仍有许多极具争议的问题,使其在司法适用上存在疑难。

附录2.1　对于伪劣产品的认定问题

伪劣产品是生产、销售伪劣产品罪的犯罪对象,对其正确界定是首要问题。对刑法条文中的特定术语的界定应当依据刑法条文为之,如不能做出合理解释或解释存在冲突时,应由有权机关依据其他方法解释之。因此,伪劣产品仅包括"掺杂、掺假""以假充真""以次充好""以不合格产品冒充合格产品"型产品4种。

附录2.2　生产、销售伪劣产品罪的行为认定问题

生产、销售伪劣产品罪的犯罪行为当然是伪劣产品的生产及销售行为,但这只是大方面的概括,其客观行为具体表现为:掺杂、掺假,以假充真,以次充好,以不合格产品冒充合格产品。

1)"掺杂、掺假"行为的认定

最高人民法院、最高人民检察院2001年4月9日公布的《关于办理生产、销售伪劣商品刑事案件具体应用法律若干问题的解释》(以下简称"《伪劣商品解释》")对"掺杂、掺假"行为做了定义:"掺杂"就是在产品中掺入杂质的行为,"掺假"即在产品中掺入异物的行为。

2)"以假充真"行为的认定

《伪劣商品解释》对"以假充真"也做了具体的定义。以假充真其实就是以彼产品冒充此产品的行为,如将柴油冒充桐油出售,将当归冒充人参售出。该行为与掺假行为的不同在于:以假充真以全部假产品替代原产品,而掺假是以假产品部分替代原产品。

3)"以次充好"行为的认定

刑法学界的通说认为"以次充好"行为是指以次的或差的产品冒充好的或者优质产品。对此,《伪劣商品解释》做出了完善。"以次充好"现实中常见的是以低档酒冒充高档酒销售。违法组合、拼装所生产的产品实质上也属于次产品,该行为实质上是"以次充好"的一种特殊形式。

4)"以不合格产品冒充合格产品"行为的认定

对该行为的认定关键是把握对"合格"的定义,《伪劣商品解释》规定,"不合格产品"是指不符合《产品质量法》第二十六条第二款规定的质量要求的产品。"以不合格产品冒充合格产品"就是将上述不合格产品冒充合格产品或者将不具备应有的使用目的的产品冒充具备该种使用目的的产品而进行生产、销售的行为。

附录2.3 销售金额的认定问题

我国《刑法》第一百四十条规定了本罪的具体犯罪数额,并且依据不同的犯罪数额规定了不同层次的刑事责任,但是我国《刑法》引用的是"销售金额"这一概念。

1)销售金额的范围

对于何为"销售金额",《伪劣商品解释》第二条做出了明确规定,销售金额包括:

(1)出售伪劣产品所得的违法收入

所谓所得的违法收入,是指在实然状态下实际取得的收入,包括买方实际支付的货款、预付款以及定金等。此种情形下,并不包括未售出产品可能带来的收入,只能是因销售行为而实际获取的一切不合法收入。

(2)出售伪劣产品应得的违法收入

所谓应得的违法收入,指的是依据订立的合同所应该得到的不合法收入。在合同双方履行合同交付货物的情况下,买方应付货款自然属于应得的违法收入。但卖方未交付合同项下的标的就被抓获,此时合同所约定的对价是否属于应得收入呢? 实际上,销售行为是一个行为过程,必然包括缔约、合同成立、履行合同等一系列行为,应得的违法收入自然是销售行为所带来的潜在利益,应得收入的计算无须以货物实际交付为标准。

2)销售金额的计算

(1)伪劣产品价格的确定

伪劣产品价格的确定主要适用于违法收入尚未取得的情况。伪劣产品价格的确定应当遵循以下顺序:①合同约定的价格;②政府定价、政府指导价;③合同订立时履行地的市场中间价;④估价。

(2)伪劣产品与非伪劣产品混同情况下销售金额的计算

伪劣产品与非伪劣产品混合之后如能再分辨开,则只需依照上述规则计算伪劣产品部分的销售金额。若混同后难以辨别,除非伪劣产品本应具有的性能并未受伪劣产品影响,被告能够证明非伪劣产品部分的销售符合法律规定,否则伪劣产品与非伪劣产品成为一个整体,变成另一形式的伪劣产品,销售金额自然以伪劣产品与非伪劣产品为整体来衡量。

(3)货值金额与销售金额共存时销售金额的计算

司法部门遇犯罪情形可谓五花八门,经常遇到伪劣产品的生产者、销售者在销售部分产品后被查获的情况,此时,就出现货值金额与销售金额并存的情况。根据《伪劣商品解释》的规定,以两者 3∶1 的比例计算。

附录 2.4　生产、销售伪劣产品罪的未遂认定问题

根据《伪劣商品解释》的规定,货值金额达到刑法第一百四十条规定的销售金额三倍以上的,以生产、销售伪劣产品罪的未遂定罪处罚。这一规定的出台解决了长期以来生产、销售伪劣产品罪是否具有未遂状态的理论分歧,但同时,司法解释的新规定产生了新的问题:假若行为人只有伪劣产品的生产行为,而无销售行为,即使货值金额再大,也只能构成生产、销售伪劣产品罪的未遂。这似乎与立法本意相背离,生产、销售伪劣产品罪是选择罪名,自然也应当惩罚伪劣产品的生产行为。因此,立法应当予以完善,但目前而言,只能依照此解释追究未遂的刑事责任。

附录 3　消费者权益的保护

保护消费者权益是一项社会系统工程,需要社会各方面的共同努力和配合,本节主要对消费者自我保护中的有关问题加以论述。消费者的自我保护是指消费者为保护自身权益不受侵犯而依法维护自己合法权益的一切活动。每一个公民一生中无时不在消费,其权益也随时都有被损害的可能。因此,作为消费者必须明确两点:一是自己拥有哪些权利,这是消费者得以维护自身权益的前提条件;二是发生了侵权情况,能正确、及时地选择有关的保护方法,以有效地抑制和减少损害行为的发生。

附录 3.1　消费者权益

1) 消费与消费者

有生产就有消费,如果说生产是整个社会生产过程的起点,那么消费就是它的终点,它是社会再生产过程中的一个重要环节。一方面,生产为消费提供对象,决定消费方式;另一方面,消费又对生产有反作用,影响生产的发展。

广义的消费包括生产消费和生活消费。这里所说的消费仅指生活消费,是社会成员为了满足个人物质和文化生活需要而消费各种物质资料和劳务的过程和行为。人的需求是多种多样的,但它总是以个人的需要为需求的基础,同时还要受到民族、宗教、风俗习惯等文化因素的影响。需求通过各种途径得到满足,消费便是人类满足其需求的一种重要途径,但并非人类的各种需求都是通过消费来满足的。如亲情、信赖就不是通过消费来满足的。从一般意义上讲,生活消费是为满足其自身需求而对外在物质及能量的损耗,是人们对生活用品的消费。它既包括人们为维持生存而需要的吃饭、穿衣、住房等消费活动,也包括人们为满足精神文化需要的消费行为,如接受的各种服务、看电影、去旅游等。

在明确了"消费"一词后,那么什么是消费者呢?

所谓消费者是指为满足个人或家庭的生活需要而购买、使用商品或接受服务的个体社会成员。它既包括购买商品或服务的人,也包括商品的使用人或服务的接受人,使用他人购买的商品或接受由他人支付费用服务的人,也是消费者。从以上可以看出,消费者具有以下法律特征:

第一,消费者从事的消费活动属于生活消费;

第二,消费者消费的客体既包括商品也包括服务;

第三,消费者的消费活动表现为购买、使用商品或接受服务;

第四,消费者主要指个人消费,同时也把单位消费者视为消费者权益保护法中的消费者。

这主要是鉴于我国单位消费实际上最终落实到个人消费的情况较普遍,故我国《消费者权益保护法》只强调生活消费的最终承受主体为个人,而对流通过程的行为主体(个人或团体)未予细分。因此,为满足生活需要使用或接受服务的公民个人都属于消费者。考虑到我国农村的实际情况,农民基本上是以分散个体的方式从事农业生产,农民在购买、使用农用生产资料时,经常受伪劣农药、化肥、种子的坑害,农民受害后由于势单力薄,其合法权益难以得到保障。故作为一种例外,农民在购买、使用直接用于农业生产的生产资料时,可作为消费者对待。

同时需要注意的是,由于消费者不是一个固定的群体、同一个人,并由于在交易中所处的位置不同,消费者也可以是经营者。因此《消费者权益保护法》的宗旨是为生活需要购买、使用商品与服务的人提供保护,是为满足个人或家庭的需要,而不是为了经营的需要,这是消费者与经营者的根本区别。

2)消费者权益

所谓权益是指应该享受的不容侵犯的权利。消费者权益是在一定社会形态下,通过正常的消费经济关系所表现出来的消费者应享有的权利。它是一种法律上的权利,是消费者在消费领域中所具有的权能。即在法律保护下作为消费者的个人或者单位在为生活消费需要购买、使用商品或者接受服务时,有权自己做出一定的行为,也有权要求提供生产、销售商品或者提供服务的经营者做出一定行为或者不做出一定行为。

消费者权益的主体是消费者,与之相对应的义务主体是经营者。根据《消费者权益保护法》的有关规定:经营者与消费者进行交易,应当遵循自愿、平等、公平、诚实信用的原则。当义务人违背义务时,消费者可以请求国家法律予以保护,即消费者享有九项权利。这些权利包括:安全权、知情权、选择权、公平交易权、索赔权、结社权、受教育权、受尊重权、监督权。

(1)消费者享有安全权

追求安全是人们的普遍心理和良好愿望,因此,获得安全保证就成为人们一项最基本的权利。《中华人民共和国宪法》《中华人民共和国刑法》《中华人民共和国民法典》《中华人民共和国国家赔偿法》等许多法律、法规对此都有相应的规定,安全权已成为我国公民的一项基本人权。

消费者享有安全权是消费者在购买、使用商品和接受服务时享有人身、财产不受损害的权利,即消费者享有的安全权包括人身安全权和财产安全权两个方面。

①人身安全权。在生活消费领域,消费者直接受到经营者威胁的主要是生命和健康权。

如因家用电器漏电而导致消费者死亡,即侵犯了消费者的生命权;因食物不洁而使消费者中毒,其健康状况受到损害即侵犯了消费者健康安全权。消费者生存与健康权益是消费者享有的最基本、最重要的权利,如果消费者这一权利得不到保障,其他权利更无从谈起。

②财产安全权。财产安全权是公民财产权的具体体现,是消费者财产不受损害的一种权利。财产损害包括消费者因购买商品本身的损害及因商品缺陷造成其他财产损害两部分。如因购买的伪劣商品不符合安全规定而引起火灾、爆炸、燃烧等波及其他财产的损害。

为了保证安全权的实现,消费者有权要求经营者提供的商品和服务符合保障人身、财产安全的要求,特别是那些可能危及人的生命健康和财产安全的商品或服务,必须符合各种标准的规定,同时经营者为消费者提供的消费场所也应符合安全卫生标准,使消费者能在安全的环境中愉快购物或接受服务。但在实际生活中,侵犯消费者安全权的现象时有发生,消费者要学会保护自己的安全权不受侵害。

(2)消费者享有知情权

在现代社会,知情权是民主制国家公民所享有的一项基本权利,公民有权知道应该知道的一切,亦即享有知情权。

知情权,是消费者享有知悉其购买、使用商品或者服务真实情况的权利。知情是消费者决策的前提。因此,商品或服务只有能够满足消费者的某种需求,才会被消费者购买或接受。而某种商品或服务是否能够满足其需求,只有对该商品或服务进行适当了解才能知道。有些商品或服务在使用或接受服务时有一定的危险性,经营者也应该向消费者讲明,指导消费者正确消费。但知情也是有范围的,消费者不能滥用,消费者只对自己拟购买的商品或接受的服务享有知情权,对经营者的其他情况,如商业秘密消费者就无权知道。

知情权可主动行使,消费者可根据商品或服务的不同情况,要求经营者提供商品的有关情况。

①消费者享有了解商品或服务真实情况的权利,即经营者给消费者提供的商品信息资料应该真实可靠,不含有虚假、欺骗行为,不能误导消费者。

②消费者享有充分了解商品或服务的权利,即对商品或服务中与消费者相关的一切信息都有权了解。

关于商品或服务的基本情况。如商品的名称、商标、产地、生产日期、服务内容、规格等。消费者要想购买到称心如意的商品或接受满意的服务,就必须对商品或服务有一个概括的了解。

关于商品的各项要求、技术经济指标。如商品的主要用途、性能、有效成分、有效期限、使用说明书等。消费者购买商品的目的是使用,因此,了解商品的性能、使用方法十分必要。

关于售后服务情况。现代商品学把商品概念扩展成商品整体概念,因此,消费者在购买商品时要了解售后服务情况。而且随着人们生活水平的提高,大件耐用消费品越来越多,良好的售后服务已成为人们选购商品时的重要参考系数。

总之,凡与消费者正确判断、选择、使用商品或服务有关的信息,消费者都有权知道。在现实生活中,侵犯消费者知情权的情况比较普遍。

（3）消费者享有选择权

选择权是消费者享有自主选择商品或服务的权利。与知情权一样,选择权也是消费决策的前提。由于现在物质生活和精神生活十分丰富,人们在选购商品或接受服务时都面临着选择。同时,每个消费者消费目的不同、爱好不同、品味不同,他们有权根据自己需求、习惯进行选择。如果不能自主选择,消费者对所购买的商品或接受的服务就不可能完全满意。因此,消费者选择权具有主动性,即消费者在消费过程中,可以根据自己需要和可能,自主地对商品或服务进行选择,而不受经营者意志约束。

①消费者有权自主选择提供商品或者服务的经营者,任何经营者不得强迫消费者接受其提供的商品或服务。在市场经济的大潮中,由于经营者素质不同,经济实力、服务宗旨也各有所别,有的经营者视消费者为"上帝",处处为消费者着想;有的经营者唯利是图,坑害消费者,侵害消费者的合法权益。因此,消费者有权选择那些信誉好、服务质量高、价格合理的经营者,以保护自己的合法权益不受侵害。

②消费者有权根据自己的意愿和需要选择商品的品种和服务方式。随着改革的深入和我国经济的发展,市场上商品琳琅满目极为丰富,服务方式、服务内容也在不断地推陈出新,这就为消费者选择提供了余地。因此,赋予消费者自主选择商品或服务方式的权力十分重要。

③消费者有权自主决定购买或者不购买任何一种商品、接受或不接受任何一种服务。《中华人民共和国反不正当竞争法》规定,经营者销售商品,不得违背购买者意愿搭售商品或者附加其他不合理的条件。消费者在消费过程中,可以根据自己的意愿决定选购或不选购某种商品、接受或不接受某种服务,只要他在挑选过程中未对经营者商品造成损害,经营者不得对其进行干涉和阻挠。但现实生活中往往有一种情况,消费者想购买某一商品或欲接受某种服务时,千挑万选仍不满意,但碍于情面,在经营者的劝说下也可能购买。其实只要你感觉不满意就可以不买,行使自己的选择权。

当今市场商品极大丰富,同种商品,由于生产厂家不同,质量、价格差异很大,就是同一生产厂家,由于个体的差异质量也不可能完全一样。因此,消费者有权进行比较、挑选。

（4）消费者享有公平交易权

公平交易是市场经济的一项准则,也是消费者在选购商品或接受服务时所希望达到的目标,但在市场交易过程中。由于各种因素的影响,消费者经常处于弱者的地位受到伤害。

公平的交易条件关系到消费者的经济利益,但当消费者特别需要某种商品或服务时,他们不得不接受不公平的条件。同时在市场经济条件下,由于消费者掌握的信息有限,只能依赖经营者提供的信息判断商品或服务的价值,因此更容易被经营者欺骗而进行不公平交易。因此,赋予消费者以公平交易权,对维护消费者的合法权益至关重要。

消费者享有公平交易的权利,也体现为消费者在购买商品或接受服务时,有权获得质量保障、价格合理、计量正确等公平交易条件,有权拒绝经营者的强制交易行为。公平交易权,说明消费者与经营者的权利平等,但是本着保护弱者的原则,法律特别强调公平交易权,以加强对弱者的保护。

①交易条件公平。交易条件公平是指购买的商品或接受的服务,保证质量、价格合理、计量准确等。保证质量。良好的商品质量和服务质量是公平交易的前提,是消费者在购买商品

或接受服务时对经营者的基本要求。没有质量保障的商品不仅不能满足消费者的需求,使消费者的财产遭受损失,还可能危及消费者的人身健康甚至生命安全。价格合理。价格是商品或服务价值的货币表现。价格合理是指商品或服务的价格符合国家物价规定并与价值相符。价格是否合理直接关系到消费者的经济利益。计量准确。计量是保证商品买卖公平的手段,计量不足实际上是以隐蔽手段抬高商品的价格,比公开抬高商品价格具有更大的危害性。计量准确与否也关系着消费者的经济利益。

②交易自愿进行。消费者因购买、使用商品或接受服务而与经营者建立的消费关系,应当体现平等自愿的民事活动原则。在自愿交易的条件下,如果经营者提出的交易条件不公平,消费者可以通过拒绝交易来保护自己的合法权益。但是在强制交易的情况下,消费者只能被迫接受不公平的交易条件,这种违背消费者的真实意愿的交易是对消费者权益的侵害。这种交易是不合法的也是无效的,消费者可以利用法律武器来拒绝这种交易。

（5）消费者享有索赔权

索赔权又称获得赔偿权。它是法律赋予公民、法人和其他组织的一种重要权利,即当公民、法人或其他组织的合法权益受到他人的不法侵害从而导致人身、财产损失时,可依法要求侵权人予以赔偿。赔偿分为刑事赔偿、行政赔偿与民事赔偿三种。

消费者的索赔权实际上是一种民事索赔权,是实现其他权利的保证,也是其权利受到损害时的有效补救措施。

消费者因购买、使用商品或接受服务在受到人身、财产损害时,依法享有获得赔偿权。

①人身损害。消费者因购买使用商品或接受服务而致人身损害时,可依法向经营者索赔。根据我国《消费者权益保护法》的规定,经营者提供的商品或服务造成消费者人身伤害的,应当支付医疗费、治疗期间的护理费、误工费等费用;造成残疾的,还应当支付残疾者生活自助费、生活补助费、残疾赔偿金,以及其抚养的人所必需的生活费等费用。

②财产损害。公民的合法财产受法律保护。消费者因购买商品或接受服务而导致财产损失时,可依法向经营者索赔。财产损失包括直接损失和间接损失。直接损失是消费者购买、使用商品本身和与之相关的财产损失。间接损失是消费者购买、使用商品因不合格而造成的其他财产的损失。

值得注意的是,因购买、使用商品或者接受服务受到损害的人很多,为了保护全体消费者的权利,索赔权不仅仅局限于购买、使用商品或接受服务的人,还应该包括没有购买商品而使用商品或接受服务的人,以及既未购买商品,也未使用商品的第三人。但他们的损害确因购买、使用商品或接受服务引起的。因此,《消费者权益保护法》赋予这些人与购买、使用商品或接受服务的消费者本身同等的索赔权。

（6）消费者享有结社权

结社权首先是一种政治权利,是《宪法》赋予公民的一项基本权利。公民在法律允许的范围内享有结社的自由。消费者的结社权是消费者为了维护自身的合法权益而依法组织社会团体的权利,体现《宪法》的结社自由,应当受到《宪法》的保护,消费者的结社权是随着消费者运动的兴起而在法律上的必然结果。

消费者享有依法成立维护自身合法权益的社会团体的权利。虽然从法律上赋予交易当事人地位平等,但因经营者具有较强的经济实力、庞大的组织机构,拥有各种专业知识与实践经验的专业人员,具有较强的优势,相比较之下消费者势单力薄、知识面窄,处于劣势。在交易中,吃亏的一般为消费者,而作为独立个体的消费者也无力与强大的经营者或经营集团抗争,实现与经营者的真正平等。所以这些独立分散的消费者为了与有组织的生产者、经营者相对抗,就有权结社,以谋求保护自己的利益。

消费者除了通过国家支持和社会帮助外,还要有组织地参加消费者保护工作,建立一个能有效维护每一个消费者合法利益的团体。这个组织,在我国就是中国消费者协会和地方各级消费者协会。

消费者协会是消费者为保护自己的合法利益不受侵害而建立的,是消费者自己的组织。它们及时受理消费者的投诉并认真处理,成为消费者利益的"保护神"。

(7)消费者享有受教育权

获得教育权,是我国公民的一项宪法权利,即中华人民共和国公民有受教育的权利和义务。消费者的获得教育权,是公民获得教育权的具体体现,也是消费者维护自己的合法权益的重要保障。消费者享有获得消费和消费者权益保护方面的知识,以及获得所需商品或服务的知识和使用技能的权利。

在现代社会条件下,消费者是以他人生产经营的产品及提供的服务作为消费对象的。随着现代科技的发展,商品、服务的种类越来越多,结构越来越复杂,危险性越来越大,消费者很难凭借以往的经验对商品、服务价值做出正确的判断,进行正确的消费。消费者通过行使获得教育权,有权获得的知识包括消费知识和有关消费者权益保护的知识。

①消费知识。消费知识是消费者在进行消费活动时,所应掌握的与商品和服务有关的知识,如关于选购商品的方法、应当注意的问题、商品的正常功效、使用商品应当注意的问题等。它是消费者能否买到称心如意的商品或得到满意服务的关键。消费者获取了相应的消费知识,在与经营者的交易中就掌握了一定的主动权,从而能在消费过程中对自己的消费行为做出正确的选择。

②消费者权益保护知识。消费者权益保护知识是指消费者如何保护自己利益的法律知识,包括消费者的权利,经营者的义务,以及消费者在权益受到损害时,如何运用法律武器维护自己的合法权益。目前我国关于消费者权益保护方面的法律、法规很多,如《中华人民共和国产品质量法》《中华人民共和国计量法》《中华人民共和国产品食品安全法》等。

③消费者的义务。消费者应当努力掌握所需商品或服务的知识和使用技能,正确使用商品。在消费过程中,消费者应该掌握商品或服务的正确消费方法。随着科技的进步,商品和服务的科技含量越来越大,这就要求消费者为了自身的安全和他人的利益,必须掌握所需商品或服务的知识和使用技能。对商品而言,消费者如果没有掌握其使用技巧,就不能发挥商品最好的功效,甚至会因使用不当而造成商品损坏。因此,消费者在获得受教育权的同时,要承担努力掌握所需商品或服务的知识和使用技能,正确使用商品是很有必要的。

(8)消费者享有受尊重权

消费者的受尊重权是消费者在购买、使用商品和接受服务时,享有人格尊严、民族风俗习惯得到尊重的权利。

①消费者的人格尊严权。人格尊严权是法律赋予公民的一项基本权利。消费者享有受尊重权,首先意味着其人格尊严不受侵犯。人格尊严是一种精神上的利益,本身没有财产的

内容,人格得到确实尊重和保护是人们的普遍愿望。在我国,过去一直实行计划经济,经营者已养成了许多不良的习惯,侵犯消费者人格尊严的行为时常发生,具体表现为对消费者强行搜身、殴打、辱骂、非法拘禁等。因此,消费者人格尊严不受侵犯是不容忽视的问题。

②消费者的民族风俗习惯受到尊重的权利。由于我国是一个多民族的国家,除占人口绝大多数的汉族外,还有许多少数民族。由于政治、经济、文化发展水平和地域的不同,各少数民族在长期的生产活动中形成了各自的语言文字、生活方式、风俗习惯和宗教信仰,尊重他们的风俗习惯,就是尊重少数民族的尊严。根据《宪法》规定:中华人民共和国各民族一律平等,各民族都有使用和发展自己的语言文字的自由,都有保持或者改变自己风俗习惯的自由。这就以基本法的形式,对少数民族的风俗习惯加以尊重和保护。

在消费领域,消费者的民族风俗习惯获得尊重权,是指少数民族消费者在购买、使用商品或接受服务时,所享有的其民族风俗习惯不受歧视、不受侵犯的权利。作为经营者应该自觉尊重少数民族的风俗习惯,并尽量给予各方面的便利,以满足其带有民族意味的特殊要求。

(9)消费者享有监督权

在现代社会,随着民主制度的不断完善,赋予公民以监督权已成为通例。根据《宪法》规定:中华人民共和国的公民对于任何国家机关和国家工作人员的违法失职行为,有向有关国家机关提出申诉、控告或检举的权利,但不得捏造或歪曲事实进行诬告陷害。宪法的这一规定,赋予了我国公民以广泛的监督权。

消费者的监督权是公民监督权在消费领域的具体体现。消费者享有对商品或服务以及保护消费者权益工作进行监督的权利。

消费者有权检举、控告侵害消费者权益的行为和国家机关及其工作人员在保护消费者权益工作中的违法失职行为,有权对保护消费者权益工作提出批评、建议。它是为加强消费者自我保护而设定的权利,具体包括:

①对商品或服务实行监督。消费者在日常生活中发现经营者提供的商品或服务不符合国家规定的要求,有违法行为,有权向有关部门反映,并要求处理。在对商品或服务的监督上,国家有关部门也负有监督职责。但由于人力、物力的限制,他们不可能顾及每一个经营者,而消费者则不同,他们无时无刻不与经营者打交道,因而经营者的违法行为最容易被消费者发现。因此,消费者的监督权是保护消费者权益最有效的途径。

②对消费者保护工作的监督。在保护消费者权益方面,国家有关部门如工商行政管理部门、技术监督部门都负有重要的责任,它们工作的好坏,直接关系到消费者权益保护工作的效果。因此,对国家有关工作人员进行监督是非常必要的。具体表现在:对国家工作人员在执行公务时,包庇、纵容经营者损害消费者的利益以及营私舞弊、贪赃枉法,违法处理消费者的投诉或与经营者勾结,让假冒伪劣商品流入市场等违法行为进行监督。同时,消费者有权对消费者工作提出批评和建议,以促进消费者权益保护工作的改进。

以上9项权利,不仅是消费者自我保护的基础,也是消费者权益保护法立法的基础和核心内容。尊重和保护消费者在法律上的权利是全社会的责任,而消费者自己,有了法律赋予的权利,应当更加珍惜。在日常生活中,要理直气壮地去运用自己的这些权利,在受到侵害时,应当积极地通过法律途径来保护自己的权利。

附录 3.2　理赔和索赔

1) 消费者争议产生的原因

消费者争议是指在消费领域,消费者对经营者提供的商品和服务不满意,认为自己的合法权益受到损害,要求经营者采取补救措施或赔偿,而经营者认为自己并无过错或者即便有过错也不对消费者的要求予以满足,由此而发生的争议。也可以说是消费者与经营者在买卖商品、接受和提供服务中由权利义务关系产生的纠纷。

争议的当事人一方为消费者,另一方为经营者,双方都是消费者或都是经营者的争议不属于消费者争议,消费者是相对于经营者的一个概念,无经营者也就无消费者。

消费者争议是有关消费者权益的争议,争议产生的主要原因是:

①由于商品质量不合格而引起的争议;

②消费者认为经营者的行为侵犯了其合法权益而产生的争议;

③消费者与经营者就消费者权益有关的问题具有不同的认识而引发的争议;

④在消费过程中产生的其他争议。

2) 理赔和索赔

(1) 理赔与索赔的概念

索赔是指权益受损害的一方,向侵权方提出损害赔偿的要求。侵权方对受损方提出的赔偿要求予以受理,并进行处理称为理赔。可见索赔与理赔是一个问题的两个方面,对受损方而言称为索赔,对侵权方称为理赔。

(2) 索赔主体的确定

社会再生产及社会分工决定了消费者在购买、使用商品或接受服务时,直接、间接与多个经营者产生利害关系,那么当消费者权益受到损害时应该向谁提出索赔要求。笼统地说,消费者的索赔主体是经营者;但由于在不同的消费活动中消费者权益受损害的原因不同,具体应由经营者的哪一个承担,必须根据经营者各方对商品或服务所负的责任及履行义务的情况而定。同时,现代社会瞬息万变,消费者做出消费决策之后,可能经营者的一个或几个环节随之发生了变化,消费者在购买、使用商品之后,一旦受到损害,如果没有适当的方法能尽快地确定索赔主体,消费者的交易安全将得不到保护,其合法权益更难以实现。《消费者权益保护法》为了防止和避免生产者与销售者之间相互推诿,逃避法律责任,保护消费者合法权益,采取了一系列措施保障消费者索赔权的实现。这些措施包括销售者先行赔偿的义务、消费者选择索赔主体的权利、经营者承担连带赔偿义务等。

①销售者。消费者在购买使用商品时,其合法权益受到损害的,可以向销售者索赔。销售者理赔后,属于生产者责任或向销售者提供商品的其他销售者责任的,销售者有权追偿。

②生产者。消费者因商品存在缺陷造成人身、财产损害的,可以向生产者索赔。生产者理赔后,如认为损害是由销售者或其他经营者造成的,也可以向他们追偿。

③服务者。消费者在接受服务时,其合法权益受到损害的,可以向服务者索赔。

④承担原经营者权利义务的经营者。消费者在购买、使用商品或者接受服务时,其合法权益受到损害的,因原企业分立、合并的,可以向变更后承担其权利义务的企业索赔。

对消费者负有赔偿责任的企业分立后,其赔偿责任的确定要看企业分立时对其债务承担是如何确定的,若分立时对原企业的权利义务承担未做明确划分的,分立后的各企业应承担连带责任,消费者可择其一而请求承担责任,在其承担全部理赔后,可向分立后的其他企业追偿。

⑤营业执照持有人。使用他人营业执照的违法经营者提供商品或者服务,损害消费者权益的,消费者既可以向直接侵害其合法权益的营业执照使用人索赔,也可以向营业执照的持有人索赔。

⑥展销会举办者和柜台出租者。消费者在展销会、出租柜台购买商品或接受服务,其合法权益受到损害的,可以向销售者或服务者索赔,但在展销会或柜台出租期满后,既可以向销售者或服务者索赔,也可以向展销会举办者或柜台的出租者索赔,展销会的主办者和柜台的出租者在理赔后,可以向责任者追偿。

⑦广告的经营者。消费者因经营者利用虚假广告提供商品或服务导致合法权益受到损坏的,可以向经营者索赔。广告的经营者发布虚假广告的,消费者可以请求行政主管部门予以惩处。广告的经营者不能提供经营者真实名称、地址的,应当对受损害的消费者承担赔偿责任。

（3）索赔的依据

引起消费者人身和财产损害的原因很多,不同情况下经营者承担的赔偿责任不同,索赔的依据也不一样。

①一般损害赔偿的依据:

要有损害事实。要求经营者承担赔偿责任,必须有消费者在购买、使用商品或接受服务时其合法权益受到损害的事实。

要有因果关系。经营者提供的商品和服务是造成消费者人身和财产损害的原因。如果经营者的行为与损害事实无关,则不负责理赔。

经营者主观上有过错。过错包括故意和过失两种。

对于一般损害只要具备上述条件,经营者就应该负责理赔。

②缺陷产品侵权赔偿的依据:

产品要有缺陷。缺陷包括:设计缺陷、制造缺陷、经营缺陷。

要有损害事实。缺陷产品造成了消费者人身伤害或财产损失。

产品缺陷与损害事实的因果关系。有原因,才有结果。由于产品的缺陷而造成消费者权利损害的,生产者负责理赔。

一般来说,只要具备上述三点,产品的生产者就应负责理赔,但是法律也规定,生产者能够证明有下列情况之一的,不负责理赔。

未将产品投入流通的;

产品投入流通时,引起损害的缺陷尚不存在的;

将产品投入流通时,科学技术水平尚不能发现缺陷存在的。

此外,如果生产者能够证明,损害是因消费者或其他受害人的故意所制造的,生产者也可以免除责任。如果生产者能够证明受害人对损害后果的发生也有过失的,可以减轻生产者的责任。

对于产品缺陷造成的损害,产品的销售者承担过错责任。只要销售者不能指明缺陷产品的生产者和供货者,销售者就应当负责理赔,不能指明本身是销售者的过错,在这种情况下,销售者承担了严格责任,主观上即使没有过错也应当负责理赔。

3) 索赔的途径

当消费者的合法权益受到侵害时,根据我国《消费者权益保护法》的有关规定,消费者和经营者发生消费者权益的争议,可以通过与经营者协商和解、消费者协会调解、行政申诉、仲裁和诉讼五种途径解决。

(1)与经营者协商和解

协商和解是指消费者与经营者发生争议后,本着自愿、互谅的原则,就与争议有关的问题进行协商,从而使争议得以解决。协商和解具有高效、便利、经济的特点。因此,无论是对消费者还是经营者,它都不失为一种理想的途径。事实上,消费者争议大多如果涉及范围不大,案情比较简单,也都是通过这种途径解决的。

为使协商和解获得成功,双方当事人在协商解决争议的过程中应注意以下问题:

①协商和解要遵循平等自愿的原则。从法律的角度看,消费者和经营者的地位平等,不存在谁的地位低、谁的地位高的问题。因此,在消费者争议出现以后,是否进行协商和解以及采用什么样的条件进行协商和解,都必须由当事人自己决定,不得强迫协商,更不能把自己的愿望强加给对方。协商和解达成以后,由当事人自觉履行,当事人一方不履行的,可以重新协商或通过其他途径解决。

②协商和解要坚持合乎法律原则,不得损害第三方的利益。协商和解要求争议双方互谅互让,但互谅互让要有一定的原则,不得违法和损害第三方的利益。如消费者发现给自己造成损害的商品是伪劣商品,找到经营者协商解决时,经营者虽然答应对其伪劣商品给消费者造成的损害进行赔偿,但以消费者不得检举、揭发为条件,从而损害了第三方的利益,这种和解协议无效。而且,消费者如发现经营者在经营活动中存在着严重的违法行为如掺杂掺假、出售国家明令淘汰的商品,危害消费者的人身、财产安全,也不应与其协商和解,而应予以揭露以免继续损害他人,贻害社会。

(2)消费者协会调解

①调解。调解是由第三方对争议双方当事人进行沟通调和,以促成争议解决的活动。调解是具有中国特色的争议解决方式,在我国具有悠久的历史,被公认为是解决民事纠纷较为有效的方式。

消费者协会调解是指发生消费者权益争议后,消费者和经营者在消费者协会的主持下,通过讲理劝说、分辨是非,当事人在互谅的基础上通过自愿协商达成协议来解决争议。

②调解应注意的问题。为了使调解顺利进行,应注意两点:a.调解的性质属于民事调解,不具有法律效力。一旦当事人一方或双方反悔或不能达成协议,则需通过其他途径加以解决,而调解协议可以作为证据提供。b.调解与协商的区别在于有第三方参加,由消费者协会居中调解。当消费者协会受消费者委托时,是代表消费者利益的,是消费者的代理人。

③消费者协会在主持调解过程中,必须坚持两个原则:a.自愿原则。即双方当事人必须都同意由消费者协会居中调解。任何一方当事人不同意,调解也不能开始,在调解过程中任何一方不愿调解,调解即行终止。b.调解必须坚持合法原则。调解过程必须合法,调解协议也必须合法,不得损害第三人的利益,也不得损害国家、社会、集体的利益。

④消费者协会受理投诉的范围:

消费者在购买生活消费品的质量、价格、安全、卫生、计量等方面产生的问题;

为消费者提供服务的饮食、娱乐场所、交通、维修、医疗等项目的收费和服务质量等方面产生的问题。

属于下述情况的投诉,消费者协会一般不予受理:

商品由于消费者自己使用不当而造成的损害;

所购买的商品不属于个人消费品,而属于生产和经营方面使用性质的;

消费者与出售者的买卖关系属于个人之间私下交易的;

消费者提不出被投诉者名称、地址等。

(3)消费者争议的行政申诉

①行政申诉。行政申诉是指公民或法人认为自己的合法权益受到损害而向行政部门提出的并要求行政部门予以保护的请求。

我国没有专门从事消费者权益保护工作的行政机构,但工商、物价、技术监督、卫生、商检等行政部门,都分别从不同的角度履行着保护消费者合法权益的职能,而且我国有关食品卫生、药品管理、物价管理、环境保护、医疗卫生、产品质量等保护消费者的法律、法规中都有有关行政部门处理消费者争议的规定。特别是《消费者权益保护法》明确规定:各级人民政府工商行政管理部门和其他有关行政部门应当依照法律、法规的规定,在各自的职责范围内采取措施保护消费者的合法权益。

②申诉时应注意的问题。消费者在向国家行政机关申诉时,应注意两点:

明确受理申诉的国家行政机关。申诉时,依照商品和服务的性质,向具有相关职能的行政部门提出。如消费者在生活中遇到购买的食品过期或变质、食物中毒和食物污染、出售假劣药品等问题,均可向卫生监督机关申诉;遇到产品质量不符合有关标准、计量器具不符合标准等问题,可以向技术监督机关申诉;遇到乱收费的问题,可以向物价管理机关申诉;遇到掺杂使假、缺斤少两、以次充好、以假充真等可以向工商行政管理部门申诉。

消费者向行政部门申诉,一般应采用书面形式,具体包括下列内容:

第一,消费者的姓名、地址、电话、邮政编码等;

第二,被投诉的经营者的名称、地址;

第三,申诉的理由、相关的证据以及对处理争议的要求;

第四,申诉日期。

(4)消费者争议仲裁

①仲裁。仲裁是指争议双方在争议发生前或争议发生后达成协议,自愿将争议交给仲裁机关裁决,双方有义务执行的一种解决争议的办法,又称公断。

仲裁既不同于调解,也不同于诉讼,而是一种兼有行政与司法两种性质的准司法活动。一般来说,当消费者与经营者发生权益之争时,仲裁方式具有比诉讼方式程序更简便、迅速、费用少等特点。因此,消费者在争议涉及的经济利益数额不大时,愿意选用仲裁方式解决争议。而对于经营者,仲裁有利于保护企业形象,维护企业信誉,也愿意选用仲裁解决争议。

②选择仲裁注意的问题:

实行自愿原则。自愿是仲裁的基本原则,即消费者与经营者都同意才能选择仲裁解决争议,只有一方选择,仲裁机关不予受理。在我国目前实行的是或裁或审制度,即当事人选择了仲裁,实际上就放弃了诉讼的权利,不能再向法院起诉。如果不采用双方自愿仲裁,必然会侵犯另一方当事人的诉讼权。同时,仲裁实行一裁终局制度。裁决做出后,除本法另有规定外,不能就同一争议再重新申请仲裁或诉讼。消费者和经营者都必须严格遵守仲裁协议,如一方不服从,另一方可以申请法院强制执行。

自主选择仲裁机构。向哪个仲裁机关申请仲裁,应由当事人协商议定。目前我国仲裁机构按性质分为社会团体仲裁和国家行政机关仲裁两类。

社会团体仲裁主要是指消费者协会设立的仲裁机构、海事仲裁委员会等;

国家行政机关仲裁主要是指工商行政管理机构设立的经济合同仲裁机构、技术监督部门设立的产品质量仲裁机构等。

消费者在权益受到损害以后,应选择具有消费者权益仲裁职能的机构申请仲裁。

消费者申请仲裁的期限。当事人要求仲裁,法律、法规、规章有时效规定的,按规定提出;有约定期的在约定期内提出;没有时效规定和约定期限的,一般从知道或应当知道权益被侵害之日起一年内提出,超过期限一般不予受理。

(5)消费者争议的诉讼

①诉讼。指消费者在其合法权益受到损害时向人民法院提起诉讼,以通过司法审判程序解决民事争议的一种方式。司法保护是最有权威、最有力度的一种方式,其最大的特点是无须协商和解、调解等形式,也不需要考虑经营者的态度,只要符合民事诉讼的有关规定,单方面就可以提起诉讼,人民法院也会受理并予以审理。而且一旦提起诉讼,问题必获解决,这也是许多消费者愿意采用诉讼形式解决争议的原因。但相对于其他解决争议的方式,通过司法途径解决争议的周期较长,程序较复杂,消费者提起民事诉讼,应根据民事诉讼法的有关规定进行。

②选择诉讼时应注意的问题:

诉讼时效。诉讼时效是指权利人于一定时间不行使请求法院保护其民事权利的权利即丧失该权利,人民法院对其民事权利不再予以保护的法律规定。诉讼时效期限届满,意味着权利人的权利将得不到法院的保护,即使起诉对方,也得不到法院的支持。因此,消费者不在规定的时效内向经营者索赔,除非经营者自愿,消费者将得不到本可以得到的赔偿。

一般诉讼时效为两年,也就是说对于适用于一般诉讼时效期间规定的消费者权益争议案件,在两年时间内,消费者有请求法律保护、提起民事诉讼的权利,超过两年诉讼期,法院将不再保护这种权利。

特殊时效较一般诉讼时效期限短,故也称为短期时效。《中华人民共和国民法典》规定特殊时效为1年,有3种适用于消费者权益争议诉讼:第一,身体受到伤害要求赔偿的;第二,出售不合格商品未声明的;第三,寄存财物被丢失或者损坏的。

一般来说,无论是特殊诉讼时效,还是一般诉讼时效,都应该从权利人知道或应当知道权利被侵害时计算。但现实生活中,由于种种原因,有时消费者当时确实不知道或者不可能很快知道自身的权益被侵害,在这种情况下,消费者从权利被侵害之日起20年内,可以向法院起诉。超过20年的,消费者即使能证明自己刚知道被侵害的,法院也不再对其权利予以保护。

在诉讼时效的最后6个月内,因不可抗力或其他障碍不能行使请求诉讼权的,诉讼时效中止,即暂停计算。待中止时效原因消除之日起,在诉讼时效中止前基础上继续计算。诉讼时效因提起诉讼当事人一方提出要求或同意履行义务而中断,从中断时起,诉讼时效重新计算,中断前已经发生并计算的时效归于无效。

提供有关文件。我国民事诉讼活动实行"谁主张、谁举证"的原则,消费者应当对自己的主张提供相应的证据。证据包括:证明起诉对象是向自己提供商品或服务的经营者,如发票、凭证等;证明经营者侵权的损害事实存在的证据,如现场证物、证人证明、医疗凭证等;证明请求赔偿数额的证据;造成财产损失、人身损害、精神损害都应提供合法有效的有关证明,如医疗费单据,正常情况下的工资收入等。

参考文献

[1] 赵启兰. 商品学概论[M]. 2 版. 北京：机械工业出版社，2015.

[2] 万融. 商品学概论[M]. 6 版. 北京：中国人民大学出版社，2016.

[3] 张烨. 现代商品学概论[M]. 2 版. 北京：科学出版社，2012.

[4] 陆影，陈文汉. 商品学概论[M]. 北京：中国人民大学出版社，2014.

[5] 胡东帆，卞志刚. 商品学概论[M]. 4 版. 大连：东北财经大学出版社，2017.

[6] 王燕. 商品学概论[M]. 北京：中国铁道出版社. 2014.

[7] 苏艳芳. 商品学概论[M]. 北京：中国财富出版社. 2014.

[8] 曹汝英，孙晓君. 商品学概论——理论、实务、案例、实训[M]. 3 版. 北京：高等教育出版社，2019.

[9] 李玮，王君. 商品学概论[M]. 北京：中国商务出版社，2013.

[10] 王晶，赵凯. 商品学基础[M]. 北京：中国经济出版社，2013.

[11] 郑翅翔，王猛. 三本院校"商品学概论"课程教学改革探讨[J]. 全国商情·理论研究，2012(34)：82-83.

[12] 赵苏. 商品学[M]. 2 版. 北京：清华大学出版社，2012.

[13] 白世贞，牟维哲，陈化飞. 商品学[M]. 3 版. 北京：中国人民大学出版社，2020.

[14] 陈文汉. 商品学[M]. 北京：机械工业出版社，2014.

[15] 刘增田. 商品学[M]. 2 版. 北京：北京大学出版社，2013.

[16] 张磊，李立辉. 商品学[M]. 北京：中国铁道出版社，2018.

[17] 于法稳，黄鑫. 保障我国粮食生产综合能力的对策研究[J]. 中国国情国力，2020(5)：12-14.

[18] 罗益锋，罗晰旻. 有机难燃、阻燃和抗燃纤维与相关树脂发展近况[J]. 高科技纤维与应用，2017，42(1)：1-11.